最上義光の城郭と合戦

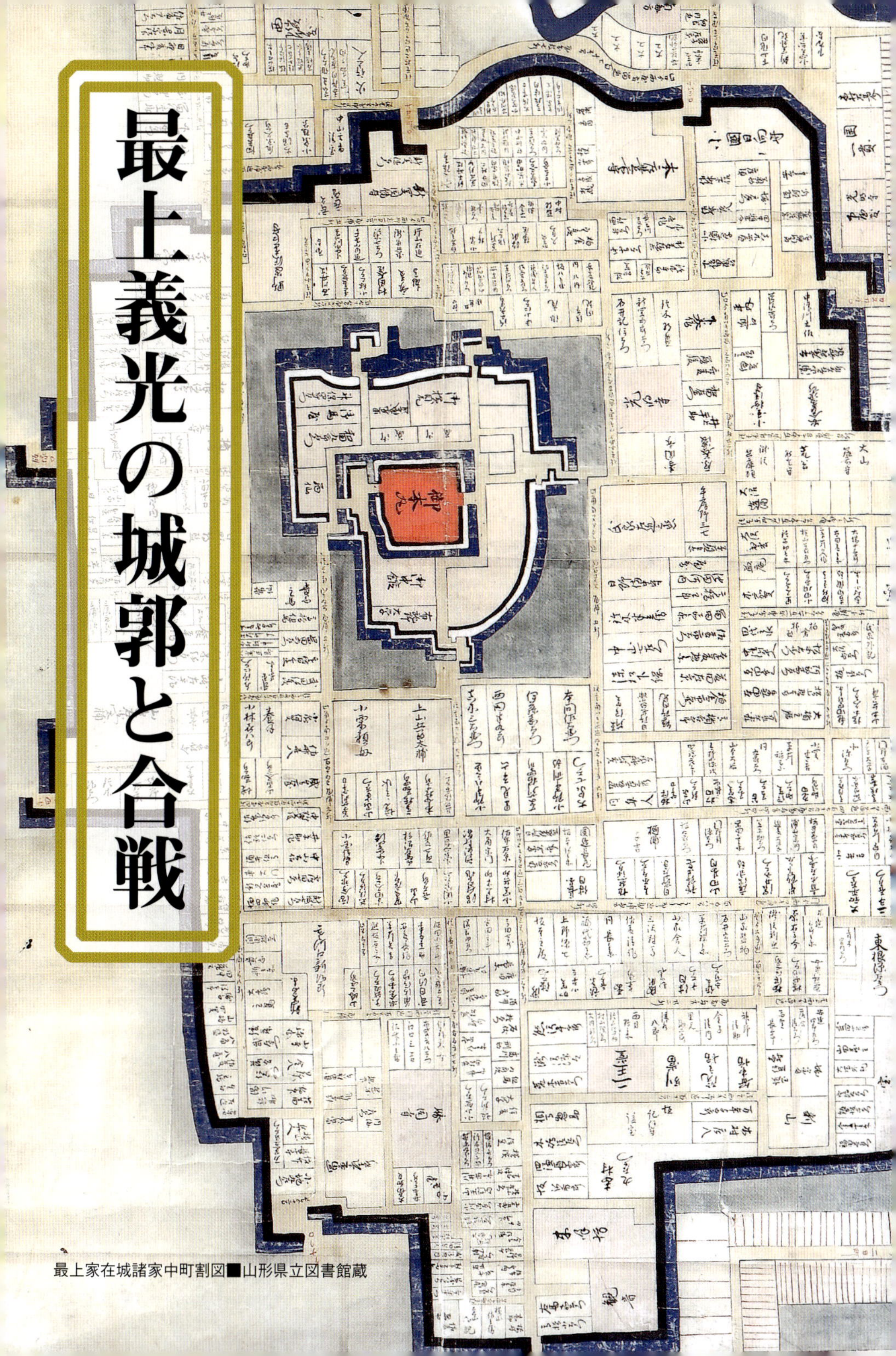

最上家在城諸家中町割図■山形県立図書館蔵

須川
本沢川
多重帯曲輪
主郭
長谷堂城

長谷堂城の戦い

慶長５年（1600）、最上軍と上杉軍の激戦が繰り広げられた城である。直江兼続率いる大軍勢の上杉軍に対し、最上氏が城造りの技術を結集させて防御のため改修したことがわかっている
イラスト：香川元太郎　監修：誉田慶信　初出：『決定版 図説戦国合戦集』/ 学研 (Gakken)

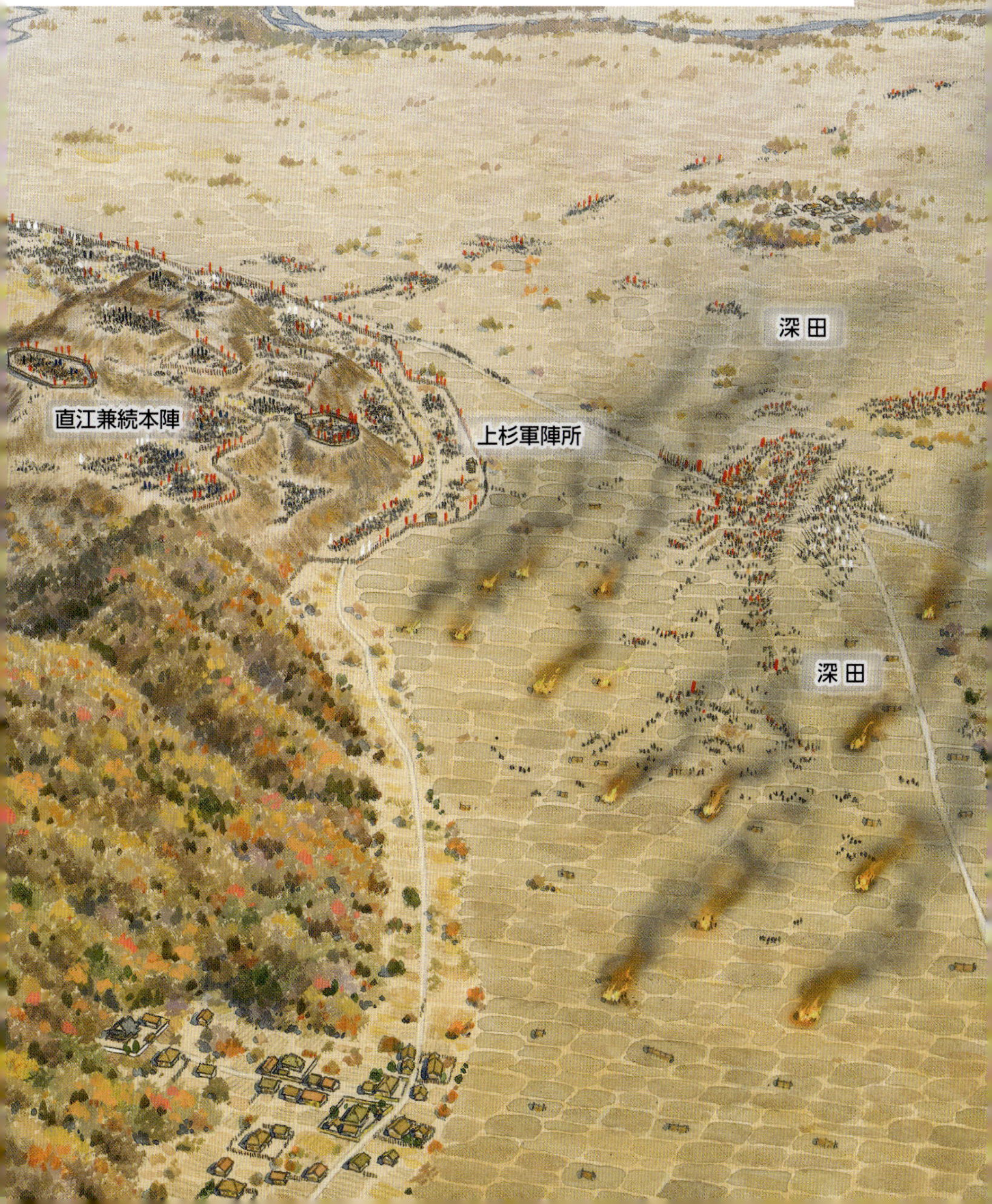

畑谷城

長谷堂城と同じく、慶長５年（1600）における上杉軍と最上軍の戦いの舞台になった城である。上杉軍の攻撃によって落城し、城主をはじめ兵やこの城に避難していた民衆までもが殺された　イラスト：香川元太郎　監修：三島正之　初出：歴史群像 2009 年８月号 / 学研 (Gakken)

二条大空堀
主郭
二重横堀
桝形虎口
土塁
空堀
空堀

櫓
副郭
桝形虎口
主郭
桝形虎口
虎口
切岸

舘山城

伊達政宗が築城し、のちに上杉景勝が改修した城である。大樽川と小樽川の合流地点という天然の要害を活用している。山麓には居館もあったようである。現在、国指定史跡となっている　イラスト：香川元太郎　監修：三島正之　初出：歴史群像 2014 年 4 月号 / 学研 (Gakken)

東根城

最上氏重臣・里見氏の居城が、元和８年の最上氏改易後に伊達政宗備えのため鳥居氏番城として特別に残され、城絵図に描かれた。慶長年間に築城された最上氏の城を知ることのできる絵図で、整った郭、大規模な堤堀、そして本丸の要所に使用された石垣が特徴である。各所の名称は、本書152・153頁参照　正保城絵図・国立公文書館蔵

図説 日本の城郭シリーズ14

最上義光の城郭と合戦

保角里志

戎光祥出版

はしがき

本書は、全国の皆さんに山形の豊かな「城の世界」を紹介しようと書いたものである。

山形は、置賜《おきたま》・村山《むらやま》・最上《もがみ》・庄内《しょうない》の四地域に分けられるが、それは歴史的な背景によるものである。戦国期をみると、置賜に伊達《だて》氏、村山にのちに最上氏と称した山形氏、庄内に大宝寺《だいほうじ》氏という有力豪族が割拠し、最上は村山と庄内、そして仙北小野寺《せんぼくおのでら》氏の境目の地としてあった。そのため、各地域にはそれぞれ特徴的な多くの城が造られた。

ここでは、私が特筆すべきと考える四地域の城を取りあげよう。

置賜は伊達氏の拠点地としてあり、戦国末期、伊達政宗《まさむね》は最上義光《よしあき》と、大崎《おおさき》氏問題や庄内の帰《き》趨《すう》をめぐって深刻な対立となった。そのため、最上領境目の中山《なかやま》に、当時、伊達氏最高の城造り技術を用いた岩部山館《いわぶやまたて》を築いたと考えられる。いわゆる、私が中山要害と考える城である。この要害は急峻な山頂に、土塁《どるい》と堀《ほり》、切岸《きりぎし》の遮断線を駆使し、折れを多用した厳重な虎口《こぐち》を造り、なんとしても中枢部を守ろうとする政宗の意志が感じられる、きわめて防御性の高い城である。

次に、当時、最上と呼んだ村山は、曲輪群《くるわぐん》を階段状に幾重にも重ねる城が特徴となる。すなわち、切岸と曲輪を遮断線とする城である。その代表に天童《てんどう》城跡があり、最上義光と最上の覇権を争った名族・天童氏の本城である。山形県内で最大級の規模をもち、山裾に細長い多重帯曲輪《たじゅうおびぐるわ》を造り遮断線とするのが特徴である。現在、主曲輪が発掘中で、青磁《せいじ》、かわらけなどの城主御殿《ごてん》の存在を推測させる遺物が出土している。

また、最上は鮭延《さけのべ》・新城《しんじょう》・清水《しみず》・小国《おぐに》と呼ばれた地で、戦国期に庄内大宝寺氏と最上氏の進攻があった。そのため、陣城《じんじろ》と呼ぶ攻撃用の臨時の城が、いくつか確認できる。そのうち、とりわけ重要なのは、鮭延城跡と内町《うちまち》陣城跡である。攻城戦を語るなまなましい「鮭延越前守聞書《さけのべえちぜんのかみききがき》」という史料があり、鮭延氏本城の対岸に、最上義光の陣城が完全に残っている。

そして、庄内は大宝寺氏の本拠であった。主城は大浦《おおうら》城跡で、主曲輪は丘陵突端にあり、遺構の残りは良い。この城では、大宝寺義氏《よしうじ》の横死《おうし》をはじめ庄内の帰趨をめぐって激しいいくたびかの合戦があり、戦国庄内の歴史を語る城といえよう。

山形には、この他、全国に有名な直江《なおえ》兼続《かねつぐ》率いる上杉《うえすぎ》軍と最上義光の軍が戦った、慶長《けいちょう》出羽《でわ》合戦《かっせん》の舞台となった長谷堂《はせどう》城跡と畑谷《はたや》城跡もある。それでは全国の城好きの皆さん、本書をもち、豊穣たる山形の城を歩きませんか。

二〇一九年七月

保角里志

目次

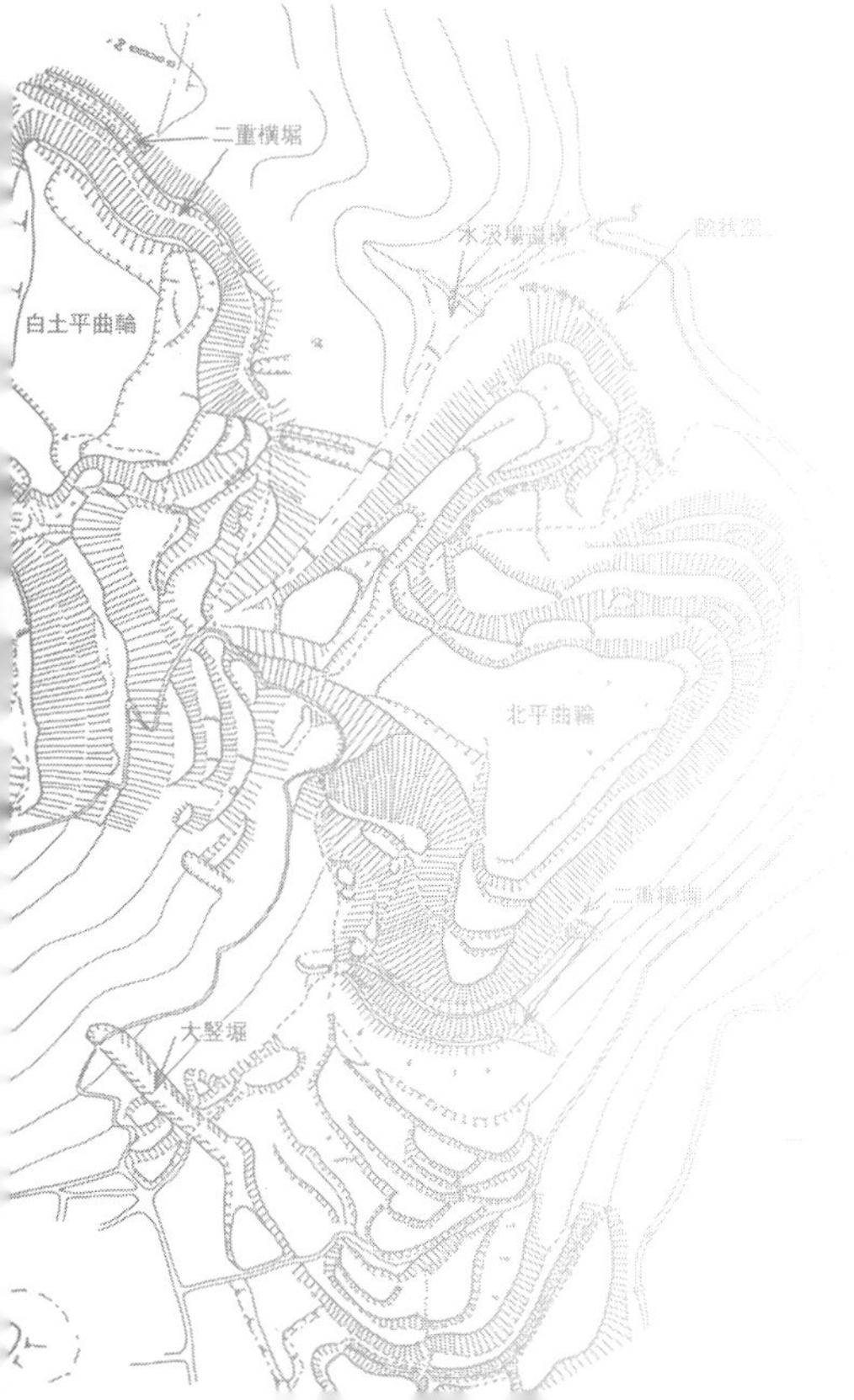
二重横堀
白土平曲輪
北平曲輪
大竪堀

凡例

一、本書は、山形で展開された戦国争乱の歴史を述べた後、山形県の城（楯《たて》・館《たて》を含めて城と総称する）跡五十城をとりあげた。五十城には戦国争乱に関係するもののほか、特徴があり見学しやすい城をとりあげた。

一、各城の記事は、山形県の各地方別に原則として南からの順とし、歴史・立地と遺構・ワンポイントの三項目を述べ、所在地・比高・分類・交通を付記した。

一、本書で取り扱った「城楯・館名」は、『山形県中世城館遺跡報告書第一集、第二集、第三集』（山形県教育委員会、一九九五～一九九七年）にある記述を基本としたが、戦国期の呼称の推測されるものはそれを使用した。

一、人名・地名・歴史用語には、適宜ルビを振った。読み方については、各種辞典類を参照したが、歴史上の単語、とくに人名は定まっていない場合も多く、ルビで示した読み方が確定的というものではない。

一、本書掲載の縄張図・写真は、著者（保角里志）が作成・撮影したものである。

一、本書掲載の地図は国土地理院発行一／二五〇〇〇地形図を使い、縮小の際は距離を明示した。

一、本書で多用する史料の名称は、次のとおり省略した。

『山形県史資料編十五上　古代中世史料一』（山形県、一九七七年）……『山一』

『山形県史資料編十五下　古代中世史料二』（山形県、一九七九年）……『山二』

『山形市史　史料編一　最上氏関係史料』（山形市、一九七三年）……『最上氏史料』

『鶴岡市史資料編　荘内史料集一―一』（鶴岡市、二〇〇二年）……『荘一』

『鶴岡市史資料編　荘内史料集一―二』（鶴岡市、二〇〇四年）……『荘二』

『横手市史　史料編　古代・中世』（横手市、二〇〇六年）……『横』

【第一部】山形の戦国争乱と城

一、最上の戦国という時代

これから、私が考える本書の主対象とする最上《もがみ》の戦国期の特徴をいくつかあげてみよう。

史料のほとんどない時代

まず、史料のほとんどない時代ということがあげられる。当時、総力をあげて可能なかぎり最上氏関係史料を収録した、画期的な『山形市史 最上氏関係史料』*1のなかで、編集を主導した武田喜八郎氏は述べる。

現在、山形・村山地方に現存する最上氏の書状は、義光時代のものが立石寺・専称寺・常念寺等に各数通保存されているほかは、極めて少ない現状であるのは、数回の山形大火によるとはいえ、物さびしいかぎりである。また、県内および全国的にみても、義光時代およびそれ以後の文書がほとんどであり、兼頼から義光の父義守までの中世期においては、各世代の確かな書状はわずかに義守の分が『伊達文書』に二通みられているのみで、義守以前のものは偽文書のほかはまったく発見されていない。

武田氏は文書の少なさについて、焼失が原因とし、義光《よしあき》時代の慶長四年（一五九九）頃の山形城本丸火災や、天和二年（一六八二）の最上家家蔵文書の焼失をあげる。

たしかに、焼失で失われた文書はあったに違いないが、最大の原因は、元和八年（一六二二）の最上氏改易と考えられる。最上氏と重臣は公儀「預人」となり、家の歴史を語る文書を家宝としてたずさえ山形を去り、文書は他国に散逸した。そのうち、東根市史編さんのなかで確認され

＊1　山形市『山形市史』史料編一　最上氏関係史料（一九七三）、本書は、以下、『最上氏史料』と記す。

た徳島市里見《さとみ》家の近世初頭文書群[*2]は、徳島に移された重臣里見家での事例となる。改易がなく最上家が存続していたら、伊達《だて》氏の正史「伊達正統世次考」と「性山公治家記録《しょうざんこうちけきろく》」、上杉《うえすぎ》家の正史「上杉家御年譜」、あるいは秋田藩による古文書の採録「秋田藩家蔵文書」のように、家史編さんが行われ、多数の戦国期文書が収集記録されたと考えられる。それに関連して、昭和五十九年（一九八四）に武田喜八郎氏が山形曽根家の文書箱の底から発見した文書の写し十九通は、いずれも当地の戦国期を語る重要史料で、最上家史編さんに集めたとも推測されている。[*3]

また、山形義守[*4]以前の文書のなさは、山形氏が中央と交流の少なかったことにも原因があると思われる。同時期、近隣の大宝寺《だいほうじ》氏・伊達氏・小野寺《おのでら》氏は屋形号をゆるされ、京都御扶持衆《きょうとおふちしゅう》の称号を与えられ、中央との活発な交流活動を行い、多くの記録に登場する。

ここで軍記物についても述べておこう。最上を語る戦国期史料のきわめて少ないことから、最上氏の遺臣になるという「最上記《さいじょうき》」、秋田の人戸部正直の書「奥羽永慶軍記《おううえいけいぐんき》」が引用されることが多い。これまで、その史実性の確認は困難だったが、最上氏重臣の鮭延越前守《さけのべえちぜんのかみ》が生前に直接語った「鮭延越前守聞書」[*5]により検証が可能となった。それから判断すると、「最上記」に史実性はなく、「奥羽永慶軍記」は独自取材記事に史実性が認められる。また、地域的な軍記物「天童落城並仏向寺縁起」[*6]は文中に、天童《てんどう》落城の翌年天正十三年三月十三日に仏向寺僧が書き納めたとあり、「最上記」をみた形跡がなく、基本的に史実と考えられる。また、「延沢軍記」[*7]は「最上記」を底本した記述があるが、それにない地元記事に史実性が認められる。

城と楯・館

そして、絶え間ない戦乱の時代だったと思われる。それを語る城《じょう》と楯《たて》・館《たて》は、ほぼ旧村に一

＊2　「東根旧城主里見家文書」（『東根市史編集資料』第八号（その二、一九八〇年）。

＊3　武田喜八郎「山形・曽根家の中世文書の写本について」（『山形県地域史研究』第十号、一九八四年）。本文書は、この後「曽根家文書」と記す。

＊4　義守以前に最上氏とある一次史料は確認できず、すべて山形氏とあり本書では山形氏と表記する。

＊5　拙稿『南出羽の戦国を読む』（高志書院、二〇一二年）。「鮭延越前守聞書」は、この後「聞書」と記す。

＊6　「天童落城軍物語集」（『天童市史編集資料』第二二号、一九八〇年）。本書はこの後、一般に呼ぶ「天童記」と記す。

＊7　「延沢軍記」（『尾花沢市史資料』第九輯、一九八五年）。本書はこの後、「延沢軍記」と記す。

地名／地域	城	館	楯	堀の内	要害	根小屋	堀
東南置賜	9	101		4	1	4	3
西置賜	12	78		3			22
東南村山	17	15	29	3	2		20
西村山	7	3	25	1	6		9
北村山	3	2	42	1	2		8
最上	7		30	2	1		4
飽海	1	4	30	1		1	1
田川	2	6	22				1
合計	58	209	178	15	12	5	68

表1　城地名の地域別分布　『山形県地名録』（1938年）より作成

つ、山形で一五〇〇ほど確認できる。戦国期の城《しろ》（じょう（城）とたて（楯・館）を総称する）は、多様な姿をもち、一つとして同じものはなく、すべてが戦争に備えたものだった。

伊藤正義氏の「天正十五年三月 各血判」奥書をもつ「田母神氏旧記」の分析によれば、旧田村郡内二十五の城館のうち、「城《じょう》」と称するのは主城の三春《みはる》城だけで、他は「館《たて》」と称し、四宿老さえも館主で城主ではなかった。すなわち、三春城そのものが、田村領を現実に支配していることを示す「当知行権のシンボル」とされる。*8

山形でも領主の主城が城と称され、他はたて（楯・館）であったろう。「たて」は置賜が「館」、最上が「楯」をあて、村山・庄内は「楯」が多い（表1）。したがって、館と楯に意味の違いはなく、当て字だった。興味深いのは、東北では「たて」、関東以南は「やかた」と呼ぶことだ。東北の「たて」の内、「楯」を当てるのは例外はあるものの山形だけであり、庄内でも楯が優越するのをみると起源は、最上氏時代と推測される。この楯は、本堂寿一氏によると、『吾妻鏡《あづまかがみ》』に「阿津賀志楯」などがあり、東北地方の鎌倉・南北朝時代の古文書に多く散見され、城とともに中世前半では一般的な用語であったとされる。*9 そして、館は楯の転語ともみられるとし、山形には古語が使用されていることになる。

なお、漢字が当て字となる例をあげると、荒楯（尾花沢市）はあらたて（新楯）、月楯（最上町）はつきたて（築楯）、本楯（東根市など）はもとたて（元楯）を意味する。そして、野川楯跡（東

*8　伊藤正義「天正十六年・政宗の四十日―御乱舞御座候」『中世の風景を読む第一巻　蝦夷の世界と北方交易』（新人物往来社、一九九五年）。

*9　「城郭用語辞典、館」『日本城郭体系別巻Ⅱ』（新人物往来社、一九八一年）。

根市）や上柳渡戸楯跡（尾花沢市）、要外楯跡（最上町）に要害地名があるが、じょうやたてとの違いはよくわからない。また、主曲輪を本丸と呼ぶ「丸」呼称は、山形では慶長年間からの呼び名で、それ以前は実城《みじょう》＊10と呼ばれた。

参考に原初的な山城に触れよう。山形最古の山城は、鉢巻式形態であったとみられる。村山市の河島山遺跡、東根市の黒鳥山遺跡が代表例で、山頂を空堀・外土塁で環状に囲郭する。このうち、河島山遺跡は二つの遺構からなる。その系譜をひく事例と考えられるものが鮭川村の源氏楯跡と東根市の大森山遺跡で、全体は鉢巻式形態となり箱堀《はこぼり》・小曲輪・切岸遺構をもつ。それとは

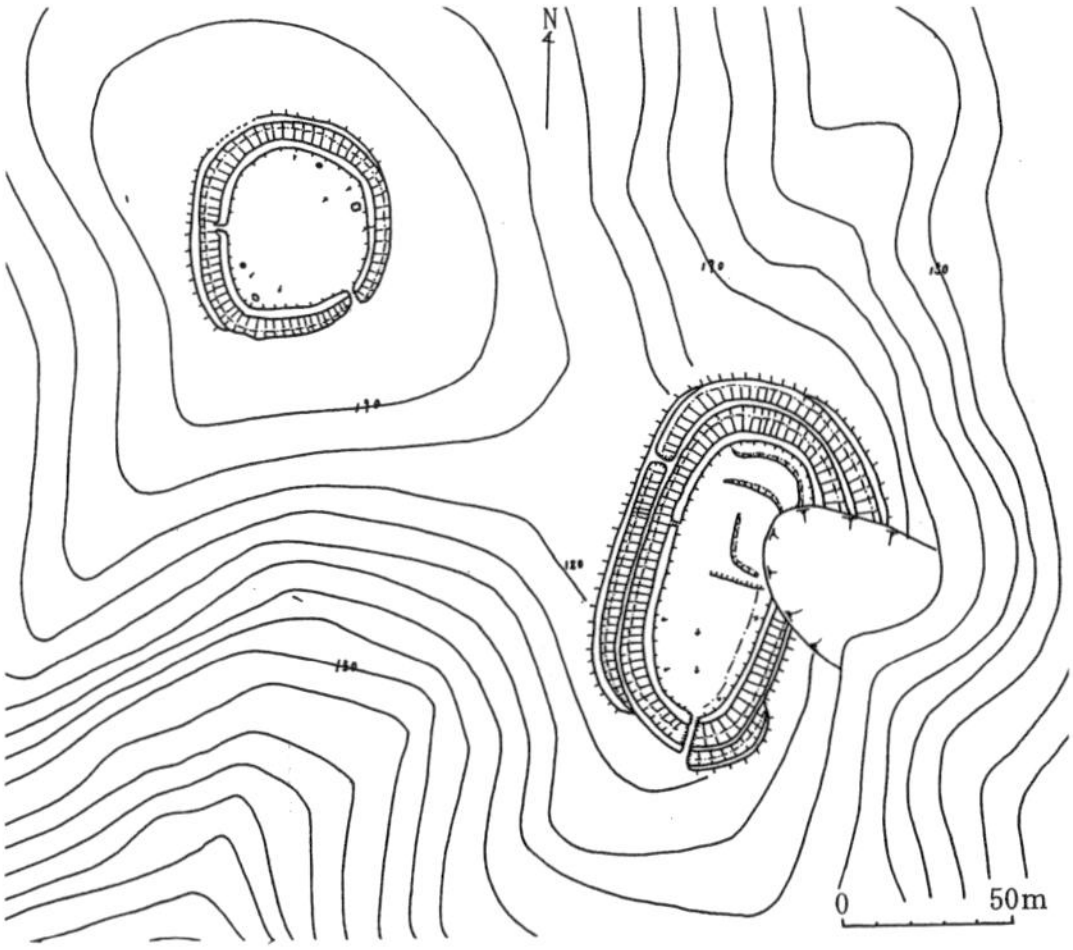

図１　河島山遺跡の概要図

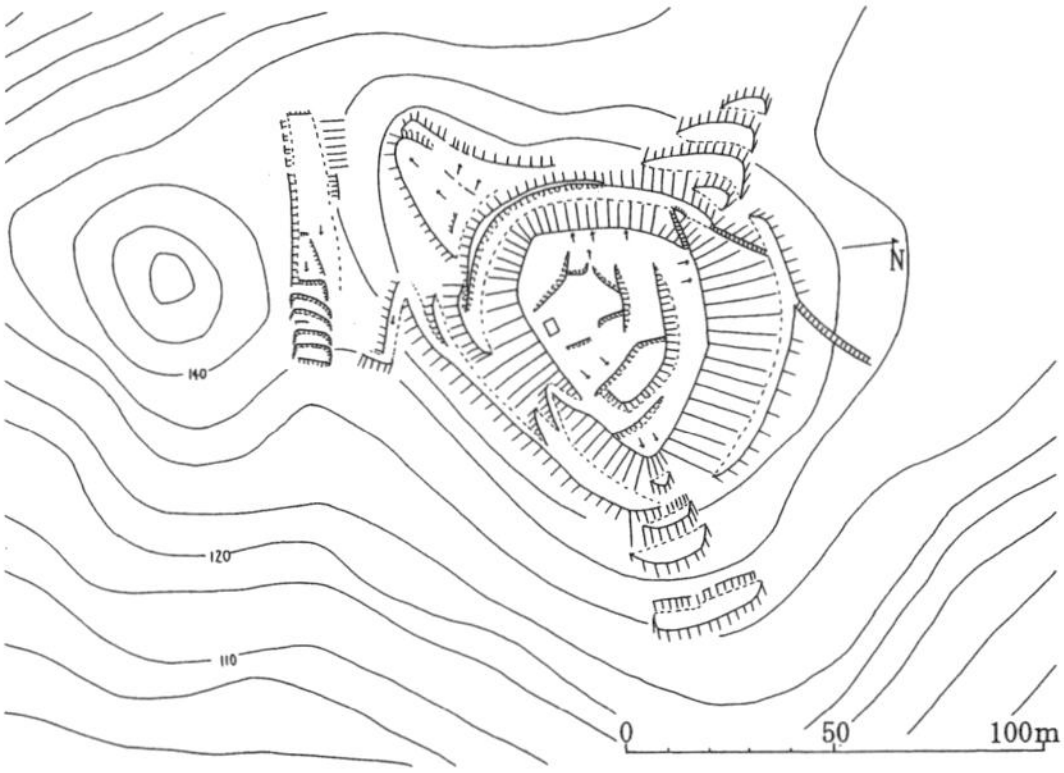

図２　源氏楯跡の概要図

＊10　「（天正十五年）十月十四日後藤孫兵衛宛て政宗書状写」『仙台市史資料編10』一四四号（一九九四年）。

黒鳥山遺跡遠景

別に、開発領主とみられる山城・丘城で古式の様相をもつものがあり、最上町の月楯跡・赤楯跡、村山市の小谷楯跡があげられる。構造がシンプルで堀は箱堀となり、月楯跡は単純な虎口をもつ。

次に、村の城についても述べよう。戦国期の戦争は、焼き討ちから始まり、青田刈《あおたが》り・乱取《らんど》り・生けどりなど乱暴狼藉《らんぼうろうぜき》の世界で、農民たる雑兵は稼ぐために参加したとされる。[*11] そのため、城は民衆の避難場でもあった。東根城・楯岡城のような拠点的な城のなかった尾花沢盆地では、集落ごとに小規模な城、すなわち楯が確認できる。多くは村土豪が中心となって、村人の避難所とし

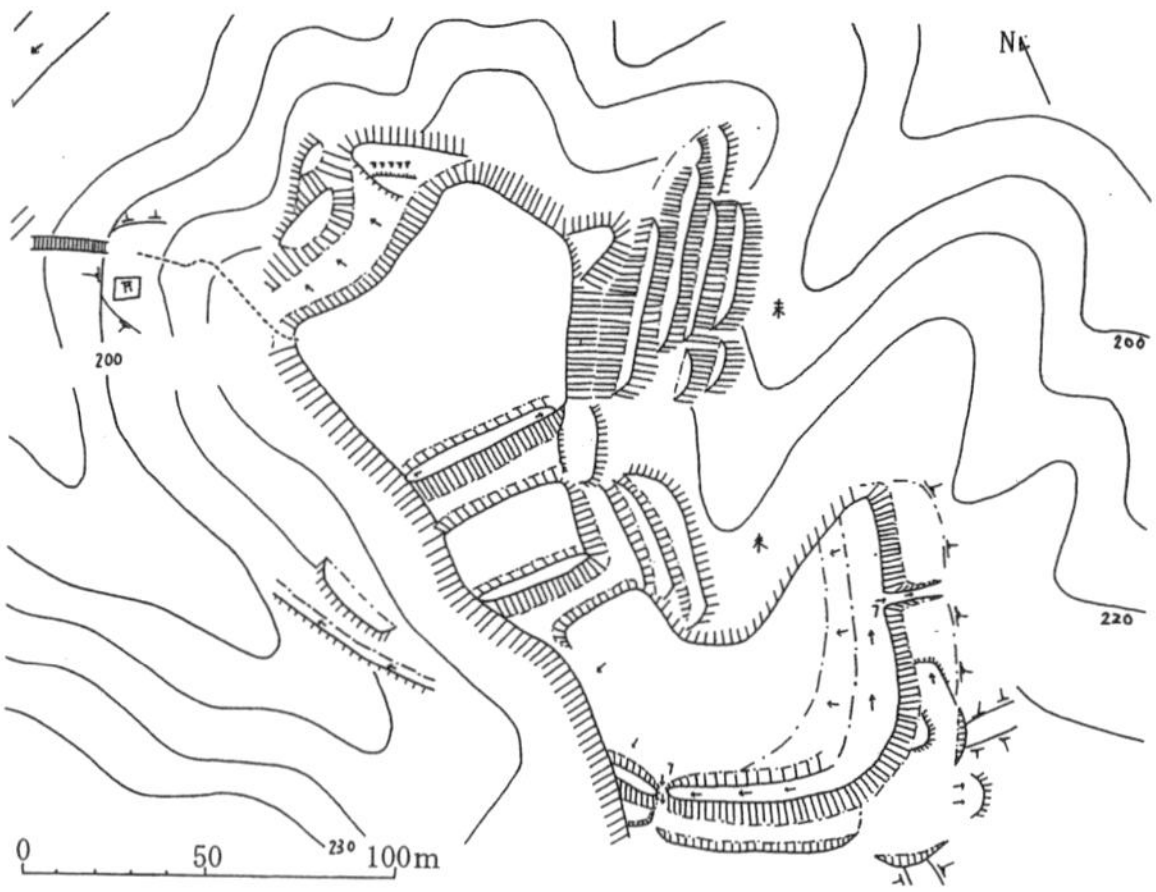

図３　月楯跡の概要図

図４　小谷楯跡の概要図

赤楯跡遠景

＊11　藤木久志『雑兵たちの戦場　中世の傭兵と奴隷狩り』（朝日新聞社、一九九五年）。

て造ったものだろう。

大石田町の里楯跡、新庄市の盃森楯跡、最上町の東法田楯跡、戸沢村の平家楯跡は、村近くの山にあり、遺構は小規模で村人の工事量で構築可能で、楯主の名は残っていない。そのうち、盃森楯跡と平家楯跡には、今も信仰される石仏が立ち、村との深い係わりがみられる。したがって、これは村人の戦時の避難所、すなわち村の城とみられ、争乱は豪族間の戦争だけでなく、村と村とが争う合戦もあったろう。

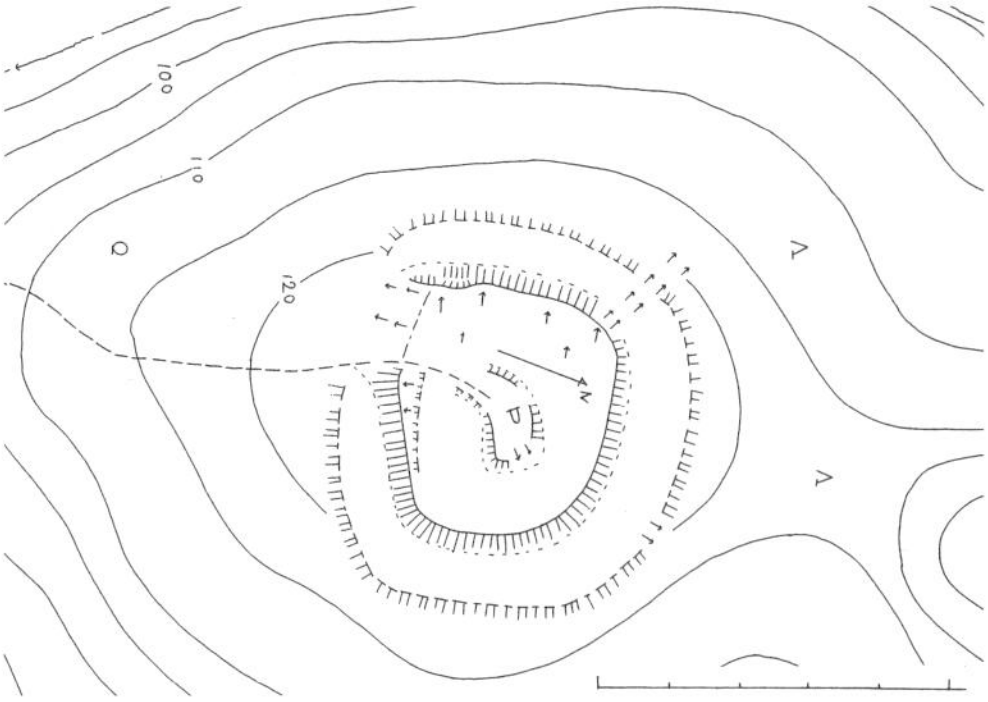

図５　盃森楯跡の概要図

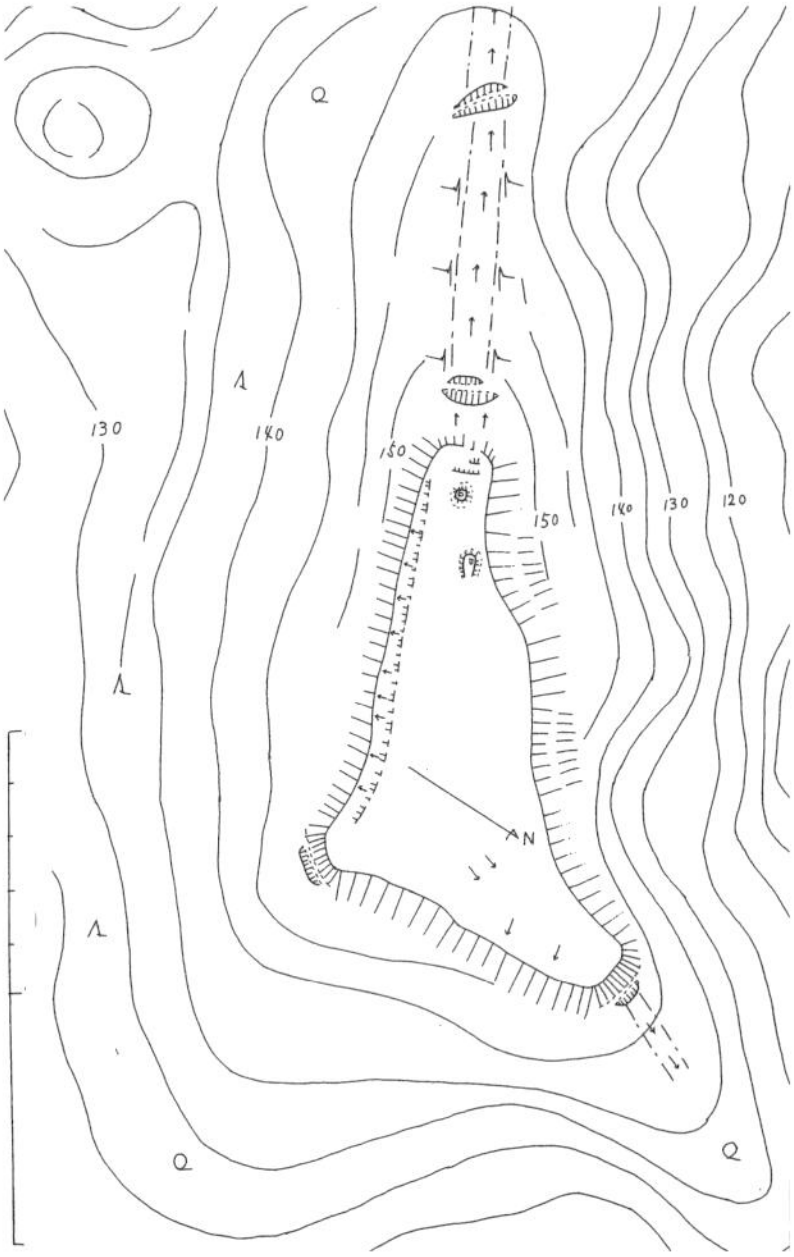

図６　平家楯跡の概要図

里楯跡遠景

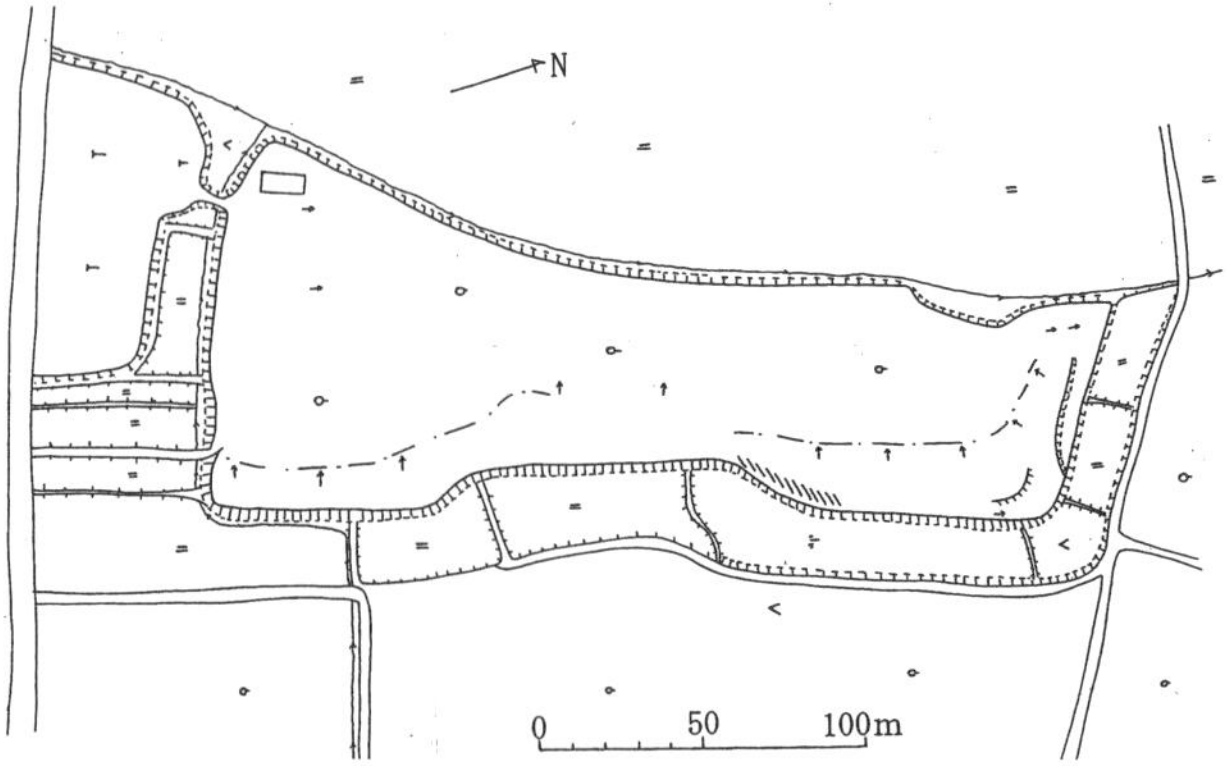

図７　長瀞本楯跡（東根市）の概要図

高野山観音院過去帳

かつて仙台藩伊達氏の宿坊だった高野山観音院《こうやさんかんのんいん》の過去帳が、貞享三年（一六八六）に写された。その「高野山観音院過去帳」*12に、当地域の多くの人名と地名が載り、戦国期に豪族と家族が高野山に参詣したことがわかる。最上から参詣した主なものを南から順にあげると、「永正十二年最上上山小関伊豆殿内方、最上郡山形殿源長松丸、最上山形殿御内土佐、天文十六年モカミ中野殿大方サカヘ殿姉、弘治元年山カタモンテン遠江守、大永三年最上天童蘭科肥前殿、最上谷地斎藤右京進、永正十六・天文六最上長瀞殿、永正十八年最上長トロ和田伊賀・女性、永正十二最上楯岡青山大隅、永正十年立岡タモ山鈴木丹後公、永正十二年蕙（ヲハナ）沢細谷豊後・細谷豊後守内、最上小田嶋二藤袋与三左衛門、天文四年小田嶋庄長沢三河守、天文十七小田嶋庄小国細川殿直堅」となる。

この史料をみると、時期は永正十年（一五一三）から弘治元年（一五五五）までで、地域は上山、山形、天童、谷地、長瀞、楯岡、尾花沢、長沢（舟形町）、小国（最上町）に及ぶ。注目されるのは古代には村山郡であった谷地・長瀞・楯岡が最上とあり村山地名が消失していることと、尾花沢の二藤袋が小田嶋、現在の最上地方の長沢と小国が小田嶋庄と呼ばれることである。そし

長瀞城跡の水堀

＊12　仙台市博物館『市史せんだいVOl.十二』（二〇〇二年）。

て、最上川近くの本楯から移り長瀞城を本拠とした長瀞殿は、永正十六年（一五一九）の十八年後、天文六年（一五三七）にはその子が夫婦での参詣が記録される。また、のちの義守とみられる山形殿長松丸は土佐と同行し、長瀞の和田伊賀《わだいが》と尾花沢の細谷豊後《ほそやぶんご》は夫婦で参詣している。おそらく、単独参詣は少なく、家中や夫婦の集団参詣が多かったのだろう。この高野山参詣は全国各地から広く行われたとみられ、戦乱の世とされる戦国期が高野山までの安全な旅行が保証された、交流の時代だったことを語る。

それでは、当地方からどの道で高野山参詣をしたのであろうか。その手がかりに、伊達稙宗《たねむね》が、永正十四年（一五一七）に、将軍足利義稙《よしたね》からの偏諱《へんき》と左京大夫《さきょうのだいぶ》任官口入れ御礼のために京都に送った使者、頤神軒存奭《いしんけんぞんせき》の経費報告書がある。*13 報告書には京都にのぼった道も書かれ、伊達領を出発し越後に抜け、信濃《しなの》川を渡って越後府中《ふちゅう》に寄り、越中を通り加賀から敦賀《つるが》に至り、陸路で京都に入っている。このように、伊達領からの上京は、北陸道《ほくりくどう》をすべて陸路でのぼり、途中の河川で舟守や渡守に金を支払って渡り、難所の峠では人足を雇い越え、越前近江境の関では関銭を支払い通過している。したがって、当地方からの高野山参詣の道は、北陸道からの陸路と考えられる。高野山参詣の道沿いの領主と被官にとって、旅行者のおとす関銭《せきせん》などは大きな収入源でもあり、旅行の安全を援護したのだろう。

天正十二・十三年の画期

ここでは、まず谷地城主の白鳥《しらとり》氏殺害を語る、兵庫県立歴史博物館所蔵の「六月十二日山形殿宛て政宗書状」*14 を紹介しよう。

書状には、「その元において白鳥並びに氏家方生害のよし、内々御心もとなく存じ候て、使い

*13　永原慶二「伊達京上使の経費報告 ―頤神軒存奭算用状について―」『室町戦国の社会 商業・貨幣・交通』（吉川弘文館、一九九二年）。

*14　武田喜八郎「山形殿宛ての伊達政宗書状について」（『羽陽文化』第一四九号、二〇〇五年）。

に鉄砲なるとも指しそえ、進ずべく存じ候処に、とかくなくとり静められ候よし承り候」とある。花押から判断すると天正十二年（一五八四）となり、伊達政宗から最上義光に宛てた文書となる。内容から白鳥十郎討伐に伊達政宗が鉄砲を送ろうとしたほど激しい合戦が起こり、義光側近の氏家方にも死者がでたことがわかる。軍記物「最上記」に、「山形城寝所で、義光から欺かれ病気見舞いに参上した白鳥十郎が枕元で一刀両断のもとに殺害された」とあるのは虚構と判明する。書状で義光のところで白鳥十郎と氏家方が生害したとあるので、白鳥十郎が欺かれていった山形城近辺での出来事と考えられる。この白鳥氏殺害こそ、義光の最上統一への一歩であった。

かくして、白鳥十郎を謀殺した義光は直後に寒河江氏を攻略し、十月に天童氏を激しい合戦のすえに奥州に逐った。そして、天童氏と同族ながら義光に味方し、天童氏後継をねらった成生氏を追放して、天童氏と姻戚関係にあった国人小国細川氏を滅ぼした（「天童軍記」）。

また、「延沢軍記」によると、最上下郷八楯の楯主である長瀞氏と尾花沢氏は、長瀞・尾花沢ともに天童没落のときに山形に降参せずに自落した。このほか井出楯跡（大石田町）の太田氏、川前楯跡（大石田町）の安部氏、寺内古楯跡（尾花沢市）の野後氏、塩の沢楯跡（大石田町）の日野氏に滅亡伝承が残る。そして、天正十三年春、鮭延氏が激しい合戦ののち、義光に降伏した。

このように、天正十二年から十三年は、「延沢軍記」に最上下郷八楯は「組合」とあり、事前協議を原則とするなど、最上の豪族衆が一揆を結び横の連携で地域の問題を解決した世界が終焉した年となった。そして、百年以上も続いた豪族が史上から消え、自立した地域領主から最上義光の家臣となる、歴史上まさに画期の年となった。こうして、最上統一合戦に勝利した最上義光は、かつて大宝寺義氏に仕え、庄内の事情に明るい鮭延越前守を使い庄内攻略に乗り出し、戦国大名への道を歩むこととなった。

最上義光銅像　義光は父子の争いや最上統一戦などいくどの激戦をくぐりぬけ、戦国大名最上氏の礎を築いた武将である　山形市・霞城公園内

二、大宝寺氏と戦国争乱

出羽国主「大宝寺氏」

近年、大宝寺氏の評価が高まっている。かつて遠藤巌氏は、「(大宝寺氏は)永享年間に将軍足利義教・管領細川持之と連携するなかで御扶持衆となっており、後世の「悪屋形」大宝寺義氏で知られる屋形称号も、この時期の御扶持衆大宝寺教氏《のりうじ》に始まると考えられる」とし、大宝寺氏は室町期に守護大名級の屋形号を与えられ、室町将軍家と直接関係を結ぶ京都御扶持衆であったとした。[*1]

加えて、近年では黒嶋敏氏が奥州探題大崎氏と幕府の出羽三山との関係を述べ、「出羽三山の膝下にあたる庄内地方を拠点とした大宝寺氏は、室町期の奥羽を考えるうえでも興味深い氏族である」[*2]とする。

そして、杉山一弥氏は、室町前期の大宝寺教氏・淳氏《あつうじ》・建氏《たけうじ》は幕府中枢の斯波本宗家(義教・義淳・義健)からの一字拝領・偏諱《へんき》と考えられ、「(大宝寺氏は)室町期の政治組織のうえでもっとも重要な二氏(斯波氏本宗家、鎌倉府山内上杉氏)と私的関係を結ぶき極めて特異な国人であった」[*3]と評価する。さらに、大宝寺政氏は足利義政、子澄氏は足利義澄、孫晴時は義春から一字拝領した偏諱《へんき》とみられ、室町中期以降の大宝寺氏は足利将軍との関係を強めていったと述べる。

本項は、大宝寺氏と城、そして永禄・天正年間の鮭延・清水進攻とそれにかかわる城を主題とするが、はじめに大宝寺氏について整理しておこう。なお、呼び名は粟野俊之氏が、史料分析で

＊1　遠藤巌「京都御扶持衆小野寺氏」(『日本歴史』第四八五号、一九八八年)。

＊2　黒嶋敏「京・鎌倉と東北」『東北の中世史三　室町幕府と東北の国人』(吉川弘文館、二〇一五年)。

＊3　杉山一弥『室町幕府の東国政策』(思文閣出版、二〇一四年)。

戦国期に大宝寺氏、その本城は大浦城と呼ばれたことを明らかにしており、[*4]それに従う。

大宝寺氏は、九州小弐《しょうに》氏の祖・資頼《すけより》の弟氏平《うじひら》が大《おお》泉庄《いずみしょう》地頭となったのが始りといい、藤原系武藤《むとう》氏の出自とされる。宝徳元年（一四四九）、醍醐三宝院の由利赤宇曽領の年貢が小介川《こすけがわ》氏によって拒絶されたとき、相談相手として進言されたのは、「大宝寺にても大崎殿様にても仰せ談ぜられべく候か」（醍醐寺文書・『荘二』一七五）とあるように、奥州探題大崎氏と大宝寺氏であった。奥州随一の権威者大崎氏とともにあげられ、室町後期に大宝寺氏は出羽国きっての有力国人となっていた。そして、寛正元年（一四六〇）、室町幕府から鎌倉公方足利成氏《あしかがしげうじ》討伐の命令が出羽国では山形氏と天童氏、大宝寺氏にくだされた（御内書案・『荘二』一七六）。大宝寺氏は羽州探題山形氏のもとではなく、庄内地方の豪族に対し命令できる軍勢催促権を有していたのだろう。

その二年後、寛正三年（一四六二）に大宝寺淳氏は出羽守に任じられた（御内書案・『荘二』一七六）。その翌年には、お礼のために上洛し、良馬十頭を献上した。さらに、将軍義政《よしまさ》に謁見し、京都滞在は約八か月に及び、室町将軍家との密接な関係を構築したとみられる（蔭涼軒日録・『荘

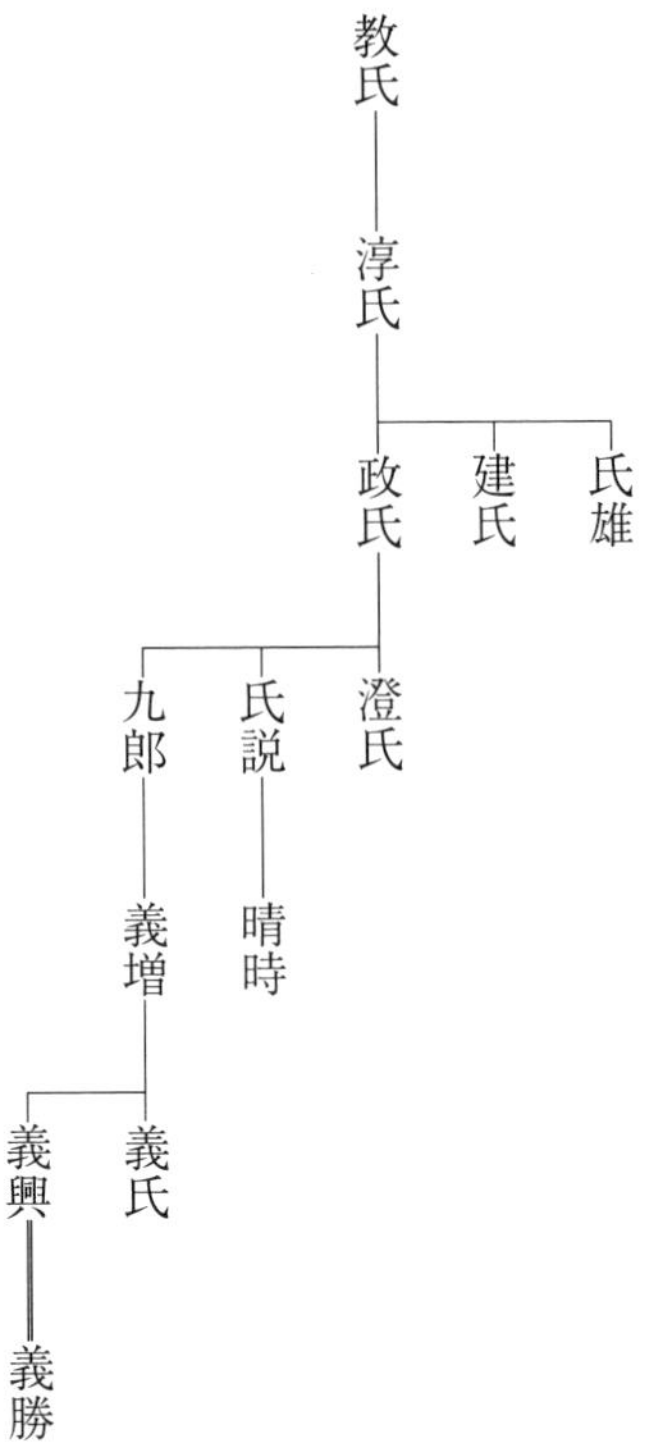

大宝寺氏系図（「大日本出羽国大泉荘当家藤原殿前七代系図」による）

＊4　粟野俊之「戦国期における大宝寺氏権力の性格―上杉氏・土佐林氏との関係を中心として―」（『山形史学研究』第十九号、一九八三年）。

二』一七七・九）。この上洛のとき、土佐林氏も同行して馬一頭を献上し、「蜷川親元《にながわちかもと》日記」（『荘二』一八二）に大宝寺若党とある。

ここで注目されるのは、出羽守に任じられたことで、名目的な官職とはいえ、出羽国随一の国人と認められたこととなり、「出羽国大泉荘三権現記」（『荘二』一）は戦国期の当主義増を「国主」と書く。また、「蜷川親元日記」（『荘二』一八一）に土佐林氏が被官とあることも重要で、「出羽国大泉荘三権現記」の文安二年（一四四五）に「羽黒山御本社御建立あり。国主土佐林和泉守殿御建立なり」と書かれ、藤島に本拠をおき自立し当国国主とある土佐林《とさばやし》氏が、このとき大宝寺氏に従っていた。

なお、羽黒山別当《はぐろさんべっとう》の地位は、淳氏の子・政氏のときに初めて兼ねたといわれ、「出羽国大泉荘三権現記」によると、羽黒山の惣宗徒《しゅと》八千八坊のうち、表口の大宝寺衆徒は三千五百坊と卓越していたとされ、羽黒山の財力と軍事力を掌握した大宝寺氏権力はいよいよ増大したとみられる。

それでは、将軍家との直接的関係を結んだ武器はなんだろうか。それは、当時第一級の献上品とされた貢馬《こうば》と考えられる。史料に貢馬記事が頻繁に登場し、土佐林氏も将軍義政に馬三頭を献上し、義政の乗馬となるなど、大宝寺の馬はいずれも良馬だった。

この献上馬について、『鶴岡市史』[*5]は庄内産とし、いくつかの牧地名をあげる。それをうけて、私も「まき」地名を『山形県地名録』[*6]から集積したことがあり紹介しよう。鶴岡市日枝小真木原、鶴岡市上田沢真木ノ内、鶴岡市藤沢小巻嶋、鶴岡市槇代、鶴岡市越沢槇ノ台、庄内町狩川真木、庄内町大真木、庄内町常万槇嶋、庄内町科沢真木坂、酒田市中牧田、酒田市牧曽根、酒田市小牧、酒田市大宮槇野と十三ケ所あり、それは牧場の遺名とみられ、室町期に庄内各地に牧場があり、馬が飼育されていたことを語る。

＊5　鶴岡市『鶴岡市史上巻』（一九六二年）。

＊6　山形県郷土研究会『山形県地名録』（郁文堂書店、一九三八年）。

庄内争乱と大宝寺城

庄内の戦国争乱は、川南の大宝寺城に本拠をおく大宝寺氏と、川北の砂越《さごし》城に本拠をおく砂越氏の争いを主軸として展開された。砂越氏の出自は明らかでないが、大宝寺政氏の兄氏雄《うじかつ》が入り、惣領政氏の計らいで、氏雄は文明十年（一四七六）信濃守を受領している。したがって、官位からみて砂越氏は有力家柄の出自と思われ、大宝寺家から養子が入り大宝寺庶家ともなった。そして、各地に所領を持ち、川北の豪族を糾合する地位にあり、庄内の覇権をめぐり、しだいに宗家の大宝寺氏と対立することとなったと考えられる。

「出羽国大泉荘三権現記」によると、「永正九、大宝寺・砂越一乱。東禅寺合戦。大宝寺衆徒千余討死」とあり、大宝寺軍が進攻し、東禅寺（酒田）で合戦が起こり、大宝寺方は衆徒千余が討ち死にする大敗をきっした。翌年には、「砂越城主万歳丸殿家老父子共に、田川において討たる」と書かれ、進攻した砂越軍は田川で砂越氏雄父子が討死する大敗となった。この砂越父子討ち死には、「耕雲慈堂老納法語」（『荘一』一九六）にもあり、史実と考えられる。

「出羽国大泉荘三権現記」には、その後も「天文元年砂越殿大将にて、土佐林殿御追罰のため一乱あり」、「天文三年余目安保殿御一門方、御家人共に赤川において百余討たる」、「天文十八羽黒山上・下旬父子追罰」と合戦記事が載る。それを「来迎寺年代記」（『荘二』二）は、天文元年合戦を「崇禅寺般若寺炎上、その他大宝寺内亡処となる。三庄中動乱、総光寺破る」、天文十八年合戦を「羽黒下旬生害父子、同上旬・下旬は越山、羽黒悉く滅亡」と具体的に載せる。この頃、最上でも伊達稙宗の進攻があり合戦が頻発し、慈恩寺と山寺立石寺が焼かれた。これを『慈恩寺伽藍記』は「郡中兵乱」、『慈恩寺金堂造営勧進状』は「国中の乱逆」と記す。[*7] 永正から天文年間

＊7　寒河江市『寒河江市史上巻』（一九九四年）。

は、まさに山形は戦国戦乱の最盛期だった。

　なお、菅原義勝氏は、庄中動乱の際に湊安東氏や最上氏に仲裁を依頼し、それが受け入れられない場合には、廿八一家・外様・三長史が大浦に集まって相談し治定したとし、非常時に庄内諸氏による自治意識をもって紛争解決に望んだとする。[*8]

　ここで、大宝寺氏の本拠、大宝寺城について考えてみよう。『鶴岡市史』[*9]に大宝寺城は「義光の隠居城として直轄され、特別に力をいれて建設されたようである。大宝寺城は天文年間武藤氏に捨てられた後は、尾浦の枝城の役割を果たしていたが、十五里ケ原の戦いの時に、越後軍のため に焼き払われ占領されてしまった」とあるのをはじめ、大宝寺城が鶴ケ岡城の前身とするのは定説といっていい。

　しかし、赤川近くにある大宝寺に大宝寺城があったとの調

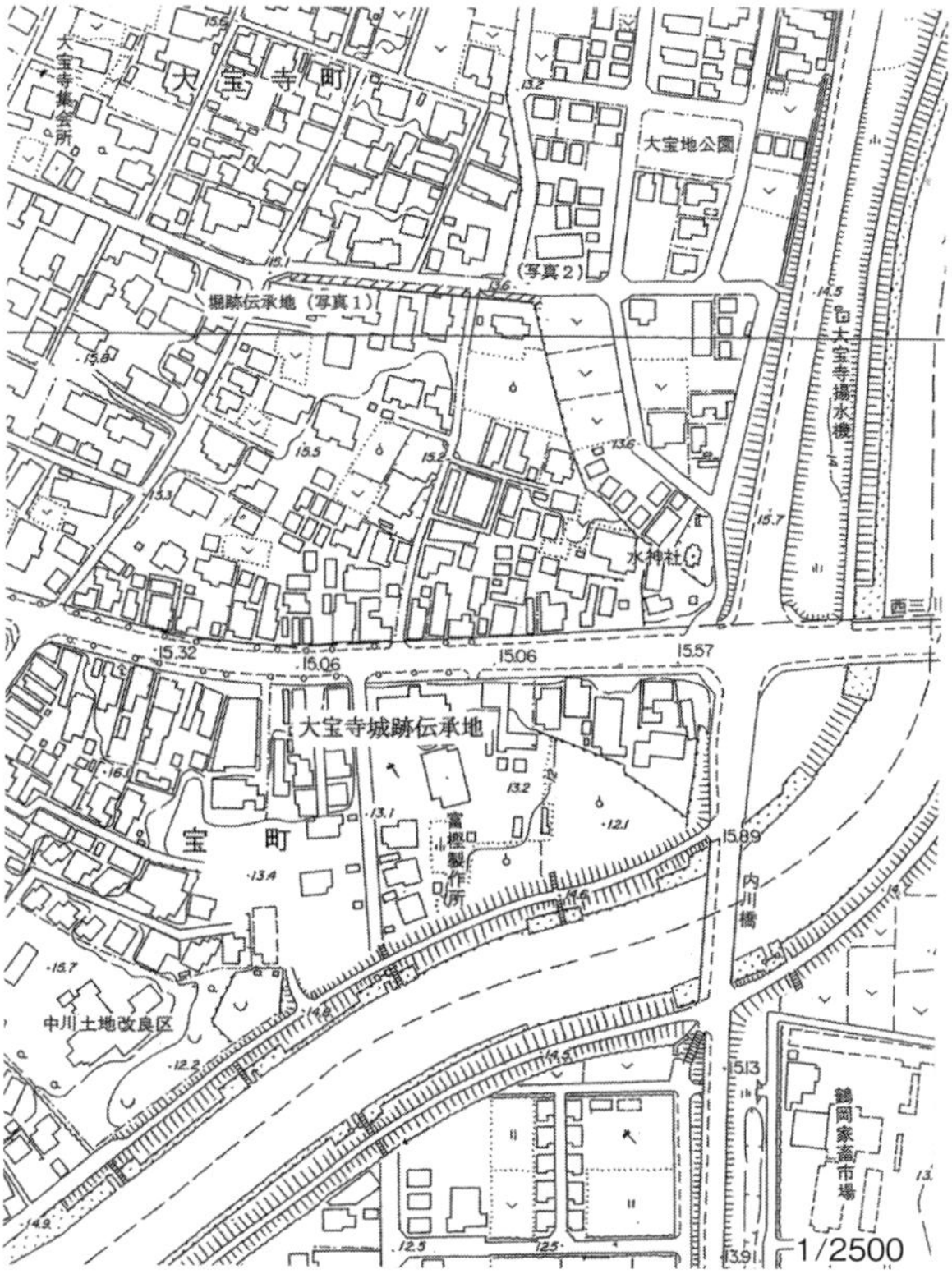

図８　大宝寺城跡比定地（堀宗夫『さあべい』27号〈2011年〉）による

＊8　菅原義勝「大宝寺氏と越後国主上杉氏」（『駒澤大学大学院史学論集』第四十号、二〇一〇年）。

＊9　鶴岡市『鶴岡市史上巻』（一九六二年）。

査があり紹介しよう。城研究家の堀宗夫氏と地元研究者は、『筆濃餘理』[*10]に「羽黒山別当職は武家もちにて、武藤氏なり。下大宝寺に居城なり」とあることから、下大宝寺とは現在の大宝寺地区ではないかと調査をすすめ、「大宝寺城跡」伝承と、堀跡があったとの伝承を確認して報告した。[*11]したがって、天文元年、砂越氏の攻撃で大宝寺が亡処となり、赤川の洪水もあり山城大浦城に移ったとされ、大宝寺城は赤川べりにあったのだろう。

そもそも大宝寺氏が赤川べりに拠点をおいた理由は、河川交通の要地であること、北方の砂越氏に対し赤川が防御線となること、そして赤川近郊の低地開拓と考えられる。砂越氏の本拠である砂越城も最上川べりにあり、選地の理由は同じだろう。さらには、内陸の山形城もまた、戦国期には馬見ケ崎《まみがさき》川べりにあり、選地理由は北方に対する防御、そして河川流域の開発だったろう。なお、馬見ケ崎川は近世に鳥居《とりい》氏改修により流路が変更された。

それでは、大宝寺城はどのような特徴があったろうか。それは大宝寺氏の将軍家との密接な関係からみて、京都の将軍邸を模した「花の御所」[*12]型と考えられる。城の全体は方形で、花の咲き誇る庭園を見る会所のある施設だったろう。

土佐林禅棟の鮭延・清水進攻

比較的史実性の高いとされる「大泉庄当家藤原殿前七代系図」（『山二』四三一頁）に、大宝寺晴時は子のないまま、天文十年（一五四一）に二十二歳で死去したとある。その後、砂越氏に一時養子に入ったという弟四郎と従兄弟九郎の後継争いがあり、鶴岡市の藤島城を本拠とする土佐林禅棟らの支援をうけた九郎が勝利し、当主となり義増と名乗ったとされる。[*13]しかし、先の系図に義増はみえず、新九郎とあり官職名も書かれない。また、大宝寺義増の一次史料はみつからず、

藤島城跡の水堀

*10　鶴岡市『鶴岡市史資料編荘内史料集二・三』（一九七七・八年）。

*11　堀宗夫・大沢淳志・中野喜吉「大宝寺城跡を考える」（『さあべい』第二三号、二〇〇七年）、堀宗夫「中世の大宝寺城跡について」（『さあべい』第二七号、二〇一一年）。

*12　小島道裕「国人館と守護所」『史跡で読む日本の歴史七　戦国時代』（吉川弘文館、二〇〇九年）。

土佐林禅棟《ぜんとう》が多くあり、大宝寺氏は土佐林禅棟が担ったようにみえる。はたして、義増と禅棟はどのような関係だろうか、これからの検討課題である。[*14]

その大宝寺義増は、永禄十一年（一五六八）、武田信玄《たけだしんげん》に通じて上杉謙信《うえすぎけんしん》に反乱した本庄繁長《ほんじょうしげなが》の乱に加担したが、謙信の圧力をうけて降伏したとされる。おもな降伏条件は、「（城）三ヶ所破却のこと」、「杖林斎（土佐林禅棟）を証人とすること」、「満千代殿（のちの義氏）を春日山城に入れ、家中の子息を供させること」であった（上杉家文書・『荘二』二二四）。とくに注目されるのは、三ヶ所の城破却で、これは中枢の曲輪を空堀で掘り刻み今も痕跡が明瞭に残る、庄内平野の喉元をおさえる位置にある湯田川三楯と考えられる。これら三楯は、中世の越後と庄内を結ぶ基幹道、越後小国街道《おぐにかいどう》から大浦城への関門となる大日坂峠《だいにちざかとうげ》にあり、入口に七日台楯、山頂に石堂山楯、出口に藤沢楯と象徴的な場所にある。そして、曲輪を潰す掘込みは、縁辺は外目でも見えるように広く深い。その遺構は、三楯ともに二条以上の鋭い堀切をもち、それは切岸をもつ曲輪群を重ね主要な防御施設とする最上の城との顕著な違いとなる。かくして、堀は大宝寺氏系の城の特徴と確認でき、かつ三楯は永禄十一年の編年指標として価値が高い。

同じ永禄年間（一五五八〜一五七〇）、大宝寺氏は鮭延・清水に進攻し、ほぼ支配下に治めたが、主導者は土佐林禅棟であった。その動きをみよう。

まず、「山形へ人々御中宛て清水義高書状写」（曽根家文書）は、清水義高が山形氏に宛てた書状で、斯波一族の清水氏と宗家山形氏との関係がわかる書状である。文中には「古口兄弟の面々」、「かの要害堅固安全のいたり」とあり、庄内との国境の要害、古口を兄弟で守っていたことが判明する。その古口楯跡は、角川《つのがわ》が最上川に合流する舟運の拠点にあり、舌状台地を空堀で切断し、複郭構造をもつ。ここにみえる清水義高《よしたか》は、「清水家系図」[*15]によると、清水氏五代で永禄八

＊13　金子拓「最上氏と出羽の領主」『東北の中世史四　伊達氏と戦国争乱』（吉川弘文館、二〇一六年）。

＊14　胡偉権氏は、「晴時が没する以降、大宝寺宗家は一時無力化し、「庄中一統取り詰め」、「一家、外様、三長史大浦へ集来し相談し治め定め候」とあるように、庄内は一時衆議体制となり、禅棟は代理者として大宝寺氏の権力を支えたのではなかろうか」とする（「土佐林禅棟に関する一考察」『山形県地域史研究』四〇、二〇一五年）。

＊15　「清水家系図」『郷土史料叢書第三輯　戸沢氏以前史料集』（新庄図書館、一九六七年）。

年（一五六五）の庄内合戦で本合海《もとあいかい》と清水山間の鳥打場で討ち死にしている。つまり、本史料は永禄八年以前と考えられる。

次に、「狩川駅御宿所宛て土宮内少輔氏慶書状写」（『荘二』二四二）は、「鮭延への人数相立つべきため、藤島の地へ罷りこし候」とあり、土佐林禅棟の子氏慶《うじよし》が本拠地藤島にきて、狩川駅に対しても鮭延攻めのために出陣を求めた書状である。文中に、「一番のところ頼み入るべきのよし、申さるる事に候」とあり、軍勢に強者をあてるよう要請している。

そして、永禄九年（一五六六）とみられる「四月八日付け大高筑前守御宿所宛て杖林斎禅棟書状」（『荘二』二三三）は、清水進攻の様子を述べる。「さる三日、清水へ調議をいたし、不慮に相当たり、すなわち彼の物主義氏を抱え取り候。しかる条、彼の親類二・三十ヶ処在城をかまえられ候衆、ことごとく此方へ罷り出られ候」、しかし「長沢とよぶ仁罷り出でざる故、一二ヶ所いまだ罷り出でず候」とある。大意は、「清水を攻めて城主義氏をとらえ、親類二・三十ヶ所の城衆が当方に従うようになった。しかし、長沢氏が降伏しないために、一、二ヶ所が従わない」となる。文中の義氏《よしうじ》とは清水義氏で、長沢氏は長沢楯を本拠とする、曽我氏末裔という国人長沢氏のことである。その長沢氏の本拠・舟形町の長沢楯跡は山城と居館からなり、山城は大規模な空堀で区画し、尾根に曲輪を重ねる構造である。

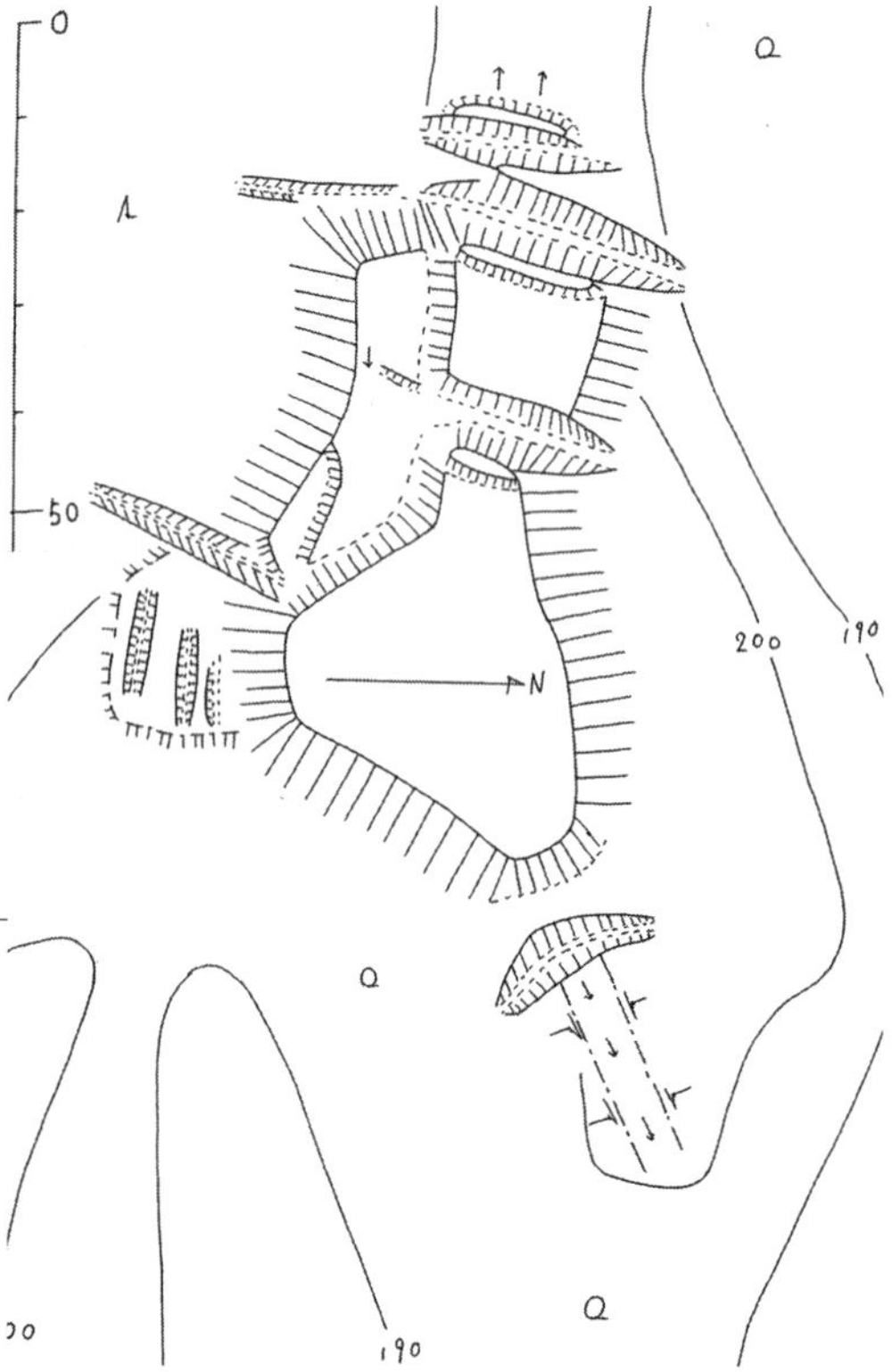

図9　長里楯跡の概要図

この合戦で捕えられた清水義氏は「清水家系図」によると、永禄八年に討ち死にした義高の子で、のちに娘は義光に嫁ぎ、義光との間に生まれた子義親《よしちか》が後嗣となった。このときの大宝寺勢の進攻は、猿羽根氏や岸氏も攻撃対象としたらしく、舟形町の猿羽根楯跡をにらむ位置に手倉森楯跡、戸沢村の大楯跡をにらむ位置に姥楯跡と、大宝寺軍の陣城跡がある。そして、そのとき岸氏は攻撃をうけて、大楯から防御性の高い奥まった山城である本城楯に拠点を移したと推測される。

その後、清水・鮭延の大宝寺支配地に番手が送られた。上杉輝虎家臣に宛てた「（永禄十二年）閏五月七日杖林斎禅棟書状」（『荘二』二三四）に「清水・鮭延数ヶ所に番手さしおき」とあり、支配地は「出羽国大泉荘三権現記」によると、「国主武藤出羽守殿御代、庄内二郡・最上鮭延五ヶ所・さばね山まで」と鮭延・清水の大半が大宝寺氏支配下にあった。各地の楯のうち、真室川町の長里楯跡は堀で防御し庄内系の特徴をもち、大宝寺氏の影響下のもとに造られたとみられる。

やがて、鮭延口の戦乱は収まった。下国愛季《ちかすえ》家臣の大高筑前守に宛てた「杖林斎禅棟書状」（『荘一』二四七）に「鮭延口の儀、山形より一和の取りなしにおよばれ候間、無事につき候」とあり、鮭延口の争いが、山形からの取りなしによって収束した。この和睦により、鮭延氏は最上川近くの本拠地、岩鼻から真室に移ったと考えられ、最上川近くの台地に戸沢村の岩鼻楯跡があり、圃場整備事業のためにわずかに大規模な土塁の一部を残す。

大宝寺義氏の土佐林氏討伐と鮭延・清水進攻

元亀二年（一五七一）、大宝寺義氏は土佐林氏と一党の竹井《たけい》時友《ときとも》や桜井《さくらい》氏を討伐した。その抗争は、「八月十八日付け雨順斎（本庄繁長）御宿所宛て大宝寺義氏書状」（『荘二』一七九）に「高坂・妙味水《しみず》難儀におよび」、「小国彦次郎・同民部少輔父子、菅原常陸をはじめ、家風の者共三十余人

岩鼻楯跡の切断された土塁

成敗を加え候。この上の儀、横山一ケ城の儀に候」とあり、横山城（三川町）や高坂楯（鶴岡市）が戦場となり、小国氏が加担した広範なものであった。結末は、「八月二十七日付け本庄殿宛て大宝寺義氏書状」（『荘二』二六五）に「竹井成敗のとき土佐林家風の者共、降参いたし候につき助け置き候処、桜井を始め、一両人谷地館へ籠り妙味水の地へ内通致し、すなわち陣中を破り、当所においても火の手をあげ」たので、押し寄せ、「彼地にあい籠り候桜井をはじめ百余人の者共、一人も洩らさずことごとく討ちすて候」とあり、土佐林一党は没落した。

かくして、大宝寺家中を主導してきた土佐林氏は失脚し、大宝寺義氏の時代が始まる。天正六年（一五七八）には「川北も皆々一同に、大浦へ奉公申さるべきのよしに候」（「歴代古案」・『荘二』二七五）と川北を掌握し、観音寺城に拠る有力国人・来次氏には知行地を与えて慰留した。

その観音寺城跡（酒田市）は、来次氏菩提寺・円通寺の背後丘陵に大空堀で二つに区画し曲輪群があり、城主と家臣団が常住したのだろう。そして、天正七年には安土城の織田信長に馬五頭と鷹十一羽を献上した（『信長公記十二』・『荘一』二七七）。「大泉庄当家藤原殿前七代系図」には、左京大夫出羽守とあり、大宝寺の屋形と呼ばれ（「湊・檜山合戦覚書」・『荘二』四）、全盛期をむかえる。

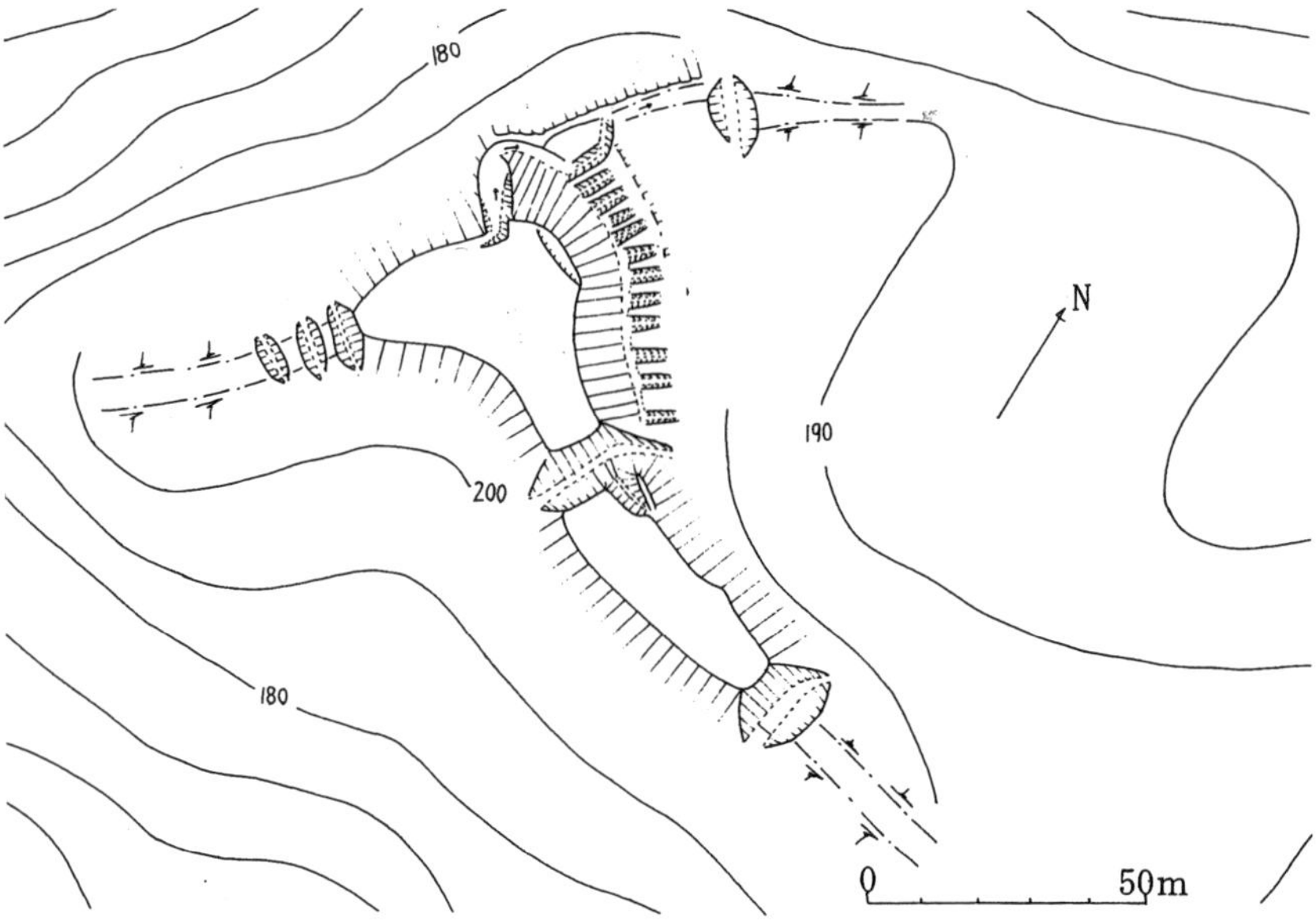

図10　田沢楯跡の概要図

さらに、由利方面と鮭延・清水方面への進攻を開始する。ここでは、鮭延・清水方面をみよう。「三月五日付け山辺殿宛て（大宝寺義氏家臣）七森雅楽助氏信書状写」（『横』一一六）は、義氏の鮭延進攻を語る。*16 これによると、大宝寺勢が鮭延に進攻し、要衝田の沢を落城させ、そのほか地下の者の籠もる近辺の楯四・五ヶ所を押し払い、新城・古口に陣を手配したとある。古口が支配下でないのをみると、進攻口は、飽海《あくみ》郡から鮭延への山越えであった。

この文書中の名城「田の沢」とは、最上川の鮭川合流点対岸、戸沢村の田沢《たのさわ》楯跡で、高峻な山頂にあり空堀で防御性を高めている。また、ここは清水・仙北・小国方面に通じる要衝の地にある。この田の沢攻防に関する記事が「板垣河内覚書（永田茂右ェ門提出）」（『横』一一五）にあり、「鮭延田の沢にて天正十年の合戦に首壱つ、ただし、最上譜代の者に候」と書かれている。年次の記憶違いを考慮すると、山辺氏宛て書状は天正十年前後と考えられる。

注目されるのは、この史料で山辺氏の動きがわかることである。義氏は「御一味中異儀なきのよう仰せあわされ、御弓箭長久持ちつめらるべき儀肝要に候。御当方のこといかがとも候て、寒河江筋の路次これをあけられ、一勢助成を加わるべき御評議までに候」と支援を約束する。したがって、このとき、山辺氏は一味中で義光と戦い、大宝寺義氏と連携していた。山辺氏は天正二年（一五七四）段階では天童氏とともに義守方で、一味中とは天童氏と思われ、寒河江筋の路次を確保してから助勢するとあるのは、義光方となった中山氏を想定したと考えられる。

その後、義氏軍は鳥越楯に向かった。「二月四日付け天童殿宛て楯岡満茂書状写」（曽根家文書）は、「今般鮭延滅亡到来、野辺沢縁好のうえ」から、楯岡満茂は鮭延に助勢のために出陣したが、「鳥越の地攻めまいり、籠衆一人も残らず討ち殺す、その後、新城の地中楯まで相破り、焼却うんぬん」と鳥越楯は落ち全員が殺害された。その後、新城は中楯まで破られ、「猿羽根降意のために

＊16　「鮭延のうち田の沢とよぶ地、清水・仙北・小国方々へ通隔いたし候。雑々調法におよばれ候へ共、名城に候間まかりならず候ところに、今月朔日多人数引きたてられ時刻なく攻めつぶされ候。その外地下の者共あい籠り候地四・五ヶ所押しはらわれ候条、清水口へのことはもってのほか難儀のよし申しなし候間、即時に新城・古口へ陣取らるるべく御手配仰せつけられ候」とある。

版本に描かれた織田信長『絵本豊臣勲功記』当社蔵

罷りでられ候、清水両城ばかりに候条」と猿羽根は降参し、残るは清水城など二城ばかりとなったと聞いた、と天童氏に報告した。これは、大宝寺義氏が真室を拠点に鳥越・新城へと展開した軍事行動に対し、鳥越氏が同族延沢氏に救援要請をし、延沢氏の姻族楯岡氏が助勢に駆けつけたと理解される。籠城兵全員が殺害された新庄市の鳥越楯跡は、階段状に多数の曲輪を重ね、沢には屋敷跡とみられ短冊状曲輪群をもつ。

こうして義氏の進攻作戦は順調に推移し、天正十年と推測される「七月十二日付け金沢殿宛て義氏書状写」（『横二』二九）に「鮭延中の備えのことも涯分《がいぶん》下知におよぶべく候、すこしも心元なくあるまじく候」とある。また、文中に「上最上口もっての外混乱の儀しゅったいにつきて、数ヶ所より当庄悃望、わけて山辺とよぶ方今般一乱の物主に候」と、最上は山辺氏により混乱状態にあると述べ、山辺氏の動きが続き、この間、義光は山辺氏対応をしていたとみられる。なお、天正九年（一五八一）、義光は神主八郎に「山辺南分の内、仁千束仁百五十刈」を与えており（「神主八郎殿宛て義光宛行状」『山二』二二二頁）、山辺一乱に関係すると考えられる。

そのような大宝寺義氏の激しい攻勢をうけて、最上義光は八月七日に大崎氏へ支援を要請した。「大崎殿宛て義光書状」（『横』一二一）に「鮭延頃日にいたりいよいよ逼迫のてい」と鮭延が滅亡するかどうかの緊急事態のなか、「鮭のこと捨がたく候間、予一騎も出張すべく候か」と、捨ておけず義光一騎でも出陣したいとする。そして、「以前よりの御首尾といい、御進発あり庭月引きまわされしかるべく候」と、前からの関係で是非助勢をお願いしたい、そのときには、庭月氏を使われたいと要請した。さらに、「中山とよぶ要害、いまに打ちおかず候の条、なおなお沙汰までをも厳しく申しつけ油断なく候」とあり、伊達輝宗の中山要害対策のために自分は支援できないとする。この史料は天正十年に義光と伊達輝宗が厳しく対峙していたことを示し、天正二年の対決が続いていた。このとき、義光は天童氏とも緊張関係にあり、中山要害普請は天童氏支援の動きともみられ、中山要害は南陽市の岩部山館跡《いわぶやまたてあと》と考えられ、のちに述べよう。

この文中に見える大崎氏と庭月氏との関係を語る史料に、天正五年の「庭月式部少輔殿宛て大崎義隆充行状写」（『山二』九二四頁）があり、「河口名跡の事、先例をもって懇望つかまつり候につき、すなわち宛てがい候」と河口名跡を庭月氏に与えている。文書には「仍執達如件」とあり、佐々木慶市氏は大崎義隆所領宛行状の書留文言に必ずこの文言があるとし、足利将軍家の上意を奉じて出す形式をとっているとする。[*17] かくして、鮭延に大崎氏の勢力が及んでいたとみられ、義光による大崎義隆への鮭延支援要請はそれを踏まえたものであった。

大宝寺義氏の自刃と大浦城

まず、天正十一年（一五八三）三月六日の大宝寺義氏自刃を「聞書」からみよう。

鮭延源四郎（のちの越前守）は二十一歳のときに義氏によって鮭延に入部したが、翌年、大浦城に年頭の挨拶に行き、大宝寺義氏の自害を目のあたりにする。

三月五日の吉日、家老前森蔵人《まえもりくろうど》が庄内の人数を引き連れ由利に向かったところ、一里ほどで引き返し城を攻めた。二日間の激しい戦いの後に、義氏は自身の子を害し、新山林の八幡堂で最期の酒盛りをしたあとに自刃したのであった。源四郎は義氏方として全力で戦い、あわや討ち死にかという場面で、庄内の侍、中村内記・孫八郎兄弟に助けられた。義氏の小姓として仕えた若き越前守は「首をとり、義氏公に見せもうし候ところに、ほめもうされ候に」との一心で働き、「屋形の御最期の所にて切腹いたすべき」と義氏の最期の供に切腹を、との強い思いを語る。

この詳細な義氏自害の記事により、義氏の居城・大浦城の様子がわかる。城は山城で、城中か

＊17　佐々木慶一『奥州探題大崎十二代史』（今野出版企画、一九九九年）。

ら義氏が反乱軍を見たとあり、御殿は平野を見下ろす位置にあった。城に籠もった義氏の兵は「一家衆そのほか取りあわせ三百余」と思いのほか多く、二日間の激しい戦闘が繰り広げられた。戦闘は「坂中にて戦い御座候」とあり、主曲輪下の坂で戦いがあった。

二日目になって源四郎は、取った羽黒山伏の「首を庭へ打ち捨て木戸口へ罷りでて」戦い、夜になって城は「城の二段目に明き家これあるに敵火をかけ、その火角櫓《すみやぐら》に移り候」と火に包まれ、それをみて義氏は裏木戸からでて新山林の八幡堂で自害したのであった。この記事から、御殿に庭があり、二の曲輪近くには角櫓がたち、木戸口と裏木戸があった。かくして、義氏の御殿は平野のみえる場所にあり、御殿への坂で戦闘が行なわれたが、それは平野のすぐ上に主曲輪があり坂を登り入る鶴岡市の大浦城跡と一致する。また、源四郎は御殿から裏木戸を出て義氏の最後の酒盛りの八幡堂にいっており、八幡堂は主曲輪の裏木戸からそう遠くない所にあったが、それは二の曲輪すぐ西側の六mほど高い八幡台曲輪と考えられる。このように、聞書の内容と大浦城跡の現状とが良く合致し、聞書の史実性が裏付けられる。

ここで、大浦城跡について説明しておこう。大浦城跡は酒蔵で有名な鶴岡市大山集落の背後、庄内平野に突き出た比高三六mの低い丘陵、城山にある。ここは眼下に越後と酒田を結ぶ羽州浜街道が走り、背後丘陵を超えると日本海の良港、加茂港にでる交通の要衝であった。大宝寺氏がここを主城としたのは、背後に加茂港があったというのが大きかったと、私には思われる。北と南の上池・下池の所は湿地が広がり、東方には菱津川の流れるという要害の地であったが、低丘陵のため防御性は低かったとみられ、大宝寺義氏と義興、城代中山玄蕃、そして慶長出羽合戦時の松本氏と四度落城を経験している。そのため、大浦城から丘陵続きの、西方高所、高館山に詰め城を造ろうとしたことがあったらしく、曲輪群、虎口、堀切、畝状空堀などの遺構が確認できるが、その状況からみて未完成であったと思われる。

さて、「聞書」によると、庄内の家老である前森蔵人は由利に庄内の軍勢を引き連れ出陣し一里ほどで、軍全員に屋形を攻めるといったが、一人も反対者はなく、それは義氏が行儀法度強く、家中あたりが悪かったからとされる。反乱をおこした前森蔵人は、『湊・檜山合戦覚書』（『荘二』四）に「大宝寺ノ内者」とあり、菅原義勝氏は「大宝寺氏当主の側近として内政面を司る立ち位置に終始していたのではなかろうか」とする。[*18] この前森蔵人の反乱は、聞書には、望んで由利出陣したとあり、翌日には羽黒山伏も支援にきたことからみて事前に根回しした計画的な反乱だろう。

ところで、通説では前森蔵人の謀反は義光に誘われ内通してのこととされるが、そうだろうか。天正十一年（一五八三）は、義光は北の天童氏と対峙し、東は山辺氏の反乱討伐におわれ、南は強力な伊達氏と対峙し、川西には寒河江氏と結ぶ白鳥氏がおり、周囲に難題をかかえ、とうてい庄内作戦を行う状況下になかった。そして、「聞書」は、前森蔵人と最上義光との連携は、前森蔵人が丸岡兵庫を庄内の屋形大宝寺義興に据えて東禅寺筑前となってからとする。したがって、東禅寺筑前は、大宝寺義興が自立し上杉景勝に頼ろうとしたとき、最上義光に助勢を求めたのが史実と思われる。そこには、義光の関与はなく、陰謀家義光とされる事例は史実ではなかった。

そこで、これまで前森蔵人の内通の基本史料とされる卯月（四月）十一日付けの「古口殿宛て義光書状写」（『荘二』二九七）を検討しよう。

そこでは、「このたび其方の取りなしをもって、大宝寺所持の刀、前蔵をもって相登らせられ候。誠にもって外聞のおぼえ、我々本望これにすぐべからず候」とあり、「古口氏の取りなしにより、大宝寺義氏の持っていた刀を前森蔵人が献上してきた。誠に思いがけなく、本望のいたりである」と古口氏に前森氏の仲介を感謝している。そして、「庄内の儀も出羽の国中に候条、万一越後筋

*18　菅原義勝「東禅寺氏永考―天正十一年までを中心に―」（『山形県地域史研究』三九、二〇一四年）。

より奥口へ乱入し候とも、その節においては我々自身甲《かぶと》をきしそのふせぎにおよぶべきの條、心易く存ぜらるべく候也。前蔵へ傳達頼みいり候」とあり、「庄内も出羽国の内なので、万一越後筋からの進入があったら、其の時は我々も甲を着て防ぐので安心するように。前森蔵人に伝達されたい」と越後からの介入の際には支援の用意があることを伝える。

　この文書は、通説では天正十一年（一五八三）とされ、天正十一年三月六日に、前森蔵人に攻められ義氏が自刃して一カ月もたたないうちに、古口氏を仲介して義光に前森氏から、大宝寺氏所持の刀が届けられたことになる。そのためには、前森氏が義光に内通して謀反を起こしたことが前提となる。

　しかし、天正十一年には、鮭延には大宝寺義氏から派遣された鮭延氏がおり、義光が古口氏と接触できる状況にはなかった。そして、文中に越後筋からの乱入とあるが、天正十一年は上杉景勝と新発田氏の合戦状態のなか、そのような状況下にあったとはみられない。そもそも前森氏内応説とは、『山形縣史第一巻』[*19]の天正五年の天童氏滅亡と、天正九年の鮭延氏降伏説を前提とした説である。天正十二年に天童氏が滅亡したことがほぼ通説化している現在の研究では、前提が崩れたといわざるをえない。

　したがって、この文書を天正十一年とみることはできず、鮭延氏が降伏した天正十三年と判断される。そして、庄内との境目の領主、古口氏の仲介によって大宝寺義氏所持の刀が届けられた場所とは、「聞書」によると鮭延城攻撃は五月末まで続いたので、内町陣城ではなかったろうか。おそらく義光の在陣中で、当時庄内の最有力者の義光帰属は、鮭延・新城地域の豪族の帰趨に大きな影響があったに違いない。

三十八間総覆輪筋兜　竹に雀の最上家の家紋が施されており、最上義光所用と伝わる。鉢は室町時代後期に多く製作された総覆輪の筋鉢だが、シコロは当初のものではなく、のちに新たに作られた当世風のシコロが取り付けられている点が大きな特色といわれている　最上義光歴史館蔵

＊19　山形縣『山形縣史』第一巻（一九二〇年）。

三、最上義光の最上平定合戦

出羽国の御所山形殿

永禄六年（一五六三）六月十四日、義守《よしもり》・義光父子は上洛し、将軍足利義輝《よしてる》邸で歓待の宴をうけた。「言継《ときつぐ》卿記[*1]」に、「出羽国の御所山形殿父子御礼まいられ」と記録され、当時四十三歳の義守と十八歳の嫡子義光の上洛がたまたま日記に残された貴重な事例である。とくに、出羽国の御所山形殿の呼び名が注目され、当時、義守は出羽国きっての格式をもつ御所家で、山形殿であった。斯波兼頼の末裔は、最上郡に入部して最上氏を名乗ったとされるが、拠点とした山形郷の名をとった山形氏ではないのか、それを検討したのが「山形殿・山形義光考[*2]」だった。ここでは、一次史料に山形殿とある事例をいくつか紹介し、あわせてその後の研究を述べよう。

まず、義光以前に山形殿と記される史料に「余目氏旧記」（『山二』一五一頁）がある。「余目《あまるめ》氏旧記《しきゅうき》」は留守《るす》氏一族の余目氏が伝えたもので、永正十一年（一五一四）の成立である。内容は、留守氏の歴史と留守氏と密接な関係にあった大崎氏の奥州支配について一巻の記録にまとめ、室町時代の歴史記述はおおむね史実とされる。それには「山形殿は出羽守護にて御座候」とあり、山形殿は斯波兼頼の子直家とされる。また、書札例は「謹上 山形殿 左衛門佐教兼、あなたよりは謹上 大崎殿 御宿所 源義春」とあり、源義春がみえる。

次の史料は、「高野山観音院過去帳[*3]」である。そこには、戦国期に高野山に参詣した当地域の豪族が載り、「山形殿　享禄二年丑三月六日」、「出羽国最上郡山形殿　源長松丸」、「出羽国最上

＊1　「永禄六年六月十四日言継卿記二十四」国書刊行会編『言継卿記第三』（一九九八年）。

＊2　拙稿「山形殿・山形義光考」『南出羽の戦国を読む』（高志書院、二〇一二年）。

＊3　「古代中世史料・補遺(三)」仙台市博物館『市史せんだいVol.十二』（二〇〇二年）。

山形殿御内土佐」がみえる。そのうち、享禄二年（一五二九）の山形殿は義光の父・義守と考えられ、この義守は天文三年（一五三四）の「立石寺日枝神社棟札」にも「山形殿、中野殿、東根殿、高櫤殿」（『山二』三一一頁）と、山形殿としてあらわれる。

さらには、曽根家文書があり、そのなかに義守と考えられる「山形殿人々御中宛て桑折播磨守景長書状写」の他、「山形へ人々御中宛て清水義高書状写」がある。他にも「天童殿人々御中宛て宗興書状写」に「長瀞・山形御同心あり、東根へ御行のよし御注進、言語に絶し候」、「寒河江殿宛て禅棟書状写」に「山形へ無事の儀申したてられ候」と山形がみえ、それは山形氏を示す。かくして、これらの史料に斯波兼頼の後裔は山形殿・山形氏とあり、入部した山形郷を名乗り山形氏と称したことが明らかである。

次に、義光が山形殿とある事例をいくつかを紹介しよう。平成十七年（二〇〇五）、武田喜八郎氏は、兵庫県立歴史博物館で確認された義光の新出史料を紹介した。[*4] それは「六月十二日付け山形殿宛て政宗書状」で、白鳥長久殺害と氏家方生害や天童氏との抗争を述べる。この山形殿とは義光であり、義光もまた山形殿と呼ばれていたのである。このほかにも義光を山形殿とした書状は多いが、二例だけあげよう。「（天正十三年）八月二十七日付け山形殿宛て政宗書状」（『山二』一〇〇〇頁）は、伊達政宗が小手森要害を落とし、「女童《おんなわらわ》申すにおよはつ、犬までなて切になされ候条」と状況を山形殿、すなわち義光に伝えた有名な文書である。また、「七月二十八日付け山形殿宛て（相馬）義胤書状」（『山一』四四五頁）は、相馬《そうま》義胤《よしたね》が小田原城の北条降伏後の動向を伝えており、この山形殿も義光のことである。

そして、義光自身が使ったとされる鉄製指揮棒（『山二』三九〇頁）があり、表面に楷書体で「清和天皇末葉　山形出羽守有髪僧義光」と山形出羽守と陰刻する。他にも、義光が天正九年

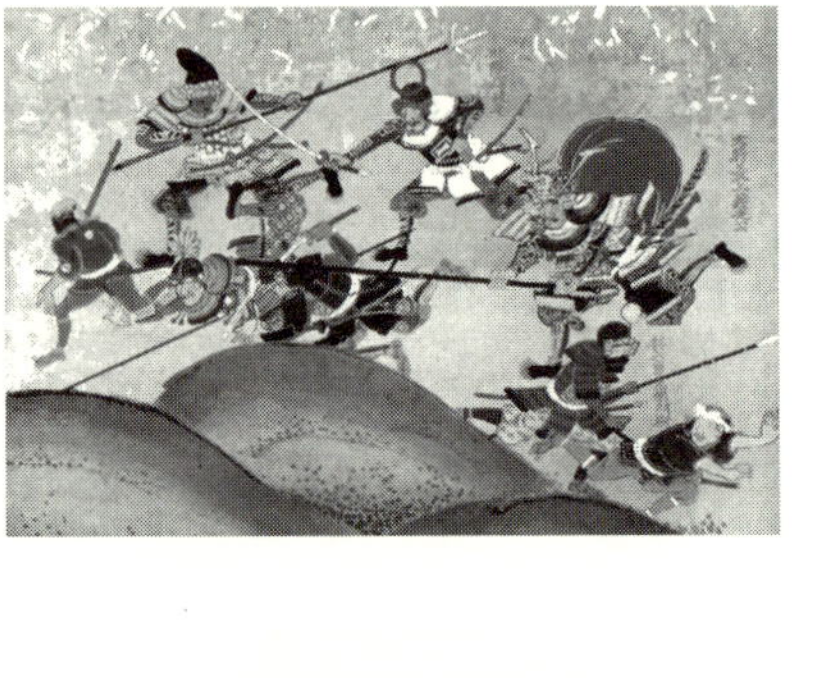

「長谷堂合戦図屏風」に描かれた最上義光　長い鉄の棒で敵に勇敢に向かっていっている右側の武将が義光である　長谷堂合戦図屏風（複製）・写真提供：最上義光歴史館

＊4　武田喜八郎「山形殿宛ての伊達政宗書状について」（『羽陽文化』第一四九号、二〇〇五年）。

（一五八一）八月五日に神主八郎に宛てた山辺南分の充行状（『山二』二一二頁）に「出羽山形」と山形氏の印文を入れた鼎形黒印を使用し、また、山形城跡の各所からは多くの山文瓦が出土しており、山形城は山形氏の一字「山」を入れた瓦で飾っていた。[*5]

加えて、軍記物の事例を一つだけあげておこう。「天童落城並仏向寺縁起」（『天童軍記』）は、巻末に、「天正十三年三月二日に立石寺学頭へ差しあげた」とあり、天童氏滅亡の翌年に仏向寺の専阿弥・守阿弥の両僧が書き納めた史料となる。内容は、天童氏と義光の抗争に示唆に富む記事が多く、基本的に史実と考えられる。とくに注目されるのは、巻頭に続けて「頼久公十二の御年、御父頼貞公今をかぎりの御煩《わずらい》時山形義光をめされ、頼久幼少のうちは万事たのみ申し候と仰せられ御往生なされ候」と山形義光の記述があり、それは天正十三年当時の呼び名だろう。

山形氏から最上氏への変化は、「最上家譜」（『最上氏史料』）からわかる。家譜には、家康と秀忠文書が採録され、天正末年の義光は「山形（方）出羽守」で、その後、豊臣秀吉の公家成大名となり「出羽侍従」に変わる。そして、関ヶ原合戦勝利の翌年となる慶長六年（一六〇一）正月の文書に「山形出羽守」とあるが、慶長出羽合戦の終息した同年八月の家康朱印状に「最上修理大夫」と初めて最上の呼び名があらわれる。その後、慶長十一年（一六〇六）の江戸城普請にかかわる秀忠書状には「最上少将」とあり、のちは「最上少将」、「最上出羽守」となる。したがって、「最上家譜」では、慶長出羽合戦で勝利した後に、最上氏表記が現れる。

ところで、私の山形氏論を粟野俊之氏が批判され、該当しない事例として「永禄六年諸役人附」[*6]をあげ、そのなかの「関東衆」に最上出羽守が出ており最上義守に当たる、[*7]と指摘された。実は、私が「山形殿・山形義光考」をまとめた段階で、義光以前に最上氏と確認した史料は、「永禄六年諸役人附」だけだった。私は、この史料が載る『群書類従』は一次史料からの掲載ではあ

＊5　齋藤仁「山形城の瓦出現期の様相について」『歴史館だより』二五（最上義光歴史館、二〇一八年）。

＊6　「永禄六年諸役人附」『群書類従第二十九輯雑部』（群書類従刊行会、一九五五年）。

＊7　粟野俊之『日本史史料研究会研究選書十三　最上義光』（日本史史料研究会、二〇一七年）。

るが、九戸五郎の下に奥州二階堂とあるなど、遠隔地の国人標記に粗さがみられ、最上出羽守を当時の呼び名に採用できないと解釈した。

その後、平成二十八年（二〇一六）の山形史学研究会で、「戦国時代の羽州探題最上氏」という題で話された黒嶋敏氏の資料に、興味深い事柄があった。「永禄六年諸役人附」「関東衆」部分は江戸時代に追記されたと考えられる、[*8]との指摘である。かくして、義光の前に「最上氏」とある一次史料は皆無となった。

なお、先の「山形殿・山形義光考」で、「最上家譜」によれば、義光は出羽合戦の勝利によって庄内を領有した慶長六年になって初めて最上氏を名乗ったとしつつ、慶長五年以前の最上氏史料を四例確認し事例をあげた。だが、近年の研究で最上氏呼称が追加されている。それは天正十三年三月の「立石寺衆徒御中宛て本願僧正豪盛書状」（立石寺文書）の「最上殿へ（延暦寺）中堂御奉加の綸旨なされ候」が最上氏初出史料となるとの齋藤仁氏の所論で、天正十二年に白鳥氏・寒河江氏・天童氏を滅ぼし、最上郡主となった翌年には最上氏と呼ばれたとする。[*9]そして、文禄三年、義光が稲荷宮奉納の獅子頭に、「最上出羽守義光」とあるとの伊藤清郎氏の指摘である。[*10]加えて、黒田基樹氏が羽柴名字の公家成大名を集約したなかに、天正十九年（一五九一）に「もかみの侍従」、慶長三年に「最上侍従」がある。[*11]

そこで、私の前稿（山形殿・山形義光考）を、「義光は天正十二年（一五八四）に白鳥氏・寒河江氏・天童氏を滅ぼし、最上の主となってから「最上氏」の呼称が始り、慶長出羽合戦後に定着した」と改めておきたい。したがって、最上氏を名乗った義光は最上義光の呼び名で良いが、最上氏を名乗らない義光以前は山形氏と呼ぶのが適切と思われ、本書では山形氏と記述している。

＊8　この原典は、黒嶋敏『中世の権力と列島』（高志書院、二〇一二年）である。

＊9　齋藤仁「戦国期における出羽国立石寺の様相と近世的変容」（『歴史』第一二六輯、二〇一六年）。

＊10　伊藤清郎「最上氏の呼称について」『最上氏と出羽の歴史』（高志書院、二〇一四年）。

＊11　黒田基樹『羽柴を名乗った人々』（角川選書、二〇一六年）。

最上の乱が起こる

天正二年（一五七四）、家督を譲った義光に対して父義守は不満をつのらせ、女婿の伊達輝宗や天童氏など国人衆の支援をうけて兵をあげた。その経過は、伊達輝宗自筆の合戦一年間に書かれた「天正二年伊達輝宗日記」（『山二』七九〇頁）で詳しく知ることができる。父子の争いは、最上と呼ばれた地域を舞台とし、最上義光の戦国大名化にとって重要な契機となったと考えられ、かつて粟野俊之氏が呼んだ「最上の乱」の名称がふさわしいだろう。[*12]

それでは、最初に父子争乱の動きをみよう。家督を譲り中野に移った栄林《えいりん》（義守の法名）は、義光への戦いを決意し、伊達輝宗に支援を求めた。[*13] 輝宗は天正二年一月二十五日に上山を攻め、天童・谷地・蔵増・白岩・延沢・溝延の国人衆も栄林方に立ち、義光方の寒河江を攻めた。[*14] 翌月、義光は反撃し、伊達領川樋に奇襲をかけ、伊達家臣の目々沢丹後・肥前両人を討ちとり、生け捕り人を連行したが、その後、和睦がなり義光は生け捕り人を輝宗に返し、輝宗は楢下陣地を撤退する。

しかし、ほどなくして戦闘は再開し、義光は三月、北条に夜討ちをかけ、四月には輝宗は畑谷に進攻・戦闘し、領国中に陣触れをして義光との本格的な戦闘準備に入った。五月になると、義光は栄林方の若木楯を攻撃し外城を破り、江俣合戦で義光方に二十四人の死者がでた。[*15] 一方、輝宗は上山の新地に陣を構え、その頃には中山氏・山辺氏も栄林方となり、輝宗は、上山城に進攻したが上山城を落とせなかった。六月に入ると、義光は新地に夜討ちをかけ鉄砲戦さがあり、輝宗方は畑谷方面に進攻し、針生を焼き簗沢を攻撃した。

その後、七月中旬までは戦闘は小康状態となったが、輝宗のもとに寒河江が再び義光に味方したとの情報がはいると、輝宗は新宿に出陣し、また、刈田口から最上領へ進攻した。[*16] そして、八

＊12　粟野俊之「戦国大名最上氏の成立過程―元亀・天正初年の内訌をめぐって―」『史学論集』第十号（一九八〇年）。

＊13　「正月十三日大津将監宛て栄林書状」（大澤慶尋『青葉城資料展示館研究報告特別号「天正二年最上の乱」の基礎的研究―新発見史料を含めた検討―』（二〇〇二年）。

＊14　「二月四日中目（長政）宛て伊達輝宗書状写」（『山一』五四八頁）。

＊15　「五月十二日小嶋右衛門尉宛て栄林書状」（大澤慶尋『青葉城資料展示館研究報告特別号「天正二年最上の乱」の基礎的研究―新発見史料を含めた検討―』（二〇〇二））。

＊16　「八月十日亘理修理助宛て輝宗書状」（『山二』八六一頁）。

月に栄林方と輝宗が義光に一斉攻撃をかけることになり、合図を天童の篝火《かがりび》とした。八月十四日に新地から天童に篝火がみえたとの連絡が入り、翌日に総攻撃と決まった。しかし、当日、亘《わた》理元宗《りもとむね》がきて今日は放生会なので中止するようにと進言し、輝宗は攻撃を中止した。

　こうして、義光への総攻撃は主力部隊の輝宗の離脱によって不発に終わり、その後に和睦がまとまり、九月十二日に輝宗軍は楯下を撤退した。義光と栄林方の争いは続いたが、白鳥氏の仲裁と延沢氏が伊達輝宗の本拠地・米沢を訪ね相談するなどの和談の動きがあった。十一月に義光と栄林方の中心天童氏が和睦したが、すぐに壊れ義光と天童衆とが再び戦闘状態となった。

　この最上の乱の合戦記事によって、天正二年段階の義光の支配領域と反対勢力を知ることができる。まず、義光の勢力範囲をみよう。西は輝宗方の畑谷周辺の攻撃があり、五百川にも輝宗軍が行動し、畑谷と五百川が最前線であった。東の境は笹谷峠で、八月前後には苅田口で戦闘があった。そして、南の境は上山で、輝宗方は上山に進攻し新地に陣地をおき、楯下に前進基地としての拠点施設を構築した。西北は若木・江俣が境で、若木氏は義光方の攻撃で外城が破られ、江俣では五月に大きな戦闘があり、近くにある陣場は最上の乱に陣を構えたのに由来するという。

　なお、北は高櫤氏が栄林方だったので立谷川であろう。このように、天正二年段階の義光の勢力範囲は、南は上山で、西北は江俣・漆山の東側、北は立谷川の南、西は畑谷、五百川となり、南と東は伊達領と接していた。

　次に、反義光方をみよう。輝宗日記で反義光方の登場回数をみると中野十一回、天童十回、高櫤五回、若木四回、門九四回、蔵増三回、谷地（白鳥）二回、白岩二回、左沢二回、延沢二回となり、[*17]中野に次いで天童が圧倒的に多く、天童氏は強固な反義光方だった。他に高櫤氏・若木氏・蔵増氏・白鳥氏・白岩氏・左沢氏・延沢氏・溝延氏が反義光方で、のちに中山氏・山辺氏も加わっ

最上氏・伊達氏関係系図

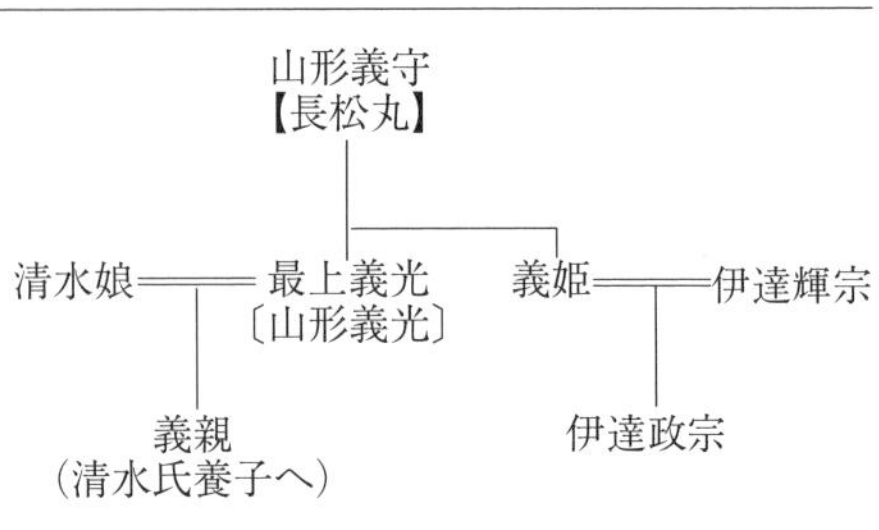

＊17　大澤慶尋『青葉城資料展示館研究報告特別号「天正二年最上の乱」の基礎的研究―新発見史料を含めた検討―』（二〇〇二年）。

た。そして、ここにみえる中野とは父義守のことで、かつて定説であった、弟義時と争い殺害した、との史実は創作と明らかになった。かくして冷酷な義光像の代表的事例は消えた。

なお、反義光方としてみえる門九は門伝村の安達九左衛門のことで、のちに岡に移り豪農で知られる柏倉九左衛門家となった。安達氏の楯は、山形市の柏倉楯山楯跡で急峻な丘陵にあり、大

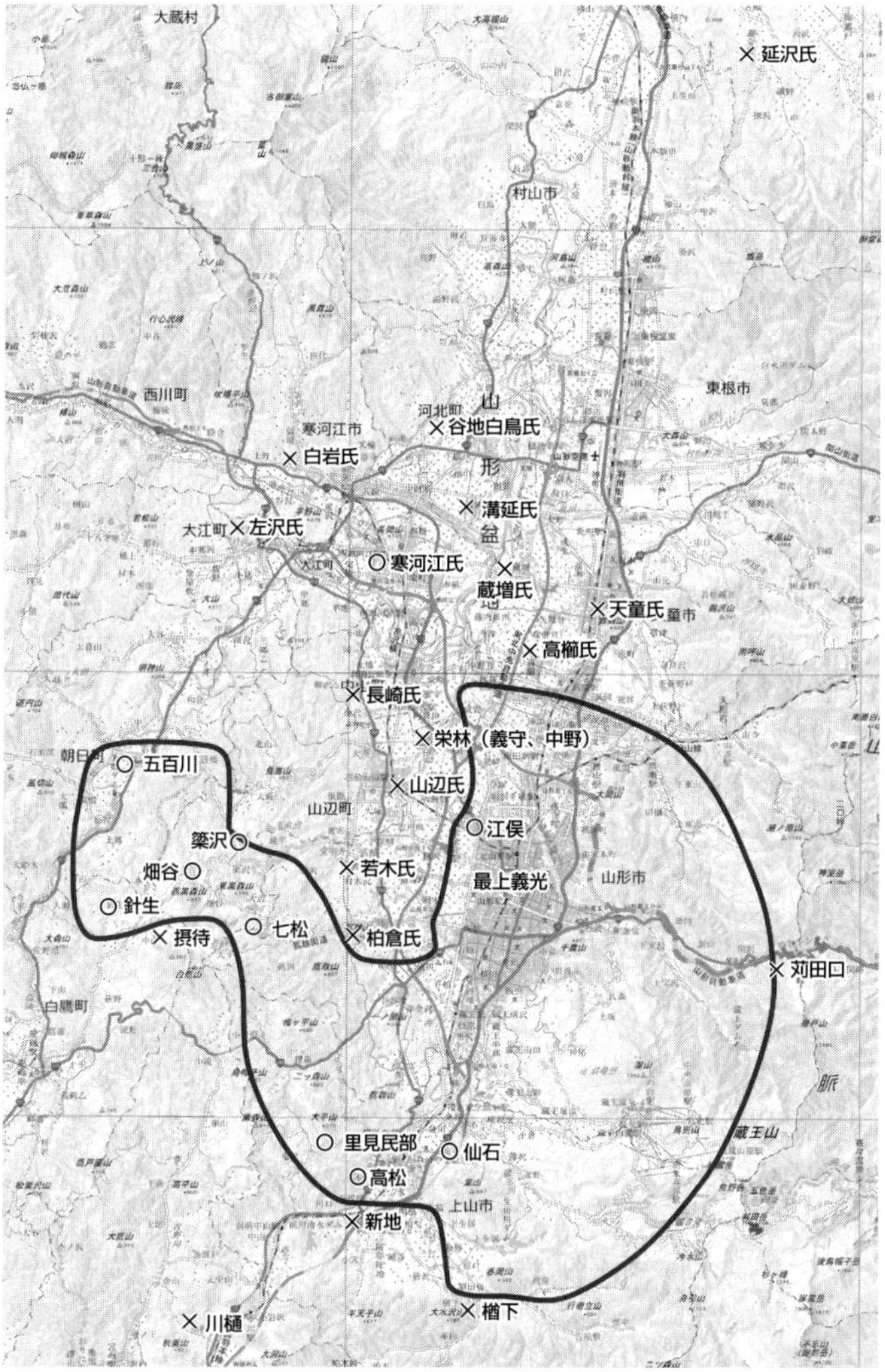

図11　天正2年、最上義光領域図（○味方・関係地名、×反対豪族・地名）

＊18　誉田慶信「「境目の城」と城の破却―最上領の場合―」『野に生きる考古・歴史と教育』（川崎利夫先生還暦記念会、一九九三年）。

規模な二条堀切のなかに曲輪群を重ね、戦争に直面し築いたと考えられる。それは、最上の乱での義光との対立時であったろう。[*18]一方、寒河江氏は最初義光方で反義光方の攻撃で降参したが、七月にまた義光方となった。また、最上の有力国人衆のうち見えないのは下郷の東根氏・長瀞氏・楯岡氏で、乱への直接関与はなかったといえよう。

合戦関係記事も興味深いものがある。合戦では、「てつほう」(鉄砲)戦さがしばしばみられ、天正二年段階に鉄砲での戦いが主力だったことがわかる。たとえば、六月二日の義光の大規模な新地への夜討ちも鉄砲を撃ちかけたものであり、輝宗の戦争準備は、薬固め(四月二十四日)、薬刻み(四月二十六日)、薬包む(五月九日)と鉄砲の火薬の段取りであった。そして注目されるのは、八月十五日に計画された反義光方の総攻撃合図が天童の篝火だったことである。現在の舞鶴公園にある天童城の山城で焚かれ、八月十四日に輝宗方陣地の新地で確認し、楢下にいた輝宗に報告があった。この篝火がどのようなものだったのか、そして、天童城ではどんな施設でたかれたのかについての事例追求など検討が必要と思われる。

ここで、城についても触れよう。五月五日、栄林に味方した若木氏の外城が義光方に破られた。これは山形市の若木楯跡で、台地上に主曲輪を中心に曲輪群を重ねる構造である。また、伊達輝宗は、最上領内の上山の新地と楢下に陣城をつくり攻撃の拠点としている。そのうち、新地は、二重の垣をおき堀をそなえる施設だったが、数日のうちにほぼ完成し、簡便な施設だろう。新地は上山市石曽根地内とされ、『山形県地名録』[*19]に石曽根に「新地」を確認でき、そこが輝宗の陣城とみられる。次に、楢下陣城は長期間にわたり普請された本格的な施設で、上山市の楢下集落背後の楢下楯跡とみられ、[*20]舌状台地を堀と土塁で遮断する構造となる。

そして、中野城は慶長末年とされる「最上義光分限帳」(『最上氏史料』)にはみえず、最上の乱

樽下楯跡の現況

＊19　山形県郷土研究会『山形県地名録』(郁文堂書店、一九三八年)。

＊20　加藤和徳・市川和夫「楢下城」山形県教育委員会『山形県中世城館遺跡調査報告書』第二集(一九九六年)。

＊21　大場雅之「二口街道と二本堂楯(中里楯)」『さあべい』第二十号(二〇〇三年)。

後に実質的な栄林の敗北をうけて破却されたとみられる。最上の乱における一方の主役の舞台であった山形市の中野城跡は、現状はほとんど遺構をとどめないが、発掘調査、地籍図調査などで構造を明らかにすることが課題だろう。なお、輝宗方は八月には刈田口から最上領への進攻が確認でき、それに備えて笹谷・苅田口からの道沿いに最上氏の城が整備されたと考えられる。その一つが急峻な山頂に立地する山形市の二本堂楯跡とされるが[*21]、私の調査では、遺構と位置からみて天童氏に備えたものとみられる。

最後に、「伊達輝宗日記」を読んでの感想を述べよう。最上の乱にみる天正二年段階の二十九歳の義光は、領地の周囲すべてを強大な戦国大名である伊達氏と栄林、その味方となった多くの国人衆に包囲されるなかで夜襲をかけるなど家臣団が一致団結して勇敢に戦い、多くの史書で述べる策謀家としての義光像は片鱗すらみえない。義光にとって、最上の乱の実質的な勝利が戦国大名化への発展の基礎となったということができ、家臣に信頼され、ともに勇敢に戦う武将というのが義光の実像だったと、私には思われる。

白鳥長久を謀殺する

天正二年（一五七四）、父義守との最上の乱を実質的に勝利した義光は、その後、天童頼貞と和睦し娘を嫁に迎えた。しかし、頼貞死去後、天正九年に和平は破綻し、合戦状態となった。その頃には天正二年に強固な反義光方であった天童城に近い高櫤氏は義光方となり、大規模な山城谷木沢楯を本拠とした中山氏は義光近くで働き、着実に勢力は拡大したものの厳しい状況下にあった。天童氏と合戦状態のなか、南は伊達輝宗の中山要害の脅威に対応し、西は庄内大宝寺義氏が支援し敵対行動を起こした山辺氏と対峙した。そして、大宝寺義氏は鮭延・新城に激しく進

中野城跡の現況

二本堂楯跡遠景

攻した。その戦局のなか、義光は大崎氏に鮭延支援を要請せざるをえなかった。この情勢を一挙に変えたのは、天正十一年（一五八三）の大宝寺義氏の前森蔵人反乱による突然の死だった。かくして、大宝寺義氏の脅威のなくなった義光は天正十二年、最上国人衆の制圧に本格的に取り組む。最初の標的は白鳥長久だった。

　白鳥氏は、白鳥郷を本拠とした国人だったが、南の谷地城に拠点を移し、勢力を拡大した。その谷地には、室町時代から戦国期に中條氏がいたとされる。応永三年（一三九六）から天文四年（一五三五）までの慈眼寺文書五点と両所宮にあった梵鐘銘が根拠という。[*22] しかし、文書は研究の余地があるとされ（『山一』三二三頁）、吉井功兒氏は「いずれも偽文書のようであり、採用できない」とし、鈴木勲氏は「五点の文書は疑問があり検討を要する」とする。[*23] 私も重要文書でない加冠状二点が残るのは、不自然と思う。そして、梵鐘銘には、永享四年（一四三二）、中条長政寄進の記録があるというが確認できず、神仏分離の影響で両所宮から山辺町少林寺に移った梵鐘銘は削られ存在しない。加えて、中條氏が大江氏系図など他の史料にみえず不可解で、存在そのものが疑われる。さらに、「蜷川家文書」[*24] に「最上白鳥尋ね申す」が載り、白鳥氏が室町幕府政所代の蜷川家に故実を尋ねている。蜷川家の政所代活動は、政所執事・伊勢親子が三好らの合戦で討ち死にした永禄六年以降はほぼ停止したとされ、それ以前の史料であろう。これは永禄年間には、白鳥氏の谷地での基盤は室町幕府と関係するほど強固になっていたことを示すと考えられる。

　したがって、永禄・元亀年間とされてきた白鳥氏の谷地入部は、それよりもさかのぼり、永正・大永年間の伊達稙宗の最上進攻に関わると考えられる。谷地北方の河北町の新吉田と村山市の大久保にダテノジョウ跡があり、永正・大永年間の伊達稙宗軍の駐屯地とみられ、ダテノジョウは

谷地城跡の土塁

＊22　河北町『河北町の歴史上巻』（一九六二年）。

＊23　吉井功兒「小野系中条氏研究へのアプローチ―鎌倉・南北朝期を通して―」（『ヒストリア』第一一八号、一九八八年）、鈴木勲「寒河江北方円覚寺領五箇郷の動向と中条氏に関する一考察―円覚寺文書と慈眼寺文書を中心に―」（『西村山の歴史と文化Ⅲ』、一九九六年）。

白鳥領に近接しており、白鳥氏の了解のもとにあったと考えるのが自然である。白鳥氏は伊達軍撤退のとき、伊達氏と連携し、谷地に入部したのではなかったろうか。のちの伊達氏と白鳥氏の緊密さは、このときから始まったのだろう。

その後、天正二年の最上の乱では和睦を主導的に模索し、天正五年に最上国人衆でいち早く織田信長に貢馬したとされる。奥羽きっての名族・大崎氏に対しては、天正九年五月九日に大崎義隆が上洛する際、伊達氏重臣の遠藤基信へ長井口通過の要請を行うなど、最上の国人衆の中で活動はきわだっていた。したがって、白鳥氏の武力討伐は、長久の優れた資質からいって、また、伊達氏や寒河江氏、そして天童氏の介入も予想されるため選択肢としてはなかった。そこで義光がとった行動は、謀殺であった。

白鳥長久の殺害に関する一次史料は、花押から天正十二年と判断される兵庫県立歴史博物館所蔵の「六月十二日付け山形殿宛て政宗書状」で、「白鳥ならびに氏家方生害」とある。白鳥生害とは山形城近辺での白鳥長久殺害で、氏家方生害とは激しい戦闘で氏家方も巻き添えをくったと考えられる。

その白鳥長久の墓と伝えるものに、大石田町次年子の円重寺奥の山にある塚がある。平成四年（一九九二）、川崎利夫氏が中心となり発掘調査が行われ、塚から完全な形の人骨が出土した。人骨の大腿骨には刀傷らしいものがあり、札幌医科大学解剖学教室の石田肇氏によれば、四十代の筋骨たくましい男性の骨とされる。[*25] かくして、塚は、白鳥氏家臣の青柳隼人《あおやぎはやと》が長久の遺体を運び埋めたという伝承をもつこと、位置が白鳥氏本拠の白鳥郷奥の山中であること、そして刀傷をもつ成人骨が出土したことから、白鳥長久の墓である可能性が高いこととなった。

ところで、思慮深い智将とみられる長久は、なぜ義光の山形城に行ったのだろうか。私がもっ

＊24　東京大学史料編纂所『大日本古文書　家わけ第二十一　蜷川家文書之四附録「奥州衆尋申武家故実覚書」』（東京大学出版会、一九九二年）。

＊25　平林叔子『～白鳥十郎長久公～墳墓』（二〇一六年）。

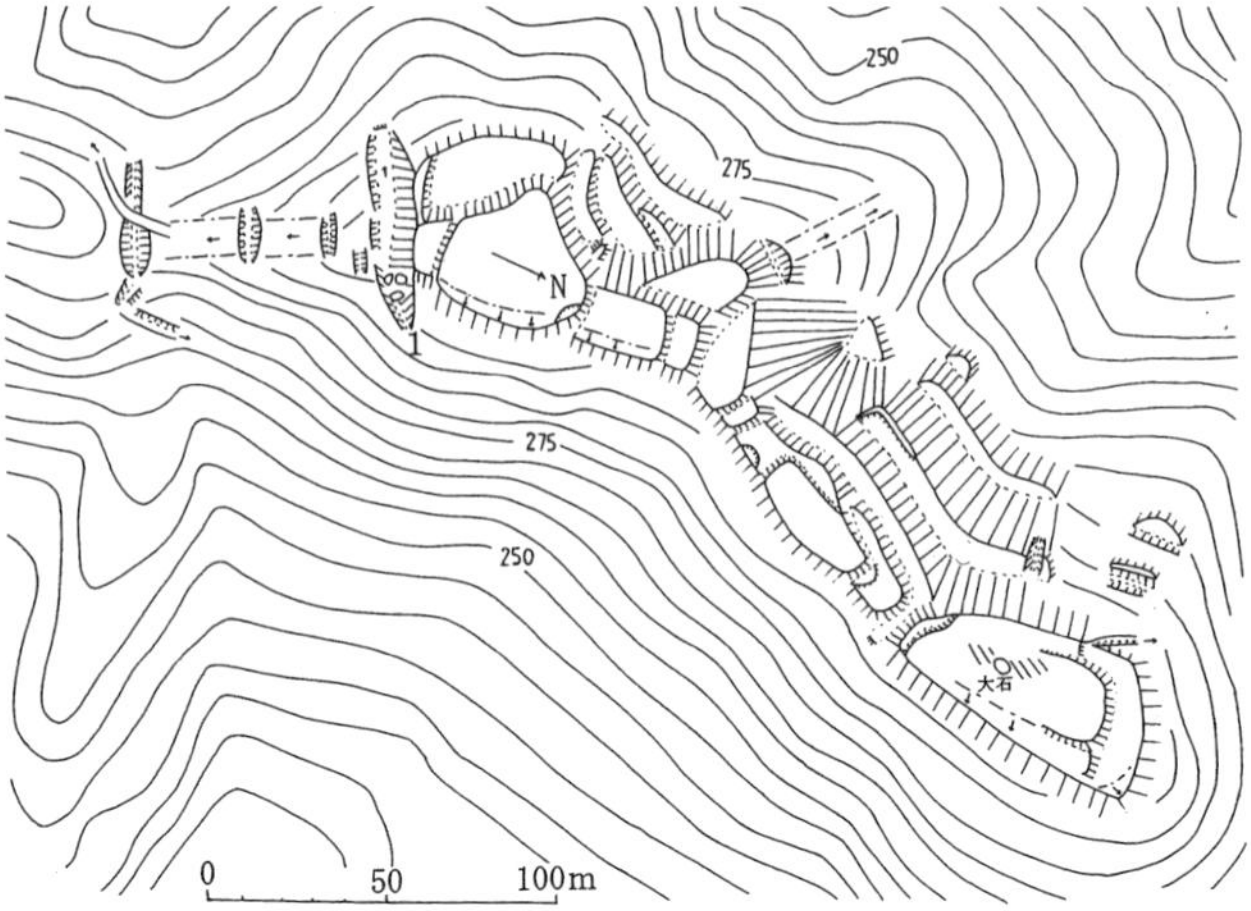

図12　熊野山楯跡（村山市）の概要図

とも説得力のある説と考えるのは、青柳重美氏が指摘した江戸時代の渋井太室著「国史」[*26]の説である。それは「長久が義光の姉を妻としていたので、義光が死に病と偽り、子を姉に託すと誘い、姉の夫、長久はそれを信じて、山形城を訪ねこれを刺殺した」というものである。長久が義守の女婿ならば、義守と義光との和睦に動いたことも理解でき、近い姻族だった伊達輝宗との親しい関係もうなずけるのである。

かくして、義光は白鳥長久殺害後、谷地城を落とし掃討戦を行い、そのとき熊野山楯の熊野三郎が滅ぼされたと伝える。また、「羽源記」には、西川町にある「沼の平楯」の東海林隼人は長久の娘・日吉姫をかくまい、義光軍に抵抗したとある。そして、谷地城攻略後、義光は寒河江氏を攻略したとされる。寒河江氏は、吉川元綱《もとつな》の長男・高基《たかもと》が養子に入り、戦力は寒河江氏と吉川氏が中心であった。義光の攻撃に対し、左沢《あてらざわ》楯山城の左沢氏、白岩氏、溝延氏などの大江一族がともに戦ったことは確認できず、また、寒河江一族のうちにも、のちに義光の重臣となる寒河江肥前守のように義光方の武将がいた。

「最上義光分限帳」（『最上氏史料』）には寒河江肥前守（寒河江　高二万七千石）・寒河江但馬（五百

＊26　青柳重美「最上・白鳥両家の婚姻関係について」（『山形県地域史研究』第十九号、一九九四年）。

石）・寒河江外記（五百石）・寒河江十兵衛（物頭 高二百六十一石）・寒河江監物（百五十石）・寒河江藤九郎（四十石）・寒河江左馬（三十石）の寒河江姓が載る。寒河江氏滅亡には、寒河江一族間の明らかになっていない動きがあったに違いない。

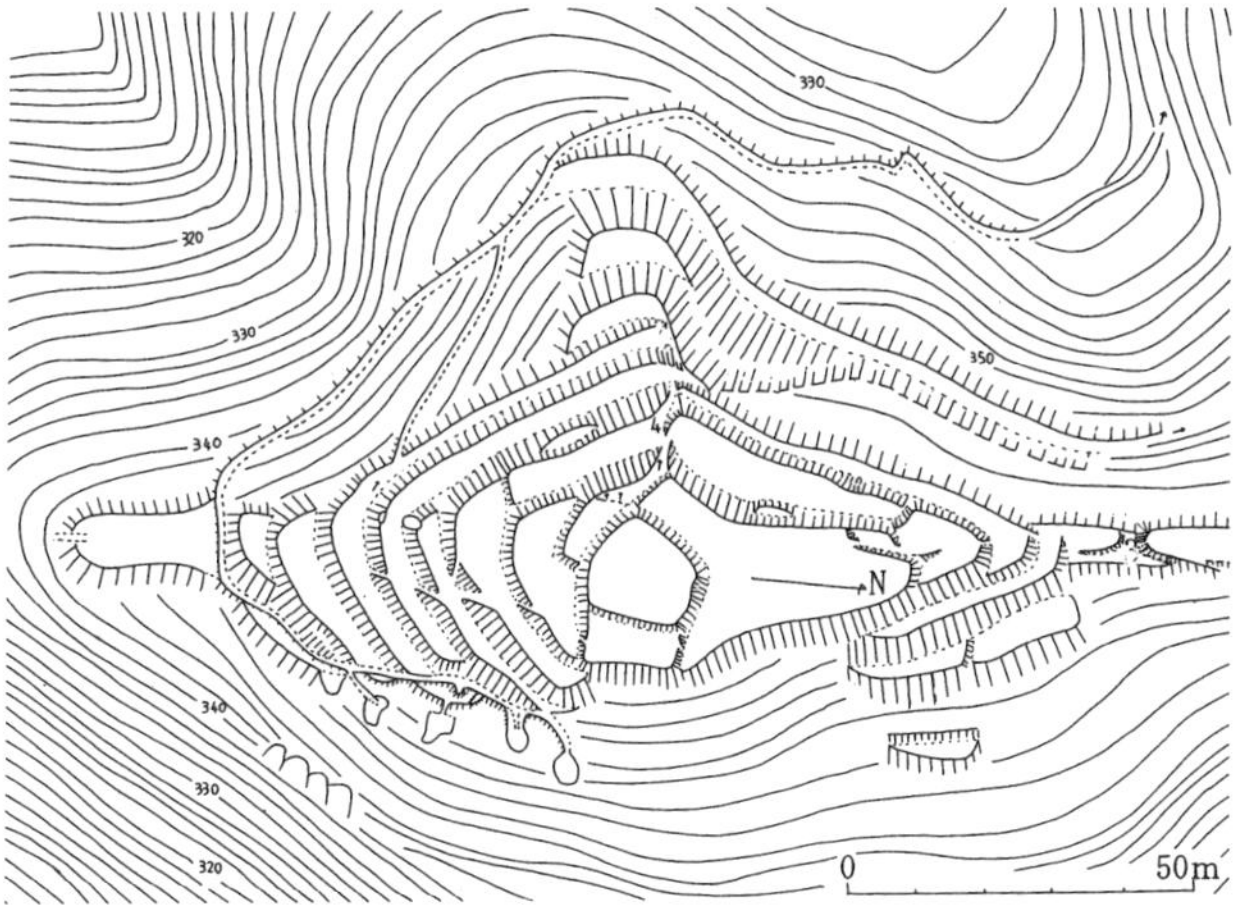

図13　山寺千手院楯跡の概要図

天童城の落城

白鳥氏・寒河江氏の討伐後、義光は天童氏攻撃に入り、天正十二年夏頃から本格的な合戦が始まった。それを「天童落城並仏向寺縁起」（「天童軍記」）からみよう。

義光軍は、天童城の西口、東口、そして北口から攻めあがった。西口は義光軍が大勢で攻撃し、西楯・西嶋屋敷・御楯・中楯から天童軍が迎えうち、激しい戦いが繰り広げられ、義光軍はいったん引いた。また、東口でも激戦があり、東楯が攻撃をうけ御楯より下り押すとある。東楯は東曲輪群、御楯は山頂の主曲輪だろう。そして、北口攻撃は延沢能登守、東根氏家老の里見源左（右）衛門、富浪相模守、安食大和守、蟹沢兵助と下楯の武将があたった。このうち富浪相模守は鬼甲城として知られる村山市の富並楯跡、安食氏は新庄市の安

天童氏梨木清水本陣跡

食楯跡に関係する豪族とみられる。北口の攻撃軍は、激しい戦いのあと毘沙門の沢に入った。これは江戸時代に農業用水溜池に整備された愛宕沼の沢とみられ、天童城時代は小川の流れる沢と推測される。また、義光軍は天童方の梨木清水本陣を攻撃したとあり、それは天童城の南東、原町の西側にあり、天童氏は平原に本陣をおき義光軍と対峙していた。

義光軍の激しい攻勢のなか、成生氏の軍勢が天童城に火をかけ、混乱のさなか、成生伯耆守は御所にあがり、出羽奥州の探題の系図をもちだし義光に献上した。御所とは天童氏御殿と考えられ、山麓の上北目にあった居館らしい。その劣勢のなか、天童軍は義光の松木清水陣場に攻めこんだ。義光本陣は松木清水で、山形総合運動公園の北にあったとされ、義光本陣と天童氏本陣は、思いのほか近距離で対峙していた。

義光軍の攻撃で城が残らず焼けたため、頼久は力を落とし奥州に自落し、敗軍兵は立石寺・慈恩寺を目指し逃亡した。戦国期、立石寺と慈恩寺には自衛のために楯があり、立石寺の奥の院近くに山寺千手院楯跡、慈恩寺には本堂背後に楯跡群が確認できる。

かくして、義光は、落城直後、天童城主曲輪に愛宕神社を建て、そして天童氏残党ににらみをきかすために、東方貫津に横堀など当時の最新の技術を駆使して新城を造ったとみられる。

ここで、天童氏滅亡の理由を考えると、最上下郷八楯の旗頭として義光に激しく対峙した天童頼貞の天正七年とされる壮年での死去と、若年頼久の十二歳での相続が大きな要因かと思われる。戦国期には、個人的資質は家の存続にとって重要な要素だった。加えて、鮭延方面に激しく進攻し、寒河江氏・山辺氏と連携して義光と厳しく対立した天正十一年（一五八三）の大宝寺義氏の突然の死も大きかった。それまでの勢力の均衡が崩れ、翌天正十二年に義光は白鳥長久を謀殺し、寒河江氏を降した。それをみて、成生氏と蔵増氏、さらには延沢氏、楯岡氏などの最上下郷の国

成生楯跡（天童市）の空堀

＊27　高橋隆三校訂『実隆公記七』（続群書類従完成会、一九五七年）。

人衆が離反し義光方となった。通説では、天童氏滅亡の要因に豪勇延沢能登守の離反があげられるが、筆頭家中ともいえる成生氏、近郷の国人蔵増氏離反の影響もきわめて大きかったろう。

天童氏滅亡後の戦後処理については、義光は天童城を成生氏に与える約束で離反を誘ったとみられるが、成生氏の措置は追放で、天童氏の名跡は与えなかった。この成生氏は「実隆公記《さねたかこうき》」大永七年（一五二七）三月二十六日条[*27]に「出羽国最上郷住人、成生藤原頼高、播磨守所望の事これを申す」とあり、播磨守の受領を京都の公家三《さん》条西実隆《じょうにしさねたか》に望んだ有力国人で、天童氏の故地・成生楯を本拠とし、天童氏と同族と考えられる。したがって、義光は天童一族の存続を許さなかった。一方、成生氏同様に天童氏に近い蔵増安房守の処遇は、細川氏領小国を子日向守に与え、子の預かりとした。蔵増安房守はほどなくして許されたらしく、「聞書」によると、天正十三年に鮭延氏との和睦のために小野寺氏に派遣されている。

こうした天正十二年の天童氏滅亡と最上下郷八楯の瓦解は、下郷の国人に大きな影響を与えた。延沢氏・東根里見氏のほかに、戦国盛期に村山市にある檞山楯から楯岡城に本拠を移した楯岡氏、飯田楯の飯田氏は義光方となり戦国を生きのびる一方、多くの国人が滅亡した。

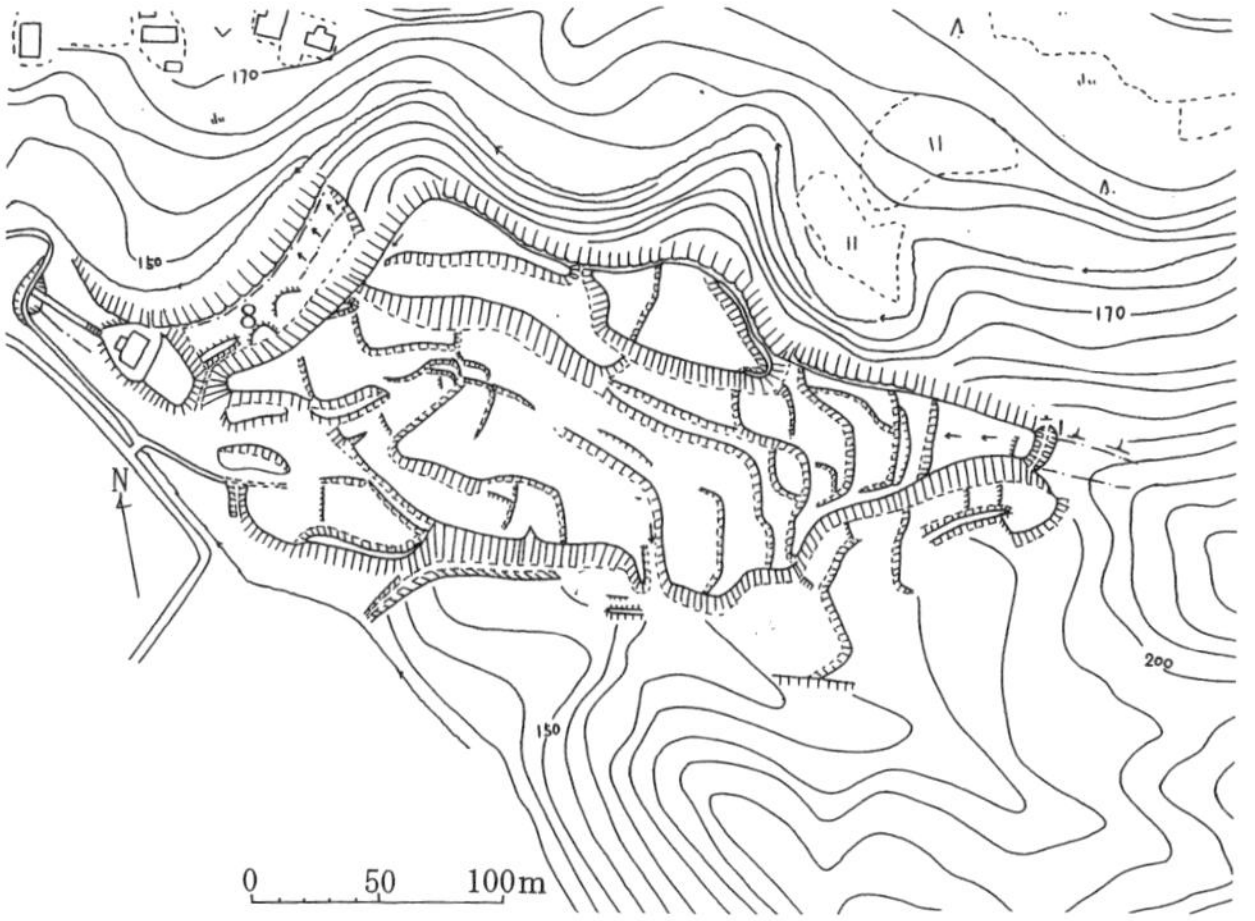

図14　行沢楯跡の概要図

荒楯跡遠景

井出楯跡遠景

まず、井出楯の太田外記《おおたげき》は、天正十三年に最上義光によって滅亡したと伝えられ、段丘突端に空堀と土塁で台地を遮断する大石田町の井出楯跡がある。その丹生川下方、最上川に合流する地点の対岸丘陵に長大な下郷特有の主曲輪をもつ大石田町の川前楯跡があり、楯主は安部頼直《あべよりなお》と伝えられ、これも最上義光によって滅ぼされたという。この川前は、近世初頭に大石田が最上川舟運最大の拠点地として整備される以前、最上川舟運の一大拠点とみられ、川前観音と深堀観音の二つの最上三十三観音が鎮座する。

　また、横山塩の沢楯の楯主日野《ひの》備中守《びっちゅうのかみ》師重《もろしげ》は、天正年間に延沢氏によって滅ぼされたといい、丘陵突端にこれも長大な主曲輪をもつ大石田町の塩の沢楯跡があり、奥に日野氏が信仰したという最上三十三観音の塩の沢観音がある。さらに、野尻川沿いの野尻はかつて大郷だったとされ、丘陵突端に階段状に曲輪を重ね、同様に長大な主曲輪をもつ尾花沢市の寺内古楯跡がある。楯主は野尻右馬之丞《のじりうまのじょう》といわれ、最上氏によって滅ぼされ、鮭川方面に逃れたと伝える。そののちには、尾花沢市にある行沢楯に行沢氏、荒楯に荒楯氏、寺内八幡楯に寺内氏が入った。

小国細川氏を討伐する

　こうして天正十二年（一五八四）十月、強敵天童氏を攻略した最上義光は、天童頼久の舅とされる細川氏攻略に取りかかった。「天童落城並仏向寺縁起」（「天童軍記」）に「（小国）摂津守は義光の御手に入り申さず候とて、天正十二年十月十九日に攻め落とし、奥州へ落ちたもう」とあり、細川氏滅亡に関わる唯一の史料となる。

　これまでの細川氏滅亡年の通説は、天正八年であった。根拠は『奥羽永慶軍記』とされ、『山形縣史』[＊28]は「天正八年の頃、小国領主細川三河守も天童頼澄（頼久のこと）の舅なりければ、天

＊28　山形縣『山形縣史』第一巻（一九二〇年）。

童に力をあわせ本望を達せんと、計略をめぐらすよし聞こえければ、山形より大勢差し向けついに退治せられけり」と引用する。しかし、『奥羽永慶軍記』に「天正八年の頃」の記載はなく、引用誤りである。そもそも、『山形縣史』の細川氏天正八年滅亡説は、『奥羽永慶軍記』の天童氏天正五年滅亡を前提としており、天童氏の天正十二年滅亡がほぼ定説となった今は、根拠を失った。

小国（現最上町）は、秋田・宮城県境の山形北東端にあり、四方を山に囲まれた小盆地である。ここを本拠とした細川氏について、江戸時代の「小国郷覚書」*29は、「小国郷には細川摂津守直元本城岩部の楯に、同弟細川帯刀直重下村水手の楯に、右御兄弟にて八千二百石押領し」と書き、『最上町誌』*30は出自を「源頼朝の奥州征伐の時に従った鎌倉武士で小国郷を賜った」とする。のちに、岩部の楯は小国氏の主城小国城となり、下村水の手楯は小国氏の改修で志茂の手楯となった。小国城跡は下郷特有の長大な主曲輪を中心に曲輪群を重ね、山麓に一部は水堀となる惣堀をもち、これは近世の改修だろう。また、志茂の手楯跡は見事に曲輪群を重ね、大空堀と畝状空堀を特徴とするが、これは小野寺氏に備えたとみられる。

ところで、近年、細川氏についての重要史料が相次いで確認された。一つは「高野山観音院過去帳」*31で、「出羽国小田嶋庄小国細川殿直堅　天文十七十一月十六日」とあり、天文十七年（一五四八）、ここは小田嶋庄小国とよばれ、細川直堅《なおかた》がいた。また、室町幕府の政所代蜷川親俊の書いた「讒拾集《さんしゅうしゅう》」（『横』八八）に、天文二十四年（一五五五）、竹鼻氏が奥羽に下向し歴訪した書状書札礼に細川氏がみえる。山形の国人は「一土佐林能登入道進候、浄林事也、一土佐林下野入道　一鮭延　進之候、一細川三川守御宿所　一小国孫三郎進之候、三川子息」、「一野辺沢殿進之候」が載り、細川三川守は一段と高い格式をもつ。そして、蜷川家文書に「六月八日付け蜷川殿御宿所宛て源直重書状」*32があり、封紙上書に小国細川孫三郎とあり、源直重《なおしげ》とは『讒拾集』の小国孫三

＊29　最上町『最上町史編集資料』第一号（一九七八年）。
＊30　最上町『最上町誌』（一九六〇年）。
＊31　仙台市博物館『市史せんだいVOl．十二』（二〇〇二年）。
＊32　『大日本古文書家わけ二十一』蜷川家文書之三六三二（一九八七年）。

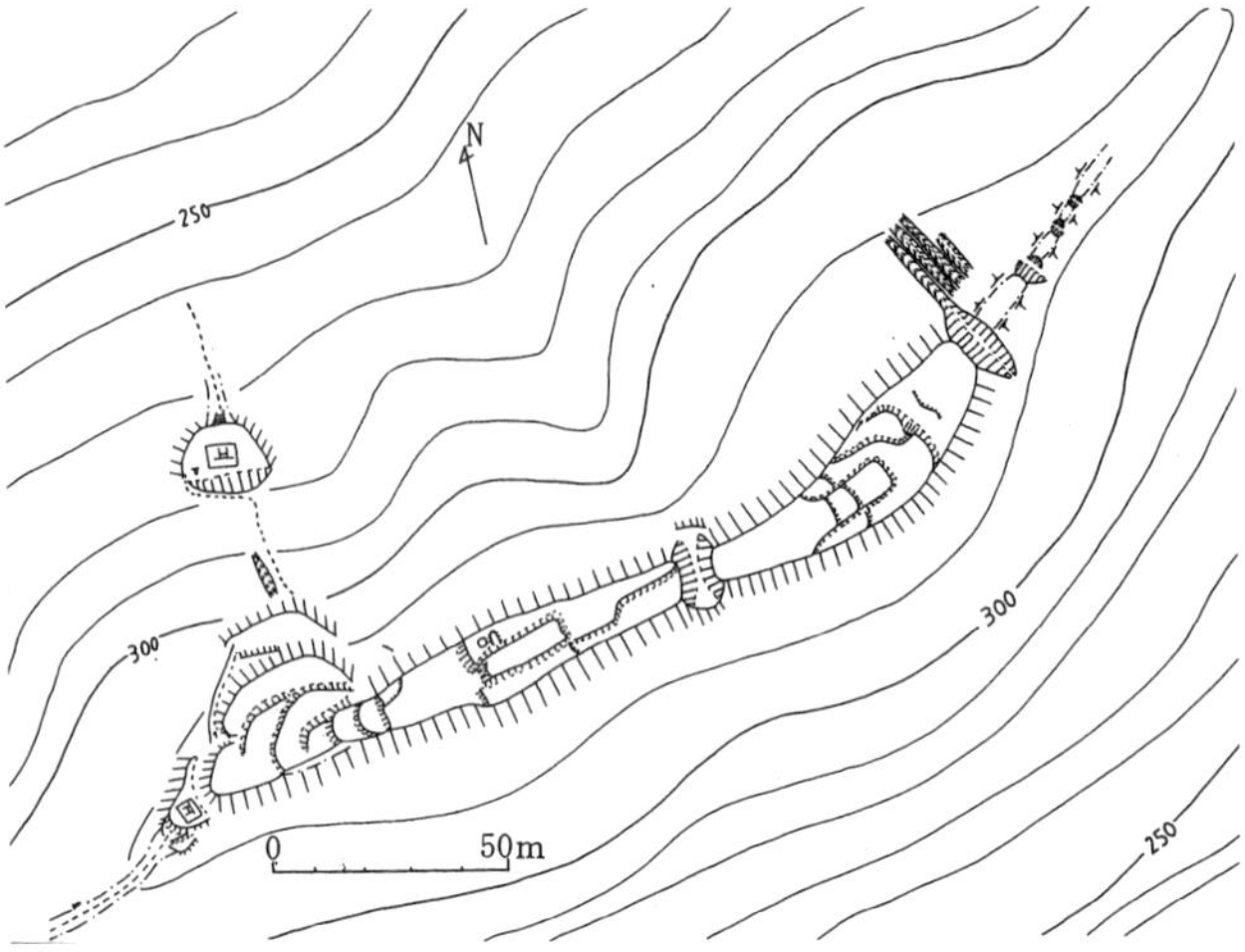

図15　岩谷沢楯跡の概要図

郎とわかる。弘治二年（一五五六）と推測される書状は、「ここもと取り乱しのゆえ、早々返答におよび候」とあり、小国の争乱を記す。なお、直重は『小国郷覚書』中の下村水の手楯の細川帯刀直重と同一人物とみられる。かくして、小国細川氏は源氏で、京都蜷川家と書状のやりとりをする間柄からみても、足利一族の細川氏出自かと思われる。

次に、細川氏の勢力について考えよう。細川氏をついだ蔵増氏の領土について、『増訂最上郡史』[*33]は「南は今の郡界よりでて宮沢村市野々・関谷・富山まで」と、山を越えた尾花沢盆地北東部までとする。また、尾花沢盆地北部の牛房野を本拠とする牛房野三七郎は細川三七郎と伝え尾花沢盆地に進出した細川氏一族と考えられ、細川氏は尾花沢盆地北部に進出していた。そして、小国郷の領主の城に、中枢曲輪などに太平山三吉信仰の石碑や神社があり、太平山三吉信仰との関わりが想定されるが、細川氏領とみられる尾花沢市の岩谷沢楯跡には曲輪上に太平山三吉の石碑があり、牛房野氏領となる森岡山楯跡には三吉神社の社殿がある。尾花沢盆地で、他に太平山三吉信仰は確認できず、それらが細川氏領だった傍証といえよう。

＊33　嶺金太郎『増訂最上郡史』（最上郡教育会、一九二九年）。

その牛房野に、「義光の命をうけた牛房野三七郎の奇襲作戦で、細川三川守は戦死し落城し、小国城の残党が報復として牛房野楯の奇襲途中大雪崩で全員が圧死した」との伝承が残る。[*34] それは、細川氏滅亡に、同族・牛房野細川氏が義光方として加わったことを語る。その後、牛房野氏は義光に従い、慶長十八年（一六一三）頃とみられる「最上義光分限帳」に「牛房野　高弐千石　牛房野三七」、領内城地二十五ケ所に牛房野が載り、尾花沢市の牛房野楯跡は曲輪を重ねる山城で、牛房野への入り口は横堀をもつ森岡山楯跡と横堀・土塁を駆使し技巧的な大沢楯跡が守っている。

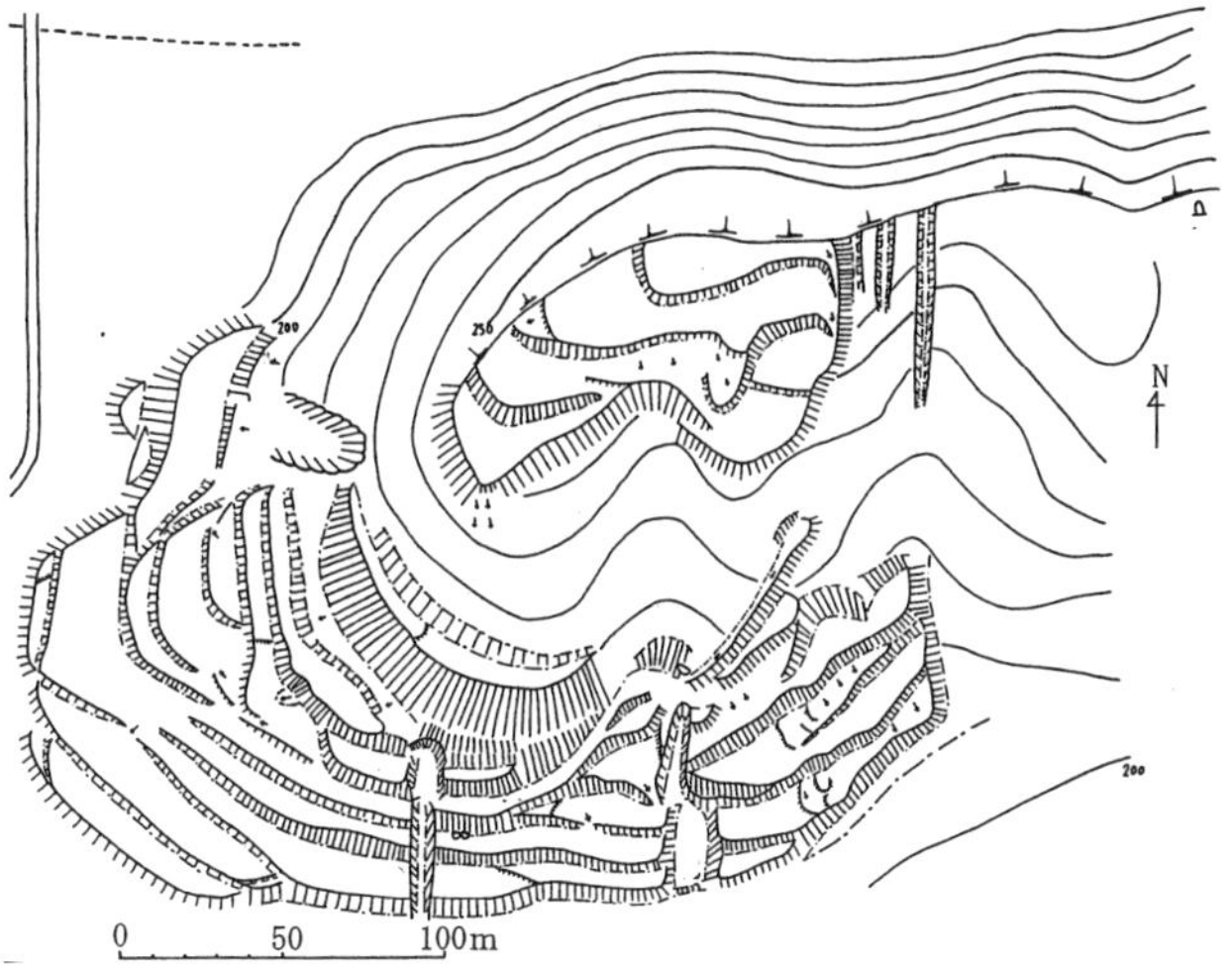

図16　月楯物見の楯跡概要図

それでは、義光軍の小国進攻路はどこだろうか。先に引用した『最上町誌』に義光軍山刀伐《なたぎり》峠《とうげ》から入り明神森・万騎原合戦で細川軍は敗れた、とあるが、山刀伐峠は急峻で江戸中期に大改修により牛馬が通れるようになったもので、山刀伐峠とは考えられない。また、戦場とする万騎原は、「まきのはら（牧の原）」とみられ、牧場が由来で合戦場とはみられない。中世の小国と尾花沢を結ぶ峠は、牛馬の通行可能な牛房根峠と背坂《せなさか》峠とされ、星川茂平次氏は牛房根峠山頂に土塁をもつ「陣場所」地名を確認している。[*35]

かくして、義光軍の進攻路は牛房根峠と背坂峠とみられ、牛房根峠は牛房野氏が先導したの

*34　県立楯岡高校社会部「牛房野の実態」（『郷土』第四号、一九七四年）。

*35　星川茂平治「牛房野三七と牛房根峠」（『きたむらやまの地域史』、二〇〇八年）。

富沢楯跡遠景

だろう。牛房根峠先には最上町の月楯物見の楯跡、背坂峠先には富沢楯跡があり、天童氏の劣勢をうけて細川氏は義光への防御態勢をしいたのだろう。そして、富沢楯をにらむ小国川急崖上に陣城・比丘尼楯跡がある。[*36]この陣城は、背坂峠を越えた義光軍が設営したのではなかろうか。「天童軍記」は、細川氏は天童落城の九日後、天正十二年十月十九日に落ちたとするが、強固な基盤をもった細川氏滅亡には隠れた多くの歴史があったに違いない。

鮭延氏の降伏

当事者、鮭延越前守の語る「聞書」から鮭延城攻撃をみよう。

（出羽守（義光）は）東禅寺筑前の内通をうけて、鮭延典膳に川口内記を遣わし、庄内攻めの先馬となるよう申し入れた。それに対し、典膳は「庄内あっての鮭延で、どうして最上に味方できようか」と二度使者がきたが断った。出羽守は立腹し、庄内にだす兵で延沢能登を大将にして鮭延城に攻めてきた。そのとき、鮭延の兵は三百人もいなかったが、攻撃方は手負い・討ち死にが多くでたが、城中では一人も討たれず延沢能登守は雪が降り陣を引いた。

翌年四月初め、出羽守は最上の総勢で鮭延を攻め、五月末までたびたび攻撃したが落城しなかった。あるときは、出羽守自身采配をとり大手口から、搦手清水門からは氏家尾張・延沢などが大勢で攻め、激しい戦いがあり、典膳も門際で戦った。戦いのあった日、典膳が夜討ちのために敵陣視察に小者一人といき、夜中に帰ったとき武装した兵と遭遇した。敵の兵と思い、あわや戦いとなるところで、それは味方の信太次兵で典膳の言葉で次兵は槍をひいた。

ところで、大将の延沢能登は知行二万石、延沢と尾花沢二ケ所の城持ちで、身は大力持ちで二十人力はあるだろうといわれていた。たびたび活躍したので出羽奥州で有名で、それを太閤

＊36　松岡進『戦国期城館群の景観』（校倉書房、二〇〇二年）。

様も聞かれ伏見でお尋ねになられたので、国許から登らせ太閤様にお目見えなされた方であった。戦いで出羽守はたびたび攻めたが、城は落ちず、出羽守は一門、蔵津安房守を仙北屋形小野寺殿に遣わし、小野寺殿は関口能登をおくった。能登は城に入り、典膳家老の信太・栗太を説得し両人は典膳に意見し、典膳は出羽守に降伏した。

この聞書に、東禅寺筑前の内応は天正十一年三月の反乱以前ではなく、大宝寺義興との確執が起こった天正十二年とあり、それが史実なのであろう。そして、義光の使者は鮭延城の南方、川口楯を本拠とする国人・川口内記で、川口が示すように鮭川舟運をになう川の領主で、それが義光方となっていた。攻め手の大将は延沢能登守で、延沢氏が大将ということは天正十二年の天童氏滅亡後となり、義光は味方になってまもない延沢氏を鮭延攻撃に起用したのだった。そして聞書は延沢能登守のことを、大力持ちで活躍し奥州出羽で有名で、太閤秀吉からも聞かれたので上洛させお目見えさせた、と語る。たしかに、寛文七年（一六六七）に書かれた「野辺沢城記」（『延沢軍記』）によると、延沢能登守は上洛し、天正十九年にそこで死去している。

そして、鮭延城攻撃は難航し、年を越して翌春に再び進攻しても落ちず、それは鮭延城の堅固さと城主鮭延越前守の智勇からと思われる。鮭延城は、鮭川の旧崖上台地を大きな土塁と空堀で遮断した城であった。北対岸には、義光の構築した内町陣城跡があり、延沢能登守の陣と伝える前進基地と、奥に本陣という複郭の大規模な遺構が残る。延沢の陣は、延沢能登守の進攻が史実であることを傍証し、義光がそのような本格的な陣城を構築したのは、鮭延城攻撃が重要な戦いだったことを語る。それは、鮭延越前守を鮭延においた大宝寺氏の鮭延支援を予想したこと、加えて鮭延・新城の国人衆への威圧だろう。

その状況をみて、天正十三年五月頃、鮭延氏の同族、庭月氏が義光に通じた。庭月氏は、鮭川

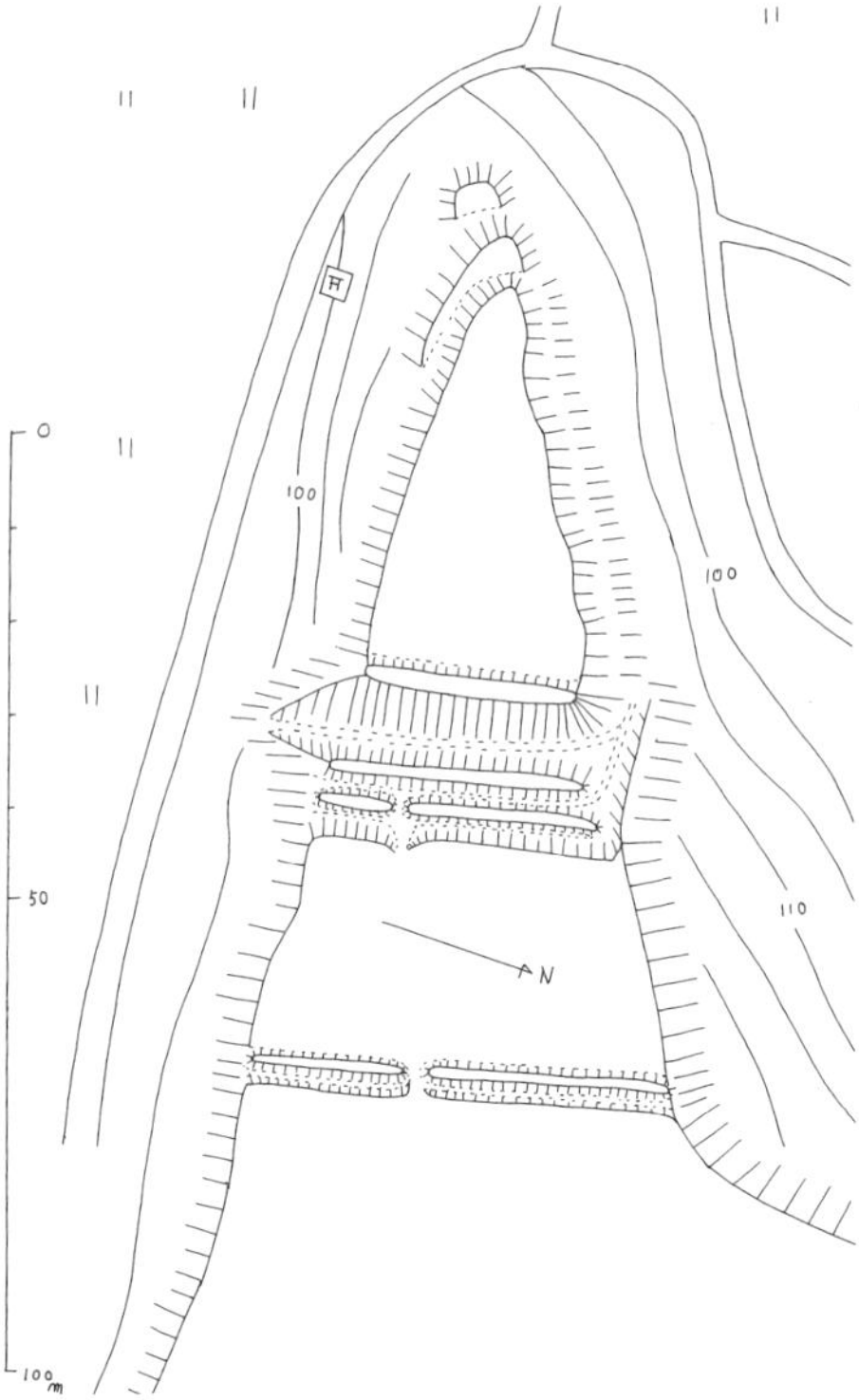

図17　平岡楯跡（真室川町）の概要図

右岸の台地上の庭月楯を本拠とする国人で、同じ佐々木氏一族の庭月氏離反は鮭延家中に動揺を与えたろう。義光はこれをうけて、蔵津安房守を鮭延氏の主筋にあたるといわれる仙北小野寺氏に説得要請をし、小野寺氏の派遣したのは鮭延氏と同族・佐々木氏出自の関口能登だった。関口能登の鮭延氏家老への説得により、鮭延越前は降伏した。鮭延氏降伏をうけて、八向楯、平岡楯などの楯主衆は義光に帰服し鮭延氏、清水氏のもとに再編されたと考えられる。なお、義光の鮭延氏攻略年の近年までの定説は天正九年（一五八一）であった。これまで刊行の『山形県史』と、最上地方の市町村史は、天正八年に細川氏滅亡、天正九年に鮭延氏降伏と書く。

これに対し、私は「聞書」から鮭延氏の降伏は天正十三年とした。[*37]感激したのは、『新庄市史　史料編上』（二〇〇一年）の中世を担当した佐久間昇氏から積極的な賛同の評価を得たことである。[*38]これに関連して、鮭延氏降伏の天正九年説の基本史料とされた、「庭月殿宛て義光書状」（『山二九二五頁）の『山形県史翻刻文』には「天正九」が入っているが、早川和見氏の研究で原典にないことが明らかとなっており、[*39]九年説が確実な根拠を失ったことも付記しておこう。

八向楯跡（新庄市）遠景

＊37　拙稿『南出羽の戦国を読む』（高志書院、二〇一二年）。

＊38　「保角里志著『南出羽の戦国を読む』を読んで―「鮭延越前守聞書」の評価を中心にして―」（『さあべい』第三二号、二〇一八年）。

＊39　早川和見「鮭延越前守口述録について」（『山形県地域史研究三四』、二〇〇九年）。

四、最上義光の庄内・伊達・仙北合戦

庄内を制圧する義光

大宝寺義興と東禅寺筑前守の確執は、天正十二年（一五八四）に顕在化する。大宝寺義興は、天正十一年に上杉景勝に忠誠を誓い、翌天正十二年には川北の池田讃岐守と朝日山五十人衆の旧領を安堵するなど領内統制を強化した（『荘二』二九九、三〇一、三〇二）。一方、東禅寺越前守は最上義光に近づく。「聞書」はその時期を、天正十二年末と書く。大宝寺氏当主・屋形となった義興と、義氏討伐実行者で、かつ義興の妹婿で大宝寺一族とされる東禅寺筑前守（『荘二』八一、八二）とは、川南と川北の歴史的な対立風土もあって、とうてい並立できる存在ではなかった。そして、天正十三年には合戦となり、[*1] 翌年正月七日の「東禅寺筑前守殿宛て義光書状」（『荘一』三一一）は義光の庄内出兵を語る。この史料は、鮭延に出陣した人馬を近日中に東禅寺支援に送るよう氏家尾張守に命じており、鮭延・新城の制圧作戦は天正十三年には終結していた。

さらに、義光は秋田の下国氏との接触を図り、砂越也足軒《やそくけん》に下国氏との交際の取りなしを要請した。[*2] 砂越也足軒は、「秋田（安東）家系図」（『荘二』八四）の下国愛季《ちかすえ》嫡子、業季《のりすえ》のところに「母は庄内大宝寺庶子、砂越入道宗順娘」とある宗順《そうじゅん》で、愛季は娘婿という近い姻族であった。也足軒は、永禄七年（一五六四）、一乗谷で朝倉氏と参会し、朝倉氏から下国愛季への国友村で戦国時代における鉄砲生産初見とされる鉄砲一挺国友丸筒を託されており[*3]（『荘一』二一九）、近隣大名と交流する川北の重鎮であった。（天正十四年）霜（十一）月二十五日の「下国殿宛て源義光

＊1　「七月七日付け山形江参人々御中宛て前森筑前守書状写」（『荘二』二九八）。

＊2　（天正十四年）梅（五）月十六日付け也足軒宛て義光書状写」（『荘一』二八六）。

＊3　平山優『検証 長篠合戦』（吉川弘文館、二〇一四年）。

書状」(『荘二』二九二)では、砂越氏の仲介による義光と下国氏との連携が確認できる。末尾で「事あるごとに砂宗入道方へ細書におよび候」と也足軒との親しい関係を述べ、「鮭延に庄内から乱入し、庄内攻撃を準備したところ、白岩八郎四郎が大宝寺氏縁者のために反乱し、それを退治にむかいおさえた。春には、清水・鮭延と相談し庄内へ攻めこむ。そのときは下国氏も境目に出陣いただきたい」と要請した。

文中にみえる白岩氏は、鋭い切岸線のなかに階段状曲輪群をおく白岩新楯を本拠とする大江氏一族であった。白岩留場の「阿弥陀堂棟札」[*4]に「天正十一年四月十六日」、「大檀那大江廣教」とあり天正十一年(一五八三)には健在で、天正十二年に寒河江氏に味方せずに生きのび、天正十四年に義光から討伐されたと考えられる。

大宝寺義興と東禅寺筑前守との対立は、天正十四年末に和睦したが、天正十五年五月頃には戦いが起こり、義興方が不利な状況のなか、伊達政宗は必死の和平工作を行い、九月頃には再び和議が成立した(『荘二』三二五)。しかし、すぐに和平は壊れ、東禅寺筑前守は再乱し、義興は越後の上杉・本庄氏を頼ったが、両氏は新発田重家討伐の最終段階に入り支援に動けず、義光の庄内支援もあって義興は破れ筑前守に降伏した。その年十月には、鮎貝宗信が伊達政宗に攻められ自落する事件があった。

通説では、義光が庄内進攻にあたり政宗の介入を阻止するために、伊達領境目の白鷹町にある鮎貝城を本拠とする国人鮎貝氏を誘い反乱を起こさせたとされる。しかし、大沢慶尋氏の検証で、鮎貝氏の争乱とは宗信と父宗重の父子の争いに際して政宗が父方にたち、最上境目で自立傾向のある鮎貝氏を攻め領土を奪った、というのが真相だと明らかとなった。[*5]そこには、最上義光の介入はなかった。そして、陰謀家とされる義光の代表的事例の一つは、虚構と判明した。

＊4　寒河江市『寒河江市史　大江氏ならびに関係史料』(二〇〇一年)。

＊5　大沢慶尋「天正十五年鮎貝宗信謀反事件―伊達政宗・最上義光不和発端説の検証―」(『研究資料集』第三七号、二〇一六年)。

「聞書」は、義興の処分とその後の措置を、「兵庫頭は降参し最上に連行され、谷地に預けおかれたが、数年様子をみて切腹させた。東禅寺筑前はそのまま東禅寺城主とし、最上から中山玄蕃を大山城におき、筑前と両人で庄内を仕置きされた」と書く。それは、十月二十二日付けの「西野修理亮殿宛て義光書状」（『荘一』三二八）に、義光が小野寺氏家臣の西野道俊に「義興は、命を助け山形に連行し庄内はすべて制圧した」と伝えており裏付けられる。

十五里ケ原合戦の敗北と庄内撤退

比較的史実に近いと評価される検地一揆の首謀者・平賀善可の子の記録「小国夢幻悪屋形聞書」（『荘二』三）は、大宝寺義興の養子・本庄繁長の次男から入った義勝が、義興敗北のとき小国に逃れ小国因幡守を頼ったと書く。そして、天正十五年（一五八七）十月二十五日、新発田城は落城し、本庄繁長の庄内進攻の支障はなくなった。義勝の復帰を名分とした本庄繁長軍の活動は、天正十六年初めに始まり、八月には本庄繁長・大宝寺義勝父子は庄内に進攻し、十五里ケ原《じゅうごりがはら》合戦で大勝し、庄内を制圧した。寛永五年（一六二八）に成立した本庄繁長からの聞書「本庄記録」（『荘二』八二）は「三万余騎討ちはたし、千安川への逃亡者まで残らず撃殺した」とし、そのとき「東禅寺右馬頭が、首を持ち味方をよそおい近くにより政宗の刀で切りつけ、初めての手負いとなり無念だった」と記す。

そして、「小国夢幻悪屋形聞書」は、十五里ケ原合戦は、日の明ける頃背後にまわった軍勢の奇襲戦の勝利とし、東禅寺右馬頭の繁長攻撃を載せる。加えて、そのとき、大浦城にいた城番・中山玄蕃について、敗戦をみて城の兵は「一人もなく落うせ、玄蕃籠城かないがたく、馬に乗り中間一人召つれて、酒田の大湊馬にて泳ぎわたり」、「庄内より最上へこえる山道に青沢という所あり。村の男一人案内させ落ちゆき行けるか、くだんの男を最上へ近づきさし殺しけりとかや」と記録する。その後、中山玄蕃は、鮭川沿いにくだり最上川合流点の対岸、戸沢村蔵岡にしばらくとどまり、一族の一人が中山の姓を中村に改め、ついにこの地に永住したという。蔵岡の中村家がそれで、系図と玄蕃使用の茶碗を伝える。*6

また、「聞書」は、「景勝が庄内を押さえようと、村上城主、本庄筑前繁長を大将にして大勢の兵を差しむけた。中山玄蕃と東禅寺筑前は防戦したがかなわず、筑前は討死、玄蕃はただ一騎となり最上に逃れた。その時、出羽守も、最上の領分清水というところまで出陣した」と書き、東禅寺筑前守は討ち死に、中山玄蕃は一騎で最上に逃れたとし、中山玄蕃の必死の逃走は史実と判断される。この十五里ケ原合戦の勝利は、すぐに伊達政宗に伝えられた。「伊達天正日記」（『荘二』一八三）は、九月九日に「本庄より飛脚あげ御申し候。庄内ことごとく手にいれ申し候。もがみ衆二千五百人あまりうつとり申し候よし、申しあげ御申し候」と記す。

翌年、最上方の残党が蜂起した。名川では「千人ほどが籠城したところ、越後衆・河南衆が楼《やぐら》その外で昼夜のべつなく攻撃し攻めやぶられ、最上の衆、また地の者老若男女ともに一人ももらさず成敗をくわえた」（「小介川殿宛て来次氏秀書状」（『荘一』三六六））とあり、鶴岡市にある名川楯は落城し、籠城者は全員殺害された。

また、「聞書」に北目合戦が載り、庄内奪還の総攻撃が予定されたことを記す。「庄内からの手引きで最上総勢出陣の前に、典膳が軍勢千五百人でむかった。北目に陣をおき打出川をはさみ、本庄繁長軍三千人と対峙した。中洲の取りあいで及位図書が敵一人を打ちとり、その後川をはさみにらみあったが、繁長は兵を引いた。そのとき、典膳に飛脚がきて『山形に大火事がおこり本丸だけ残し、二の丸・三の丸・侍町・通町すべて焼けた。総攻撃は中止となった。引け』との命

---

*6　戸沢村『戸沢村史上巻』（一九八八年）。

*7　天正十八年、最上義光は家臣宛てに山形城が普請中であると伝えているが、この大火にかかわると考えられる（「松沢文書」）。五十嵐貴久「山形城跡」『北日本における近世城郭研究報告資料集』（日本考古学協会二〇一六年及び弘前大会実行委員会、二〇一六年）。

令で典膳は最上に帰った。」とあり、内応者の手引きで、庄内奪還の総攻撃が計画されたが、山形大火事のために中止されたのであった。*7

かくして、義光は念願の庄内を支配したが、わずか一年で失い、庄内を再び支配するのは慶長出羽合戦後の慶長六年であった。なお、義勝と本庄繁長は義光の反攻を警戒し、境目の道を抑える要衝に畝状空堀などで守る城を造り、それが鶴岡市の東岩本楯跡、酒田市の本宮楯跡とみられる。

伊達政宗との合戦と和睦

天正十六年（一五八八）、中新田城の名族・大崎氏の当主義隆と重臣の氏家義継《うじいえよしつぐ》との間で内紛が起こった。義隆は縁族最上義光を頼み、氏家義継は伊達政宗に援助を求めた。同年正月、政宗は大崎に出兵するも大敗し、大崎問題は義光と政宗との紛争に波及した。政宗は三月に中山要害を補強し、「伊達天正日記」（『最上氏史料』）に中山が頻繁《ひんぱん》に登場する。三月二十日に「中山にて草調議のうえ首二つ取り申し」と小競りあいがあり、同月二十六日に「中山へ御鉄砲衆差しこしあげ候」と鉄砲部隊を入れている。四月には、四日に「阿弥陀寺の寄居《よりい》夜討ちに申し候て首六つあげ申し候、いき鳥（生け捕り）一つ」とあり、同月十六日に「むちなもり（狸森）と申し候所を打ちちらし、首八つ、いけとりあまたとり申され候」と小競りあいが続き、五月一日には「秋保より山かたしゅう討ち取り百一人、このうちしるし（首級）二十一あげ申され候」と、秋保に進攻した義光方に百一人死者が出た大きな合戦があった。

その対峙は、佐竹・蘆名とも対立する政宗と、庄内を押さえたものの本庄氏に庄内反攻を起こされた義光との間で六月末には和睦が成立した。和睦の仲介者は、伊達輝宗の妻で、義光の二歳年下の妹、そして政宗の母の義姫だった。このとき義姫が最上境の伊達領・中山に八十日間輿《こし》を

伊達政宗画像　東京大学史料編纂所蔵模写

おき、両者の全面戦争を回避したという逸話は、七月十八日に義光が小介川氏に宛てた書状に「伊達后室中途へ輿だされ、八十日におよび滞在候」(『山二』四六六頁)とあり史実である。義姫の行動は、政略結婚といわれ、自我のない悲劇的な立場とみられがちな婚姻関係が、実家・婚家との関係を生かし積極的な平和回復・維持機能をはたしていたと評価されている。*8

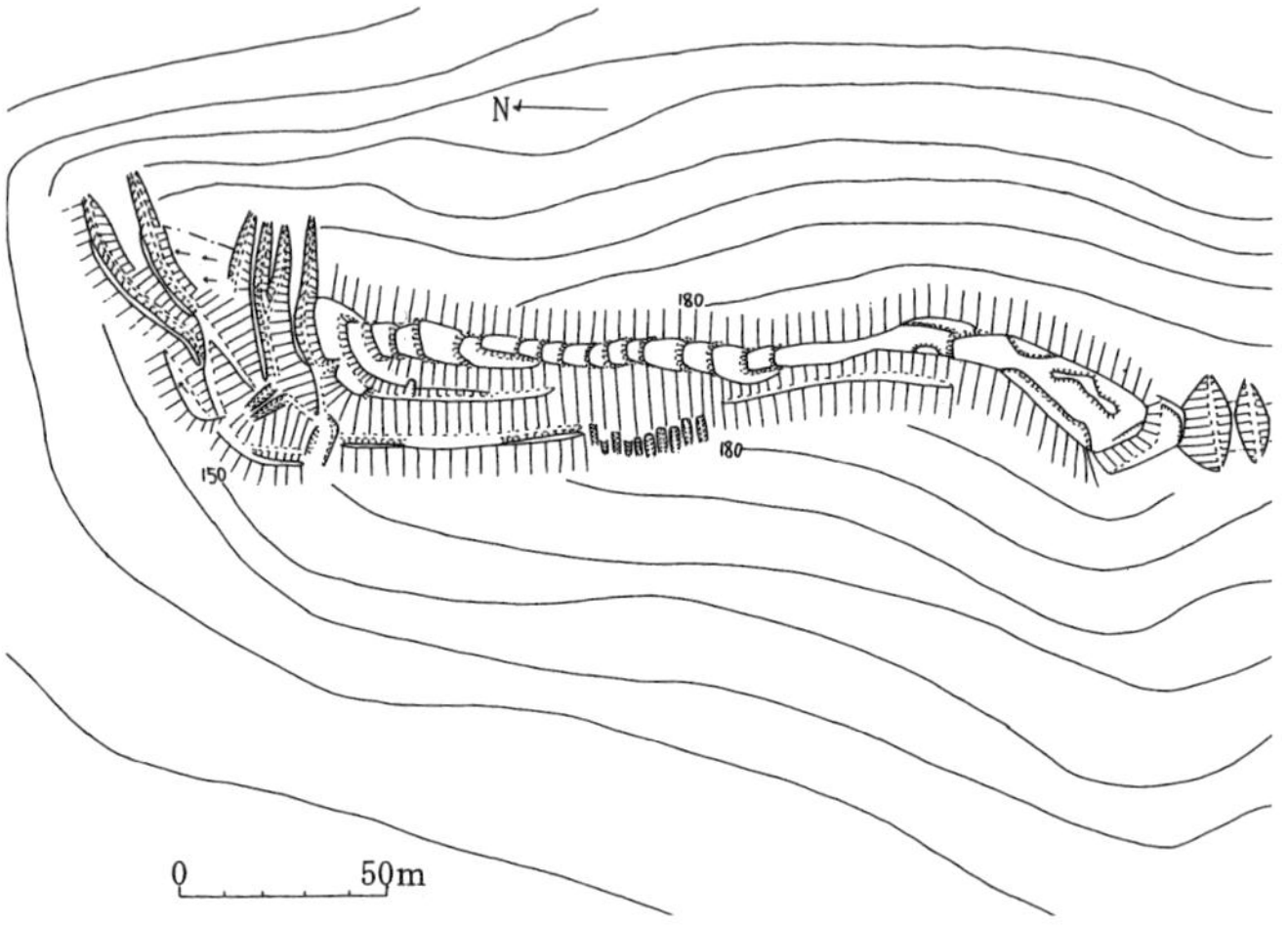

図 18　東岩本楯跡の概要図

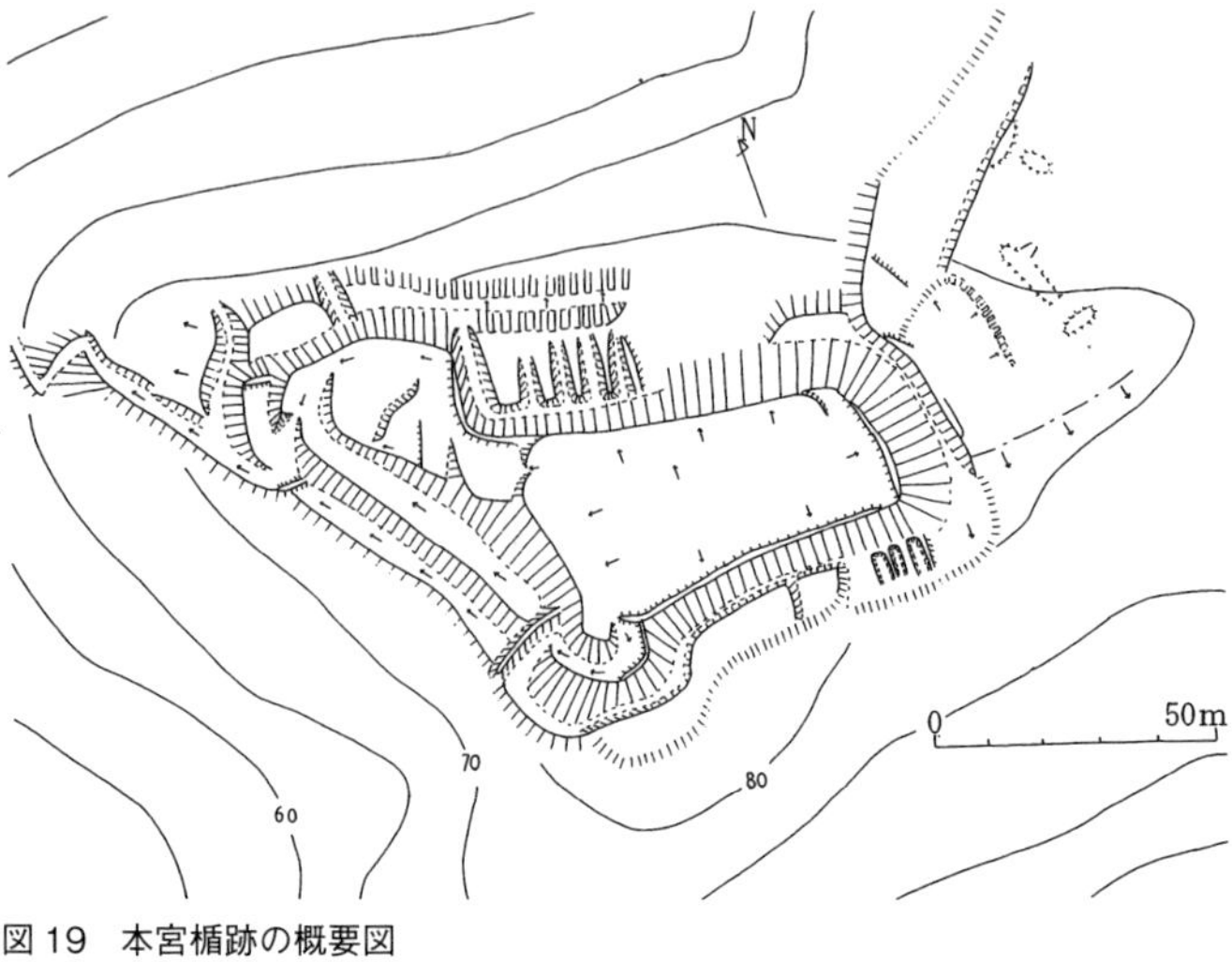

図 19　本宮楯跡の概要図

　義姫といえば、仙台藩の正史・「貞山公治家記録」に、小田原参陣の直前、弟小次郎を溺愛し、子政宗の毒殺事件を起こしたと記録される。それは、「母にまねかれ膳をとったところ腹痛を覚えた政宗は、排毒丸で一命を取りとめ、みずから小次郎を斬殺し、義姫は裏で糸をひいた義光を頼って山形に逃れた」とされる事件である。定説だった義姫の政宗殺害未遂は、政宗の創作だったことが近年明らかとなった。佐藤憲一氏は、政宗の師・虎哉《こさい》和尚の新出書状によっ

*8　遠藤ゆり子『戦国時代の南奥羽社会』(吉川弘文館、二〇一六年)。

て義姫の出奔は文禄三年（一五九四）であること、弟小次郎は僧籍に入り生きていた可能性があることを述べる。[*9] つまり、事件は、実家義光の陰謀により、母が弟小次郎を擁立し将来的に内乱となることを恐れ、小田原参陣の重大局面の前に弟を寺に入れ、その芽を摘んだのが真相かと私には思われる。かくして、毒婦・鬼母ともいわれた義姫の冤罪ははれた。そして、陰謀家義光の根拠の一つも消えた。

ここで伊達氏の中山要害について触れよう。中山要害は、上山市にある中山城に比定されている。すなわち、中山城は、伊達輝宗家臣の中山弥太郎により永禄・元亀年間に築城され、天正十九年（一五九一）、政宗の岩出山移封まで最上領境目の伊達氏の城であったとされる。その後、蒲生郷可《さとよし》により最新の石垣をもつ天守台が構築され、慶長三年（一五九八）には上杉氏の中山城代が置かれ、元禄五年（一六九二）からは中腹曲輪に御役屋が設置され江戸時代に維持された、と理解されている。これに異論はなく確固たる定説といえよう。

しかし、私は、伊達氏の中山要害は中山城南方の南陽市の岩部山《いわぶやま》館跡と考えている。その根拠は、岩部山の山麓集落を元中山と呼ぶこと、小岩沢と中山間の前川沿いの道は、郷土史研究家三瓶耕堂が「安永十年編、夏刈村方角道程」史料から米沢から赤湯、小岩沢、中山への南北の道は天正十九年に開設した蒲生新道と、指摘したことである。[*10] したがって、伊達氏の戦国の道は日影と川樋を結ぶ山道で、峠道の最高所が中山と考えられる。[*11] 城の特徴をみると、中山城は広い曲輪群をもち治政を重視し、蒲生新道とあわせ造られた新城だったろう。

他方、岩部山館跡は、南と北の地を分ける比高二四〇ｍの急峻な岩部山頂に立地し、きわめて堅固な構造をもつ。すなわち、大空堀と長大な土塁線で遮断し中枢部と駐屯部を置き、内部を丁寧に整地した形跡はない。駐屯部は厳重な二つの虎口から入れて内部に野営地となる小平坦地が

＊9　「伊達政宗と母義姫―毒殺未遂事件と弟殺害について」『市史せんだい』VOl.二七（仙台市博物館、二〇一七年）。

＊10　山形県教育委員会『山形県歴史の道調査報告書　米沢・板谷街道』（一九八一年）。

＊11　黒田日出男氏は、境界の峠が「中山」と呼ばれたとする。『境界の中世象徴の中世』（東京大学出版会、一九八六年）。

あり、中枢部虎口はとくに厳重で、三連続枡形虎口や六回もの折れ虎口で中に陣所とみられる平坦地がある。かくして、岩部山館跡は、軍事に特化した臨時の城で、中枢部を守り、伊達氏城造りの当時最高技術で造られた城ということができ、中山要害にまさにふさわしい。

仙北干戈と神室山麓楯群

「奥羽永慶軍記」に、天正十四年（一五八六）五月、最上義光は有屋峠合戦で小野寺氏に大敗し、最上領への進攻を恐れたと記される。しかし、有屋峠合戦を裏付ける一次史料は皆無であり、有屋峠合戦は史実とはみられない。他方、『横手市史原始・古代・中世編』[*12]は、仙北小野寺氏と最上氏との緊張関係の時期を天正十六年（一五八八）とする。これを考えてみよう。

天正十五年九月頃、小野寺氏と六郷氏・金沢氏との間に争いが起きた。翌十六年には六郷氏に加え、山田氏も小野寺氏に離反する動きをみせる。これに対し、最上義光は仙北干戈と呼び和解を仲介し、そうした努力が実を結んだのか、同年十月に小野寺氏と六郷氏・山田氏が和睦に至った。仙北干戈について、現在残る多くの史料では、最上義光は小野寺領内の平和を望み行動したようにみえるが、違った行動をうかがわせる史料がある。

その一つは、天正十六年八月五日と九月八日の「三戸江参人々（南部信直）宛て本堂伊勢守道親書状写」（『横』一四四・一四五）で、そこには「当郡の儀横手・六郷一和これなきゆえ、最上より種々雑説すでに申しこられ候」とし、「よって最上より当郡へ乱入あるべきのよし、必定に候。しかるところ、越後より庄内へ孟勢をもって押しよせられ、中途にて合戦におよび候のところ、破北ゆえ、前森筑前をはじめ人躰衆討ち死候」とある。つまり、最上乱入の風聞は落ち着いたとあり、状況がかわったら報告したいという内容となる。

＊12　金子拓「小野寺氏の勢力拡大と横手盆地進出」横手市『横手市史通史編　原始・古代・中世』（二〇〇八年）。

また、「仙北小野寺之次第」（『荘二』一八）には「天正十五年か十六年に最上義光公仙北を御せめなされ候時、仙北衆は八口内へ出陣す。敵兵多く討ちとり、西馬音内衆高名多く御座候」と最上氏の進攻があり、役内で合戦し追い返したとある。さらに、鮭延秀綱の事跡を寛保三年（一七四三）に、秀綱の菩提寺・古河鮭延寺の住僧が記した「鮭延寺開基之縁起」（『山二』二三一頁）には、「天正十六年、小野寺氏と六郷氏の合戦のさいに秀綱は山田に入り和議を取り結ぼうとしたところ、不慮の儀によって合戦がおき、この対陣中に上杉氏の庄内進攻があり義光から帰陣の命令をうけて和睦し戻った」とある。

このような史料から、天正十六年に最上軍が仙北に進入し、小野寺氏と緊張関係に入ったが、本庄氏の庄内進攻があり庄内を制圧されたので兵を引いたと推測される。天正十六年秋は、最上義光にとり、本庄氏に支援された大宝寺義勝との十五里ケ原合戦で大敗し庄内を失った動揺のさなかにあったとみられる。そのような最上氏の厳しい状況をみて、仙北からの最上進攻の動きがなかったろうか。それを語るものに神室山麓楯跡群がある。

楯跡群は、新庄市萩野に片平楯跡・落楯跡・小倉楯跡、最上町に志茂の手楯跡と太郎田楯跡、金山町に松山楯跡・安沢楯跡、愛宕山楯跡・八幡楯跡・魚清水楯跡・高堂楯跡の十一からなる。そのうち、図を載せた落楯跡と安沢楯跡を紹介しよう。

落楯跡は尾根を鋭い七条のV字状堀切で切断したなかに、低い切岸で削平地をつくる。折れ坂虎口の開く緩い西斜面は鋭い七重横堀群で遮断し、北側と南東側斜面は畝状空堀でつぶす。その特徴は、畝状空堀やV字状多条堀切、七重横堀など多様な堀を駆使し、あたかもハリネズミのような遮断線を設けるが、守られた内部に主曲輪は認められないことである。次に、安沢楯跡は、北尾根は三条堀切、西尾根は二条堀切で切断し、南斜面の狭い尾根上には連続小曲輪群をおき、

愛宕山楯跡遠景

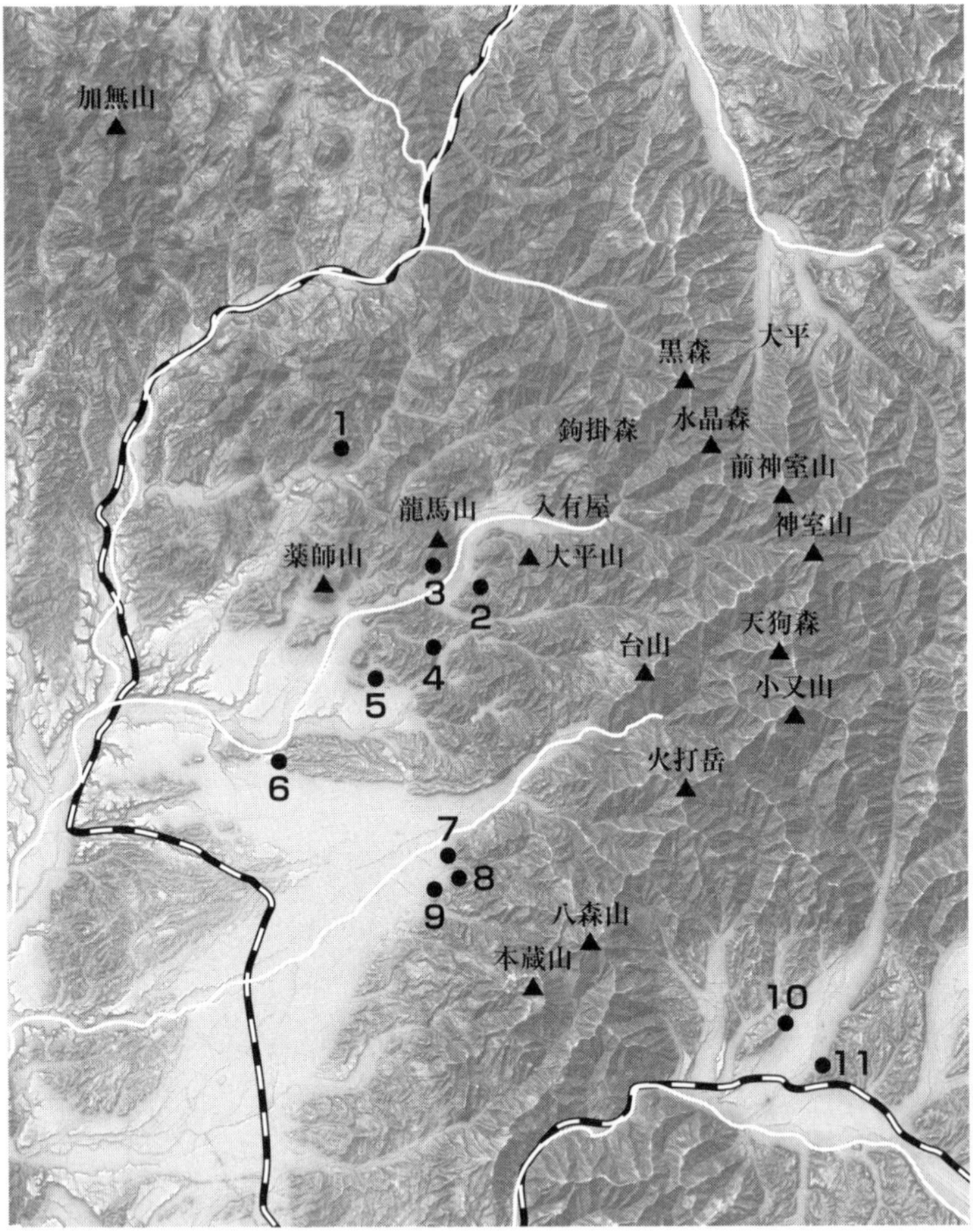

図20　神室山麓楯跡群
1 高堂楯跡　2 松山楯跡　3 魚清水楯跡　4 安沢楯跡　5 愛宕山楯跡　6 八幡楯跡　7 小倉楯跡　8 落楯跡　9 片平楯跡　10 志茂の手楯跡　11 太郎田楯跡

北東に三条、北西に十条の畝状空堀を刻み、厳重な遮断線をつくる。しかし、その内部には曲輪群はあるが、特に優越する主曲輪はない。その特徴は高峻な山頂に立地し、内部を畝状空堀と多条堀切で守るが、主曲輪が不明確なことである。

かくして、神室山麓楯跡群の特徴をまとめると、主曲輪をもたず領主の城でなく、畝状空堀・横堀・竪堀・堀切と多様な空堀を使った遮断施設が発達し、小倉楯跡・高堂楯跡・安沢楯跡には遮断施設として小曲輪をもつということになる。そして、片平楯跡・小倉楯跡・志茂の手楯跡・高堂楯跡のほかは楯地名と楯主伝承がなく、楯主伝承をもつ志茂の手楯跡は細川氏廃城の改修とみられ、他の三楯跡に伝承にいう領主の城遺構は確認できない。

また、楯跡群の位置は、金山町の松山楯跡・安沢楯跡・愛宕山楯跡・八幡楯跡は仙北から有屋峠を越え、山形にいく基幹道をみおろすところにあり、魚清水楯跡と高堂楯跡も仙北からの道をみおろすとこ

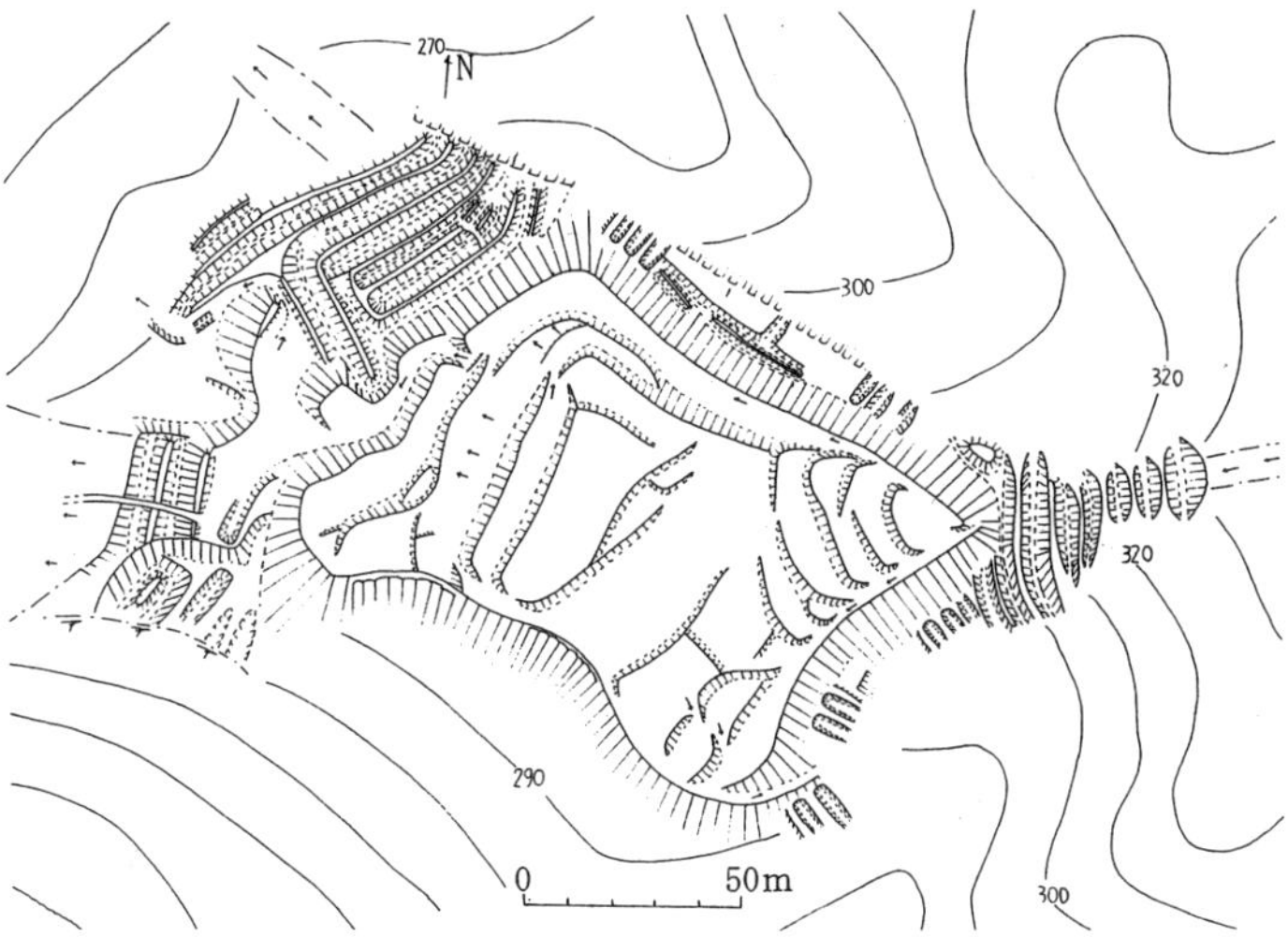

図 21　落楯跡の概要図

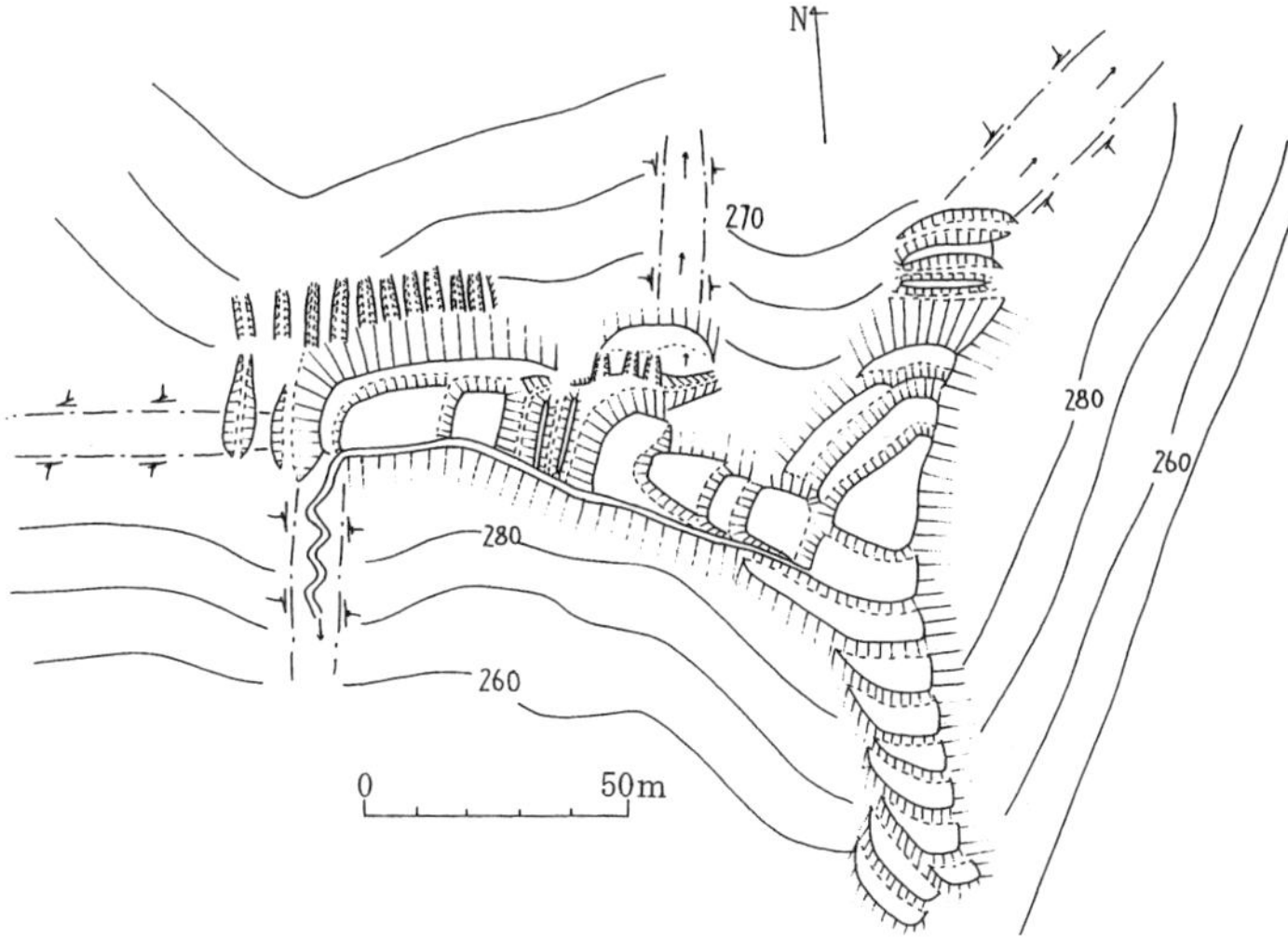

図 22　安沢楯跡の概要図

ろにある。加えて、新庄市萩野の三楯は仙北と山形を結ぶ基幹道を抑える位置にあり、近郊には、藤原良章氏が仙北からの基幹道を示すと指摘した、中世の主要街道の渡河地点を意味する「二枚橋」地名がある。[*13]そして、志茂の手楯跡と太郎田楯跡は小国盆地の西部・神室山参詣の道をくだった地点に位置する。したがって、これらの楯跡群は、仙北からの主要基幹道を抑える要衝の場所にあることが共通し、小野寺氏の進攻にそなえて仙北からの道沿いに造った臨時の楯群と整理できる。

ここで、戦国期の有屋峠の研究について述べておこう。古代東山道に起源をもつ有屋峠の道は、戦国期も山形と仙北を結ぶ基幹道で、六四ページの神室山麓楯跡群の地図にある入有屋の沢から尾根に登り黒森と水晶森間の鞍部を通り大平に抜けるルートとされ、その鞍部が有屋峠とするのが通説であった。しかし、この道は、沢から登り尾根は急峻で狭く馬足はかなわず、また古代の道は尾根道とされることにも合致せず、地元で古い道と伝える入有屋から尾根にあがり鉤掛森、檜木森、黒森、薄久内のルートではないかとの説[*14]があった。

そこで、矢野光夫さんと笹原忠昭さんは、入有屋から鉤掛森、檜木森、黒森、薄久内を踏査し、広く緩い道形を各所に確認し報告した。[*15]私もその調査に一度同行し、馬足可能な広い道跡をみて古代以来の基幹道跡と実感した。かくして、最高所の黒森が戦国期の有屋峠と考えられる。

それでは、楯跡群の遺構から構築時期を考えよう。まず、国人領主の領域を越えてある楯跡群は、最上義光の鮭延氏を攻略した天正十三年（一五八五）以後に造られたといえる。天正十二年までの最上氏系の城の特徴は曲輪の発達で、その後、天童城後の貫津新城には原初的な横堀など堀の使用が初めて確認できる。他方、庄内大宝寺氏系の城の特徴は、多様な空堀の発達で、永禄十一年（一五六八）の破却とみられる湯田川三楯跡には畝状空堀・多条堀切がある。その頃、大

＊13　藤原良章「中世の交通と都市」（『西村山地城史の研究』第二四号、二〇〇六年）。

＊14　坂本俊亮『山形県最上の巨樹・巨木』（東北出版企画、二〇〇二年）。

＊15　矢野光夫・笹原忠昭「有屋峠街道を探る」（『さあべい』第二十四号、二〇〇八年）。

宝寺氏は鮭延に進出し、長里楯跡などに空堀を多用する大宝寺氏系の楯が出現し、神室山麓楯跡群は大宝寺氏系の技術を受け継ぎ造られたとみられる。

そして、虎口は折れ坂虎口か単純な虎口で、枡形虎口となる定型化以前の特徴をもつ。当地域での枡形虎口をもつ楯跡は、青沢越えの街道にたち塞がるようにある真室川町の差首鍋《さすなべ》楯跡、与《よ》蔵峠《ぞうとうげ》ルートをおさえる戸沢村の源治楯跡、そして山形への近道・角川《つのかわ》ルートを抑える阿部楯跡に確認でき、それらは慶長五年（一六〇〇）、庄内上杉領からの進攻に備えたと考えられる。したがって、神室山麓楯跡群の構築時期は、天正十三年以降、慶長五年以前と判断され、仙北干戈をうけて天正十六年秋に小野寺氏の進攻に備えて構築されたと推測される。

ところで、志茂の手楯は旧領主細川氏の破却された城を改造し、金山町の楯跡はほとんどが急峻な山など要害の地に立地し、新庄市萩野では近接した三楯が低丘陵にあるという違いがある。それは、構築主体が異なっていたからではないだろうか。

そのことについては、「（天正十六年）二月十六日庭月和泉守殿宛て義光書状写」（『山一』九二五頁）が、背景を語ると思われる。書状には「伊達氏が近日に大崎出陣するとのこと、伊達出陣のさいには庄内とも申しあわせてそちらにも動きがあるだろう。そのときは、真室を根城に典膳・安食七兵衛、丹与三はよく相談し庄内と仙北から守ってくれ」とある。

かくして、義光の指示により、小野寺氏進攻の動きに備えて萩野を本拠としていた安食七兵衛（のちの安食大和）は近郊の山に三楯、金山の丹氏は金山の有屋峠からの道ぞいの要衝に六楯を造ったのだろう。そして、在地国人の出自でなく史料にみえない蔵増小国氏は、義光の直接指示で志茂の手楯を改造し、近くに太郎田楯を造ったと考えられる。

五、慶長出羽合戦

畑谷城・宇津野楯落城

慶長五年（一六〇〇）九月十五日、直江《なおえ》兼続《かねつぐ》は上杉武将の秋山伊賀に長谷堂城攻めの現場から文書をしたためた。それには「さる十三日最上領畑谷城を乗りくずし撫《な》で切りに申しつけ、城主江口五兵衛父子とも頸《くび》五百余討ちとり候。簗沢《やなざわ》の城までもあきにげ候。すなわち在々放火せしめ、昨一四日最上居城に在陣し」（『荘二』四〇九）とある。それは、最上領に進攻して畑谷城を落とし、城主江口五兵衛他五百余人を討ちとり、民衆は撫で切りとし、その後、村々を焼き払い進軍して昨日に長谷堂城に向かい在陣した、と報じたものであった。

かくして、山辺町にある畑谷城は一次史料から、上杉軍によって落城し、城兵五百人あまりと避難民全員が殺害されたことが判明する。城は合戦後廃城となり、「最上義光分限帳」の最上領内城地二五ケ所には載らない。そのため、遺構は、落城時の城が封印され良く残り、慶長五年（一六〇〇）の最上系城の指標となり、特徴である枡形虎口・二重横堀・二条堀切から竪堀にくだる長大な空堀は、戦争のなかで最上系の城が到達した最高技術だった。また、東側の薬研堀と土塁で造った方形区画施設は、兵の駐屯地で、斜面土塁上に飛礫《つぶて》用の集石塚が残り、戦争を戦った城を雄弁に語る。

もう一つ、慶長出羽合戦で落城したものに朝日町の宇津野楯がある。「最上合戦記」（『最上氏史料』）から落城の様子をみよう。

上杉景勝画像　慶長出羽合戦のときの上杉家当主。関ヶ原合戦では石田三成率いる西軍との連繫があったらしいともいわれている　米沢市上杉博物館蔵

上杉軍は大瀬口から吉増右近・土橋宮内少輔を大将に五百川へ向かったが、「此所（宇津野村）へは、最上方より関三郎兵衛・加藤太左衛門取出《とりで》をかまへ鉄砲を撃ちだし、近郷の百姓ども在所のことなれば」と宇津野に最上方の砦があった。

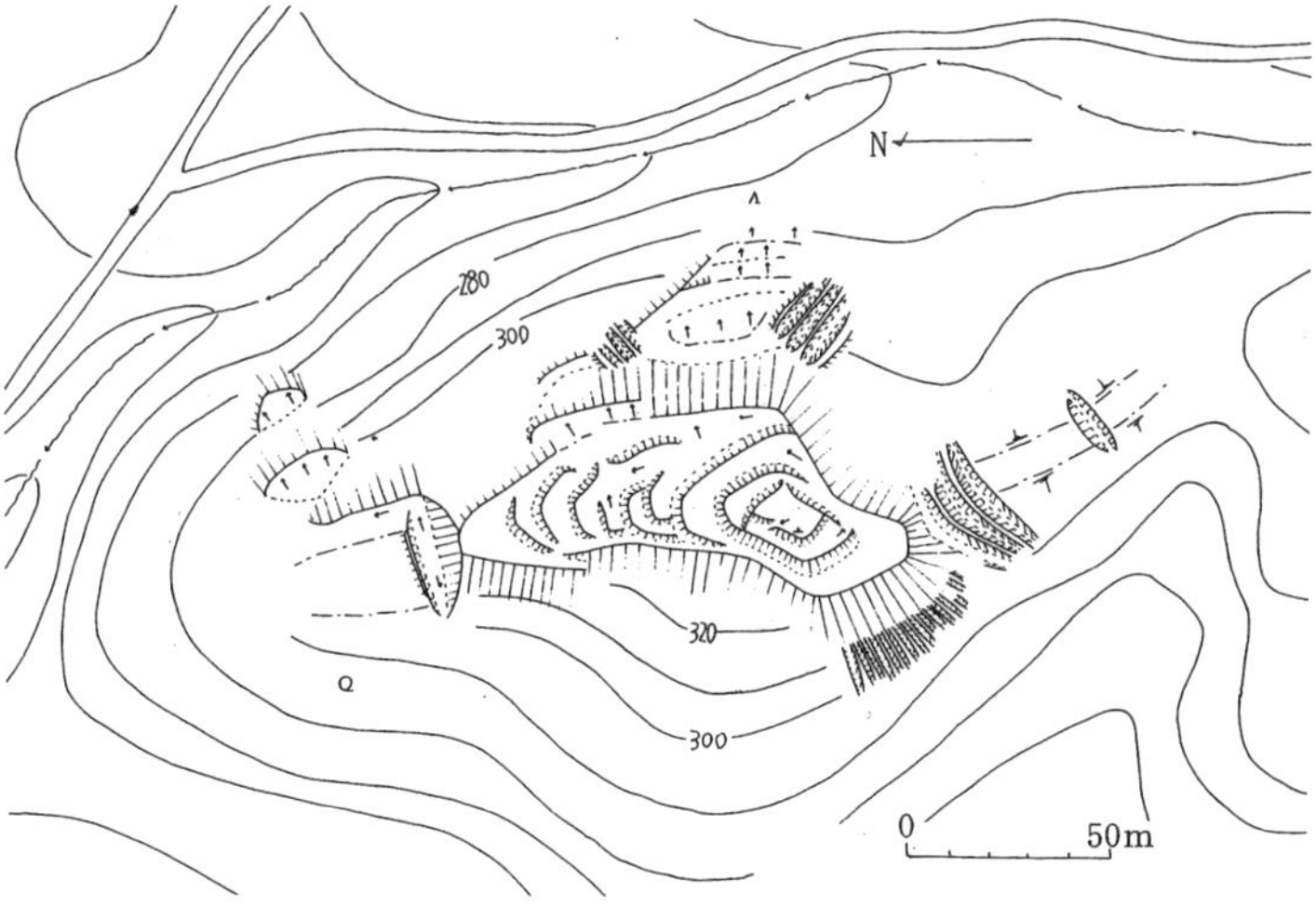

図23　宇津野楯跡の概要図

それを上杉軍は攻撃し、大将の関三郎兵衛を討ちとり敵を多数殺し、宇津野楯は落城した。この記事の載る「最上合戦記」は上杉方の視点で書かれた軍記物で、宇津野楯の落城記事は、飛礫石塚のある楯跡からみて史実と考えられる。

宇津野楯跡は、置賜の荒砥から村山への入口となる境目の要衝にあり、多条堀切と畝状空堀の遮断線を特徴とし、飛礫石塚が戦争の城を語る。この楯は、小さな主曲輪からみて上杉軍の大軍に立ち向かえるものでなく、武田氏・後北条氏、そして織田氏などの大名間戦争を戦い、実戦経験豊かな上杉軍の攻撃であえなく落城したのであった。

かくして、畑谷城と宇津野楯は落城し、城兵と避難した民衆全員が撫で切りされた。このような強硬な城攻めは当時きわめて珍しく、上杉軍にも多くの死者がでたと思われる。上杉軍が強硬策をとり籠城兵全員を殺害したのは、これ

「長谷堂合戦図屏風」に描かれた直江兼続　長谷堂合戦図屏風（複製）・写真提供：最上義光歴史館

から進軍する最上兵へのみせしめだろう。

それでは、上杉軍はなぜ最上領に進攻したのであろうか。近年の新説を紹介しよう。これまでの通説は、会津・米沢と佐渡、庄内と分断されている領土を弱小で家康方の先手となっている最上氏を併呑し会津と庄内を統合するとの考えであった。*1 それに対して、新説は一次史料の分析から、上杉景勝が西軍の一翼をにない奥羽諸将を軍事指揮権下におき関東出兵を行うために、まず最上義光を従わせようとの進軍だった、との考えである。*2 上杉軍の行動は、家康が小山出兵中に起こった石田《いしだ》三成《みつなり》の動きを受けたものだった。三成は大老毛利《もうり》輝元《てるもと》と連携し秀頼《ひでより》を家康から奪還し、大老宇喜多秀家《うきたひでいえ》と豊臣政権の三奉行を味方につけ、徳川家康への糾弾状「内府ちがいの条々」を全国に発した。上杉景勝はそれに添書をつけて東北の諸大名に送り、南部氏、小野寺氏、秋田氏らは衝撃をうけて日和見《ひよりみ》に転じたとされ、孤立した最上氏と伊達氏は上杉氏との和解工作を行ったことが史料から判明する。

かくして、上杉氏は最上氏を降伏させ、関東に従軍させようと最上領に進軍したのであった。

長谷堂合戦と直江軍撤退

九月十八日、のちに戦死した上泉《かみいずみ》主水《もんど》泰綱《やすつな》は小山田将監に「やな沢、八ツ沼、とやがもり、白岩、野辺沢、山野辺、やち、若木《わかき》、長崎、さがい、いずれもあきすてにげ申し候。白岩の地に志田、やちの地にしも、はたやに色部衆、とやがもりに中條殿の衆、さしおかれ候」と文書を送った。（『山二』四四七頁）。かくして、山形城近辺の城は上杉軍に占領され、長谷堂城で義光軍と上杉軍との間に合戦が繰り広げられた。

長谷堂合戦を戦った鮭延越前守本人が語る「聞書」からみよう。

---

*1　誉田慶恩『奥羽の驍将―最上義光―』（人物往来社、一九六七年）。

*2　阿部哲人「慶長五年の戦局をおける上杉景勝」『歴史』第一一七輯（二〇一一年）。

十四日、直江山城は長谷堂城西方の八幡山に陣をとった。翌十五日、出羽守（義光）は軍勢三千人あまりを鮭延典膳にあずけ加勢にだした。典膳は山形と長谷堂の間の深川をあとに軍勢をおき、馬取りをつれ城に入った。伊豆守に「深川をこえて陣をおいた。敵が攻めたら攻撃してくれ。われらは横合いから攻める」と申して陣に帰った。約束のとおり、伊豆の千四・五百の兵は攻めてきた敵兵をみて、城から出撃し一進一退となったとき、典膳が横あいから攻めかかった。敵は動揺し引き、伊豆と典膳は追撃し、二陣・三陣あった敵軍はくずれ、直江本陣の八幡山ぎわまでおし敵を多く討ちとり、長谷堂軍は勝ちいくさとなった。その後二十四日まで、直江山城は攻めなかった。

二十四日、直江山城は総攻撃をかけた。出羽守もただちに参り、援軍の伊達上野とともに下知された。激戦の続くなか、出羽守の雁金の指物が敵に奪われそうになった。そこへ出羽守が乗りつけ典膳に指物を引くよう申された。そのとき、早々に鉄砲をと要請したところ、鉄砲が三十挺ほどきた。そこへ最上の侍・安食七兵衛がきて一緒に戦ったところ、七兵衛は鉄砲で股を撃ちぬかれ、典膳にも弾はあたったが甲がはねかえした。そして、三十挺ほどの鉄砲を撃ちかけ、安食七兵衛と二人で指物を引いたのであった。この二十四日の戦いは勝負がつかず、直江方は強かったと誰もが話されたことだった。

十月一日、直江山城は陣を引いた。その日の戦いはさらに激しく、山形からは出羽守・伊達上野ほか総勢が出陣した。直江軍は踏みとどまり、鉄砲二百挺あまりを雨のように撃ちかけ、最上兵が引いた。直江軍は大勢だったが戦いのうちに引き、あくる朝に陣には誰もいなかった。

このように、直江兼続の楽観的な見込みと違い、長谷堂城攻めは、進攻場所が深田という悪条件と山形城からの後詰め兵がおったこと、加えて鮭延越前守などの城兵の奮戦があり持久戦と

「長谷堂合戦図屏風」に描かれた鮭延越前守秀綱　画像右の中央の刀で敵に向かっていっている武将である　長谷堂合戦図屏風（複製）・写真提供：最上義光歴史館

なった。簡単に山形近辺の城が占領されたのは、それらの城を捨て山形城と長谷堂城に集中させる作戦からであった。その息詰まる対峙のなか、関ヶ原合戦で東軍が大勝し、上杉軍は谷地の味方に連絡するいとまもなく、危機のなか退却し、最上軍は殲滅の好機を逃した。伊達政宗は、「最上衆弱く候て大利をえざるよしに候。昨朝さまざまにして敵退散のよしに候。最上衆弱く候て皆々討ちはたさず、無念千万に存じ候」*3と評価した。

最後に、山形市の長谷堂城跡に触れよう。長谷堂城跡は、主曲輪を守り、鋭い切岸下に広い帯曲輪が重なり枡形虎口と二重横堀を備え、当時最新の技術で志村氏の領主の城を、求心的な戦争用の城に改修している。城跡の帯曲輪などの各所に人頭大より小さな角礫を集めた白兵戦用の飛礫石塚が残り、戦争を戦った城を語る。この長谷堂城は、出羽合戦後破却され、新城主となった坂《さか》氏は山麓に水堀をもつ近世城郭を造った。

谷地城から横手城攻めへ

その後、最上軍の進攻が開始された。残された谷地城と横手城の攻略後、三崎山を越えて菅野城と酒田城攻めがあった。これも、当事者、鮭延越前守の「聞書」からみよう。

大山の同心頭下次右衛門が谷地城に攻めよせ、城主のいない番持ちで簡単に占領された。直江の山形攻めのとき谷地からも攻めようとこもったが、直江が陣を引いたとき、どうしたことか退陣の連絡がなく下次右衛門は残された。そこで、伊豆・典膳は長谷堂の軍勢をひきいて谷地城を取りまいた。城中から「無事に出してくれれば降伏したい」との申し出があり、出羽守の指示で「わかった、城から出す」と伝えたところ、「降伏するといったが考えがかわった。簡単に降伏すると本国で相手されなくなる。降伏しない、城を攻めよ」と申してきた。

「長谷堂合戦図屏風」に描かれた長谷堂城　長谷堂合戦図屏風（複製）・写真提供：最上義光歴史館

*3　「伊達政宗記録事蹟考記」誉田慶恩『奥羽の驍将 最上義光』（人物往来社、一九六七年）。

「さては、だまされたか。明日のうちに攻めおとそう」と、夜に堀をうめる埋草を準備した時、「また降伏したい」と申してきたが、聞き入れず攻めようとした。今度は「庄内に帰り松本を切腹させ、出羽守の家中になる。そのときは大山を仰せつけていただきたい」との起請文を伊豆・典膳にもってきた。出羽守に話したところ、早く処理するようにとの指示があり、それを城中に申しわたし、下次右衛門の望みで、長崎式部を人質にいれ城から出した。

その後、典膳は五千人の軍勢を引きつれ横手城を攻めた。典膳が小野寺殿への書状案を出羽守に送ると、志村伊豆・中山玄蕃・里見越後などと検討し、自筆の出羽守書状が届いた。小野寺殿にその書状を送ったところ、ようやく典膳の陣に出頭し最上に引きつれた。それを、出羽守から家康様へ申しあげたところ、早々に上方にあげろとの達しで四・五人の侍をつけてのぼらせ、小野寺殿は石見に預けられた。

そのとき、庄内三郡は大山の他は景勝領だったので、出羽守は、伊豆・典膳などに由利口から三崎山を越えて庄内を攻めるように命じた。明日、三崎山を越える日、由利の侍仁賀保兵庫と典膳が先陣でいい争いとなり、志村伊豆が両方に手をあわせてなだめ、両人ともに先陣と決めた。いよいよ四月一日の夜のうちに出陣しようとしたとき、典膳の具足箱にいれた采配がみえず、屋敷に藪があったので自身で竹を切って采配とした。

三崎山にあがり敵地の在家に火をかけ、菅野城に押しよせた。菅野では多くの兵が待ちうけていた。そのとき、典膳の甲の緒がきれて甲が落ちかかった。采配のことといい、今日は討ち死にでないかと甲を捨てようとした。その時板垣牛之助がきてあっという間になおしてくれた。そうするうちに、すぐに槍合いとなり、一人に太刀をつけた。その後、菅野城代、内豆民部に乗りかけ甲をわり、一太刀をあびせようとしたとき、典膳の馬が二槍をつかれた。一槍は三寸

「長谷堂合戦図屏風」に描かれた志村伊豆守　長谷堂合戦図屏風（複製）・写真提供：最上義光歴史館

の浅手だったが、一槍は肩をつかれ馬は膝をおった。馬から離れれば討たれるところだったが、鐙をあてたところ小高い所に駆けあがり、敵も追いかけず物わかれとなった。半町ほど引いて、刀を鞘にさそうとしたがうち損じでさせず内の者が走りよってきた。その夜のうちに敵陣は城を引いた。

　四月二日、酒田城の攻撃が行われた。伊豆・典膳は仙北・秋田・由利の軍勢で北から攻め、里見越後は最上の大将となり南から攻め、下次右衛門は海上から船でよせ三方から攻めかかった。下次右衛門は出羽守方として初戦で、手柄をとりたいと一番に城を攻め大勢が討たれ、里見越後、伊豆・典膳の軍勢にも数多くの手負い・討ち死がでた。日の暮れになり、「無事に出してくれれば城を出たい」との申し出があり、城際につけた船に乗り越後にひいた。信太（志駄）は、比類ない働きと評判になった。

　以上が、聞書の語る谷地城・横手城・菅野城・酒田城攻めだが、興味深い事柄をあげよう。谷地城攻めは、攻城に堀に草をうめ進攻路とする埋草があり、城の堀は空堀であった。そして、城からの退去にあたっては、重臣中山玄蕃の子・長崎《ながさき》式部《しきぶ》を人質にいれた。また、横手城攻めでは、降伏を勧める小野寺氏宛ての書状は、案書を山形城に送り義光が重臣衆と検討し、義光自筆の書を送り返す方法で、現場の司令官が判断し処理する方式ではなかった。加えて、文中に小野寺殿とあるのは、鮭延家の主筋にあたる家柄からと考えられる。

　そして、菅野城攻めでは、仁賀保《にかほ》兵庫《ひょうご》と典膳との先陣争いが起こり、伊豆が両者を先陣と決めたとあり、采配紛失で屋敷の藪の竹で対応した。その菅野城合戦では激しく生死をかけた戦いが展開され、典膳は馬が槍で突かれあわや討ち死にの場面で馬が駆けあがり命拾いし、その後に刀が損じて鞘《さや》にさせなかったと、激戦を生々しく語る。最後の酒田城攻めでは三方からの攻撃に対し、城中は激しく抵抗し、申し出により城からでて船で越後に帰った。関ヶ原合戦の敗戦後だったが上杉軍の戦意は高く、西軍に大義があるとの強い思いがうかがえる。

それに関連して、上杉氏は一二〇万石から三〇万石に減封された後も、旧来の家臣団を引き留め大量の武士団を確保したこと、国友村や堺から鉄砲職人を招聘し火縄銃の製造と家臣への鉄砲修練を命じたこと、さらには万年堂とよぶ石製鞘堂の墓をつくり戦いのさいに防塁とするよう考案したとされるなど、次の戦いに備え防衛体制を強化したと指摘されている。[*4] 話題となった、舘山城の上杉時代の石垣構築もその一環であったろう。

慶長出羽合戦の城

これまでの通説は、最上義光は強大な上杉軍の進攻をおそれ、味方するようにみせかけ、ひたすら時間稼ぎをしたとする。しかし、近年、上杉領から山形城への道沿いに、当時、最新の技巧的な虎口や多様な堀で防御し、なかには駐屯地をおく城跡が確認されている。それらは出羽合戦後に破却され、最後の姿を現遺構に残すのが多い。それらをみよう。

「最上合戦記」によると、上杉軍の進攻口は、荻野中山口・懸入石中山口・小滝口・大瀬口・栃窪口、庄内口であった。それらの道沿いの出羽合戦の整備事例とみられる城跡を紹介しよう。

まず、掛入石中山口から山形城への道沿いに上山市の高楯城跡と山形市の成沢城跡の大規模な城跡がある。高楯城跡は、山頂の主曲輪と二つの駐屯地を守り、多重横堀・竪堀・障子堀など多様な堀で遮断線をつくり、鋭い切岸・堀底道など防御の工夫が著しく、破却された古城の再整備とみられる。また、成沢城跡は、鋭い切岸をもつ曲輪を重ねる領主の城を横堀で補強し、広大な駐屯地を置くのが特徴である。この二つは、上杉軍主力部隊の掛入石中山口への進攻を想定し構

＊4　青木昭博「米沢の町づくりと殖産興業」『直江兼続の新研究』（宮帯出版社、二〇〇九年）。

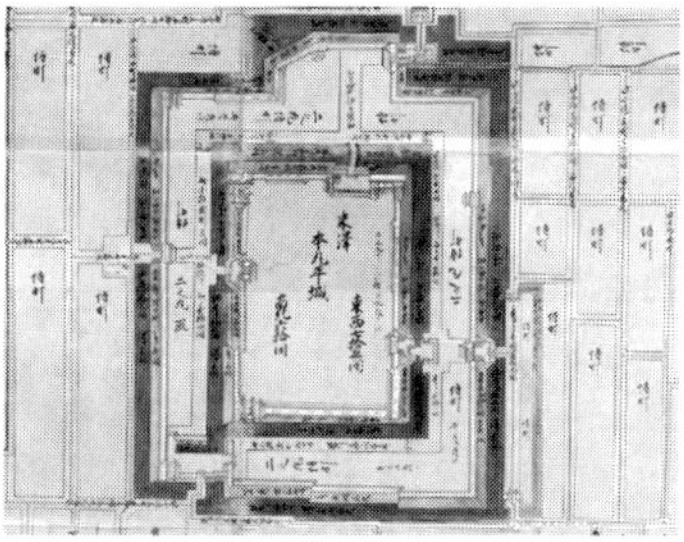
「正保城絵図」に描かれた出羽国米沢城絵図　関ヶ原合戦後の上杉氏の本拠であり、江戸時代は米沢藩庁が置かれた　国立公文書館蔵

築されたのであろう。当然、上山城も補強したろうが、近世の改修で遺構は消失したと思われる。なお、上山盆地入り口の上山市の陣山楯跡は、張りだす小丘陵に多重横堀・竪堀・畝状空堀を備え、「最上斯波家伝」（『最上氏史料』）によると上杉方の陣城であった。

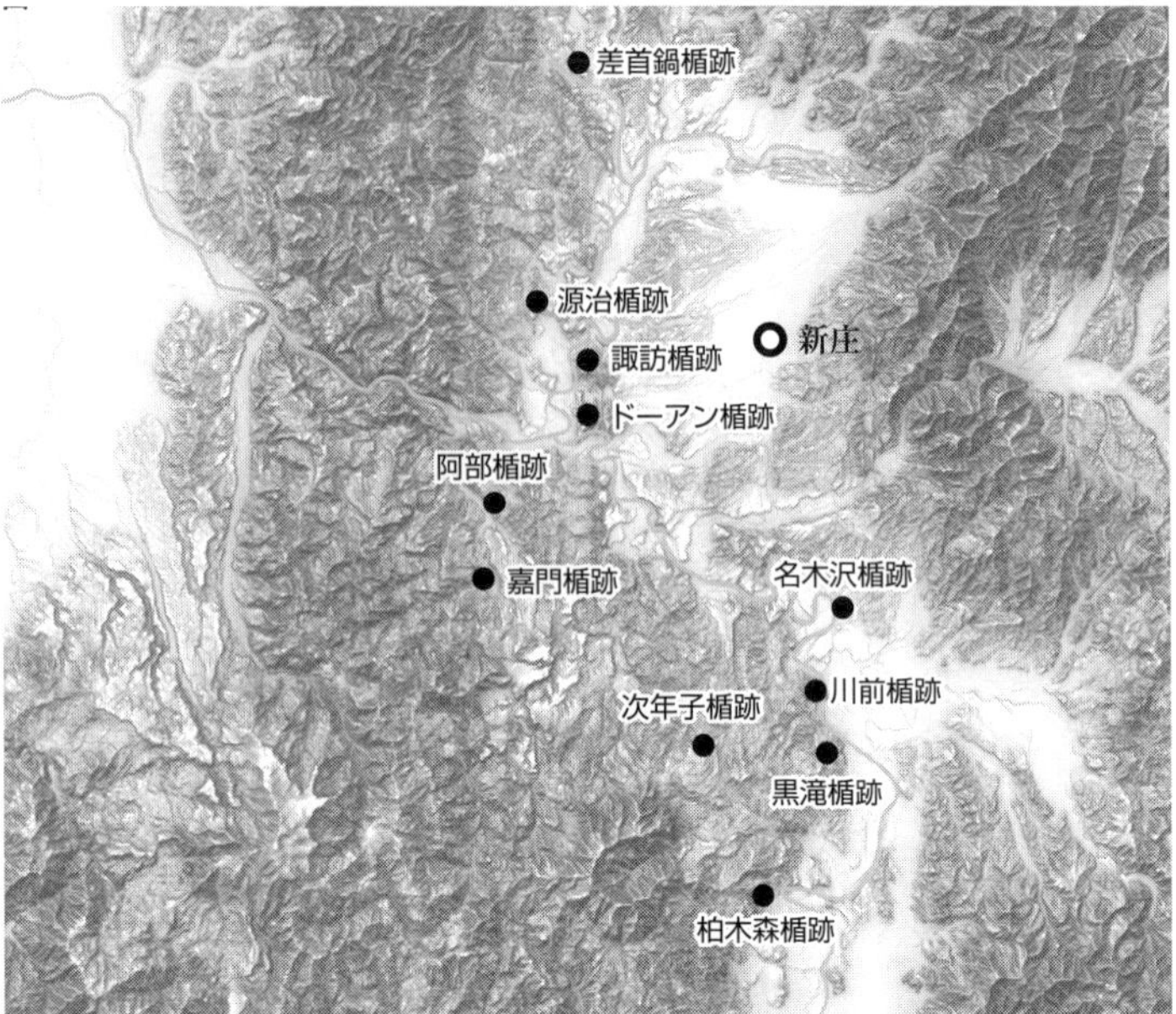

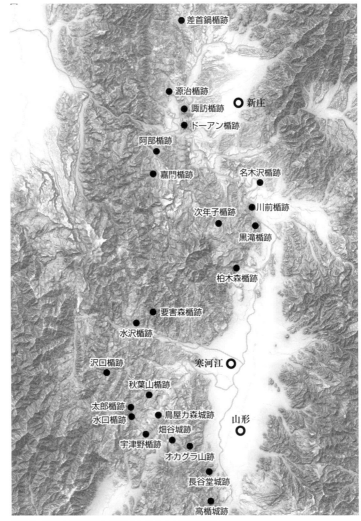

図 24　慶長 5 年段階と推測される主な城楯跡分布

陣山楯跡遠景

次に、栃窪口の最上領境目となる朝日町に二条堀切から竪堀におちる空堀と駐屯地をもつ水口楯跡、そして二条大堀切で両側を遮断する太郎楯跡があり、その先には上杉軍に占領された八ツ沼城跡がある。また、対岸、荒砥からの大瀬口の境目には落城した宇津野楯跡があり、その先に畝状空堀と堀底道を残す鳥屋ケ森城跡と多重横堀と技巧的な石積遺構をもつ前田沢楯跡が確認でき、二つは一体の城と考えられる。さらに入ると、左沢方面の道を遮断する丘陵に立地し多重横堀をもつ秋葉山楯跡がたち塞がる。

庄内からは、六十里越え口、最上川の口、青沢越え口沿いの道沿いに技巧的な楯跡を確認できる。まず、六十里越え口には西川町の水沢楯跡があり、道を遮断したら塞がる丘

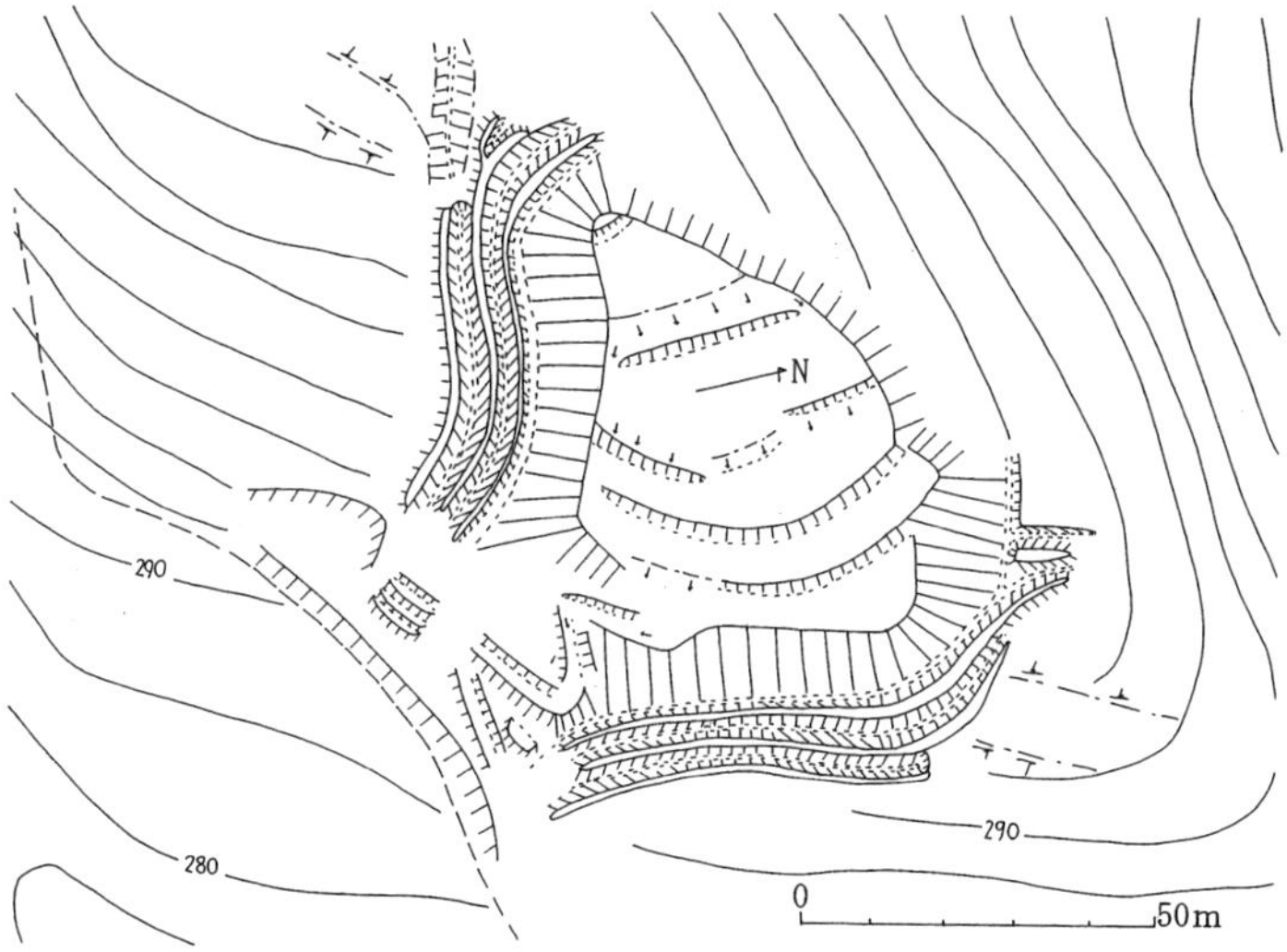

図 25　太郎楯跡の概要図

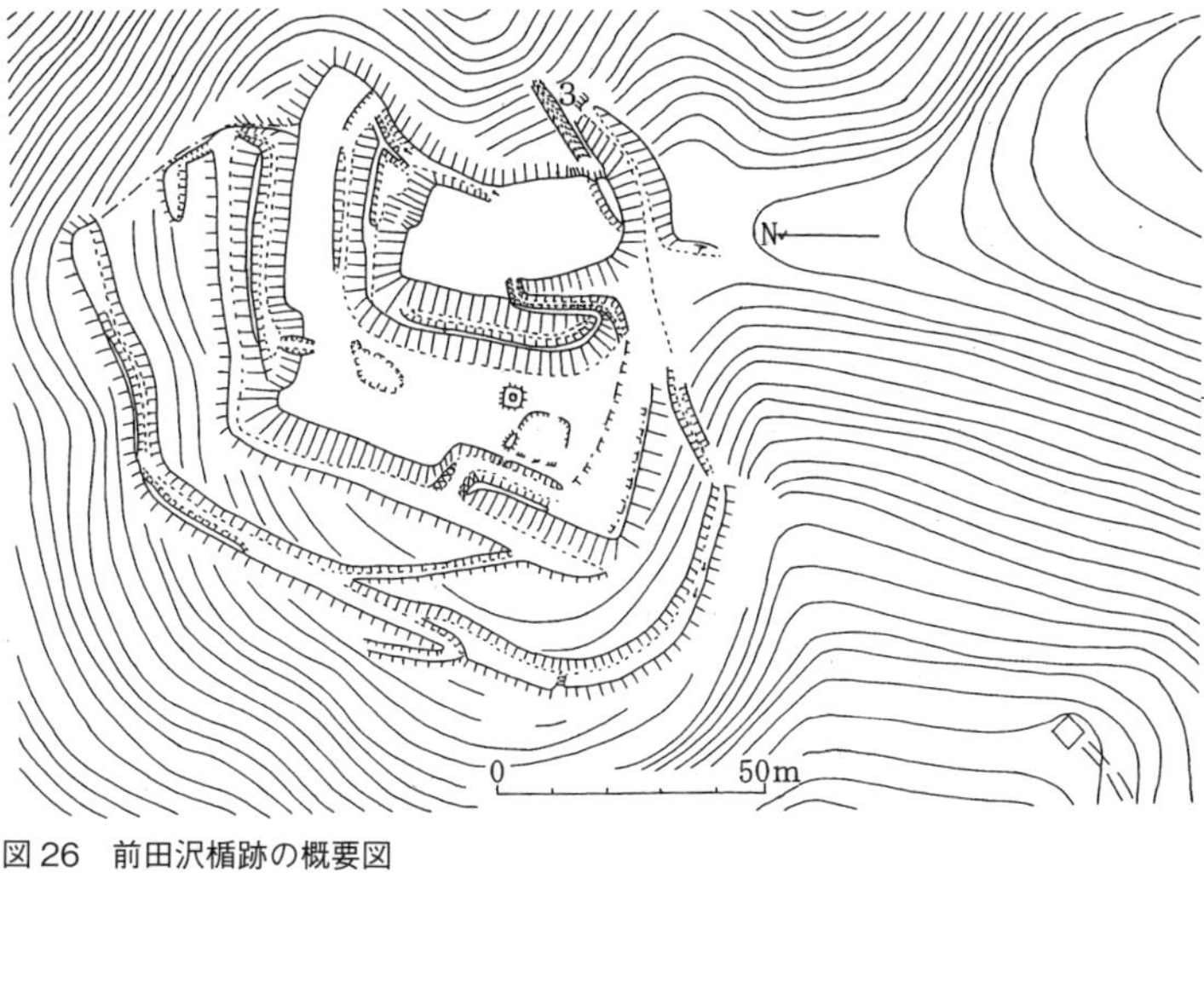

図 26　前田沢楯跡の概要図

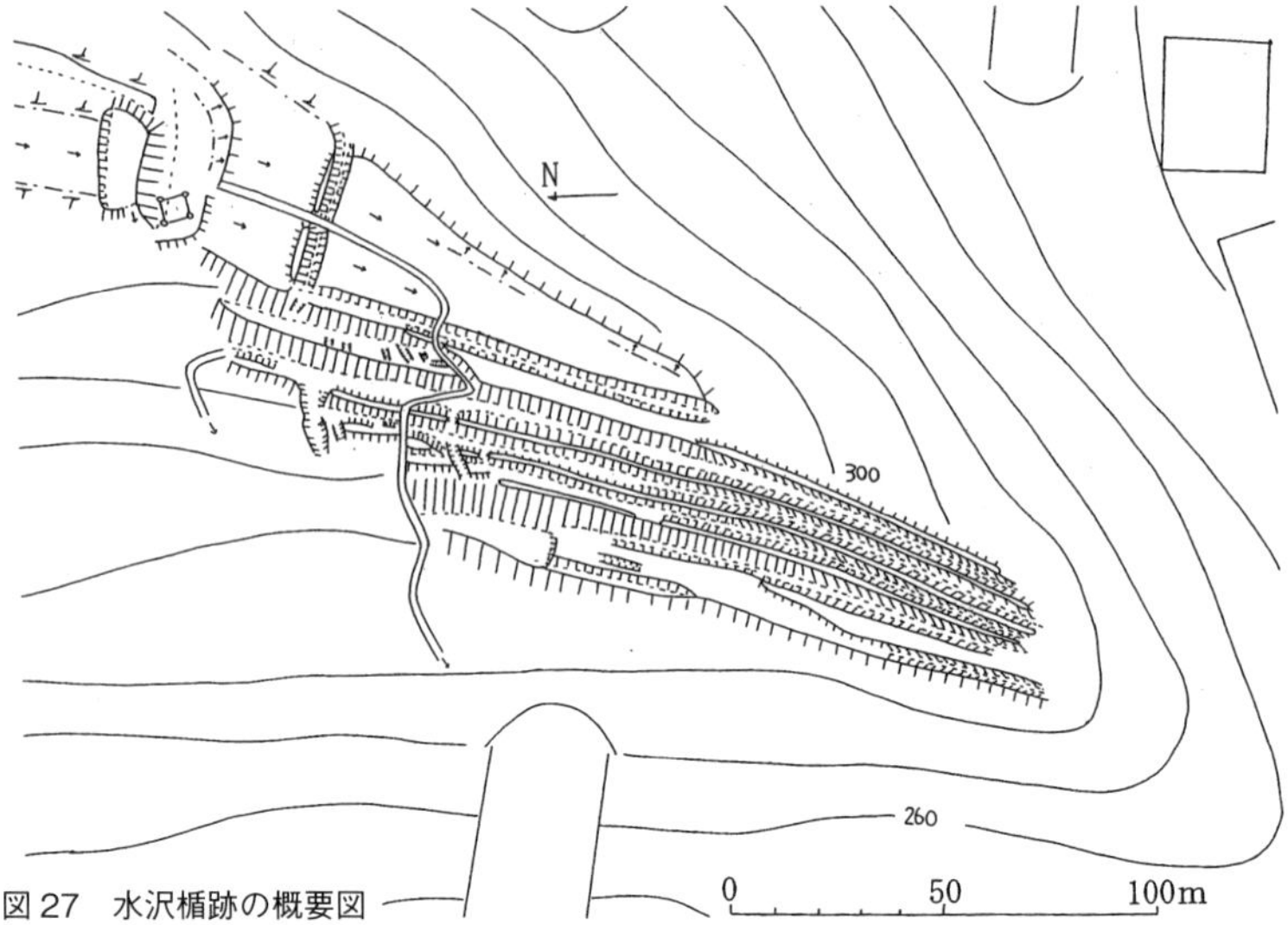

図27　水沢楯跡の概要図

陵に鋭く長い多条横堀を掘り、内部は削平がなく純軍事用施設であった。また、青沢越えの峠をこえた先に道を遮断したち塞がる真室川町の差首鍋楯跡があり、連続枡形虎口・畝状空堀と広い駐屯地をもつ。そこから入った戸沢村の源治楯跡は、折れを多用した横矢のかかる城道と枡形虎口・多重横堀・多条堀切があり駐屯地をもつ。さらに鮭川をくだった先には戸沢村の諏訪楯跡があり、山頂の古城、戦国期山城の中腹に、大堀切と畝状空堀が守る駐屯地が

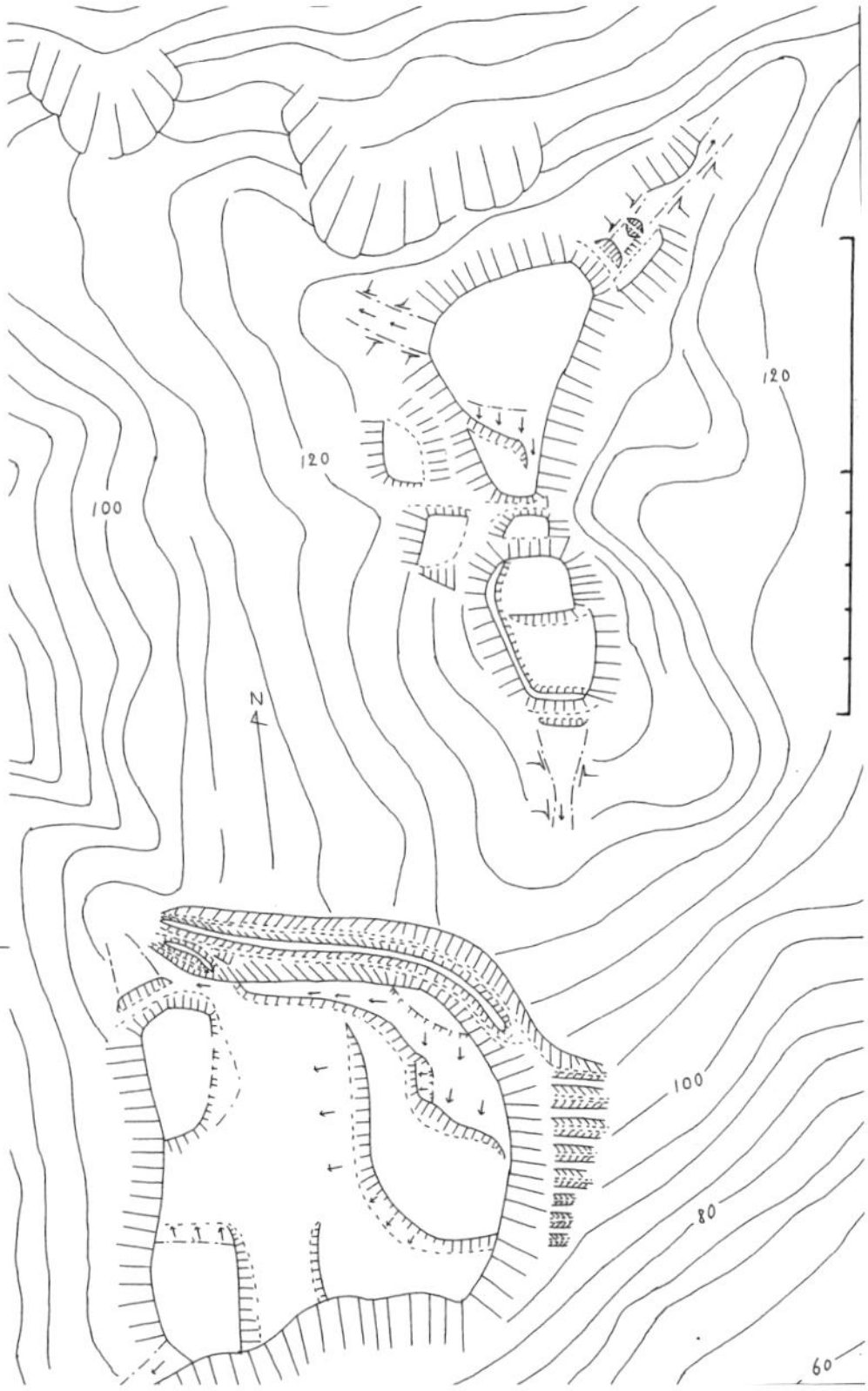

図28　諏訪楯跡の概要図

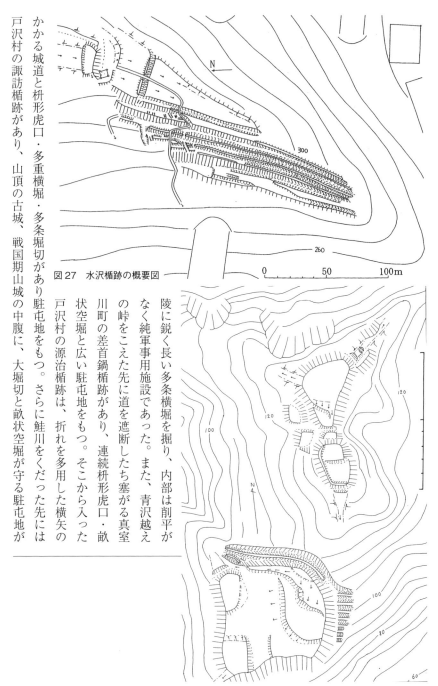

ある。

その先にも特徴的な楯跡が分布し、堀内から入った山形城への最短の道沿いの大石田町の次年子楯跡は畝状空堀・二重横堀、多条堀切でハリネズミのように守る。また、戸沢村の角川流域沿

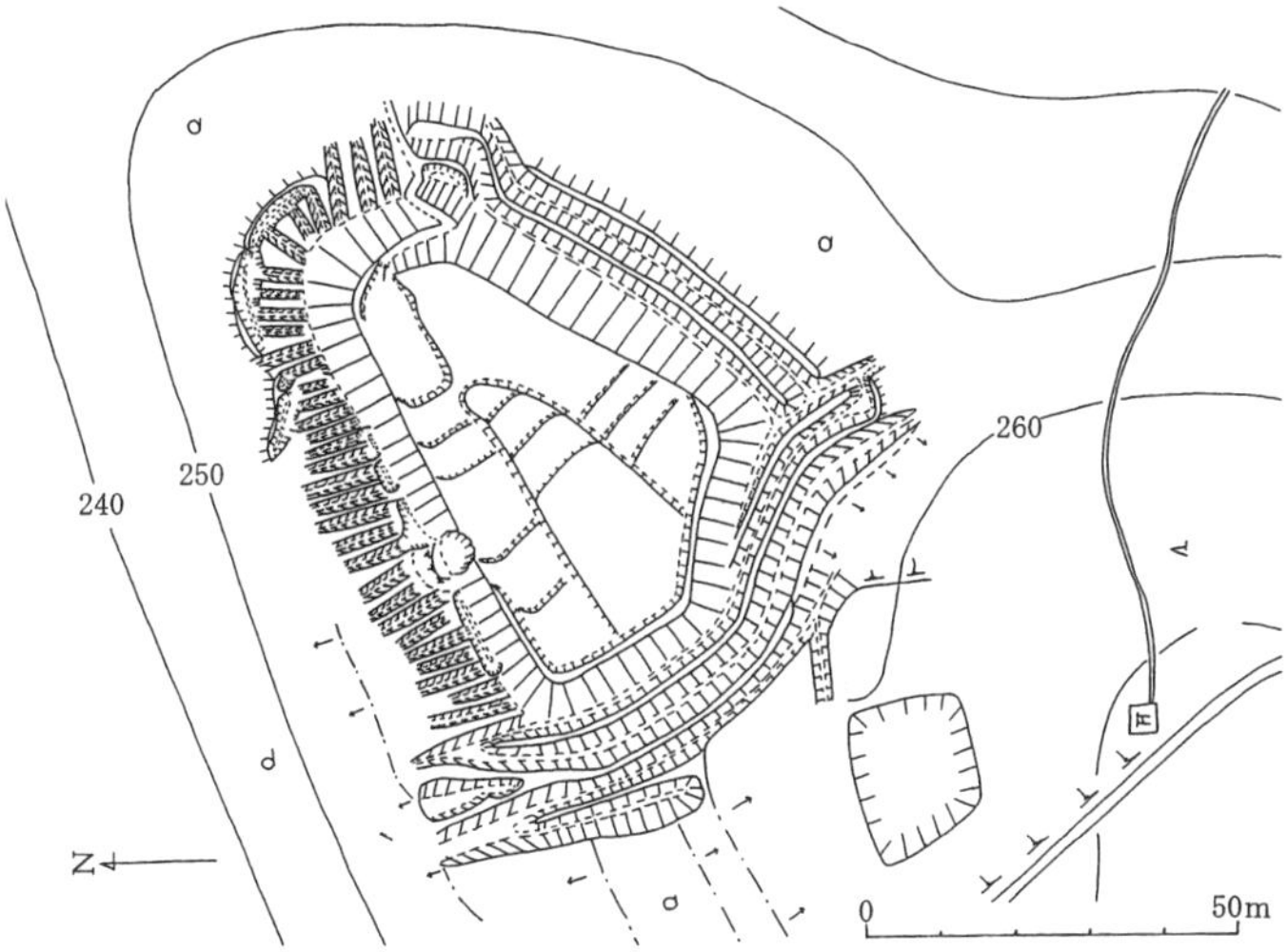

図29　次年子楯跡の概要図

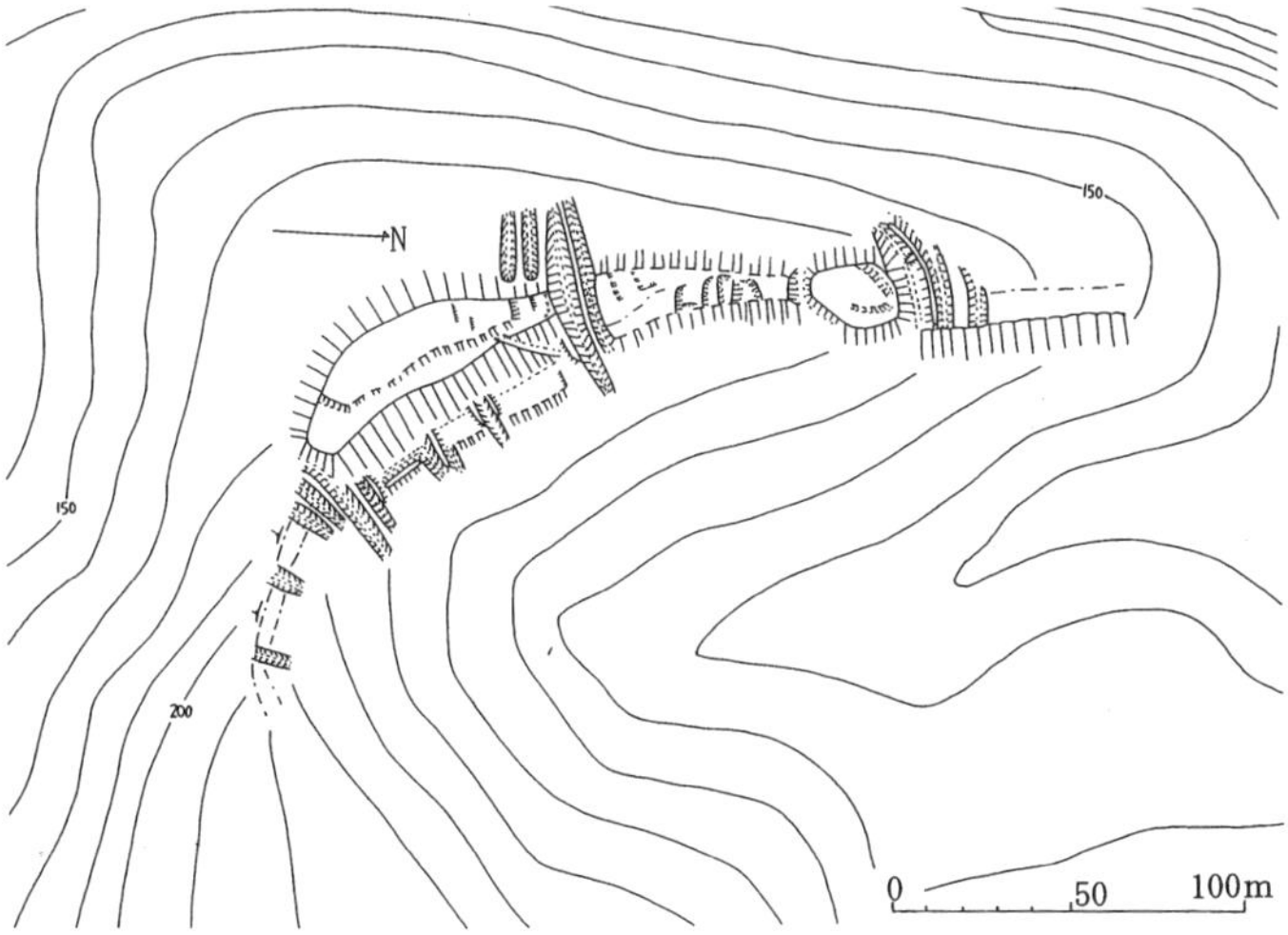

図30　嘉門楯跡の概要図

源治楯跡遠景

差首鍋楯跡遠景

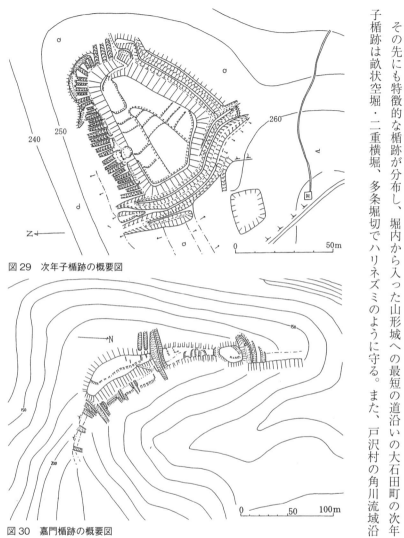

いに馬出し状の虎口、桝形虎口、多条堀切をもつ阿部楯跡があり、その奥の嘉門楯跡は多条堀切と横堀をもつ。さらに、山を越えた先の西川町の岩根沢の要害森楯跡は畝状空堀を特徴とする。くわえて、最上川沿いにある尾花沢市の名木沢楯跡は典型的な枡形虎口、二重横堀を備え、最上川の断崖を背にする。その上流、大石田町の川前楯跡と黒滝楯跡は畝状空堀と横堀群を備え、三難所間にある村山市の柏木森楯跡は、連続枡形虎口をもち当時最高級の虎口をもっている。かく

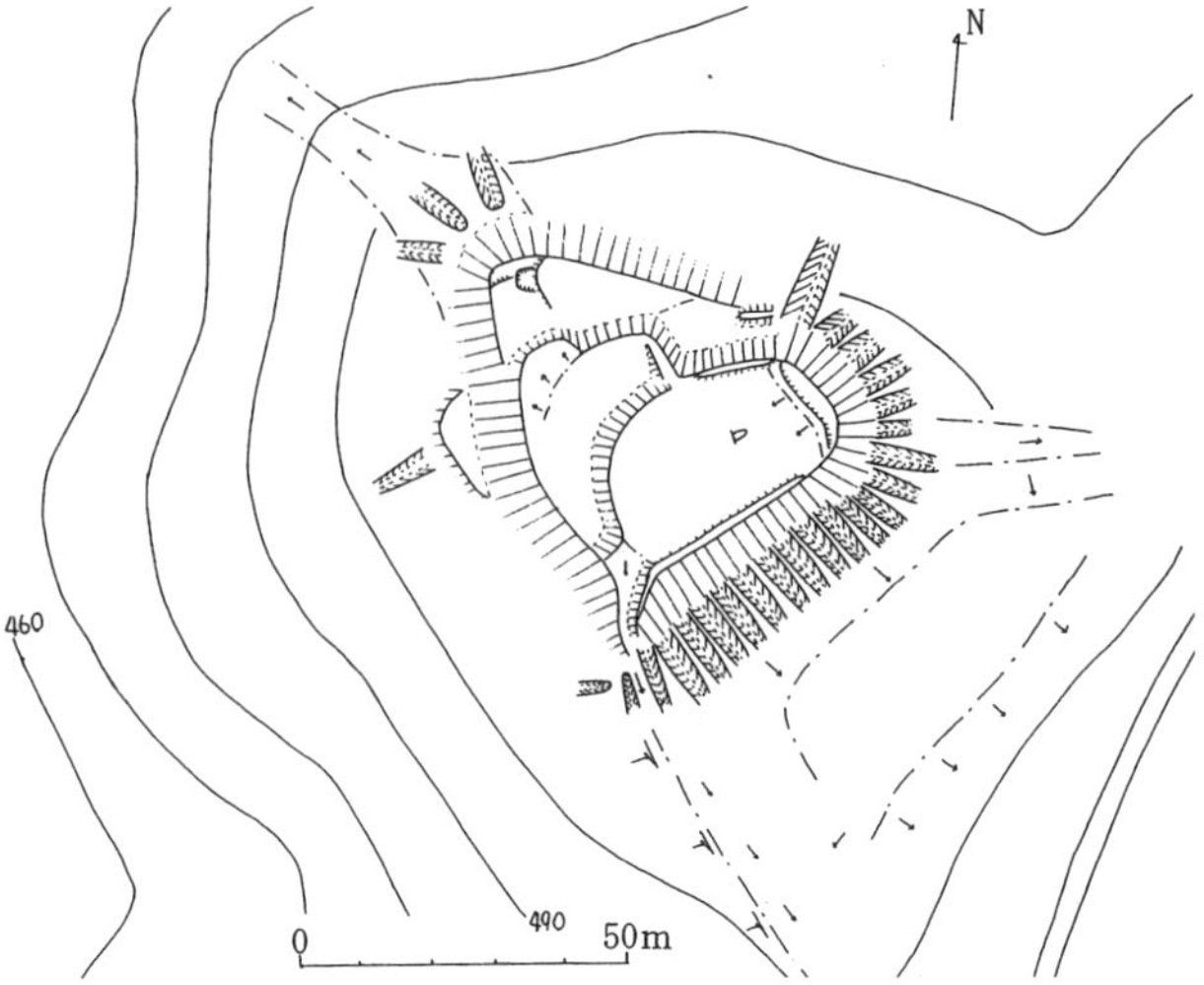

図 31　要害森楯跡の概要図

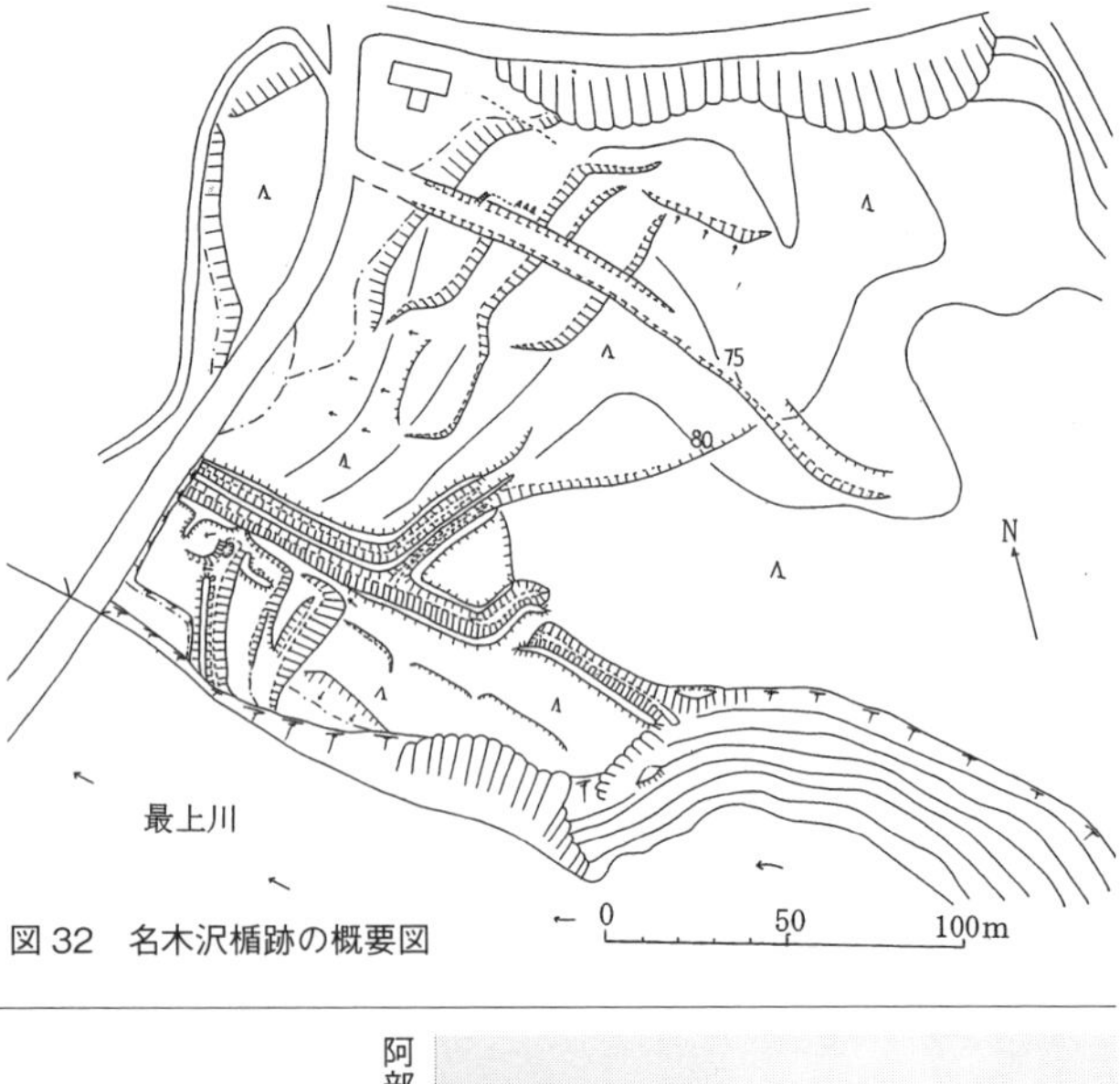

図 32　名木沢楯跡の概要図

阿部楯跡遠景

川前楯跡遠景

して、それらは最上義光が上杉軍進攻に備えた城で、義光は強敵上杉軍に対し領国をハリネズミのように武装し激しく対峙したことを語る。

当然ながら、直江軍進攻のねらった最上義光の本城、山形城も総構えの城に補強され、広大な三の丸の起源となったと考えられる。それは、全体の形が城下町囲郭のために不整形であること、

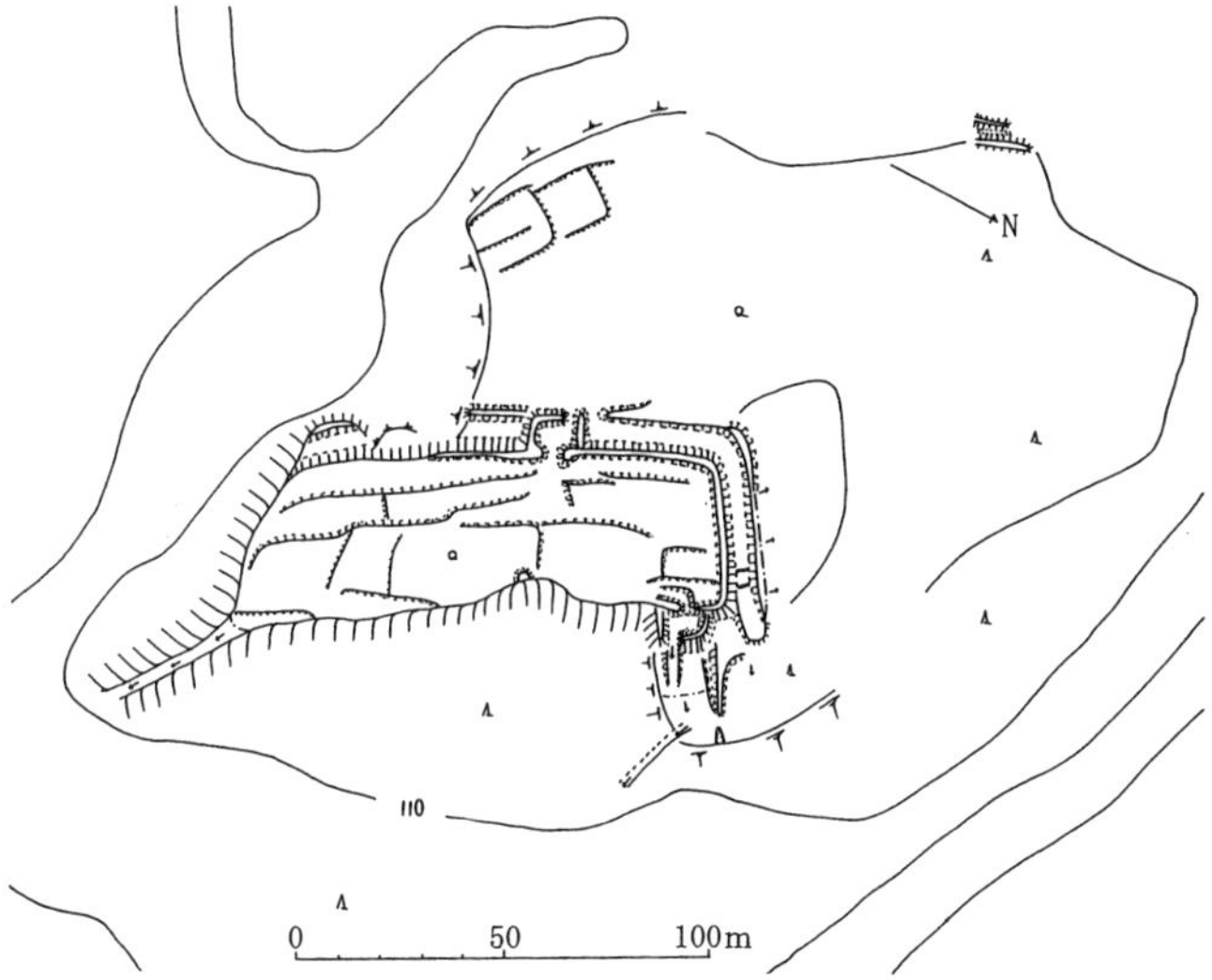

図 33　柏木森楯跡の概要図

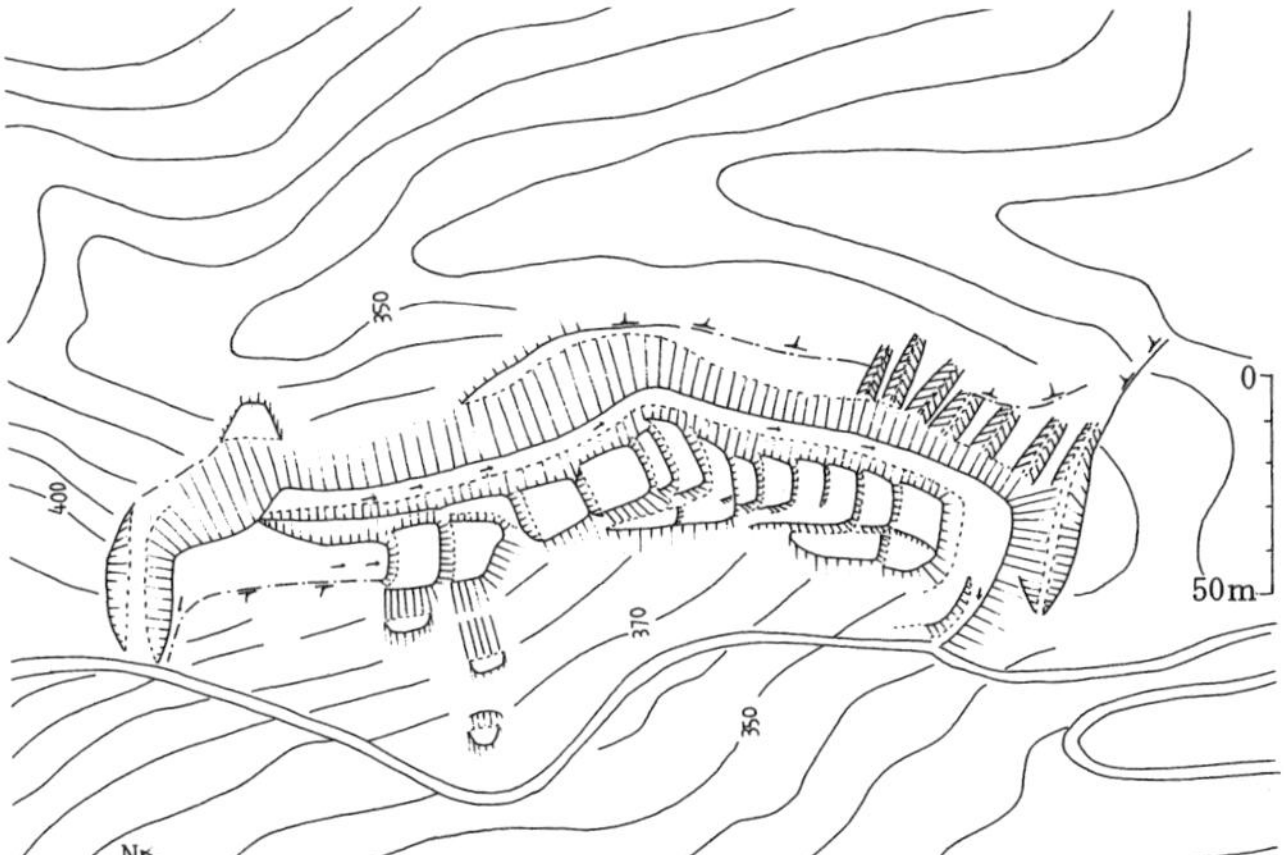

図 34　赤松山館跡の概要図

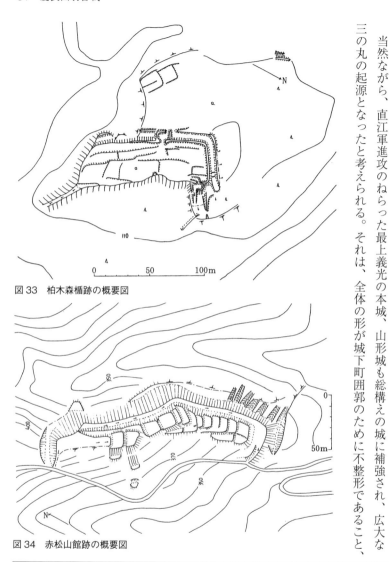

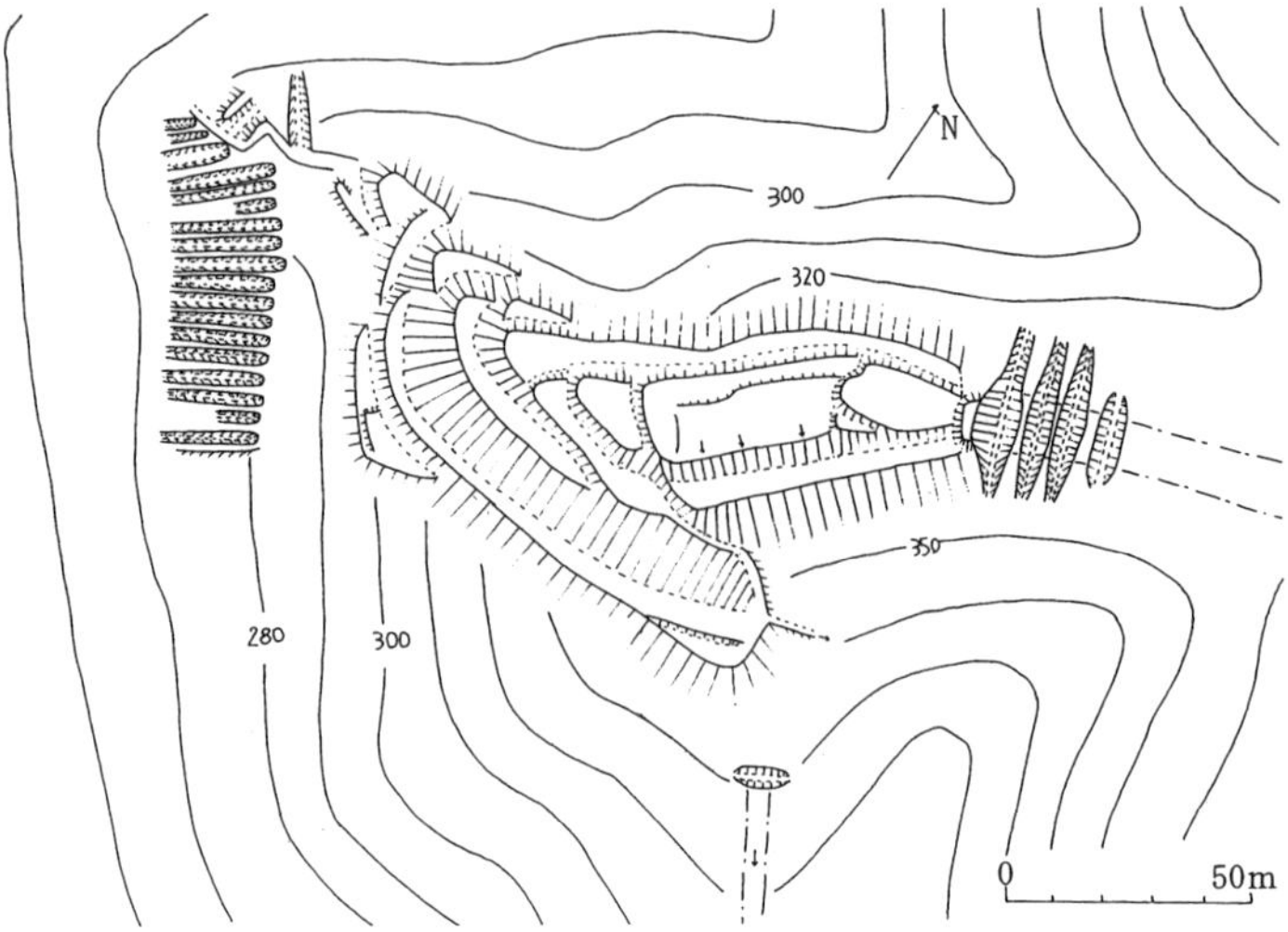

図 35　杉沢館跡の概要図

そして総延長六．五㎞と巨大なことが根拠となる。おそらく、上杉軍の進攻をまえに、山形の民衆の避難所として急遽、構築されたのであろう。

最後に、撤退した上杉氏は最上義光の進攻に備え最上領境目に防御用の城を築いたとみられ、それが畝状空堀を特徴とする南陽市の赤松山館跡と白鷹町の杉沢館跡だったろう。

六、最上家改易と城の破却

元和八年（一六二二）、当時、東日本最大級の政治事件・最上家改易が起こった。それに伴い、最上氏の城は伊達氏・上杉氏・蒲生氏・佐竹氏・相馬氏の鉄砲をもつ重武装の軍隊により接収された（「最上氏収封諸覚書」〔『最上氏史料』〕）。その数は山形の城では二十で、楯岡・若木・飯田の三城は接収者名がなく、接収以前に機能を失っていた可能性がある。そのうち、飯田は現在の土生田楯跡のことである。それを除く十九城は、現在の村山地方に八、最上地方に五、庄内地方に四あり、最上領国に元和元年の一国一城令は適用されていなかった。

しかし、天正年間から城主を変えなかった城は、東根城・延沢城・小国城だけで、新城・清水城・真室城（鮭延城）は御蔵入りとなり、ほかは鮭延越前守が金山城の城主となるなど城主が変わっていた。かくして、最上領国では、上級家臣の統制が進展し、近世的な領国体制への転換が着実に進んでいたと考えられる。したがって、最上家の内紛は、家親の壮年での急死と家信の未熟な若年での相続が直接的原因と思われるが、近世的な体制に向けた統制の強化への不満も一因かと推測される。

元和八年に接収された城のうち、その後も存続するのは藩の主城・山形城、上山城、新城（新庄城）、鶴ケ岡城と特例で許された亀ケ崎城で、ほかに東根城と延沢城は仙台境のために伊達政宗対策として特に残され、寛文七年（一六六七）に破却された。[*1] かくして、元和八年に破却されたのは、山辺城・清水城・金山城・平城となっていた長谷堂城・楯岡城・大山城であり、加えて

＊1　「野辺沢城記」『尾花沢市史史料第九輯　延沢軍記』（一九八五年）。

名 称	城館主	居城・居所	石 高	接収者
山形之城	—	—	—	本多正純ほか
上之山ノ城	上ノ山兵部	居城	三万石	米沢衆
長谷堂ノ城	坂紀伊守（兵部親）	居城	—	〃
山野邊ノ城	山野べ右衛門殿	居城	壱万七千石	〃
八澤	同上知行	—	—	〃
高玉之城	斎藤伊豫	居城	五千石	〃
東根城	里見源右衛門	居所	壱万七千石	伊達氏
野邊澤	野邊澤遠江	居所	弐万七千石	〃
小國城	小國日向	居所	壱万七千石	〃
新城	御蔵入日野将監預	—	—	〃
清水	御蔵入日野将監預	—	弐万石	〃
間室之城	御蔵入日野将監預	—	—	〃
金山城	先部越前	居所	壱万七千石	〃
鶴ヶ岡城	新関因幡	居所	八万石	会津衆
大山城	下長門	居所	壱万七千石	〃
松根城	松根備前	居所	壱万三千石	〃
亀ヶ崎城	志村伊豆	居所	三万石	相馬殿
館岡	館岡甲斐守	居所	壱万六千石	—
若木	ちんほう隠岐	居所	弐千石	—
飯田	飯田大和	居所	五千石	—

表2　元和８年接収された山形の城（『最上氏収封諸覚書』『最上氏史料』より作成）

高櫓城・小国城、松根城も破却されたと考えられる。主城として残された城のうち、新庄城は聚楽第《じゅらくてい》型と指摘されており、[2] 新庄城はこれまで戸沢氏の全面改修と理解されてきたが、城の基本形は最上時代の城であったこととなる。城破却は、のちの事例となるが、元禄五年（一六九二）、土岐氏が転封した上山城では、「上より御はぎの城」になり建物はもちろん、石垣・門・堀の上の大木も切り倒され、矢倉は引き倒され、家中屋敷は入札のうえ売られ、のちに入部した金森氏は作事に苦労したという。[3] また、寛文七年（一六六七）に破却された延沢城は、桝形虎口などの遺構に破却の跡は確認できず、大手門は龍護寺の山門とされ、門は払いさげられたのだろう。したがって、元和八年の城破却とは作事主体であったとみられる。

かくして、最上家改易後、一国一城令が適用され、戦国期以来存続した戦闘主体の多くの城がその機能を失い、新しく城主の権威をみせつける治政主体の城の時代を迎えることとなった。

＊2　中井均・齋藤慎一『歴史家の城歩き』（高志書院、二〇一六年）。

＊3　上山市教育委員会『上山城発掘調査報告書』（二〇〇五年）。

【第二部】　山形の城「五十城」

山形の城「五十城」城郭位置図

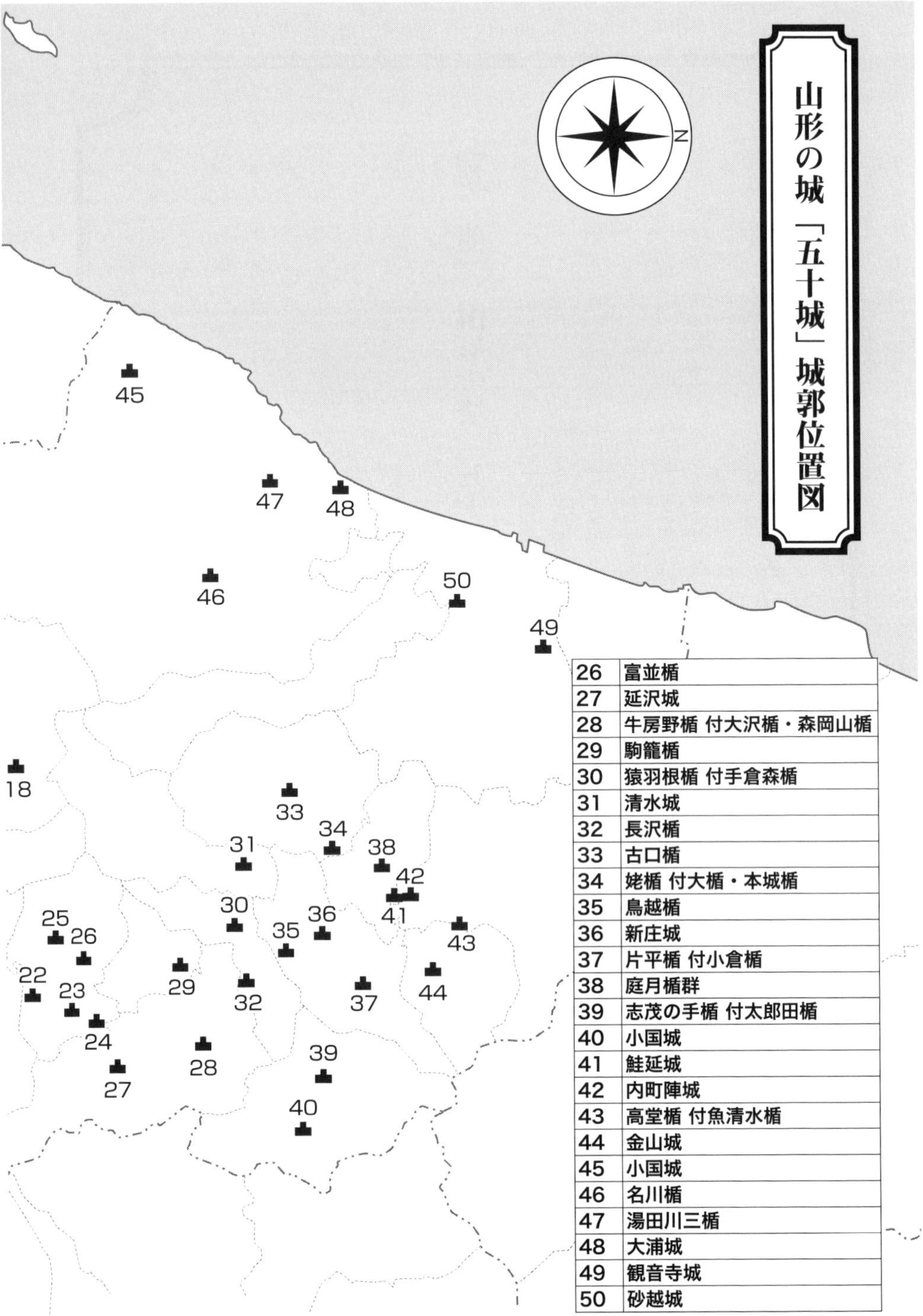

26	富並楯
27	延沢城
28	牛房野楯 付大沢楯・森岡山楯
29	駒籠楯
30	猿羽根楯 付手倉森楯
31	清水城
32	長沢楯
33	古口楯
34	姥楯 付大楯・本城楯
35	鳥越楯
36	新庄城
37	片平楯 付小倉楯
38	庭月楯群
39	志茂の手楯 付太郎田楯
40	小国城
41	鮭延城
42	内町陣城
43	高堂楯 付魚清水楯
44	金山城
45	小国城
46	名川楯
47	湯田川三楯
48	大浦城
49	観音寺城
50	砂越城

1	木和田館
2	舘山城
3	鮎貝城
4	萩生城
5	岩部山館
6	畑谷城
7	中山城
8	高楯城
9	長谷堂城
10	成沢城
11	山形城
12	若木楯
13	天童城 付貫津新城
14	谷木沢楯
15	八ツ沼城
16	秋葉山楯
17	白岩新楯
18	沼の平楯
19	富沢楯
20	左沢楯山城
21	東根城
22	楯岡城 付楯山楯
23	飯田楯 付十字山楯・高館山楯
24	土生田楯
25	白鳥城

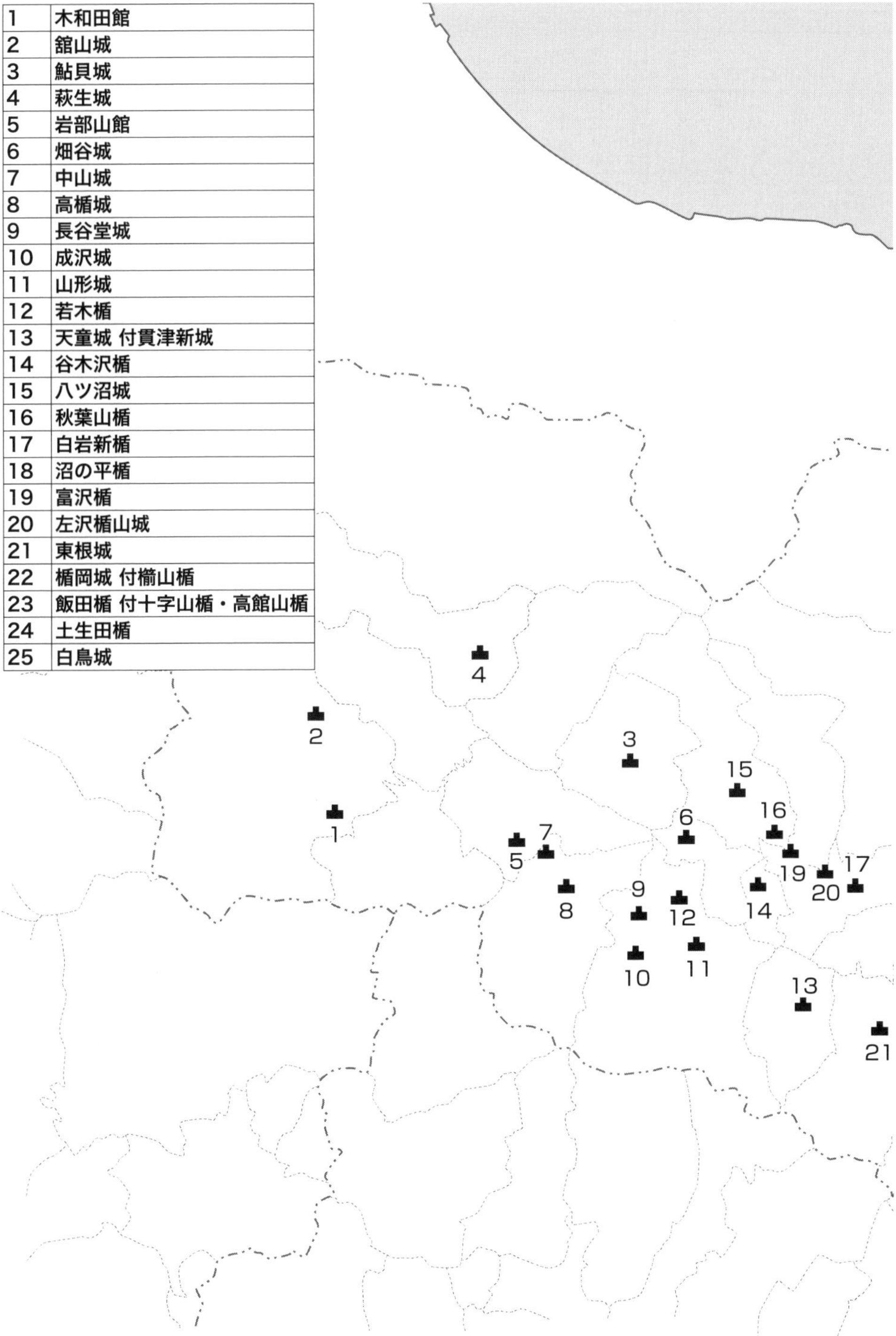

在地土豪の方形居館跡

1　木《き》和《わ》田《だ》館《たて》

所在地：米沢市木和田字中曽根
比　高：〇m
分　類：平城
交　通：ＪＲ奥羽本線米沢駅下車、徒歩四〇分

【立地と遺構】　木和田集落南側の山麓にあり、全体の形は地形にそった台形で、規模は約五八m×約四〇mとなる。内側に高さ一～一・五mの土塁があり、外側に深い所で深さ約一mの薬研堀状の堀がめぐる。虎口は北側と南側に開き、北側虎口は中央で桝形状に土塁が折れる折れ虎口である。村に面するため表口で、南側虎口は裏口と考えられる。そして、堀は空堀である。

この館跡は、発掘で土器が出土し、年代から山形最古の居館跡とされている。発掘地点は、表口脇の池状にくぼむ地点で、三九点の土器破片が出土した。川崎利夫氏は古式の珠洲系陶器とし、年代は十二世紀前半から中葉で、[*1]それが木和田館跡の時期とされた。

しかし、発掘は小面積で、出土土器は館跡遺構にともなう決定的なものではない。加えて、方形館を中世前期の武士居館とする説には重大な疑問が提示され、とくに橋口定志氏は方形館＝中世前期武士居館＝堀内との通説に対して、発掘調査事例を集め、東国の方形館の出現は室町時代以降とした。[*2]したがって、木和田館跡は平安時代末期の居館ではなく、戦国期の在地土豪（村領主）の造った館とするのが、私には妥当と考えられる。

【ワンポイント】　単郭の館跡遺構はよく残り、戦国期在地土豪の居館跡として重要である。木和田集落のすぐ南の林中にあり、初級者用城歩きコースとなる。

＊１　「城館跡研究からみた木和田館の位置」米沢市史編さん委員会・米沢市教育委員会『木和田館跡第一次発掘調査報告書』（一九八七年）。

＊２　「方形館はいかに成立するのか」『争点　日本の歴史第四巻　中世編』（新人物往来社、一九九一年）。

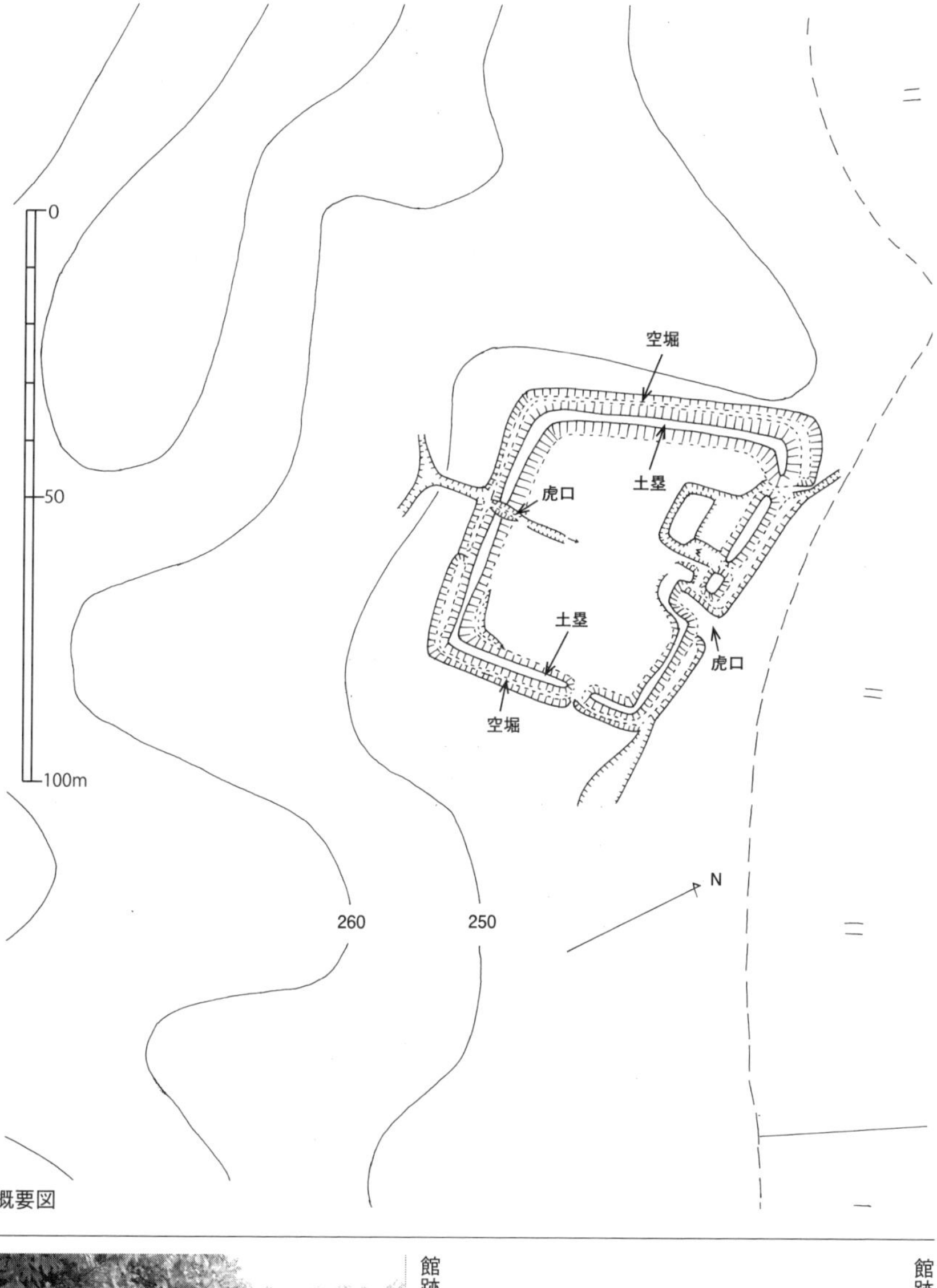

概要図

館跡入り口

館跡遠景

伊達政宗が造り上杉景勝が改造した城

2　舘《たて》山《やま》城《じょう》

所在地：米沢市舘山城山・橋向南、口田沢字長峯
比　高：約三〇m
分　類：平山城
交　通：JR米坂線西米沢駅下車、徒歩約二〇分

【歴史】　天正十五年（一五八七）、伊達政宗は舘山城の建設を始め、一月十一日に普請設計図を検分し、二月七日に当地で直接、地割を指示している。*1 その後、天正十八年二月二十九日には、米沢の町衆を動員し、普請を急いだ。*2 しかし、翌十九年、政宗は陸奥国岩手沢移封となり、舘山城建設は未完に終わったとみられる。

城跡遠景

【立地と遺構】　大樽《おおたる》川と小樽《こたる》川合流点、城山とよぶ舌状丘陵突端にあり、台地を空堀と土塁で遮断し三つの曲輪に分け、大規模である。内枡形虎口をおく最奥の曲輪が主曲輪で、南北一一二m、東西の最大幅で七〇mと広大である。南辺中央にも枡形虎口が開き、電光型の城道が斜面をくだる。二の曲輪は、南北最大長七一m、東西五九mの規模で、ほぼ方形となり、北西端には堀底状の狭い道から折れて曲輪にはいる技巧的な虎口が開く。さらに、三の曲輪は幅約二二mの巨大な堀切で尾根を切断し、南西には櫓台跡がある。

　つづいて、発掘調査の結果をみよう。主曲輪を横断するように設定された長さ約一一八m、幅二mと南北設営の約一五

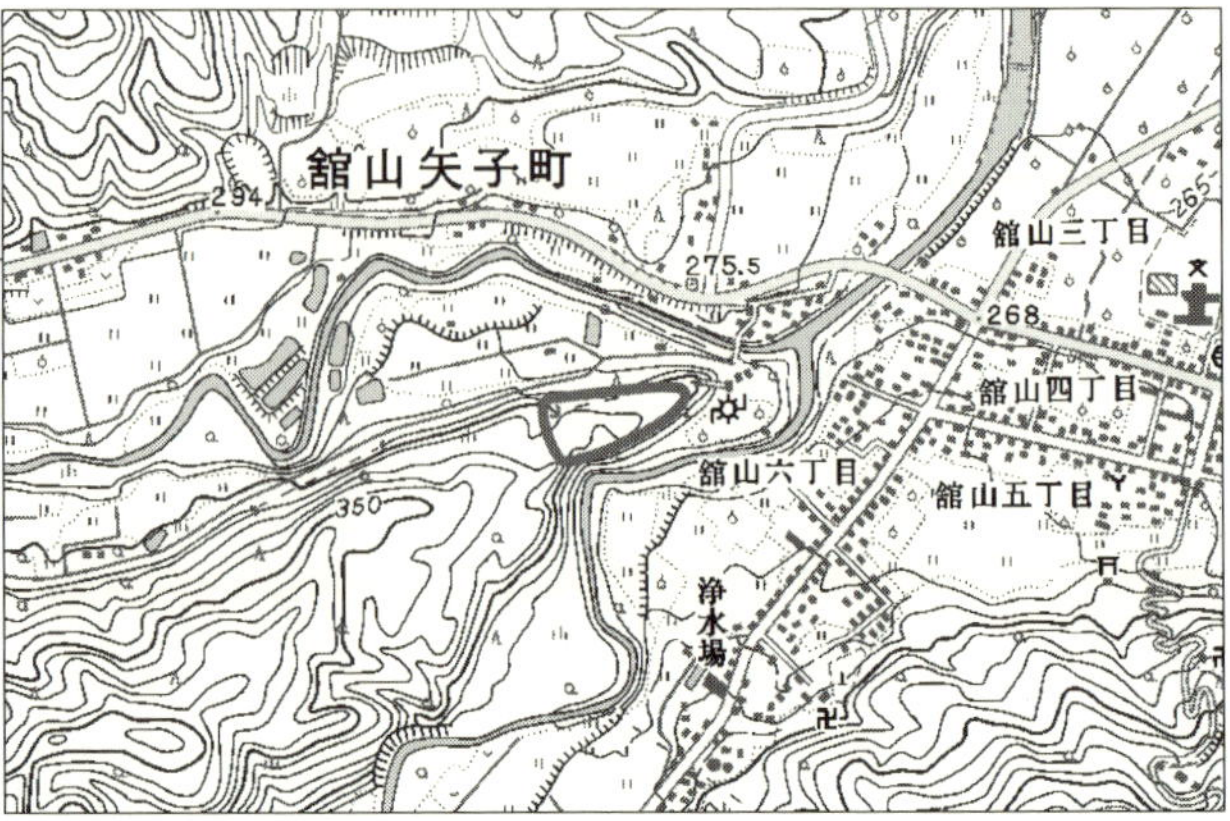

*1　「伊達天正日記」『伊達史料集（下）』（人物往来社、一九六七年）。

*2　「伊達鉄斎宛て政宗書状」仙台市『仙台市史　伊達政宗文書二』（一九九四年）。

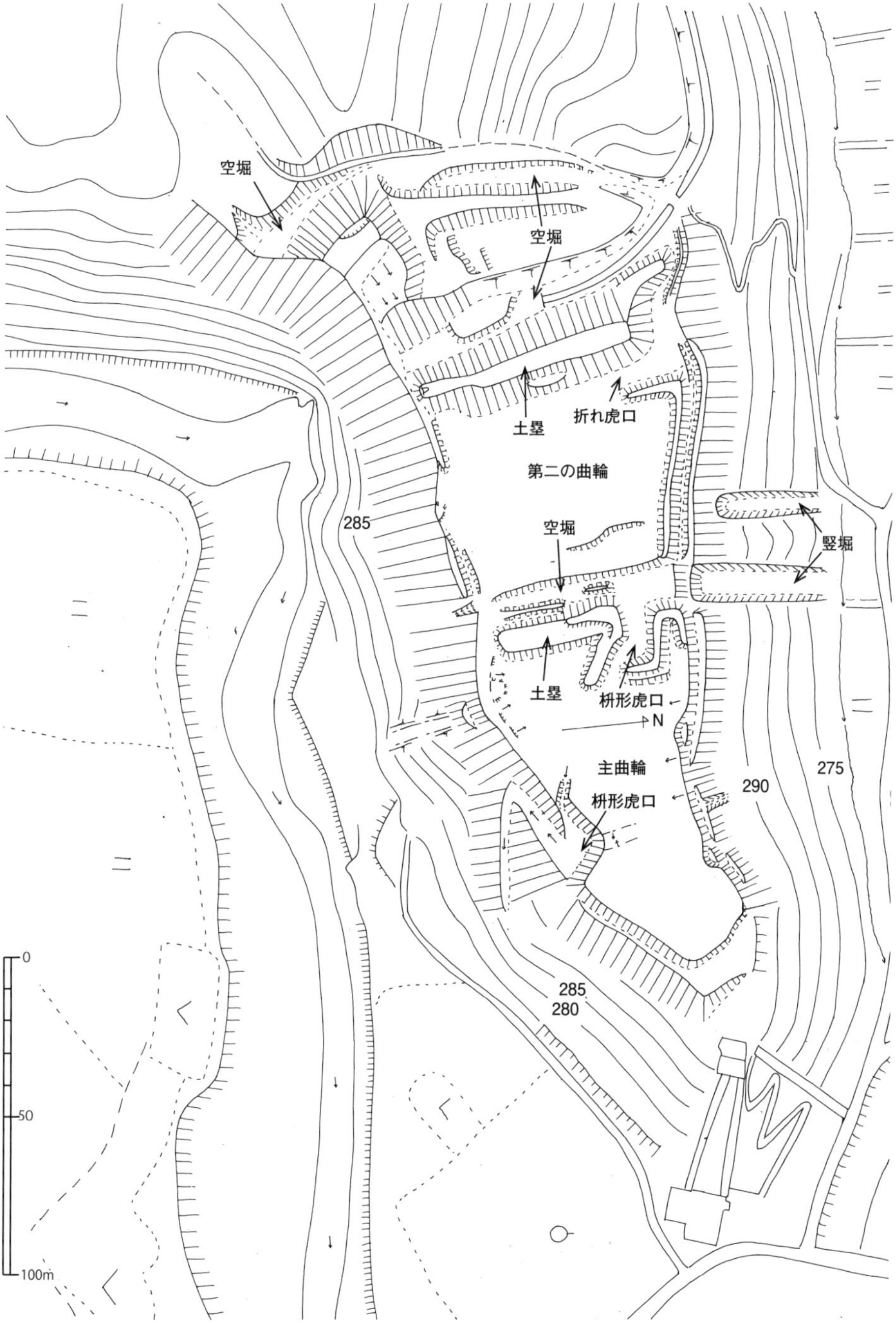
空堀
空堀
土塁
折れ虎口
第二の曲輪
285
空堀
竪堀
土塁
枡形虎口
N
主曲輪
290
275
枡形虎口
285
280
0
50
100m

概要図

mのトレンチからは、建物跡の柱穴はなく、遺物はかわらけ片一点・青花皿片一点・釘一点で、二の曲輪の長さ約七〇m、巾二mのトレンチからはピット（小穴）五基のほかは土鍋破片一点が出土した[*3]（本報告書は『舘山城跡発掘調査報告書』〈二〇一五年〉）。この結果は、主曲輪と二の曲輪に建物跡はなく、遺物は少なく、生活の痕跡はなかったということになる。そして、発掘調査で石垣と虎口下に現遺構に先行する堀切が検出され、石垣は上杉氏、先行遺構は伊達氏と考えられる。注目される石垣は、根石から二段目または三段目が残り、約一・二mの高さで、構築法は割石をもちいた横目地の通らない布積み崩しの打込みハギで、北西端の角石からは算木積みが確認された。それは、慶長年間に多く採用された構築法で上杉時代となる。

　石垣が上杉氏となると、現遺構は政宗の城を改造したことになる。それに関連して、上杉氏は米沢減封後、家臣団を残し、大量の武士団を確保したこと、国友村などから鉄砲職人を招き火縄銃製造と家臣へ鉄砲修練を命じたこと、さらには万年堂とよぶ石製鞘堂の墓を造り戦いの防塁としたとされるなど、防御態勢を強化したことがある。[*4]その時代は、豊臣秀頼が健在で戦争が予想された。したがって、上杉氏は関ヶ原合戦後、一二〇万石から三〇万石に減封ののちも、西軍に大義があったとの思いから戦意を喪失せず、次の戦いに備えたとみられる。舘山城改造は、その一環だろう。

　かくして、舘山城跡の特徴は、伊達政宗、上杉景勝という全国を代表する大名が、きたる戦争に備え、当時の最新の技術を駆使し、総力をあげて造った巨大な城ということができる。

【ワンポイント】　伊達政宗がつくり、上杉景勝が改造した舘山城跡は国指定史跡となった。地元の保存活動も盛んである。そして、駐車場から主曲輪はすぐだ。政宗、景勝の熱い思いのこめられた城跡をたずねてほしい。城歩きハイキングに最適な城である。

石垣

＊3　米沢市教育委員会『平成二五年度舘山城跡確認調査（舘山城跡主郭）現地説明会資料』（二〇一三年）。

＊4　青木昭博「米沢の町づくりと殖産興業」『直江兼続の新研究』（宮帯出版社、二〇〇九年）。

＊　詳細は、佐藤公保「伊達氏・上杉氏が整備した米沢の要衝　舘山城」『東北の名城を歩く　南東北編』（吉川弘文館、二〇一七年）も参照。

伊達政宗の攻撃で落城した鮎貝氏の城

3　鮎《あゆ》貝《かい》城《じょう》

所在地：白鷹町大字鮎貝字桜館他
比　高：約二〇m
分　類：丘城
交　通：山形鉄道フラワー長井線「四季の郷駅」下車、徒歩一〇分

【歴史】　城主の鮎貝氏は伊達氏から自立性をもった豪族とみられる。天文七年（一五三八）の「御段銭古帳《ごたんせんこちょう》」に鮎貝・山口・箕和田・高岡・深山・黒鴨・栃窪の最上川左岸の郷名がなく、天文の乱後の「晴宗公采地下賜録」にも鮎貝ほかの七郷がみえず、鮎貝氏の一円知行地と考えられる。加えて、「晴宗公采地下賜録」では、成田郷・河原沢・草の岡郷・白兎郷に所領四九ケ所を与えられ、勢力は強大であった。だが、天正十五年（一五八七）、鮎貝宗信《むねのぶ》は伊達政宗に攻撃されて自落した。

城跡遠景

「貞山公治家記録」に、鮎貝氏反乱の原因は最上義光の誘いからとあり、大宝寺義興との抗争から伊達政宗の目をそらすためという義光の陰謀説が通説である。

はたして、鮎貝宗信の反乱は、最上義光の誘いが主因だろうか。一次史料の「伊達政宗文書」*1からみてみよう。なお、この事件については、大沢慶尋氏が詳しく分析している。*2

まず、事件当日の十月十四日付け桜田兵衛殿宛て政宗書状には、「鮎貝において父子の間に取りみだしの義候て、隠居のことは高楡の地にのけられ、ことむずかしく候間、今日下

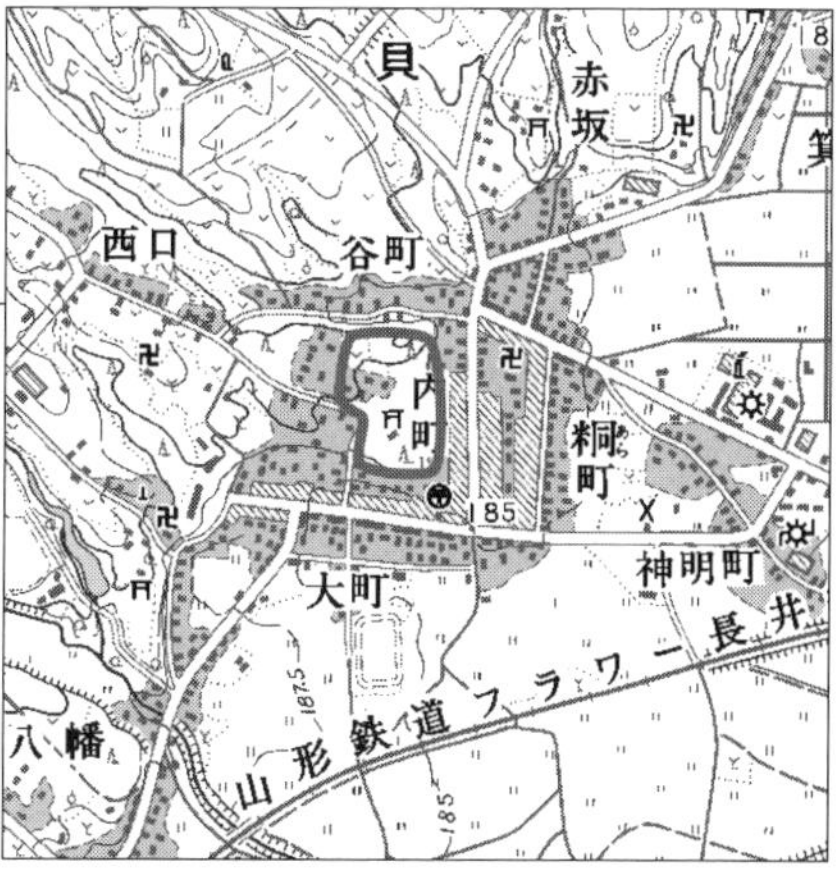

水堀

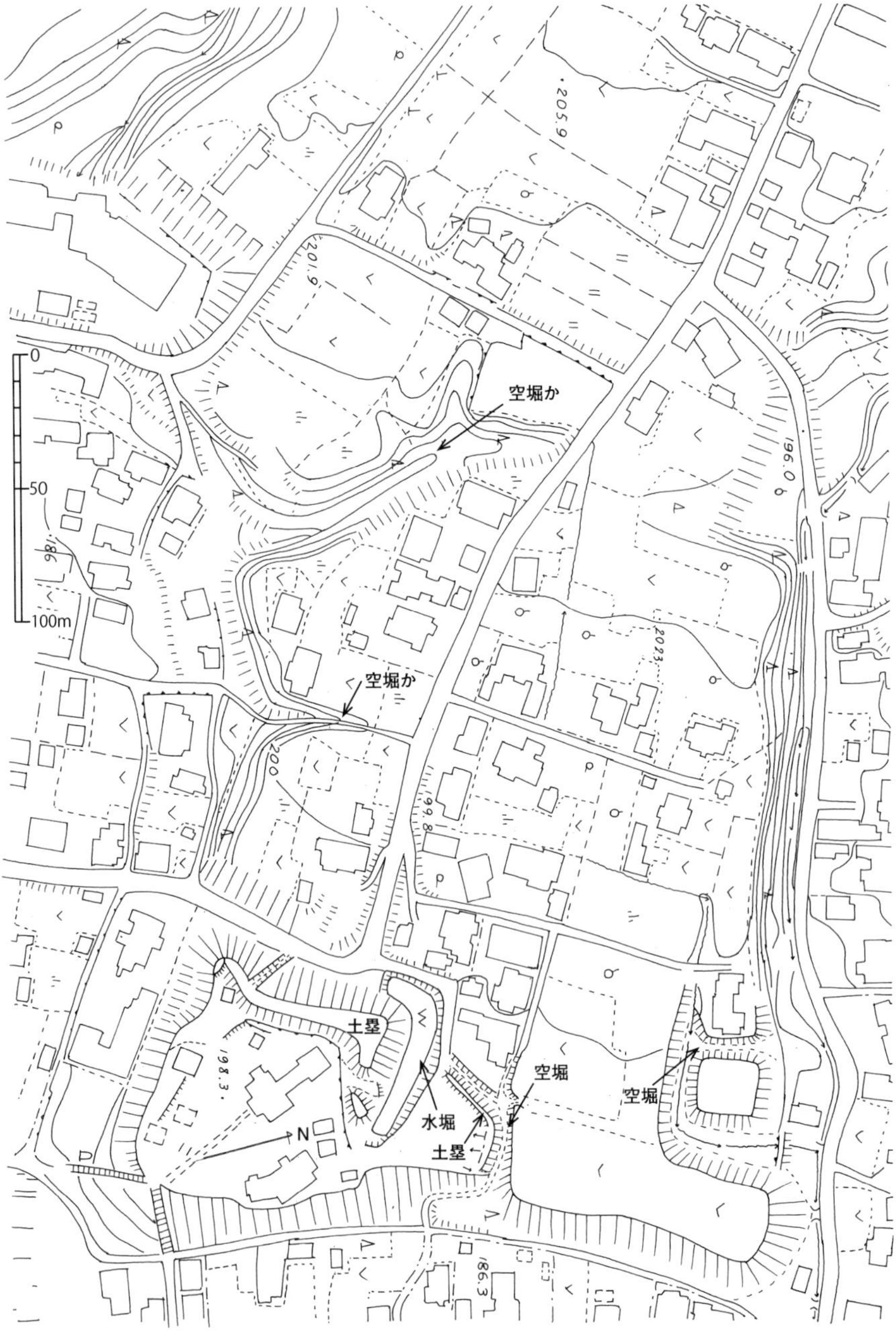
0
50
100m
205.9
201.9
196.0
空堀か
186
202.3
空堀か
200
199.8
土塁
198.3
水堀
空堀
空堀
N
土塁
186.3

概要図

長井へ打ちこし、下知をもってあい静めるべく候」とあり、鮎貝氏争乱の発端は深刻な父子対立で、政宗は父方にたち長井に出陣した。そして、後藤孫兵衛殿宛て政宗書状は、「押しよせ合戦におよび、五十余人討ちとり、実城《みじょう》ばかりにとりなし候」と書き、その日のうちに城を攻めて外構えを破り実城《みじょう》だけとした。さらに、泉田安芸守宛て政宗書状には、「町際まで押しつめ五拾余人討ちとり、方々放火せしめ候ゆえ」、「鮎貝方裸の躰《てい》に候て逃げ候」とあり、鮎貝宗信は自落した。

　このように、一次史料からは鮎貝氏争乱の主因は父子相克で、その機会をとらえた政宗の鮎貝氏討伐と判明する。なお、書状中の「実城《みじょう》」は、山形でも主曲輪を実城と呼んだ貴重な事例である。その後、城は天正十六年に伊達氏により普請され、蒲生・上杉氏も最上境の城として維持した。

【立地と遺構】　比高二〇mほどの河岸段丘が舌状に東に張りだす突端に立地し、主曲輪（実城）は台地東南の鮎貝八幡神社のところとみられる。そこには、本殿背後に高さ五・五mの大規模な土塁があり、上面は広い平坦面をもち、塀が想定される。さらに、北側から北西側の土塁外に水堀があり、西側の土塁外は空堀となる。主曲輪の北に低い土塁をもつ曲輪があり、台地北端には空堀で区画される曲輪が確認できる。また、西方の桜町公民館東側に、南側と北側から谷状に入り込む窪地がみられ、台地を遮断する空堀らしく、堀は鮎貝氏時代は空堀だったと考えられる。そして、城跡東下の内町は家臣屋敷で、城下の大町・桐町・元町は町屋だったろう。

　したがって、現在の鮎貝城跡は、鮎貝氏の城を改修した姿だが、骨格は政宗の攻撃した鮎貝宗信の時代のものだろう。特徴は、ブドウの房のように曲輪をつらねる大規模な群郭構造である。

【ワンポイント】　城には鮎貝氏・伊達氏・蒲生氏・上杉氏それぞれの時代の重層的な歴史があり、現在の遺構はその結果である。とくに、落城を史料で確認できる置賜唯一の城で、かつ上杉氏が慶長出羽合戦で撤退した後は、最上義光に備えて拡充されたに違いない。

＊1　仙台市『仙台市史　伊達政宗文書 二』（一九九四年）。

＊2　「天正十五年鮎貝宗信謀反事件〜伊達政宗・最上義光不和発端説の検証〜」（『研究資料集』第三七号、二〇一六年）。

＊　詳細は、渋谷敏己「伊達領と最上領との境目の城　鮎貝城」『東北の名城を歩く　南東北編』（吉川弘文館、二〇一七年）も参照。

鮎貝八幡神社

堀にかこまれた複郭の平城

4　萩《は》生《ぎゅう》城《じょう》

所在地：飯豊町大字萩生内町
比　高：〇m
分　類：平城
交　通：ＪＲ米坂線萩生駅下車、徒歩二五分

【歴史】　城主は国分氏で、伊達氏のたんなる被官でなく、ある程度、自立性をもった豪族とされる。

【立地と遺構】　南方を萩生川が流れる山麓近くに立地し、主曲輪は西側に土塁と堀があり、土塁は南側に屈曲し、南西角が一段高く物見櫓があったとされる。また、堀は西側の南が水堀となり、他は低地で北側にも痕跡を残す。規模は東西約七七m、南北約一四五mとされる。主曲輪西側に二の曲輪があり、恩徳寺を囲む。西側と北側に土塁が残り、堀跡の西側は湿地、北側は水堀となる。

なお、明治八年の字切図をみると、主曲輪の東側に道路沿いに広い屋敷割がみられ、さらにその東側には道路にそって短冊形の町割が並び戦国期の城下構造をうかがえる。

【ワンポイント】　戦国期に堀が水堀だったか空堀だったかで評価が分かれる城。これからの検討課題となる。

城跡遠景

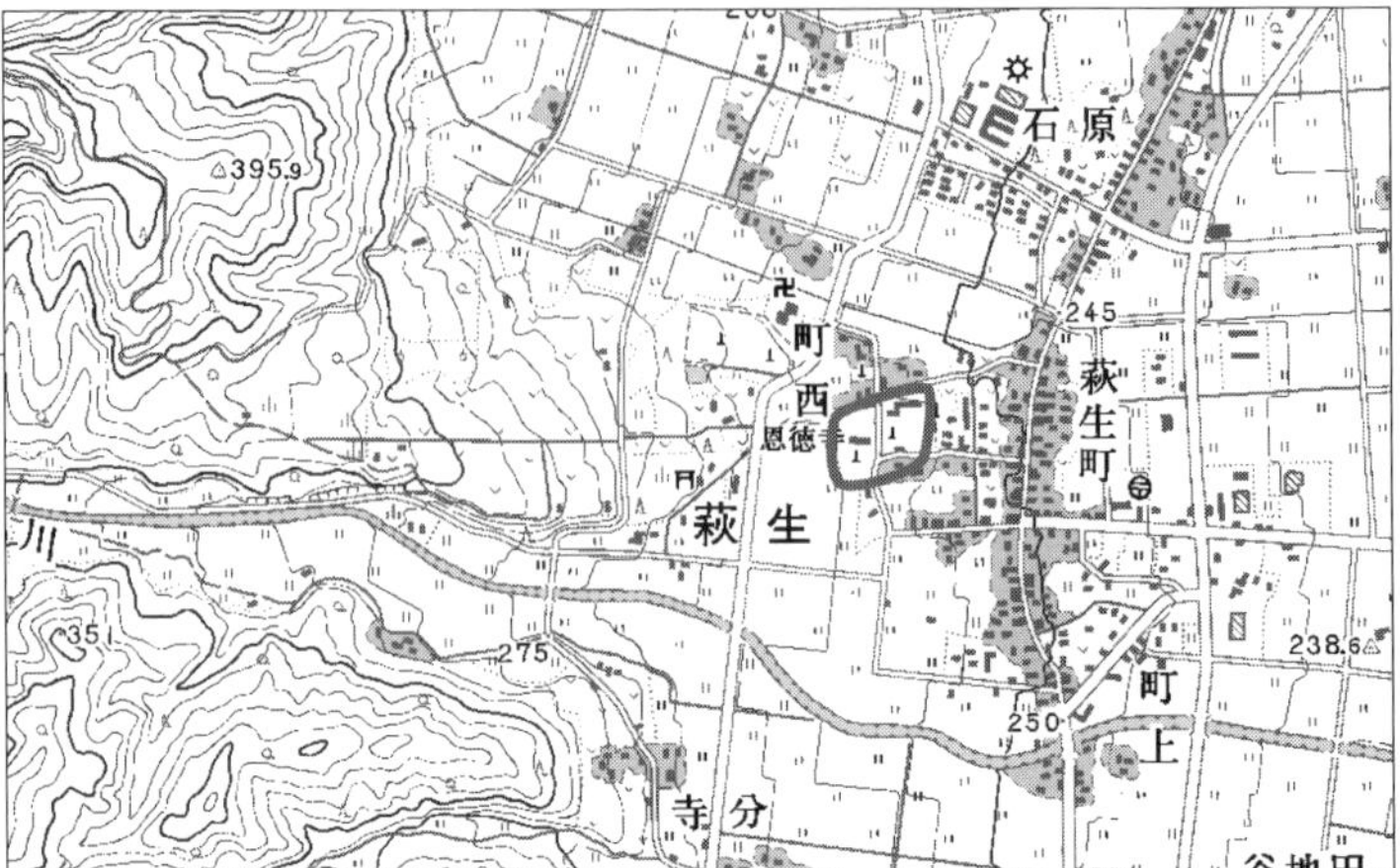

＊詳細は、後藤正浩「萩生城址について」（『山形県地域史研究』第十九号、一九九四年）も参照。

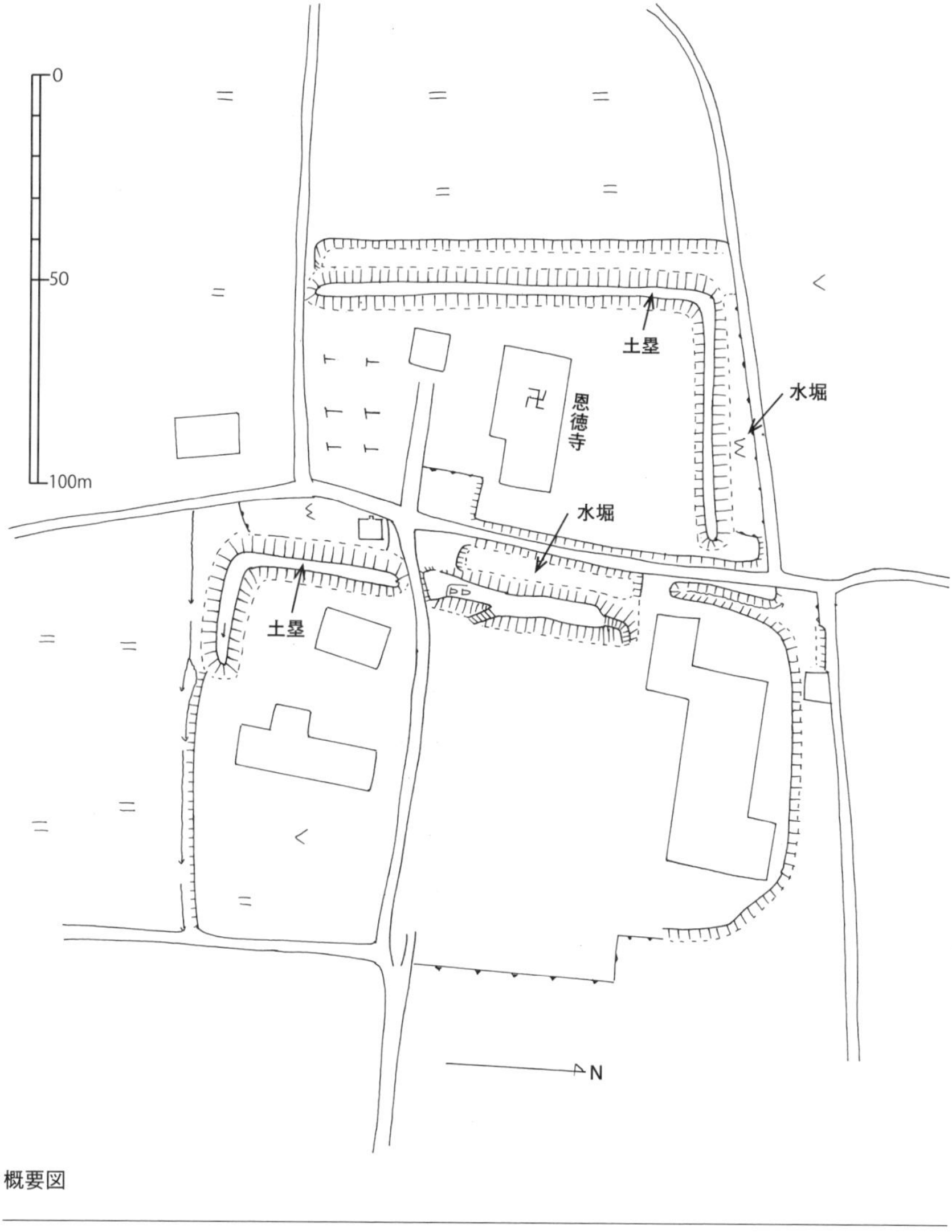

概要図

水堀

伊達政宗の築城技術が結集した要害

5　岩部山館《いわぶやまたて》

所在地：南陽市小岩沢字岩部山
比　高：約二三〇m
分　類：山城
交　通：JR奥羽本線中川駅下車、徒歩約三〇分

【歴史】　岩部山館の別名である中山要害の初出は、（天正十年・一五八二）八月七日付け大崎殿宛て義光書状（『横』一二一頁）で、「中山とよぶ要害」、「沙汰までをも厳しく申しつけ油断なく候」とあり、最上義光は伊達輝宗の中山要害と厳しく対峙していた。その後、天正十六年、大崎氏をめぐる伊達政宗と最上義光の対立のなか、「伊達天正日記」に中山が頻繁に登場し、中山要害は最上氏への最大の防衛拠点であった。政宗と義光の厳しい対立は、政宗の母、義光の妹義姫が「伊達后室中途へ輿出され八十日に及び滞在候」*1と両者に和解をうながし、終息した。

館跡遠景

【立地と遺構】　館跡は鷹戸山から前川に向かって張り出し、南北の道を遮断するようにそびえる高峻な岩部山にある。山全体が岩山で、南側は江戸時代に彫刻された岩部山三十三観音霊場となる。元中山の日影から川樋にでる山道があり、戦国期はここが南北の大道で、山頂が峠を意味する中山で、そこから尾根をあるく館への城道があったろう。

　館跡最奥部の最高所に中枢部があり、東西約四一m、南北約二九mの規模となる。内部に陣所となる小平坦地があり、両側中ほどに掘込み式虎口が開き、東縁辺と西縁辺に土塁を

＊1　「七月十八日小介川治部大輔殿宛て義光書状」（『山一』四六六頁）。

館跡入り口

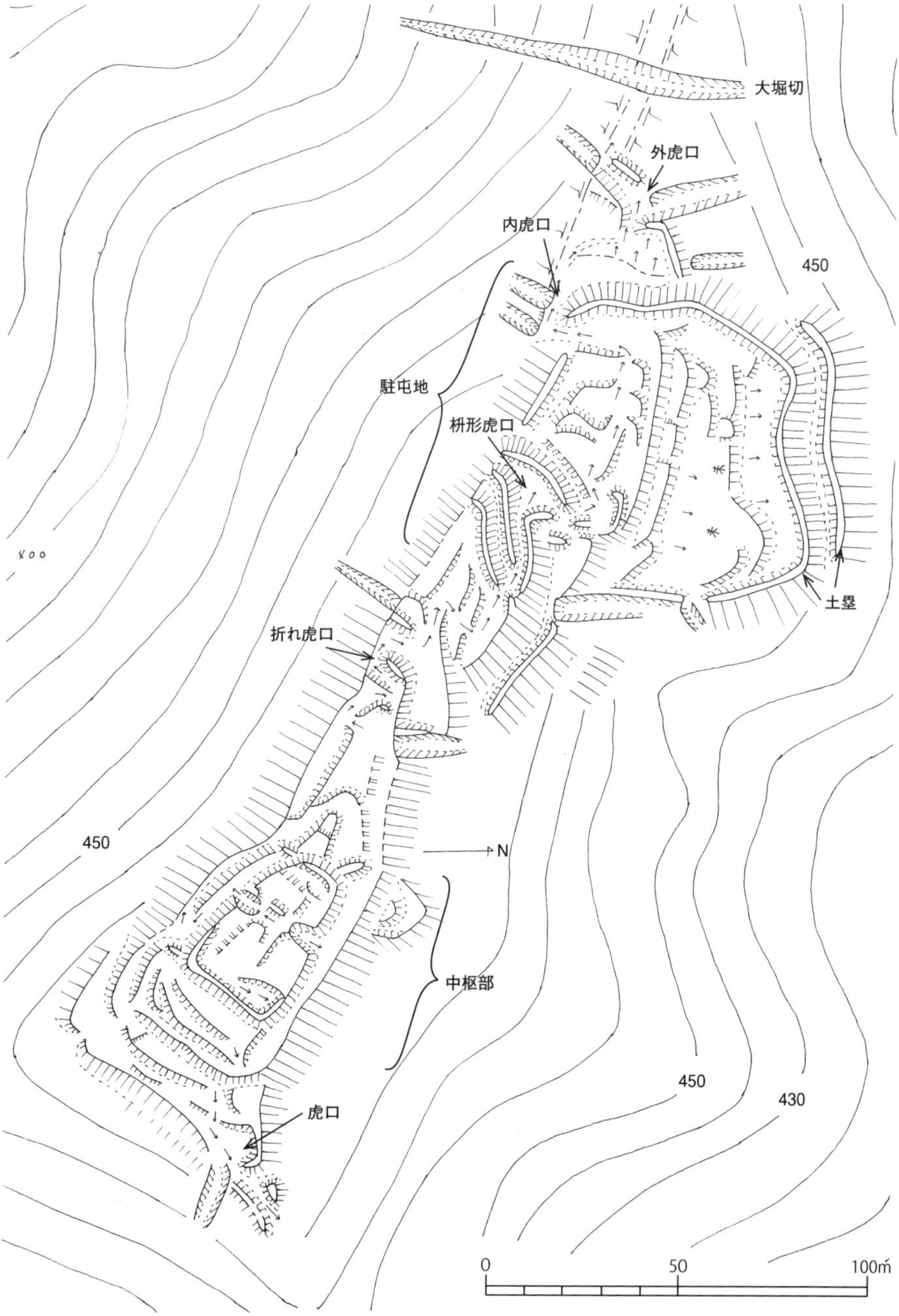

概要図

切岸と横堀

置いて遮断する。中枢部背後の東側は帯曲輪群を重ね、東下に枡形虎口が開く。そして、城道の通る西側は厳重で、少しくだった地点の内虎口は、六回の折れをもち、北と南は竪堀で遮断する。その下の外虎口は土塁を駆使し、三連続枡形虎口とする。さらに、二重土塁と土塁ではさみ、一列縦隊の狭い道から入れる。また、ここは石積みがあり、注目される。

　駐屯部は、長い土塁線をぐるりとまわし、北は二重土塁とする。そして、尾根を大空堀で遮断し、竪堀と土塁ではさんだ狭い外虎口をおく。内虎口は、二条竪堀と土塁線ではさんだ狭い折れ虎口とし、横矢掛りの工夫がされる。駐屯地内部に多くの小平坦地があり、野営地だったろう。

　このように岩部山館跡は、大空堀と長大な土塁線で遮断したなかに中枢部と駐屯部をおき、駐屯部には厳重な二つの虎口から入れて、内部に野営地とみられる小平坦地がある。そして、中枢部への虎口はとくに厳重で、三連続枡形虎口や六回もの折れ虎口とし、なかに陣所とみられる平坦地がある。かくして、岩部山館跡は軍事に特化した中枢部をまもる臨時の城で、伊達政宗が最高の築城技術で構築した城といえよう。

【ワンポイント】　岩部山館跡は比高二三〇ｍと高く、岩部山三十三観音の急な山道を登り、館跡へいくためには、尾根道の大岩にさがる鉄クサリにつかまり岩肌をはいあがらないといけない。館跡は、全長三七五ｍと大規模で、五六ｍの高低差をもち、城歩き上級者用の城跡である。この館跡は、岩部山三十三観音の巡礼をかねて、グループでみんなと議論しながら歩くのがよいだろう。

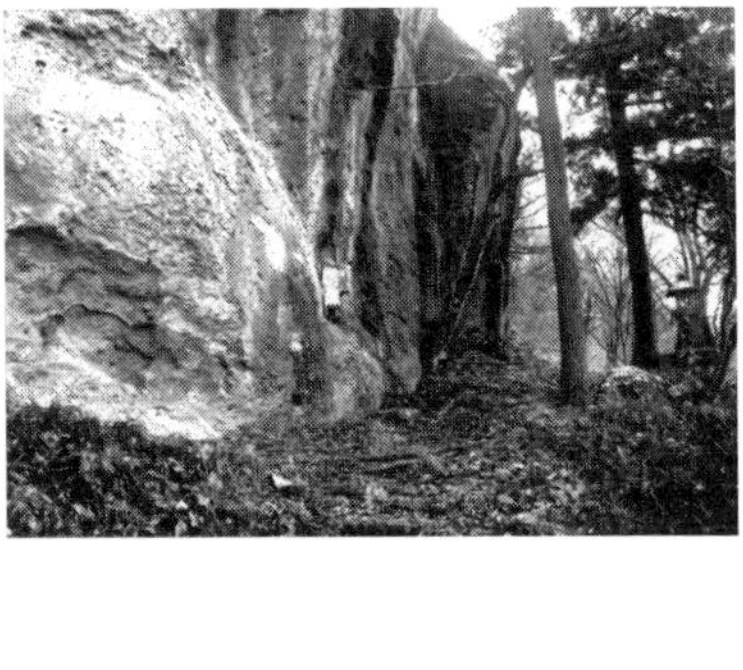
観音参道から登る

＊　詳細は、松岡進「岩部山館跡（山形県南陽市）について」（『さあべい』第二〇号、二〇〇三年）も参照。

慶長出羽合戦で撫で切りにされた城

6 畑谷城《はたやじょう》

所在地：山辺町大字畑谷字館山
比　高：約六六m
分　類：山城
交　通：山形市内から車で三〇分程度

城跡遠景

【歴史】　天正二年（一五七四）の義光と父義守が争った「最上の乱」で、義守を支援する伊達輝宗軍が進攻し、畑谷と周辺で合戦があった。その後、慶長五年（一六〇〇）の出羽合戦で、直江兼続を総大将とし、一万数千とされる上杉軍が城を攻撃した。長谷堂合戦で戦死した上泉《かみいずみ》主水《もんど》泰綱《やすつな》が小山田《おやまだ》将監《しょうげん》に出した書状がそれを語る。「さる十二幡谷《はたや》の地に向かい出馬申され、同十三せめおとし敵五百余人討ちとり、そのほか切りすて際限なく候」（『山二』四四七頁）とあり、城は落城し、城兵と避難した民衆の全員が殺害された。

【立地と遺構】　山間の村、畑谷集落背後の丘陵とその東山麓の沢に立地し、館山の最高所に主曲輪がある。主曲輪はほぼ方形で、東西約一九m、南北二九mと小さい。低い切岸下に幅の狭い帯曲輪が取り巻き、南西に土塁を屈曲させた枡形虎口が開く。主曲輪を守り、急な南斜面を除き、切岸下に外側に土塁をもつ横堀がめぐり、緩やかな西斜面は二重横堀と厳重に防御する。その二重横堀を越えた尾根上西方に鋭い薬研堀の二条大空堀が掘られ、南斜面に大竪堀

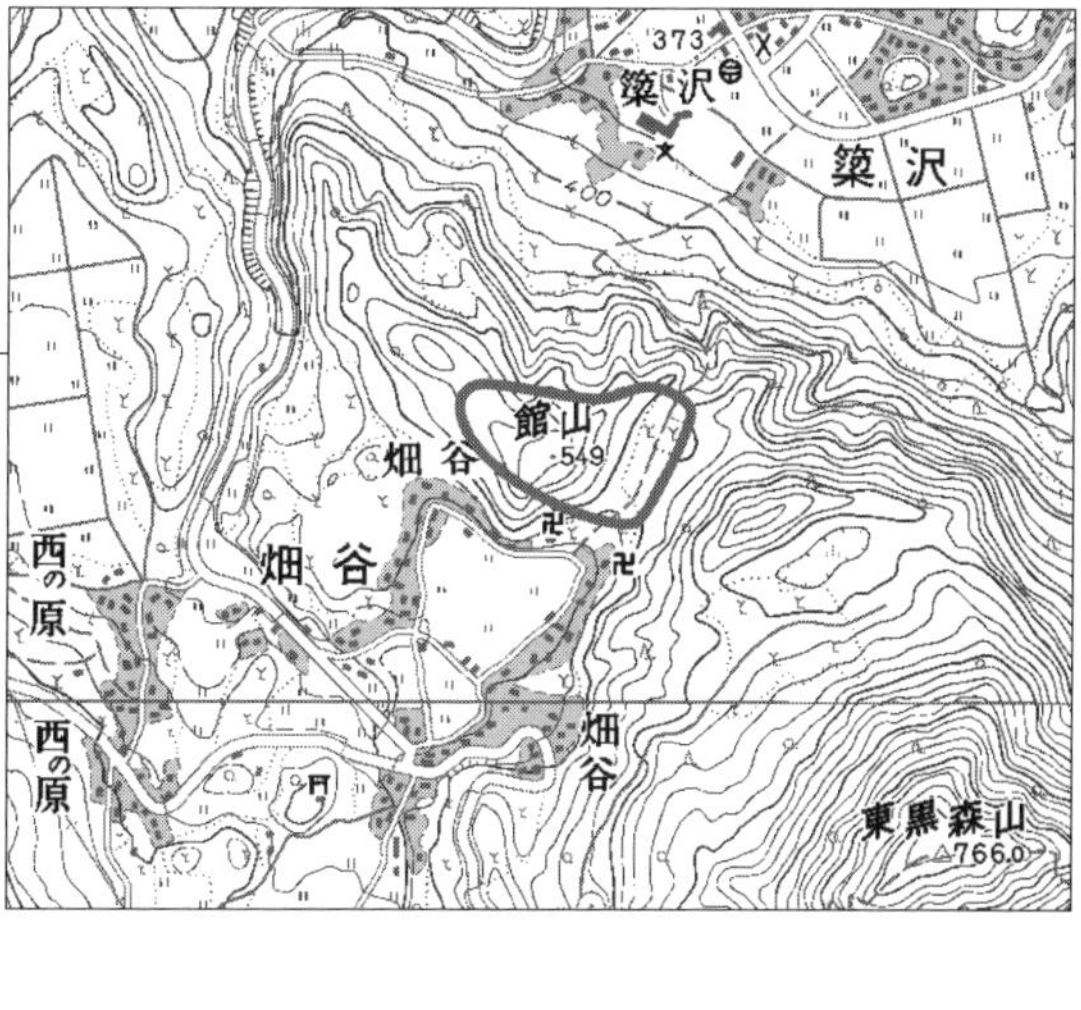

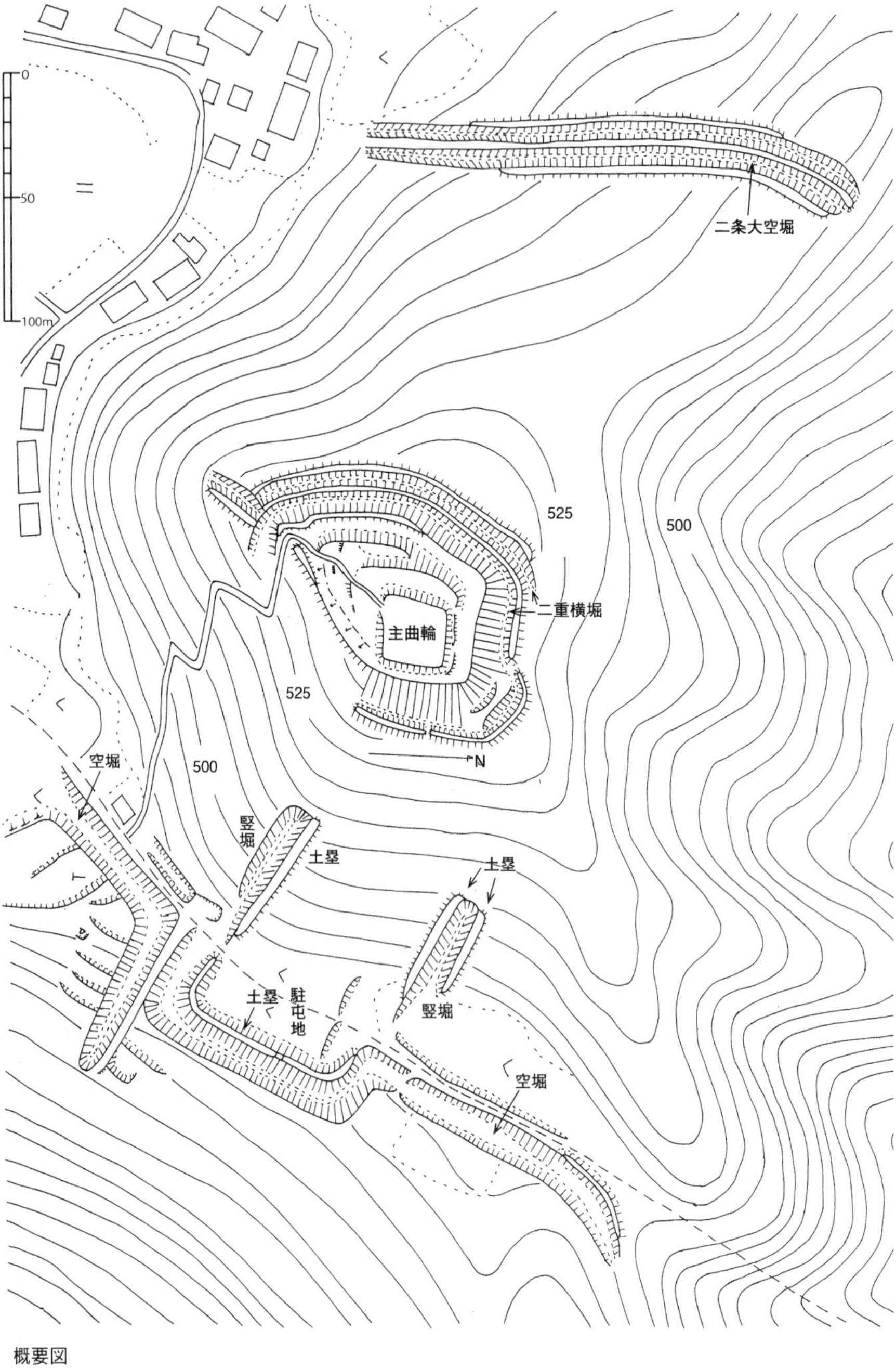

概要図

となって山をくだる。このように長大な堀は、山形ではきわめて珍しい。

東山麓には、尖り森からの進入を防ぐ長大な薬研堀の大空堀と高い土塁があり、主曲輪側は、中腹まで掘られた内側に土塁をおく二本の竪堀で遮断し区画施設を造る。その施設は兵の駐屯地とみられ、殺害された多くの最上兵がここで防御していたのだろう。尖り森側の空堀と土塁は屈曲した後に、北に傾斜面まで伸び、内側は村人の避難所かと思われる。そして、北側の竪堀土塁上に人の拳より一回り大きい礫石の塚があり、飛礫石として集めたものだろう。

畑谷城は、山形の城ではきわめてまれな戦争を経験した城であり、かつ遺構がきれいに残り、それが慶長五年九月段階とわかる、山形の城の年代を知る基本指標となる重要な城である。そして、遺構のうち枡形虎口、二重横堀・竪堀・二条大空堀の多彩な空堀は、戦争のために発達した最上系の城の最高技術であり、慶長出羽合戦の後に山形で戦争は終わった。したがって、畑谷城は最上の戦争用城の到達点でもある。

なお、畑谷城は「最上記」（『最上氏史料』）など最上氏関係の軍記物は、城主の江《え》口《ぐち》五《ご》兵《ひょう》衛《え》光《あき》清《きよ》が最上義光の制止をふりきって独自に少人数で戦ったとするが、上杉氏関係の軍記物「最上合戦記」（『最上氏史料』）では畑谷に三重の防衛ラインを構築していたとする。畑谷城跡の駐屯地と考えられる区画施設と、城兵五百余人が殺害されたのをみると、畑谷城は、上杉軍に対する最上軍の主要な防衛拠点の一つだったのだろう。

【ワンポイント】　畑谷城跡は慶長出羽合戦を戦い落城し、全員が殺害された城として、山形県でもっとも有名な城の一つであり、全国から訪ねる人が多い。そのため、駐車場・遊歩道が整備され、地元のボランティアガイドが案内してくれる。そう高い山ではなく、遺構は良く残り、初級者用の城歩きコースである。

主曲輪

空堀

山形最古の石垣をもつ城

7 中《なか》山《やま》城《じょう》

【歴史】これまで伊達輝宗の命で、家臣の中山弥太郎《やたろう》が永禄・元亀年間（一五五八～一五七三）に築城し、天正十九年（一五九一）、伊達政宗が陸奥国岩出山に移封されるまで最上領境目の城であったとされてきた。しかし、伊達氏境目の城は元中山の岩部山館で、中山城は蒲生氏が米沢から中山までの新道を開いた際に造った新城だろう。そのときの城主は、蒲生氏郷の重臣・蒲生郷可《さとよし》であった。

その後、慶長三年（一五九八）に上杉景勝領となり、中山城代が置かれ、元禄五年（一六九二）からは中腹曲輪に御役屋が設置され、江戸時代に維持された。

城跡遠景

所在地：上山市中山字上郭
比　高：約八〇m
分　類：山城
交　通：JR奥羽本線羽前中山駅下車、徒歩約一〇分

【立地と遺構】西側の河原宿《かわらじゅく》川と東側の横川にはさまれ、あたかも独立丘陵のような天守山に立地する。最高所にある主曲輪は、東西約三八m、南北約五一mの規模で、東側に特徴的な四面石垣の天守台を造り、北側と西側縁辺に低土塁をおき、周囲に鋭い切岸を削る。南端に虎口が開き、堀底状に狭くし、石垣を

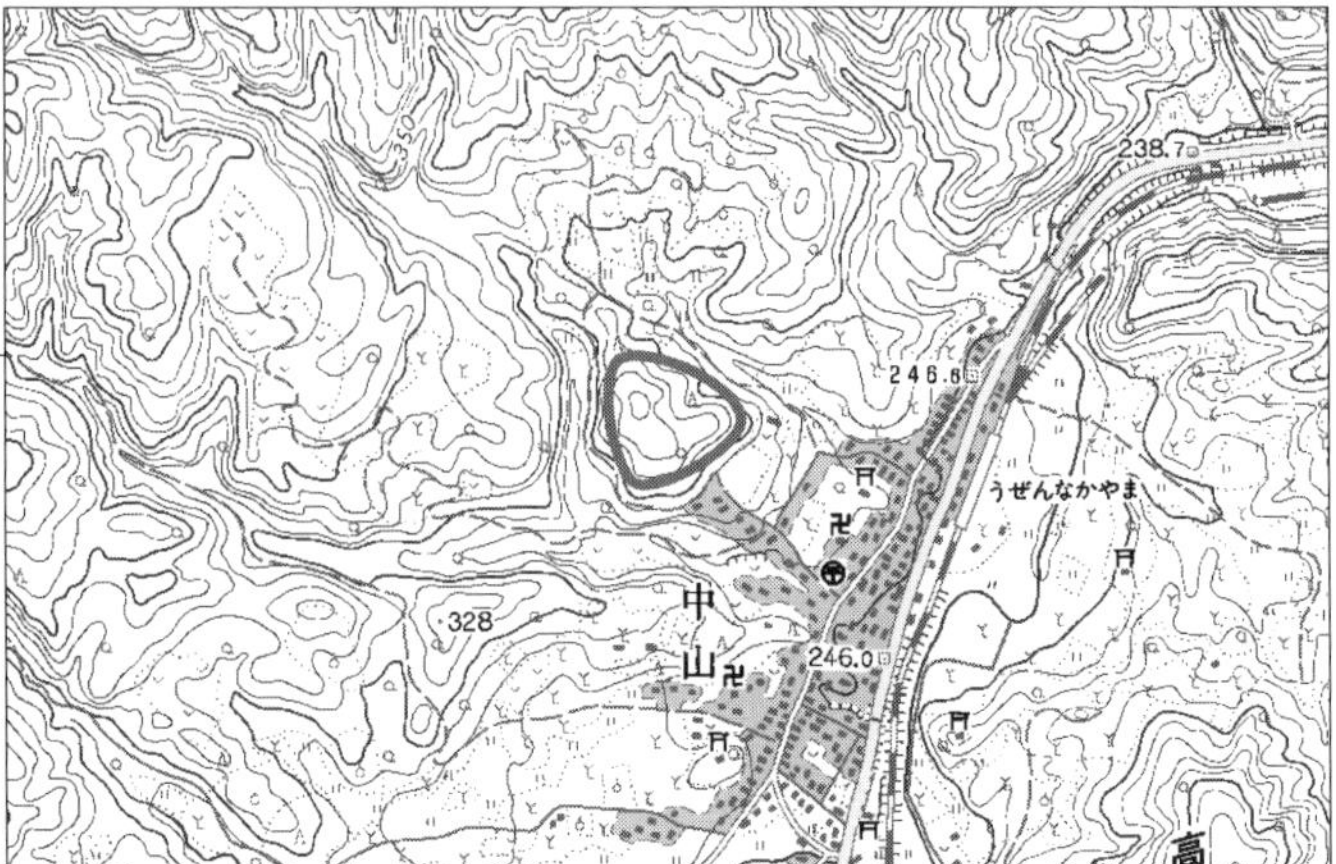

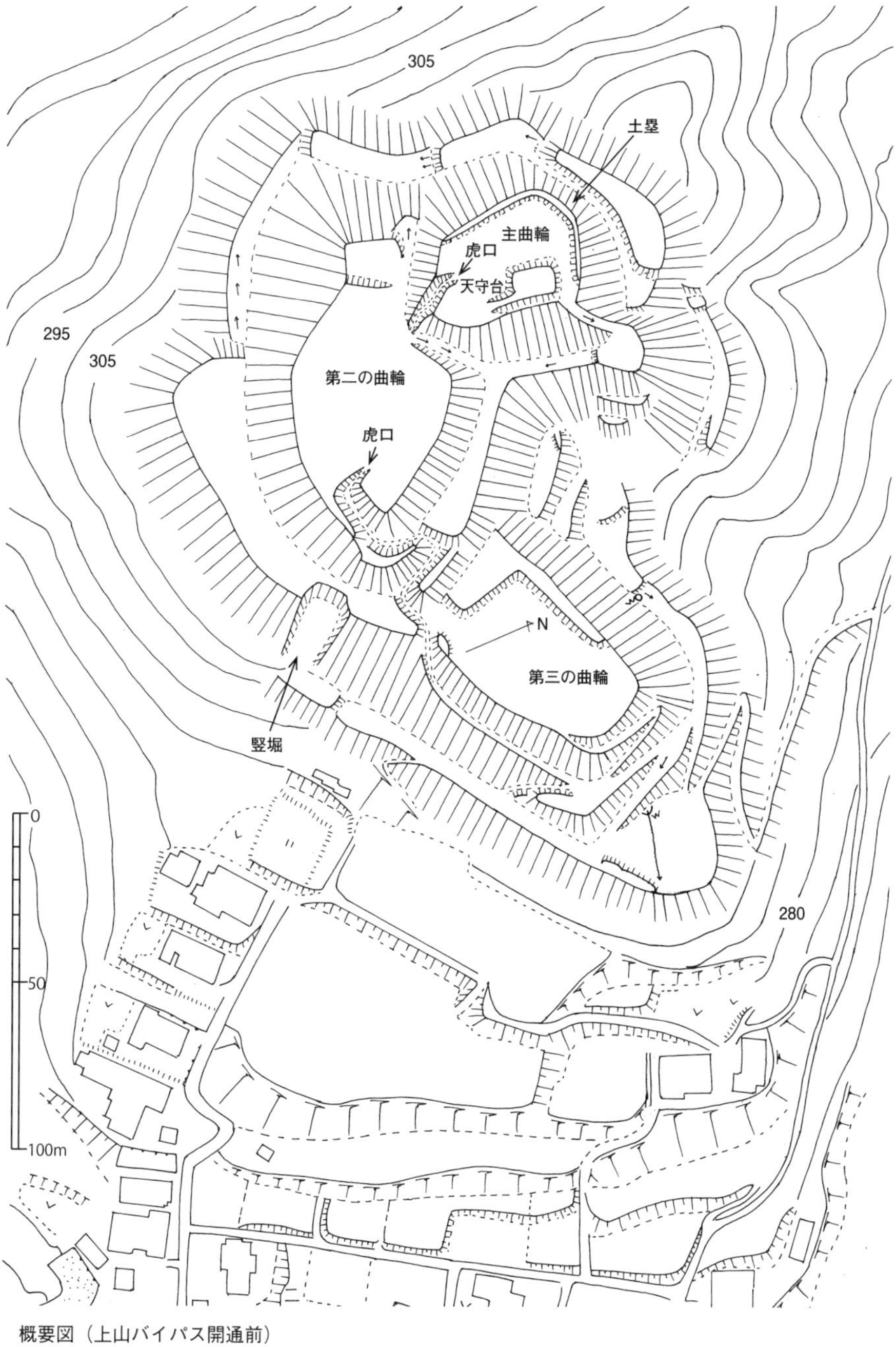

概要図（上山バイパス開通前）

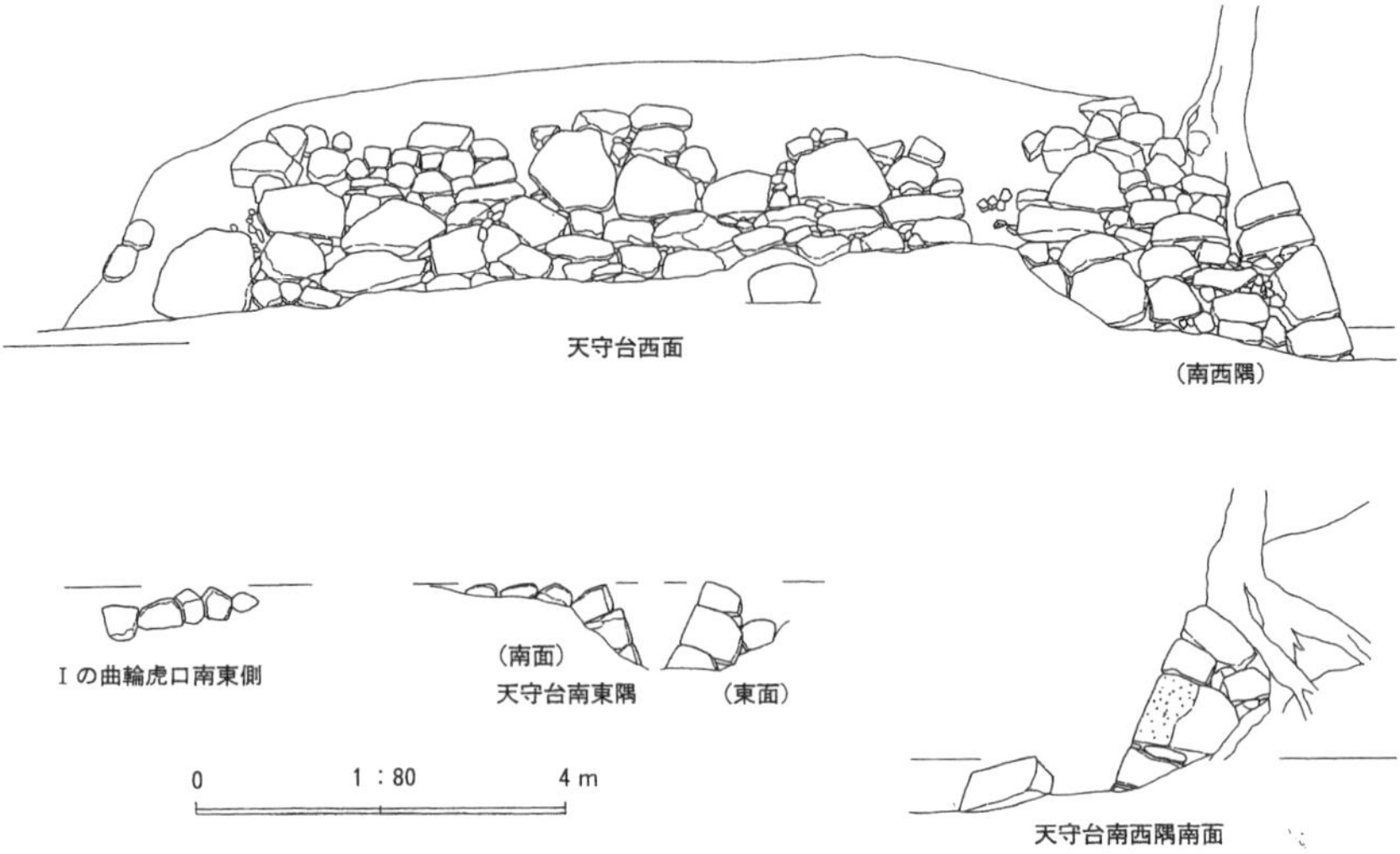

石垣略測図（室野秀文「中山城の縄張りと天守台の石垣について」『山形考古』第７巻第２号〈2002年〉による）

天守台の石垣

もつ折れ坂虎口をくだると、広大な二の曲輪がある。東西の最長は約四九m、南北の最長は約八三mで、周囲は高さ一〇m以上の鋭い切岸を削る。北側と南東端に虎口があり、とくに南東端虎口は五回もの折れをもち、上方の二の曲輪から横矢掛りとし、道は狭くして一列縦隊でしか進入できない工夫をこらす。三の曲輪は、東西五三ｍ、南北約四〇ｍと、やはり大きな規模をもち、東西に長い方形で、下方、大手筋虎口に石垣を確認できる。

山腹の中山小学校跡地は馬場と伝えられ、江戸時代には米沢藩の御役屋が置かれた。さらに、その下方には家臣屋敷があり、東北の物見山には、村山方面をにらむ物見櫓があったといわれる。なお、二〇〇五年に国道一三号線上山バイパス事業にともない、山麓の家臣屋敷跡と上ノ山楯跡を、山形県埋蔵文化財センターが発掘調査し、上杉時代の家臣屋敷跡などが検出された。

中山城の特徴は、主曲輪中心の求心的な全体構造であること、天守台・主曲輪虎口・三の曲輪への大手筋虎口に石垣をもつこと、加えてきわめて防御性の高い虎口をもつことである。また、二の曲輪・三の曲輪は広く、城主と家臣団が住む恒常的な山城とみられる。

とくに、城跡の最大の特徴である石垣は、大小の石を横に寝かせて積み背面に裏込石を充満し、角石は算木積み以前の規格化されない石材を使う「古式穴太積《こしきあのうづみ》」とされる。天正十九年（一五九一）の岩手県九戸城跡や、文禄元年（一五九二）の福島県会津若松城跡に類例があり、蒲生氏段階の構築と考えられる。[*1]

【ワンポイント】　山形で確認できる唯一の、蒲生秀郷時代の城跡といえる。また、山形最古の石垣をもち、蒲生氏が最上義光に備え、領土最北端に築いた防御と治政を兼ねた城である。横矢のかかる技巧的な虎口と高く鋭い切岸は一見の価値がある。山城のすぐ下まで車でいけ、そこから主曲輪はすぐで、初級者用の城歩きコースである。

＊1　室野秀文「中山城の縄張りと天守台の石垣について」（『山形考古』第七巻第二号、二〇〇二年）。また、本城跡については上山市教育委員会『中世の城郭中山城　中山城跡調査報告書』（二〇〇三年）も参照。

上山口をおさえる驚くべき堅固な城

8　高《たか》楯《だて》城《じょう》

所在地：上山市松山字高楯
比　高：約一〇〇m
分　類：山城
交　通：JR奥羽本線かみのやま温泉駅から徒歩約一五分

【歴史】　上山は最上領最南端で置賜との境目に位置し、しばしば戦場となった。慶長五年の出羽合戦では、懸入石中山口から本村《もとむら》造酒丞《みきのじょう》が大将となり出陣した。上山城兵の反攻で本村は戦死し、多数の死者が出て撤退し、上山進攻作戦は失敗した。「最上斯波家伝」（『最上氏史料』）に、そのときの上山の城は高楯城とあり、高楯城は上杉軍の上山口からの進攻に備えた城であった。

【立地と遺構】　上山市街の西方、ひときわ目につく三角形の形をもつ虚空蔵山《こくうぞうやま》に立地する。最高所に東西約五五m、南北約三五mの主曲輪があり、山腹には広大な北平曲輪と白土平曲輪がおかれるが、整地が不十分で駐屯地とみられる。これを守り、置賜から街道の通る、東側に特徴的な遺構がある。自然の沢を加工した山麓の東空堀を最初の防衛ラインとし、北平曲輪の東側には二つの鋭い横堀の防御ラインがある。

さらに、白土平曲輪西側の尾根続きは高い切岸下に鋭い横堀をおき、前方に当地方では珍しい障子堀で敵の動きを

城跡遠景

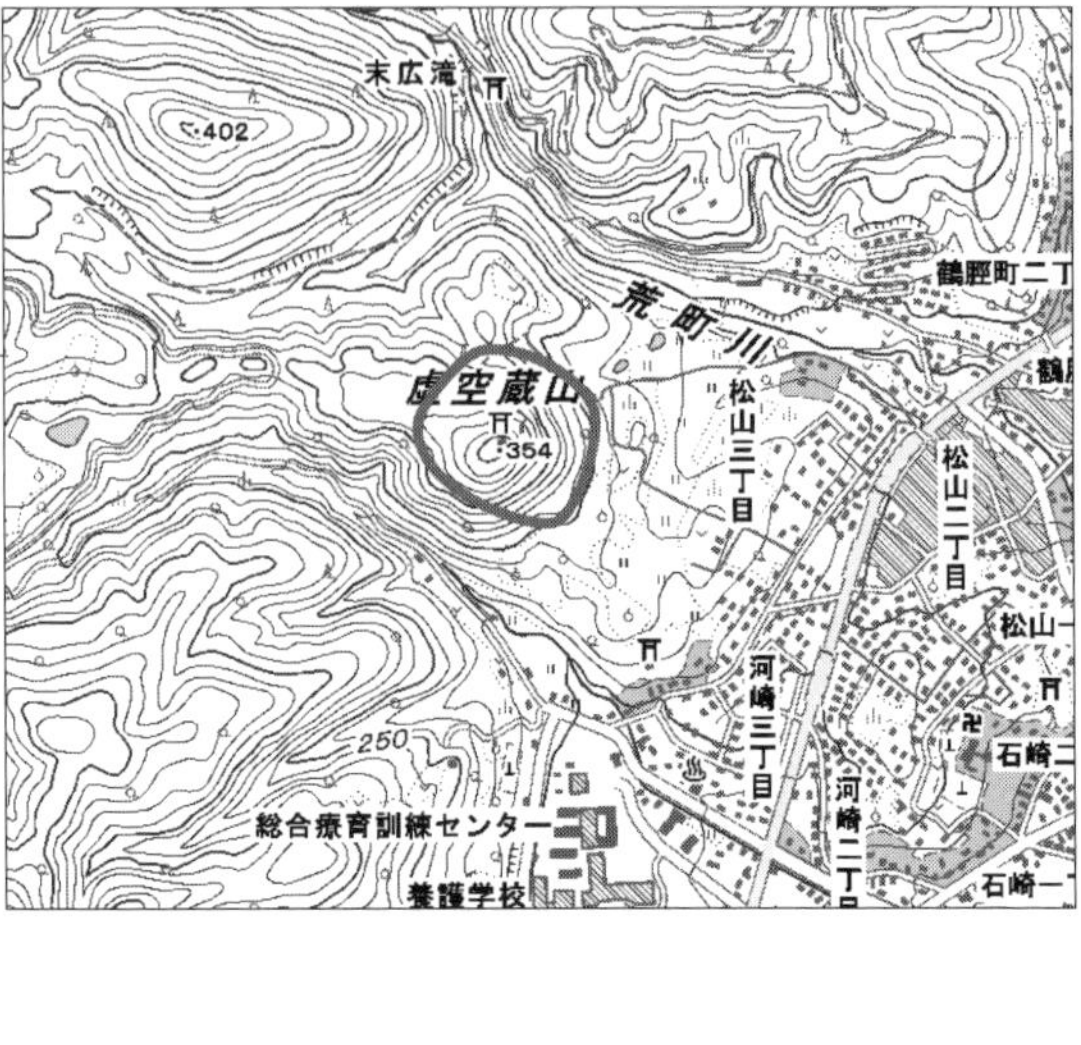

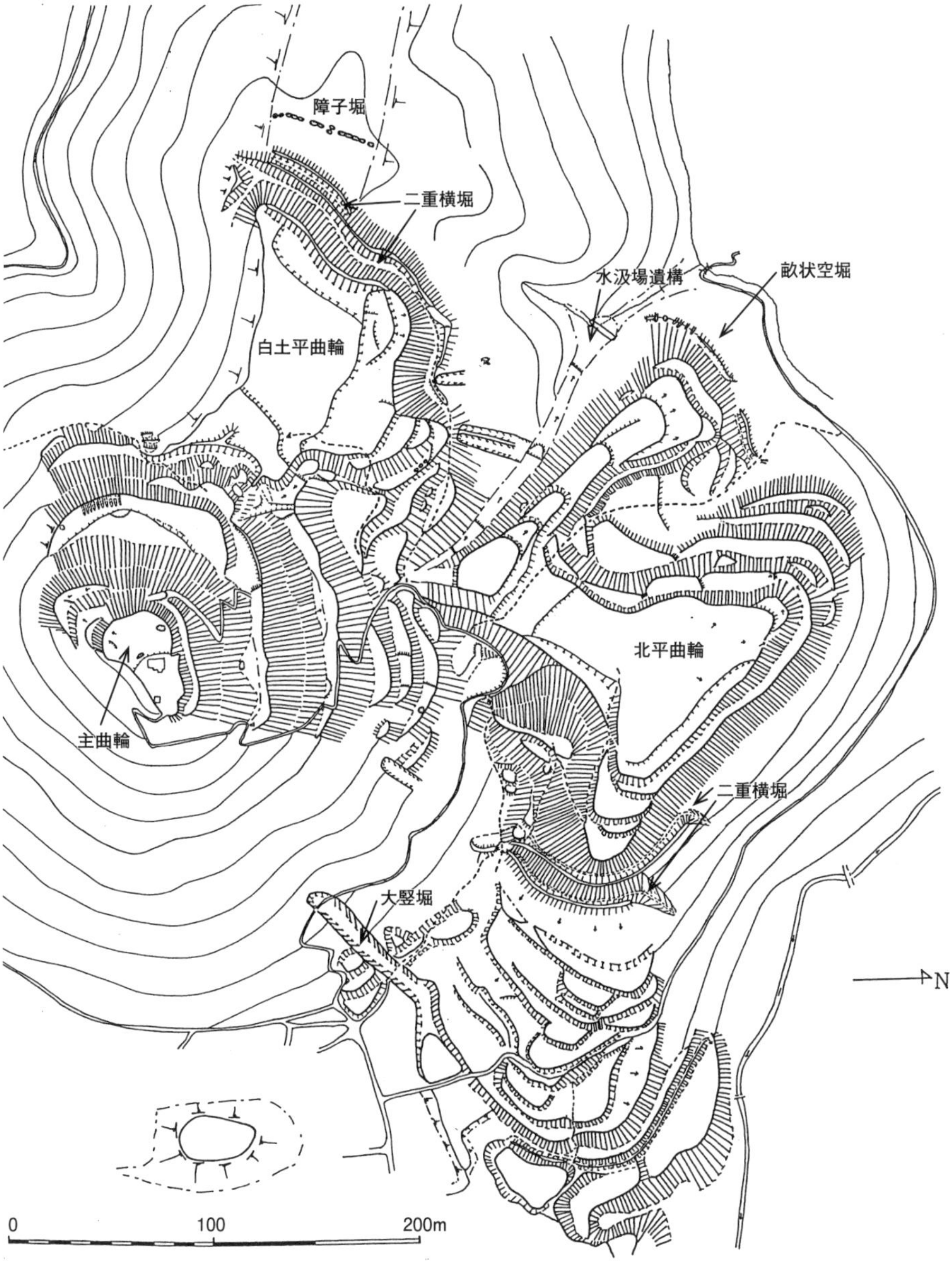

概要図

上：主曲輪　下：横堀

はばむ。そして、斜面に横移動を遮断する竪堀がある。また、主曲輪への城道は電光型や堀底道とし、徹底した横矢掛りの工夫がなされる。このほか、珍しいものに水汲場遺構があり、白土平曲輪と北平曲輪間の水無沢を厚い土塁でせきとめた人工の貯水ダムで、重要な水利施設であったろう。

加えて、注目される遺構に角礫石をあつめた塚があり、北平曲輪西側や白土平横堀底に人頭大の角ばった礫石の集積塚がみられる。これは、白兵戦を想定し武器として集めたものだろう。

このように、高楯城は多彩な発達した堀を駆使し、最後の砦である主曲輪を何としても守りきる求心的な構造をもち、各所に戦争に備えた施設と遺構がみられる。

とくに、特徴的な遺構は多彩な堀で、二重横堀・障子堀・畝状空堀・竪堀があり、遮断線をつくり、敵の進攻をはばむ施設である。このような多彩な堀は、最上の城造りの最終期に多くみられ、畑谷城跡や長谷堂城跡など慶長出羽合戦を戦った城に共通する。したがって、高楯城跡の現在の遺構は、慶長出羽合戦時に造られたのだろう。

ところで、永正年間に伊達稙宗に占領された上山城（要害）は、高楯城というのが通説で、天文四年（一五三五）、武衛（上山）義忠は高楯城を奪還した後、天神森に月岡城を造って移転したとされる。この高楯城とは、臨時の詰城とみられ、山麓の松山台地の六波羅堂付近は字高楯と呼ばれ、長者屋敷と伝えられる。上山満長以来の上山氏居館の有力候補地である。

かくして、高峻な地形にたよる詰城・高楯城は廃城となり、天神森に恒常的な城・上山（月岡）城が新しく建設されたのだろう。そして、慶長五年、上杉軍の進攻の恐れが高まると、防御性の高い古城・高楯城が見直され、当時、最上氏が城造りの最高技術を駆使し、上山口を防衛するために、全面改修したと考えられる。

上：天水井　下：礫石塚

【ワンポイント】　ひときわ目立つ三角形の虚空蔵山にある高楯城跡は、山麓に説明板があり、遺構の要所に標識がある。休日に、山頂の虚空蔵尊参拝に多くの人が登る上山市民の憩いの山でもあり、主曲輪からの眺望は前方に蔵王連峰がみえ美しい。城歩きでは、中級者用城歩きコースである。

＊　詳細は、高楯城跡調査会『中世の城郭高楯城　高楯城跡調査報告書』（一九九四年）も参照。

慶長出羽合戦で戦場となった城

9 長谷堂城《はせどうじょう》

所在地：山形市大字長谷堂城山
比　高：約八〇m
分　類：山城
交　通：JR奥羽本線蔵王駅から徒歩約三〇分

【歴史】　初めて史料にみえるのは、永正十一年（一五一四）で「（伊達稙宗は）二月十五日、最上兵と羽州村山郡長谷堂において戦いおおいにかつ。楯岡・長瀞・山辺式部・吉河兵部已下、敵一千余人を切り長谷堂城をぬく。小梁川中務親朝をとどめてこれを守る」という「伊達正統世次考」の記事である。伊達稙宗の進攻をうけて最上兵は大敗し、長谷堂城は占領された。

その後、文禄年間から慶長年間は志村伊豆守光安《しむらいずのかみあきやす》が城主で、慶長五年（一六〇〇）、進攻した上杉軍の攻撃に対し、鮭延越前守《さけのべえちぜんのかみ》の助勢を得て、九月十三日から十月一日までの十九日間、守り通した。翌年、志村光安は東禅寺城に移り、成沢城主・坂紀伊守光秀《さかきいのかみあきひで》が入り、山麓に近世平城を構築し、山城の機能は失った。そのため、慶長出羽合戦時の遺構がそのまま残った。

【立地と遺構】　長谷堂集落背後の独立丘陵、城山にある。城山は、南側は急斜面となり、下に本沢川が流れ、西方から北

城跡遠景

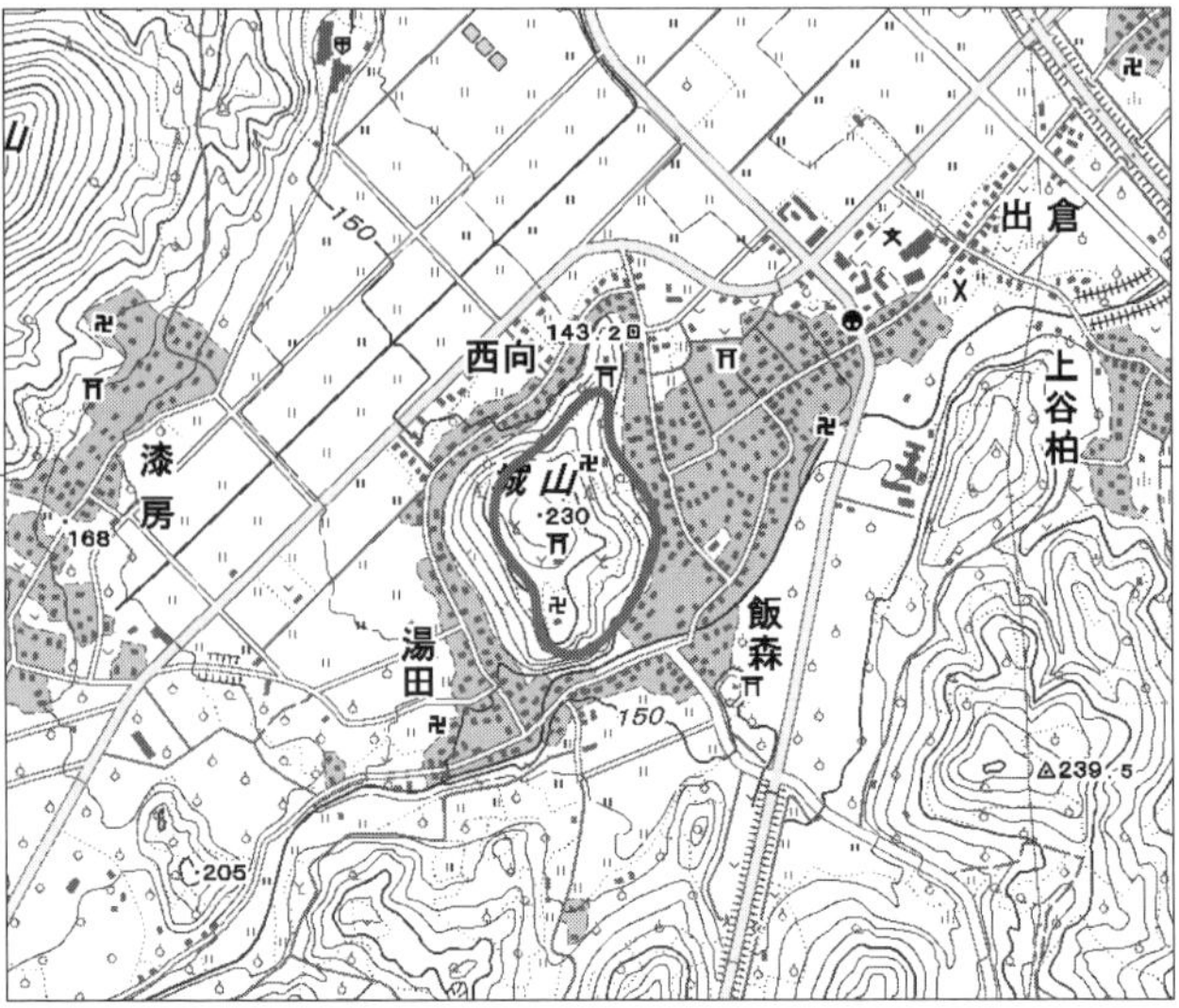

113　長谷堂城

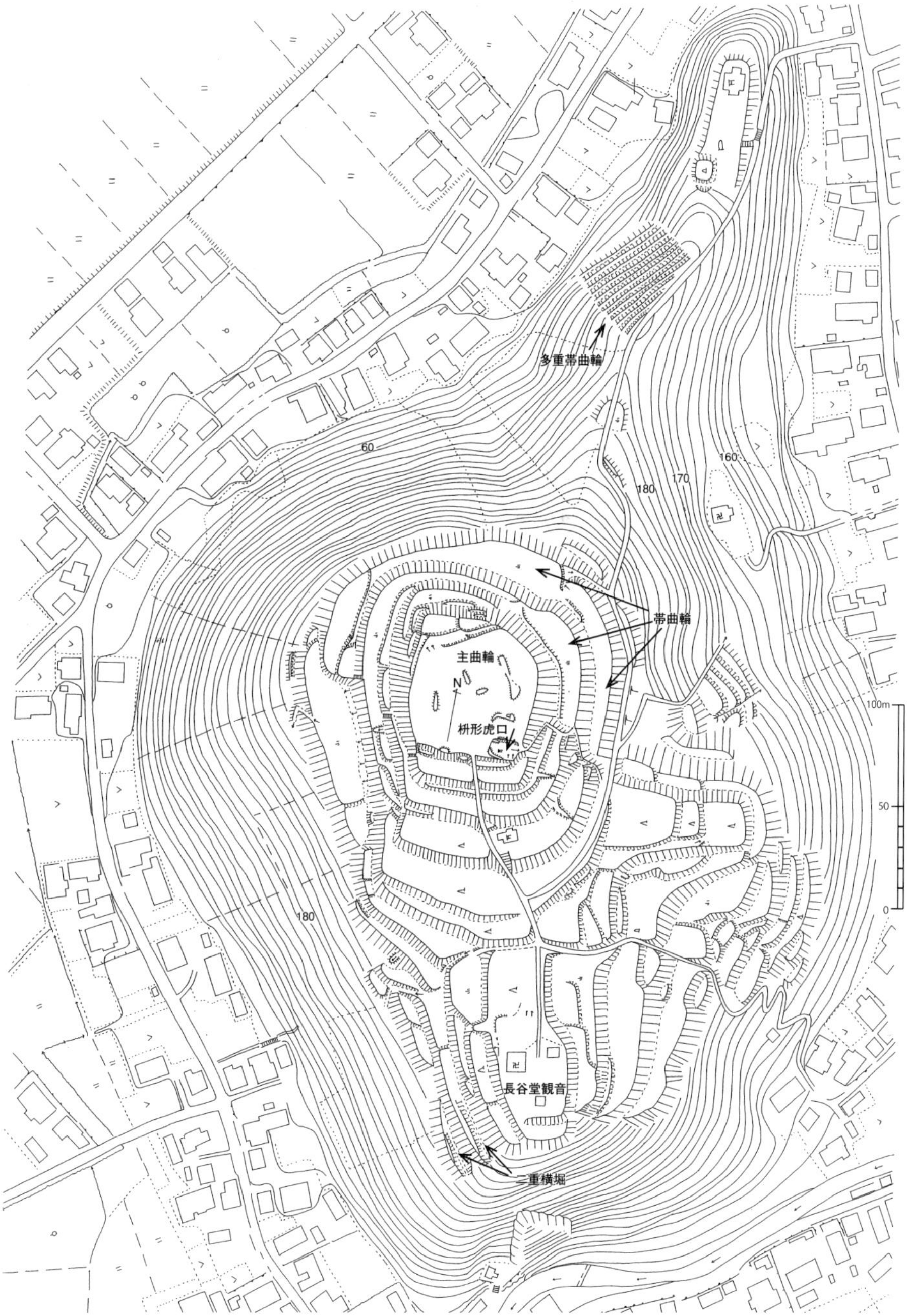

概要図

方は深田で、直江軍の攻撃で支障となった。最高所に不整方形状の主曲輪があり、規模は東西約七〇m、南北約七八mで丁寧に整地される。稲荷大明神のある東南角に枡形虎口が開き、そこから横矢のかかる屈曲する城道がくだる。主曲輪の南に六段、東・北・西側に八〜十mもの高さをもつ鋭い切岸下に、広大な二段の帯曲輪があり、北側に八幡崎口への桝形虎口が開き、そこからくだった西斜面に十一段の多重帯曲輪が重なる。この多重帯曲輪は、天童城跡や楯岡城跡に特徴的にみられ、戦国末期に多用された施設である。あるいは古い時期のものであろうか。

また、最上三十三観音、十二番札所の長谷堂観音の東側に広大な曲輪群が山裾まであり、西側は曲輪群下の南端に薬研堀の二重横堀が掘られ、主曲輪下の帯曲輪群西下にも一重の横堀を確認できる。このように、城の遺構として多数の曲輪群・鋭い切岸・枡形虎口・薬研堀の二重横堀が

上：主曲輪　中：横堀　下：礫石塚

長谷堂観音

あり、主曲輪・帯曲輪・二重横堀などの各所には、白兵戦に備え、飛礫石として集めた礫石塚が残る。

長谷堂城は、中枢部が主曲輪を中心とした求心的で戦争を意識した構造で、広大な帯曲輪は兵の駐屯地だろう。他方、南東と南には腰曲輪を重ねた領主の城の特徴がみられ、領主の城の遺構上に戦争の城の遺構がのっている。それは、上杉軍の進攻の想定される北側と西側方面を戦時用の主曲輪と帯曲輪に改修したためだろう。

また、防御施設のうち、枡形虎口と二重横堀は、天正末年以降に大名間戦争で発達した最上系城造りの新技術であった。つまり、長谷堂城は、迫りくる上杉軍の進攻の脅威から、最上の城造りの技術を総結集し、戦争用の城に改造されたといえる。慶長出羽合戦後は、山形では戦国以来の戦争は終わり、長谷堂城は最上義光が戦争を意識した最後の城の一つとなった。

【ワンポイント】長谷堂城跡は、慶長出羽合戦を戦った城として畑谷城とともに全国的に有名な山形の城である。城跡は山形市史跡公園となり、駐車場・遊歩道・説明板が整備されて歩きやすく、初級者用の城歩きコースである。また、そう高い山城でなく、岩山を削平し造った主曲輪、高さ十mもの鋭い切岸をもち広大な駐屯地であった帯曲輪、白兵戦を想定し集めた飛礫石塚など、見どころが一杯である。春には、城特有の植物・シャガが一面に咲き美しい。

＊ 詳細は、誉田慶信「長谷堂城の築城プランについて」『山形地域史の研究』（文献出版、一九九〇年）も参照。

上杉軍の進攻に備え改造された城

10 成《なり》沢《さわ》城《じょう》

所在地：山形市成沢
比　高：約五七ｍ
分　類：山城
交　通：ＪＲ奥羽本線蔵王駅から徒歩二〇分程度

城跡遠景

【歴史】　城主とされる成沢氏の史料は、唯一、「西光寺太鼓銘」（『山二』二九七頁）で、享禄三年（一五三〇）に「大檀那成澤義清」が西光寺（山形市小白川町）に太鼓を寄進している。また、慶長末年とされる「最上義光分限帳」（『最上氏史料』）に「元成沢城主　一高五千石　安食大和」、「最上源五郎様御代御家中並寺社方分限帳」（『最上氏関係史料』）に「壱万八千石　成沢　氏家左近」とある。城跡は慶長五年（一六〇〇）段階の遺構がよく残るので、山城・成沢城は慶長六年に機能を失ったかもしれない。しかし、史料がきわめて少なく、城主を語る新史料の発見がまたれる。

【立地と遺構】　蔵王山系が山形盆地にむかって張りだす丘陵突端の八幡山ともよぶ館山にあり、城跡の西から北には鳴沢川が流れる。

主曲輪は西南端の最高所にあり、南北約九〇ｍ、東西約四〇ｍと長大の形で、奥に秋葉社が鎮座する。主曲輪の東下に三段の広い曲輪群が並び、これらが城の中枢施設だろう。中枢施設を多重切岸線が求心状に守り、最大の切岸線は五番目で高さ約五ｍと高く鋭い遮断線となる。切岸線南東隅の虎

主曲輪

117　成沢城

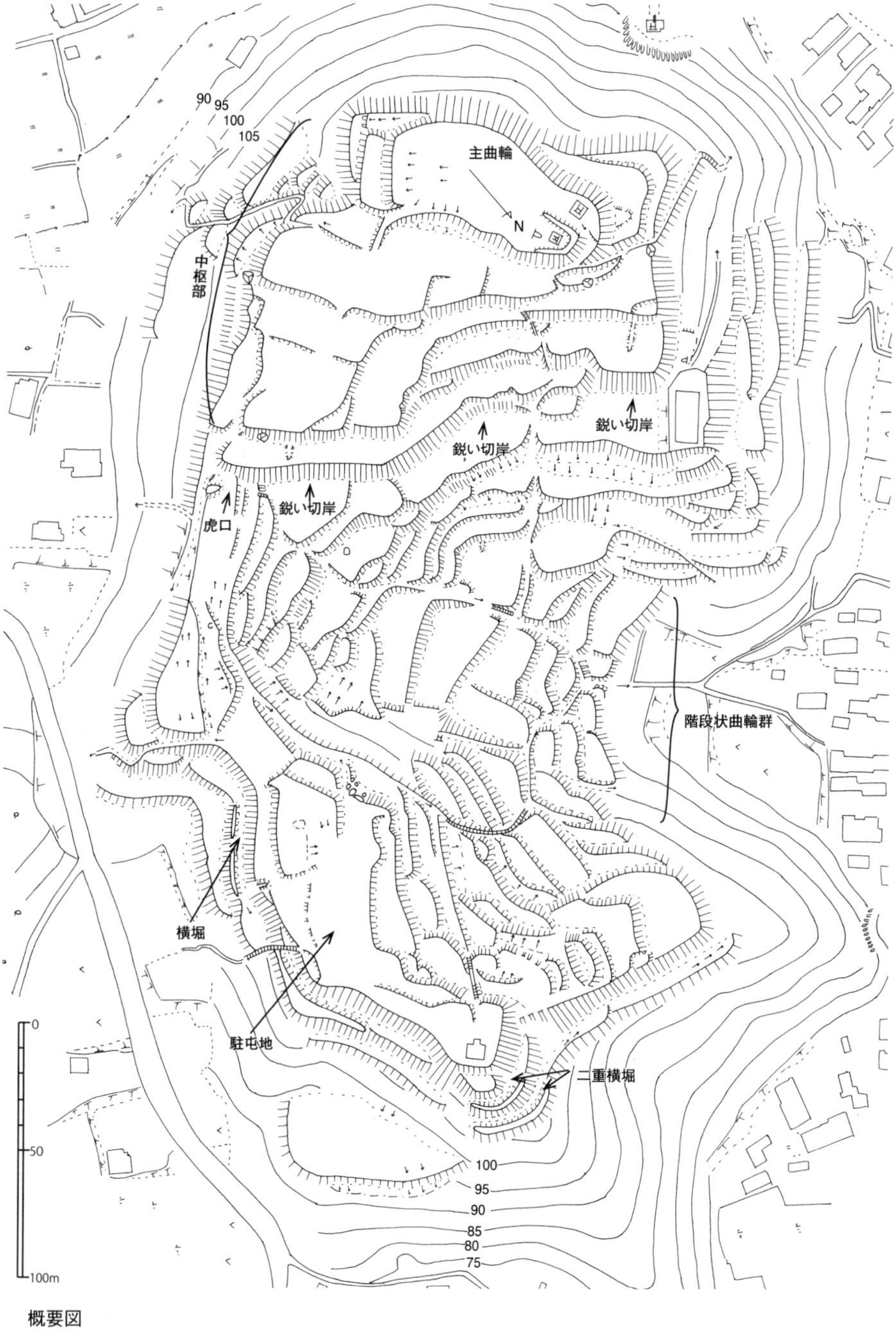
主曲輪
N
中枢部
鋭い切岸
鋭い切岸
鋭い切岸
虎口
階段状曲輪群
横堀
駐屯地
二重横堀
90
95
100
105
100
95
90
85
80
75
0
50
100m

概要図

口は、土塁造りの桝形虎口で、慶長出羽合戦を戦った長谷堂城跡と共通する。中枢部曲輪群の下部となる谷部には、曲輪群が多数階段状に重なる。その北方には、横堀で守る馬頭観世音の立つ広い山頂曲輪がある。これは傾斜し、丁寧に整地された形跡がなく、兵の駐屯地だろう。特徴となる横堀は、馬頭観世音の北下は緩やかな尾根を守る二重横堀となる。二重横堀は、慶長出羽合戦で落城した畑谷城跡と共通し、駐屯地は上山口からの上杉軍進攻に備えて古城を改造し、多様な堀でハリネズミのように要塞化した上山市高楯城跡にある。

　このように、成沢城跡は主曲輪を守る求心的な構造で、兵の駐屯地があり、遺構は多重切岸線と二重横堀が特徴となり、慶長出羽合戦の城跡と共通する。したがって、成沢城は慶長五年（一六〇〇）、上杉氏との緊張をうけ、最上氏重臣の城を防御の戦争用に改造したのだろう。最上氏の城のなごりは、主曲輪と下の広大な曲輪群や、谷部の階段状曲輪群と考えられる。領主の城時代には、主曲輪と二の曲輪には御殿と重臣屋敷、谷部の曲輪群には家臣屋敷があったと考えられる。なお、主曲輪下から東にくだる城道を伝大手口と呼び、これは東側山麓の谷部に家臣屋敷のあった時代を語ると思われ、成沢城には重層的で豊かな歴史があったのだろう。

【ワンポイント】　山形市街から近く、山形市城跡公園となり、遺構群のすぐ近くに駐車場が造られ、公衆トイレもある。そこから少しあがると城跡で、遊歩道が整備されて歩きやすく、要所に説明標柱が立つ。主曲輪から西にくだると、かつて山頂にあったという八幡神社があり、社前に日本最古、平安時代後期建立という重厚な国重要文化財の石鳥居がたち、見どころが多い。とくに、早春がおすすめで、春の妖精とされる可憐なカタクリの花にはじまり、白いイチリンソウが続く。四月半ばには、地元の人の植えた大山桜が濃い淡紅色の大きな花を咲かせ、そのうちには黄色いヤマブキの花も咲きはじめる。城跡ハイキングに最適な〝花の城跡〟をぜひ訪ねてほしい。

石鳥居

＊　詳細は、伊藤清郎「羽州最上成沢城をめぐって」『山形地域史の研究』（文献出版、一九九〇年）も参照。

最上義光が築城した山形最大の城

11 山形城《やまがたじょう》

所在地：山形市霞城町ほか
比　高：〇m
分　類：平城
交　通：JR奥羽本線山形駅下車、徒歩約一〇分

【歴史】　斯波兼頼《しばかねより》が山形郷に入部し、代々山形氏と名乗った。現在の山形城の地に拠点をおいた時期は明らかでないが、最上義光が慶長出羽合戦後、五十七万石の大大名になってから三の丸までの広大な近世山形城が造られ、その後、鳥居氏が改造したとされる。鳥居氏の後は十二氏が入部し、その間、二度天領となり、入った大名の石高はしだいに減らされ、城の大きな改造はなかった。明治時代になると、本丸・二の丸に明治二十九年（一八九六）に陸軍歩兵第三二連隊がおかれ、本丸は埋められたが、二の丸は残された。戦後は公園となり、広大な二の丸跡が江戸時代のままに維持され、全国的に貴重な事例として、昭和六十一年（一九八六）、国史跡に指定された。

東大手門

【立地と遺構】　馬見ケ崎川扇状地末端の湧水地にあたり、

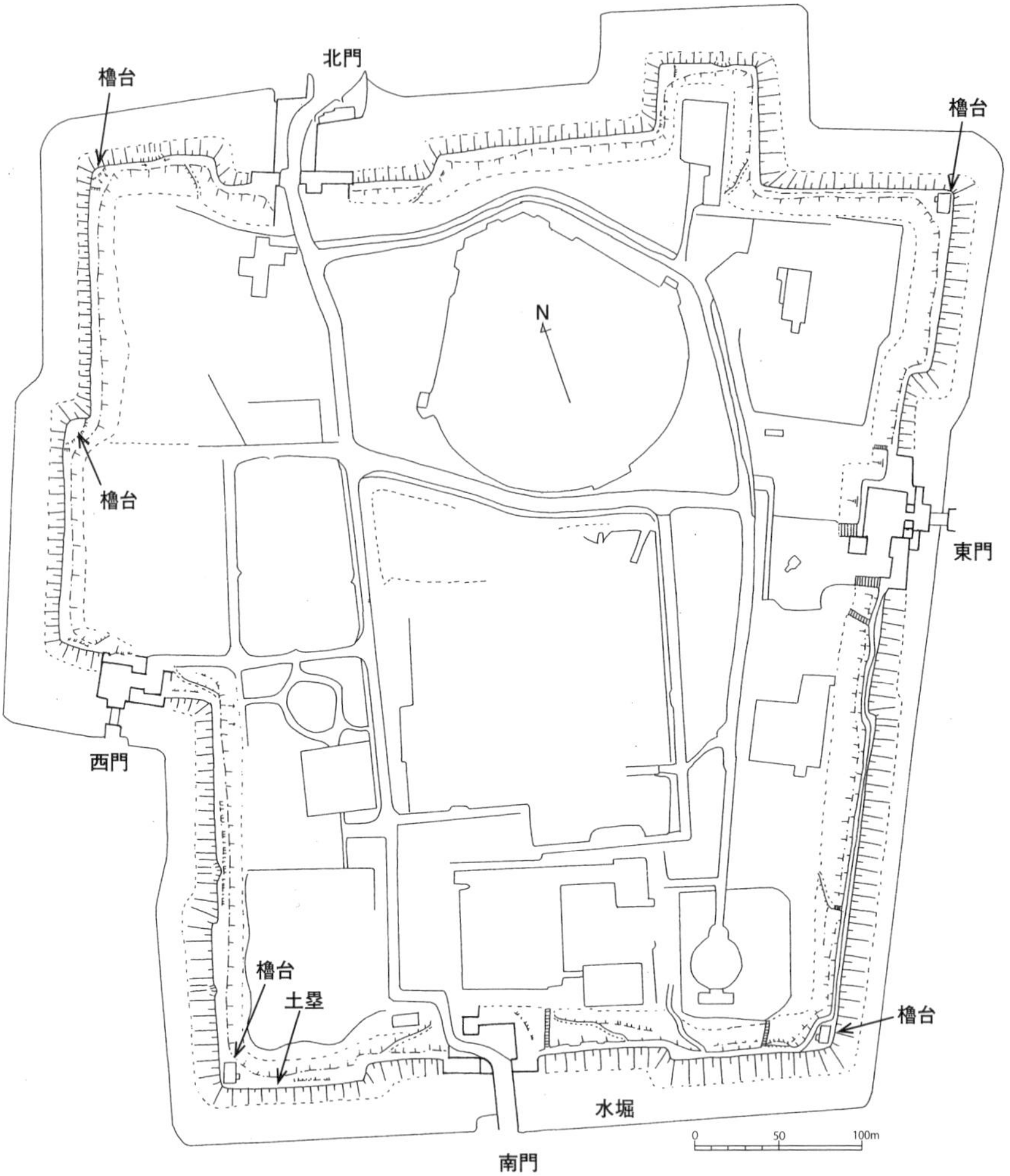

二の丸跡の概要図

鳥居氏が流路を変更する以前は、馬見ケ崎川が北方近くを流れていた。西は湧水地帯で、多くの清水が湧き、水田と湿地であったろう。

現在まったく遺構は残らないが、戦国期山形城を最初に述べておこう。戦国末期最上義光は、天童氏などを滅ぼし、鮭延氏を従え出羽最大の大名となった。したがって、その城は、出羽最大の平城だったろう。庄内砂越氏の城が、少なくとも五つ以上の曲輪をもつのをみると、戦国山形城はそれ以上の曲輪をもつ複郭とみられる。北は馬見ケ崎川を防御線とし、西は湧水地帯の湿地を防御に取り入れ、その施設は工夫を重ね、山城に劣らない防御性の高いものであったと思われ

本丸虎口

2時期の塀礎石

る。土塁は外側に高く鋭い切岸を削り横矢の掛かる折れを多用し、堀は空堀で、大石田町駒籠楯跡にある横移動を防ぐ障子堀を掘ったものではなかったろうか。そして、虎口は、横矢の掛かる折れ虎口としていたと考えられる。

次に、現在の山形城に移ろう。山形城跡は山形最大の城跡で、遺構は次のものがある。

全域が残る二の丸跡の東門・南門・西門・北門虎口は、壮大な内桝形虎口で石垣造りである。石垣は虎口周辺と櫓台に使われ、虎口石垣は打込はぎという十六世紀前半の型式となる。虎口以外は土塁で、土塁の内側は緩やかで外側は急傾斜となり、城兵が防御しやすく、敵兵が登れないように工夫される。そして、虎口近くは土塁が折れ、虎口を進入する敵兵の横矢攻撃を可能とする。また、土塁上に塀の礎石が残り、なかには二時期の礎石が並行し遺存する事例がある。礎石があるということは、現在の土塁面が江戸時代初期の

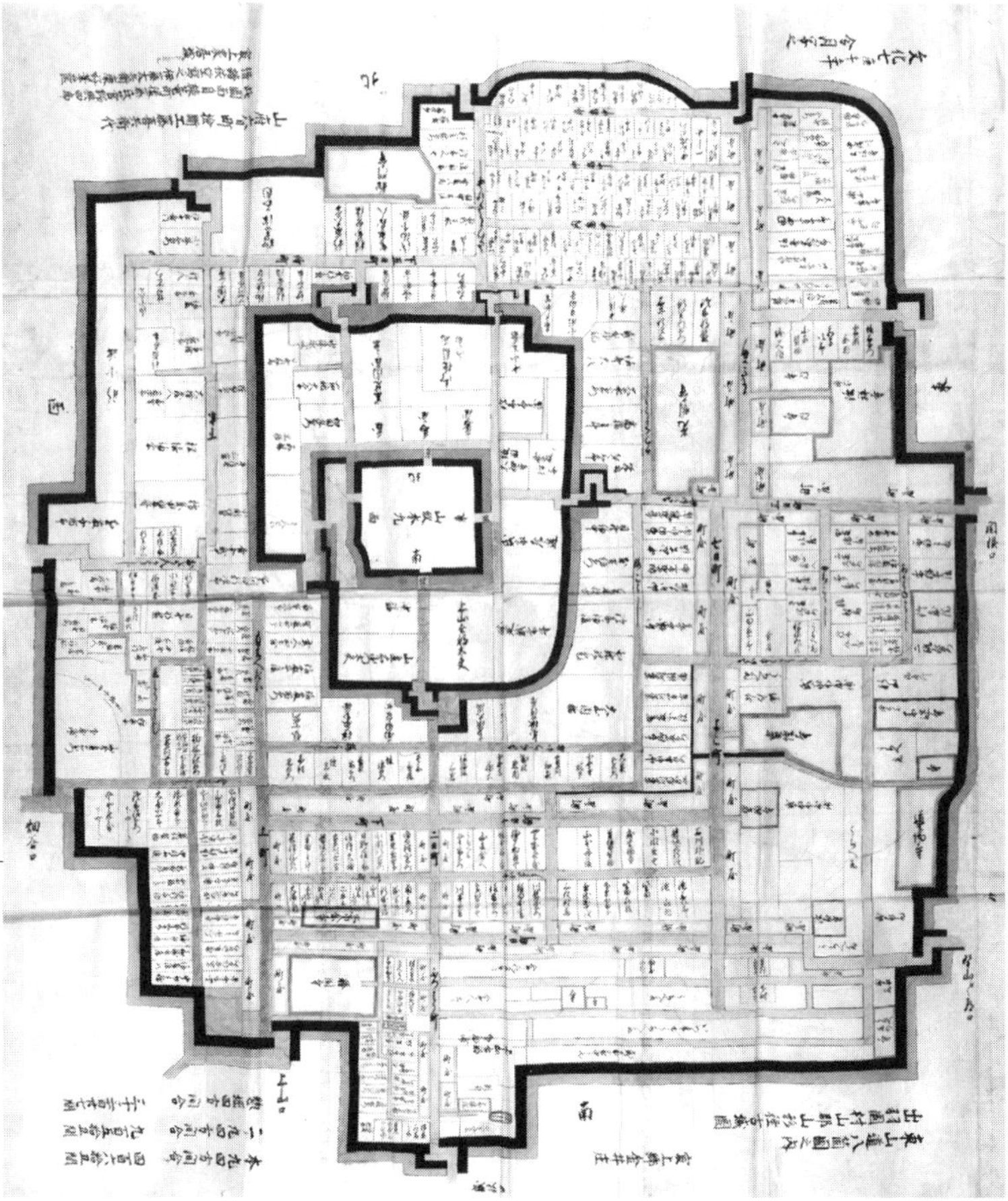

最上時代山形城下絵図（伊藤本）　個人蔵・山形県立博物館画像提供

ままであることを語り、時期差は改修を示す。さらに、土塁隅などに櫓台の石垣が残り、巽《たつみ》・艮《うしとら》・乾《いぬい》・坤《ひつじさる》の石垣が原状をとどめ、あたりには瓦片が散乱し瓦葺きの建物があった。それらのうち発掘された坤の石垣は河原石・切石による野面積みで、他とは時期差があるらしい。

また、三の丸跡は歌懸稲荷神社西側に壮大な土塁と堀が残り、かつての規模がわかる。他には第二公園南と山形城北高校東に土塁の高まりがあり、南西部はふたば公園、北部はみつばち公園となり、現在の遺構からほぼ全域を追うことができる。

ところで、近年、秋元本・伊藤本と呼ぶ新出の「出羽国村山郡山形往古城絵図」[*1]が慶長年間の山形城を描いたとされ、のちに三の丸となる総堀が武家屋敷や町屋を囲む惣構えだとわかった。それは三の丸の起源が総堀だったことを語り、民衆の避難所たる総堀の建設は、山形城が強大な上杉軍の進攻の脅威にさらされた慶長五年段階だろう。そうすると、山形城三の丸が総延長約六・五㎞と巨大なこと、直線が基本の近世城郭とは違って曲線で不整形であることが理解できる。

かくして、山形城跡の特徴は巨大なこと、二の丸がほぼ完全に残ることがあげられ、遺構には内枡形虎口の石垣、大規模な水堀があり、山形を代表する近世の城といえる。

【ワンポイント】 山形城二の丸跡の土塁歩きは植物も面白い。サイカチの巨木、春の連休頃に清楚に咲くシャガ、夏あざやかに赤く咲き誇るヒガンバナ、大きなオオウバユリやカラムシもある。サイカチとシャガは城特有の植物で、サイカチの芽は食用、実は石鹸がわりに使い、シャガはすべるので防御用に植えたとされる。また、ヒガンバナ、オオウバユリは食用となり、カラムシは繊維材料であった。塀礎石と瓦片の散乱する櫓台跡をみながらの土塁上歩きは、約三〇分の城歩きハイキングコースである。

＊1　市村幸夫「慶長期の山形城下絵図」（『山形市文化振興事業団紀要』第一二号、二〇一〇年）。

＊　詳細は、五十嵐貴久「山形城跡」『北日本における近世城郭研究報告資料集』（日本考古学協会二〇一六年度弘前大会実行委員会、二〇一六年）も参照。

オオウバユリ

最上義光に外城を破られた城

12　若《わか》木《き》楯《たて》

所在地：山形市若木字館
比　高：約三〇m
分　類：山城
交　通：ＪＲ左沢線東金井駅下車、徒歩約五〇分

【歴史】　楯は新関因幡守《にいぜきいなばのかみ》の築城と伝え、天正二年（一五七四）の「最上の乱」で若木は義守方となり、義光のために外城が破られた。[*1] そして、慶長五年の出羽合戦では上杉軍に占領されている。[*2] さらに、元和八年の最上家改易で、「若木　ちんほう隠岐居所知行弐千石」とあり、接収されたことがわかる。

【立地と遺構】　白鷹丘陵突端の、山形盆地を見下ろす台地に立地する。最高所に主曲輪があり、東西約三六m、南北約四三mの規模で、やや不整な方形となり、南曲輪との間は箱堀状空堀をおく。北側は急崖で、西側には一〇m以上の鋭い切岸下に広い曲輪群がある。主曲輪の東下に同規模の二の曲輪があり、この二つが中枢部だろう。その下の東南斜面には、多くの曲輪群が階段状に重なる。また、楯の北西斜面に多重帯曲輪を重ね、斜面を遮断する。

【ワンポイント】　「最上の乱」で戦争をたたかい、最上氏改易まで残った城である。史料にみえる外城とは、どのような構造か、今後解明が待たれる。

楯跡遠景

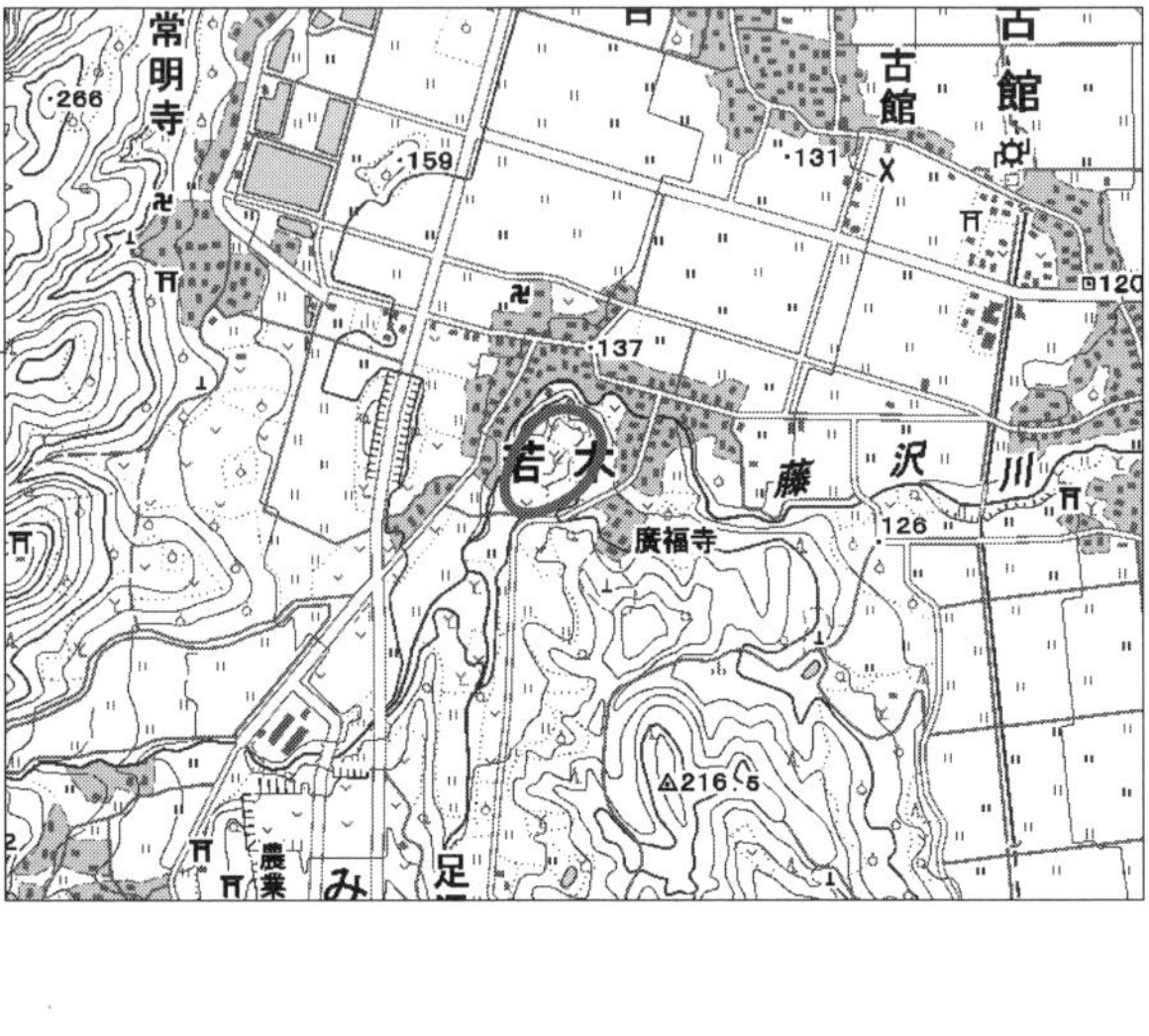

＊1　「伊達輝宗日記」（『最上氏史料』）。
＊2　「上泉泰綱條書」（『山一』四四七頁）。
＊3　「最上氏収封諸覚書」（『最上氏関係史料』）。

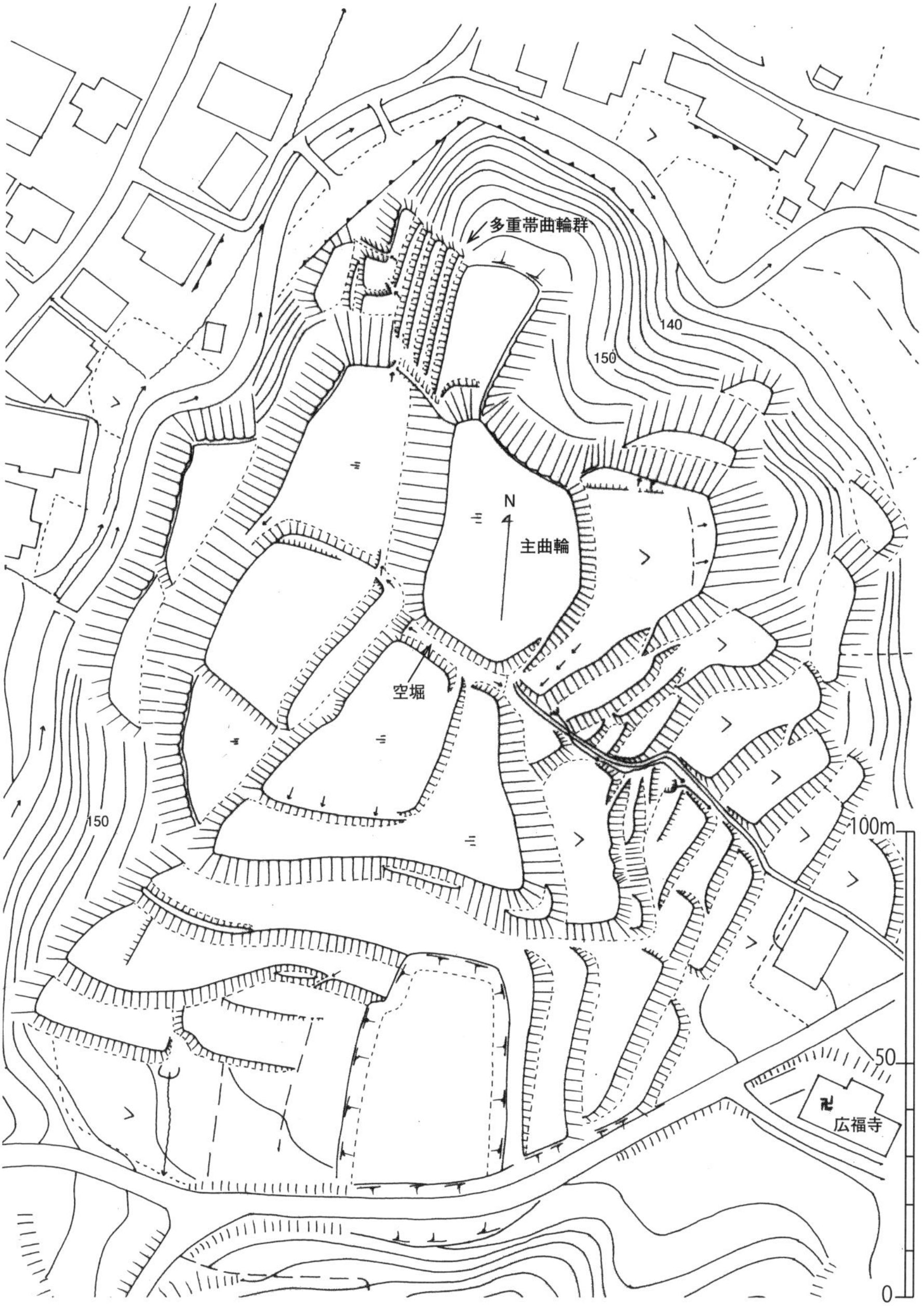

概要図

山形最大規模の山城

13 天童城《てんどうじょう》〈付 貫津新城《ぬくつしんじょう》〉

所在地：天童市大字城山
比　高：約一三〇m
分　類：山城
交　通：ＪＲ奥羽本線天童駅から徒歩約一五分

【歴史】　城主は天童氏で、成生庄地頭・里見氏が出自とみられる。斯波兼頼の孫・頼直《よりなお》が養子に入り、頼直は子を上山・東根・鷹巣に入部させた。歴代の官途名をみても、天童氏は山形氏と並ぶ出羽の名族だった。戦国期には、天童以北の豪族連合の盟主として最上義光に対抗し、天正二年（一五七四）

天童城跡遠景

には、義光と義守の戦いに際し、父義守方として介入した。しかし、天正十一年（一五八三）、大宝寺義氏が自刃すると義光の攻勢が始まり、翌春に白鳥氏と寒河江氏が滅び、延沢氏・成生氏・蔵増氏などが天童氏から離反し、天正十二年（一五八四）十月、天童頼《より》久《ひさ》は奥州に自落して滅亡した。

【立地と遺構】　山形盆地の中央、東寄りにある舞鶴山全体に遺構がある。最高所の中央曲輪群、その東にある東曲輪群、西にある西北曲輪群と西南曲輪

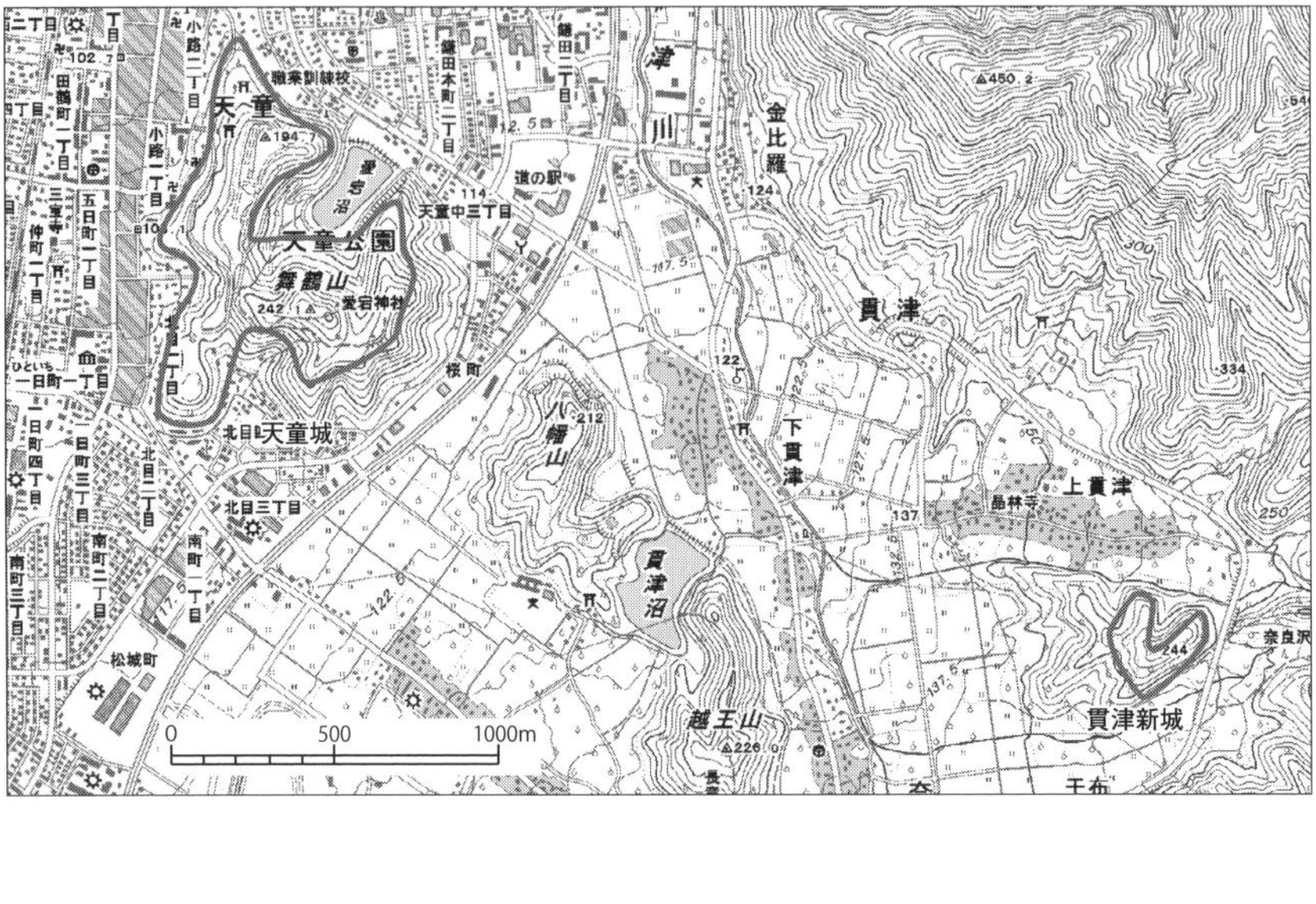

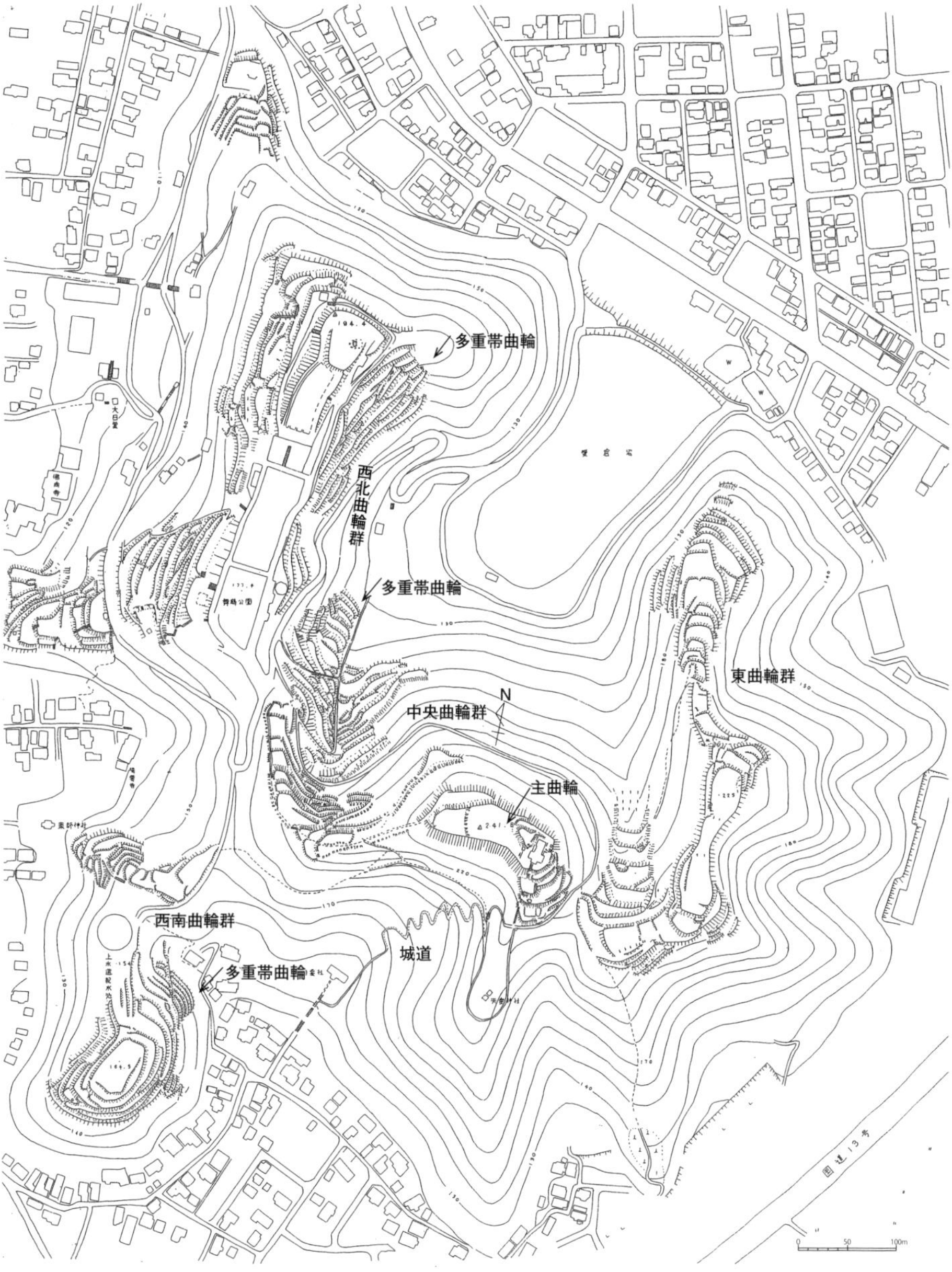

天童城跡概要図

群に分かれ、それぞれが山形の一般的な楯跡に匹敵する規模をもつ。

中央曲輪群の最高所、愛宕神社のあるところが主曲輪で、長さ約一三〇m×幅約四〇mの規模をもち、東側に山を削り残した櫓台跡とされる高台がある。主曲輪の東下と西下には、曲輪が重なる。西北曲輪群は、山頂に三段の広大な平坦地がある中枢部となり、これを守る東側斜面と西

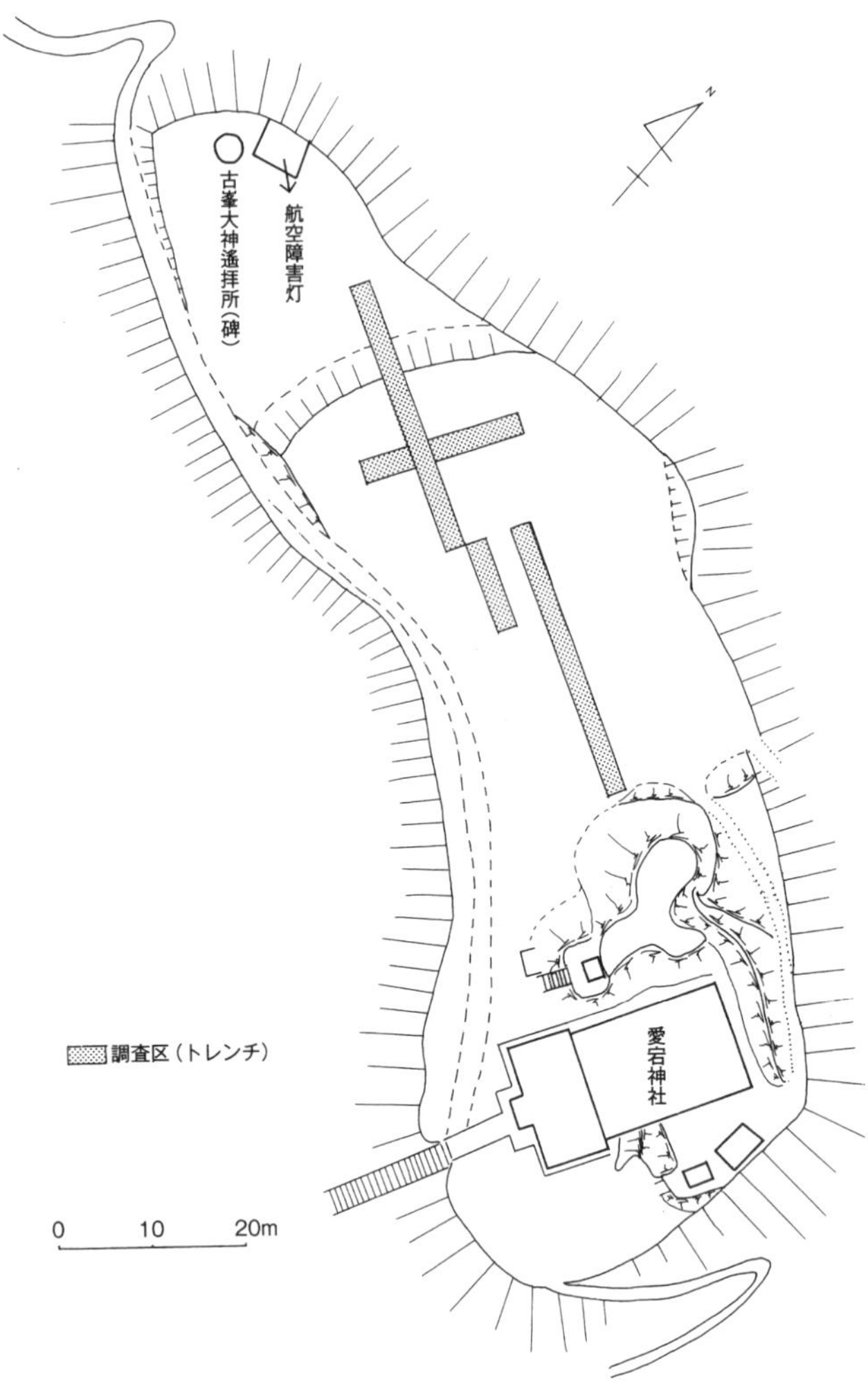

天童城跡主曲輪と2017年度発掘調査区（『天童古城主郭跡の発掘調査報告』天童市教育委員会、2018年より）

天童城　中央山頂の主曲輪

側斜面におびただしい曲輪が重なる。とくに、東斜面下部に特徴的な細長い帯曲輪群がある。多重帯曲輪は、愛宕沼上方の沢や西南曲輪群の下部、東曲輪群下部などにも確認できる。また、西南曲輪群は山頂の大きな曲輪に帯曲輪が取り巻く構造で、東麓の北目から登る大手道を守る施設だったろう。そして、東曲輪群は山頂と沢に広い整地された曲輪群があり、北にくだる尾根上には二十段以上の曲輪が階段状にみごとに重なる。

次に大手の城道にも触れよう。大手道は祖霊社から愛宕神社への参道と重なり、電光型の道が終わる愛宕神社下部で西に主曲輪下を迂回し、尾根にあがり主曲輪西に入ると考えられる。

天童城跡は、南出羽で最大規模の山城であり、全体に良く遺構を残す。遺構の特徴は、切岸をもつ曲輪群を階段状に重ねており、まさに最上の城の典型といえよう。そして、緩やかな下部斜面にはおびただしい多重帯曲輪をおき、敵を遮断する。多重帯曲輪は、天正期前半における最上の城の特徴的な遺構とみられ、有力国人の本城であった楯岡城跡・白岩新楯跡・谷木沢楯跡などにある。

上：天童城　主曲輪　下：天童城　多重帯曲輪

天童城　石組み井戸跡

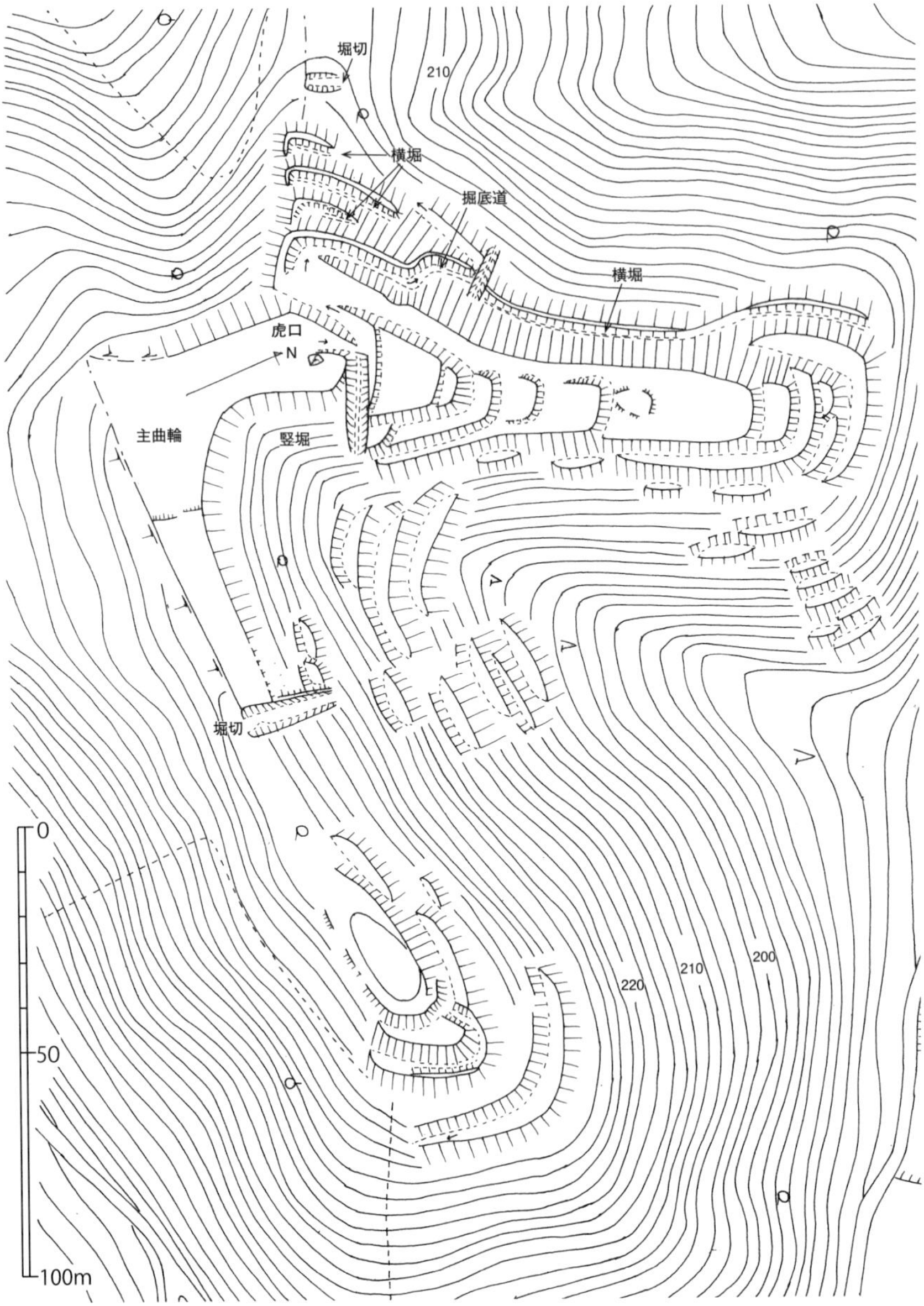

貫津新城跡概要図

ここで、発掘調査の成果に触れよう。二〇一七年には、主曲輪の中段部と下段部の境に空堀が検出された。そして、二〇一八年には下段部トレンチの埋め土層から、十五世紀後半の青磁、かわらけなどが出土した。威信材としての青磁は御殿の床の間を飾り、かわらけは宴会に使用されたと考えられる。かくして、中段部には天童氏御殿のあった可能性が高まった。

最後に、東方奥の比高約八〇ｍの貫津字新城《しんじょう》山にある山城の貫津新城跡を紹介しよう。主曲輪は最高所にあり、下方の尾根上に曲輪が十段、階段状に重なり、西側は外土塁をもつ一条の長い横堀で遮断する。主曲輪の虎口は、前面に堀切から竪堀となる空堀と馬出し状の曲輪をおき、城道は折れさせて上からの横矢掛りを可能とし、外を三条の横堀と尾根を遮断する小堀切で守る。

貫津新城跡遠景

このように、貫津新城跡には横堀・竪堀・多条空堀があり、それらは天童城跡にない遺構で、とくに横堀は新しい技術とみられ、のちの多重横堀の原初的なものといえる。したがって、貫津新城跡は天正十二年（一五八四）、天童氏滅亡後にその当時最上氏の最新の技術で造られた、天童氏残党に睨みをきかす城であったろう。

【ワンポイント】　天童城跡は、遊歩道があり歩きやすい。私が縄張り調査した五月の連休は、シャガとヤマブキの花が美しかった。中級者用の城歩きコースを家族で、仲間で山形一の広大な山城跡に残る遺構を観察しながら、五月の連休に花の天童城歩きに挑戦してほしい。

＊　詳細は、川崎利夫・湯村章男・長瀬一男・村山正市『天童氏と天童古城』（天童市立東村山郡役所刊、二〇〇五年）、川崎利夫「新城山館」『天童の城と館―城館が物語る郷土の歴史―』（一九九三年）も参照。

重層的に曲輪を重ねる山城

14 谷木沢楯《やぎさわたて》

所在地：中山町大字柳沢字山楯
比　高：約一三〇m
分　類：山城
交　通：JR左沢線羽前金沢駅下車、徒歩約二〇分

主曲輪

【歴史】　中山氏は鎌倉時代、承久の乱で敗れた大江親広《ちかひろ》に従い、寒河江荘に入部した中山忠義《ただよし》が初代となる。中山氏は摂関家藤原氏の支族で、代々寒河江大江氏と深い関係にあったが、戦国時代に国人として自立した。天正二年の最上の乱では反最上義光方に加わったが、その後、中山玄蕃《げんば》は義光に従って重臣となった。

谷木沢楯の創始は、慶長七年（一六〇二）に書かれた「羽州長崎村古城主　中山玄蕃頭系図」[＊1]に、寛正五年（一四六四）に中山朝勝《ともかつ》が谷木沢村に新館を造り移ったとある。しかし、恒常的な山城の始まりは全国的に戦国の争乱が激しくなった天文年間（一五三二～一五五五）前後とされ、谷木沢楯も天文年間の構築の可能性が高い。その後、慶長年間に山城の谷木沢楯は廃絶され、平城の長崎楯が構築され、そのとき柳沢にあった円同寺《えんどうじ》・満願寺《まんがんじ》も長崎に移ったと考えられる。

【立地と遺構】　山楯と呼ばれる柳沢集落背後の急峻な丘陵に立地する。最高所の標高は二四八m、最下部は一三〇mで、標高差は約一二〇mもあり、曲輪群の上から四分の三ほどの

＊1　寒河江市『寒河江市史　大江氏ならびに関係史料』（二〇〇一年）。

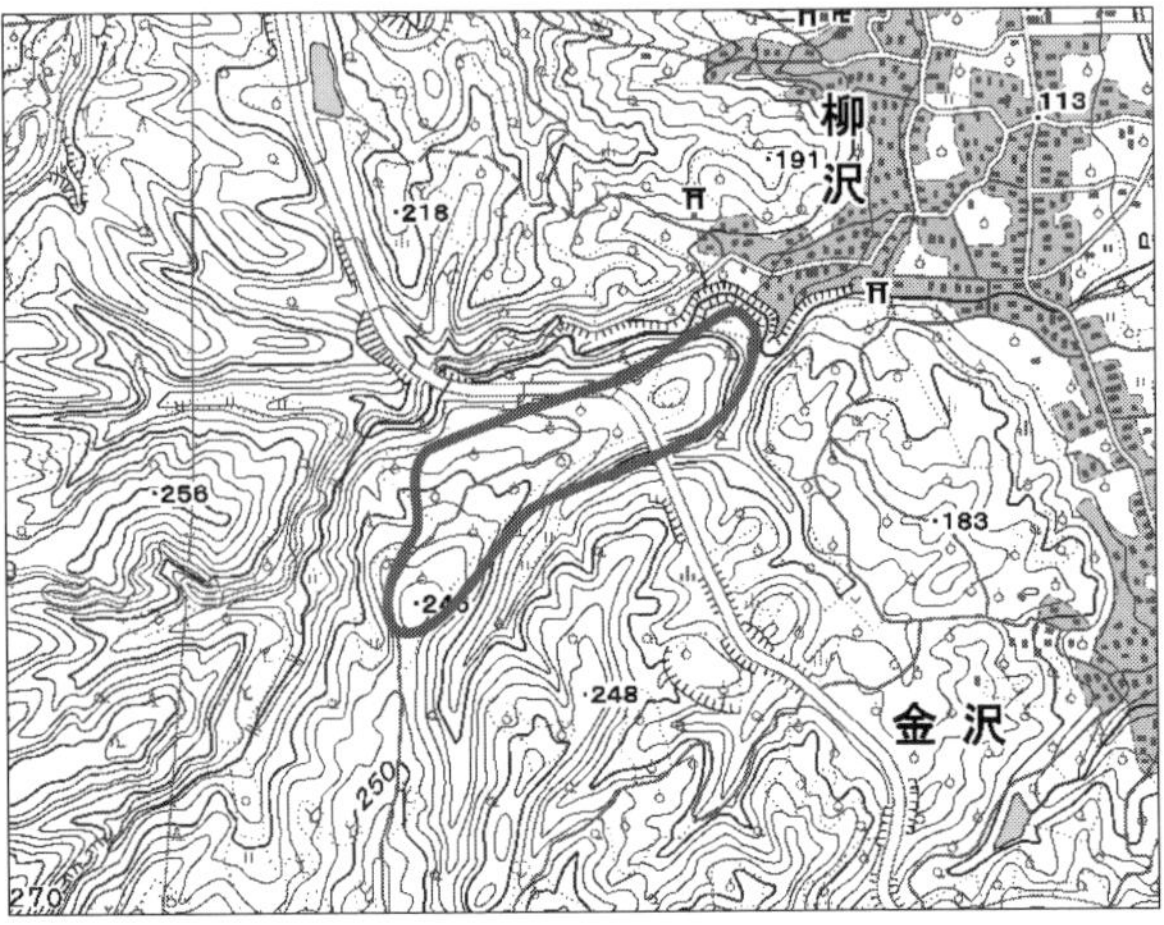

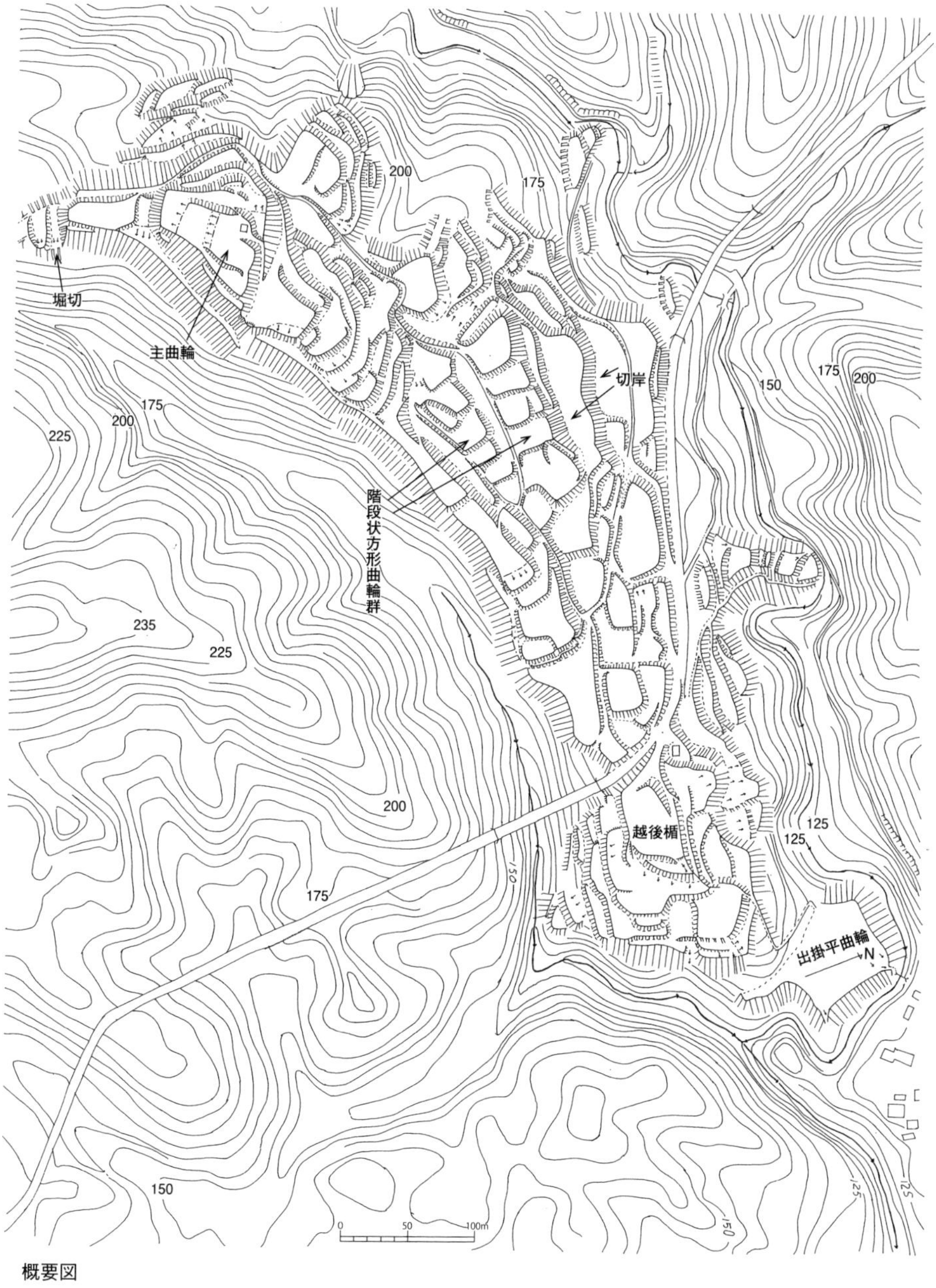
200
175
堀切
主曲輪
175
200
225
切岸
150
175
200
階段状方形曲輪群
235
225
200
125
125
越後楯
150
175
出掛平曲輪
N
150
125
125
150
0
50
100m

概要図

地点が広域農道で切断されたが、遺構は良く残る。全体の規模は最大幅で南北約三五〇m、東西約八〇〇mと大きい。最高所の主曲輪は約四八m×約七五mの規模で、虎口は枡形状となり、西側を大空堀で尾根を遮断する。その東側下に二段の曲輪があり、上段曲輪は玄蕃屋敷、下段曲輪は城代家老屋敷と伝わり、これら三つが中枢の曲輪であった。

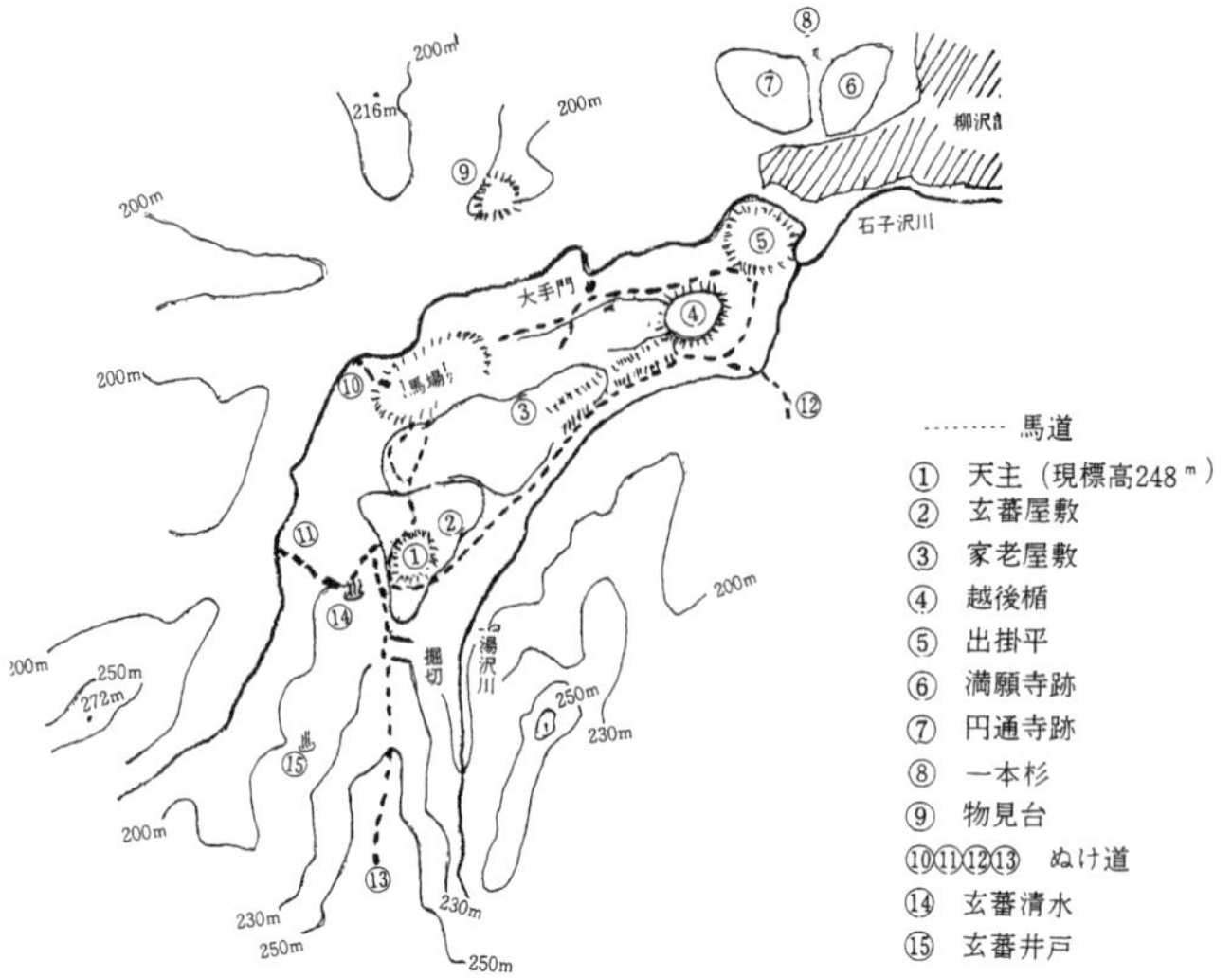

平面図（中山町郷土研究会『山楯の研究』〈1982 年〉による）

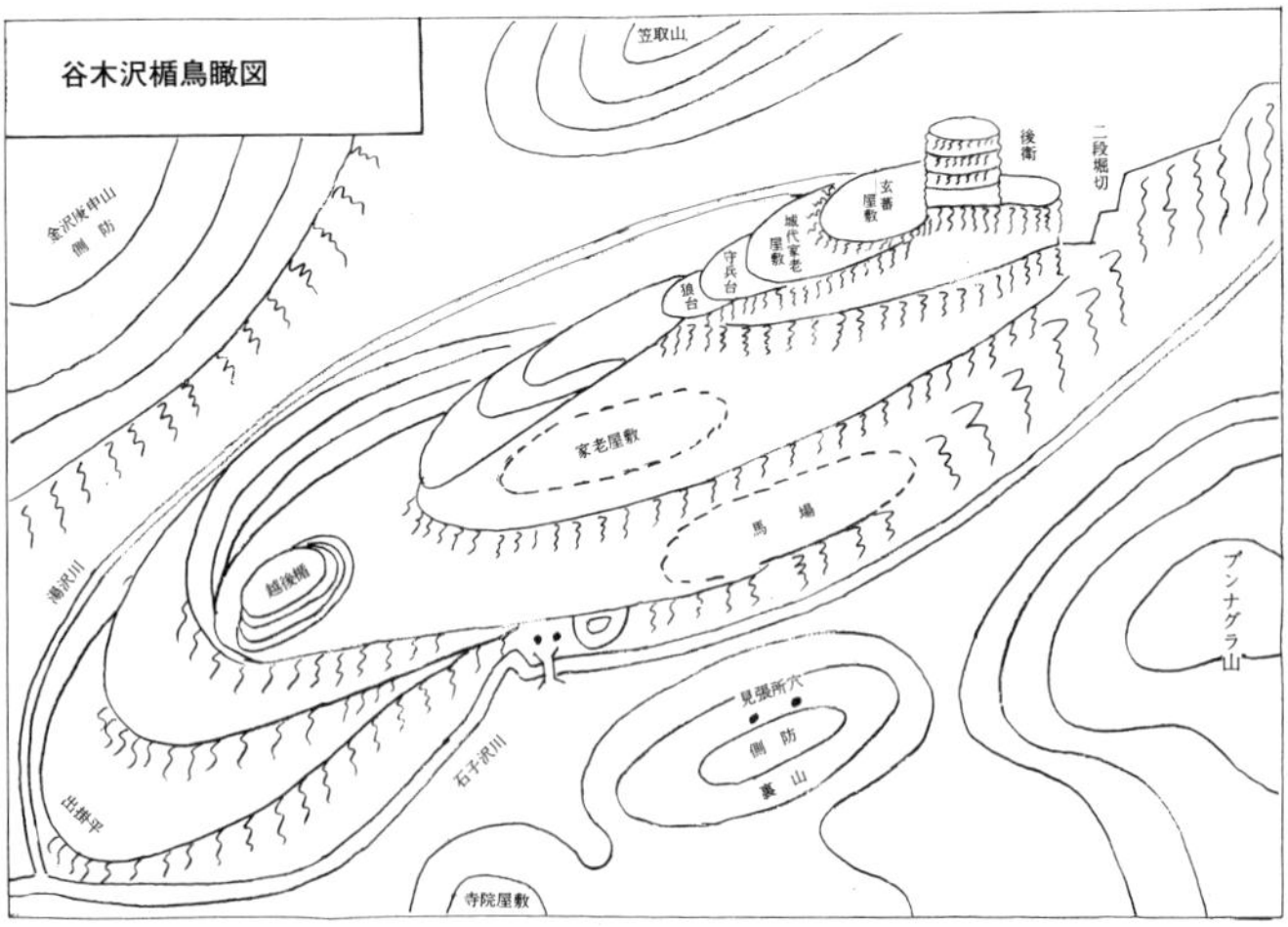

鳥瞰図（中山町郷土研究会『山楯の研究』〈1982 年〉による）

その下方に方形曲輪群があり、低い切岸の方形曲輪が十区画ほど連続する。この区画は、南側は一段高く細長い曲輪群を土塁状とし、北側は高く鋭い切岸をもつ曲輪群で厳重に防御する。また、曲輪群を通る大手の城道は、石子沢《いしこざわ》川から登る道とされ、道上を六段の小曲輪で守る。下部には広大な曲輪や方形区画の曲輪などがあり、東にくだると越後楯となる。ここは農道工事で二m弱削られたとされ、南・東・北側に帯曲輪群をおく。さらに、北東斜面から二つ曲がる道をくだると広大な出掛平曲輪で、隣はもう柳沢集落である。

楯跡は石子沢川と湯沢川間の丘陵にあり、両側は急斜面で川におち、天然の要害となる。その構造は最高所に中枢曲輪群、下に方形曲輪群、広大な下部曲輪群、越後楯曲輪を置き、最下部に出掛平曲輪と、重層的に曲輪群をおく。遺構は切岸をもつ曲輪が主体で、土塁は城道上の小曲輪の削り残し土塁、空堀は主曲輪西側の堀切だけである。これは天童城跡と共通し、天正十年頃の最上の山城の特徴といえる。

曲輪群

このように、谷木沢楯跡は大規模で、上部から重層的な区画となる特徴がある。楯が大規模なことは中山氏の強大な勢力を示し、中山玄蕃頭朝正《ともまさ》（光直《あきなお》）は高約七千石とされる。[*2] そして、重層的な区画は領主、重臣、中級・下級家臣、村人の空間とみられる。

【ワンポイント】谷木沢楯跡は高低差が大きく巨大で、きれいに重層的な空間にわかれる。南は土塁状となる曲輪群、北は鋭く高い切岸線で守り、下は渓谷できわめて堅固な特徴をもつ。山形を代表する山城ながら城を知る人は少ない。山城歩きの醍醐味を感じられる中級者用の城歩きコースである。

*2　中山町『中山町史上巻』（一九九一年）。

*　詳細は、横尾尚寿「八木沢楯別郭「石子楯」と湯沢渓谷廃鉱跡について」（『天童東村山地域史研究』第二号、二〇〇七年）も参照。

慶長出羽合戦で落城した城

15 八《や》ツ《つ》沼《ぬま》城《じょう》

所在地：朝日町大字三中字八ツ沼
比　高：約一〇〇m
分　類：山城
交　通：JR左沢線左沢駅から車で二五分程度

城跡遠景

【歴史】　戦国期は原氏が城主とされ、慶長五年（一六〇〇）の慶長出羽合戦では、上杉軍のために落城した。*1

【立地と遺構】　八ツ沼集落背後の楯山に立地し、最高所の主曲輪の規模は、東西・南北約二三mと小さい。東は細長い曲輪の先に、一段高く「旗立森《はたたてもり》」と呼ばれる櫓台的な遺構がある。その先は直線的な曲輪群が三段連続し、先端は三条堀切で遮断する。また、西は曲輪群が三段階段状に重なり、先端に広大な曲輪がある。

八ツ沼城跡は、曲輪を階段状に重ねる、最上の領主の城という特徴をもち、山麓に上宿・中宿・下宿の地名と、下宿に七日町・八日町、上宿に鍛冶屋敷の地名が残る。

【ワンポイント】　城跡には、背後の春日沼に駐車し、登るのがよい。戦国期、曲輪を階段状に置くこの城に、原氏と家臣が恒常的に居住したのかが課題である。

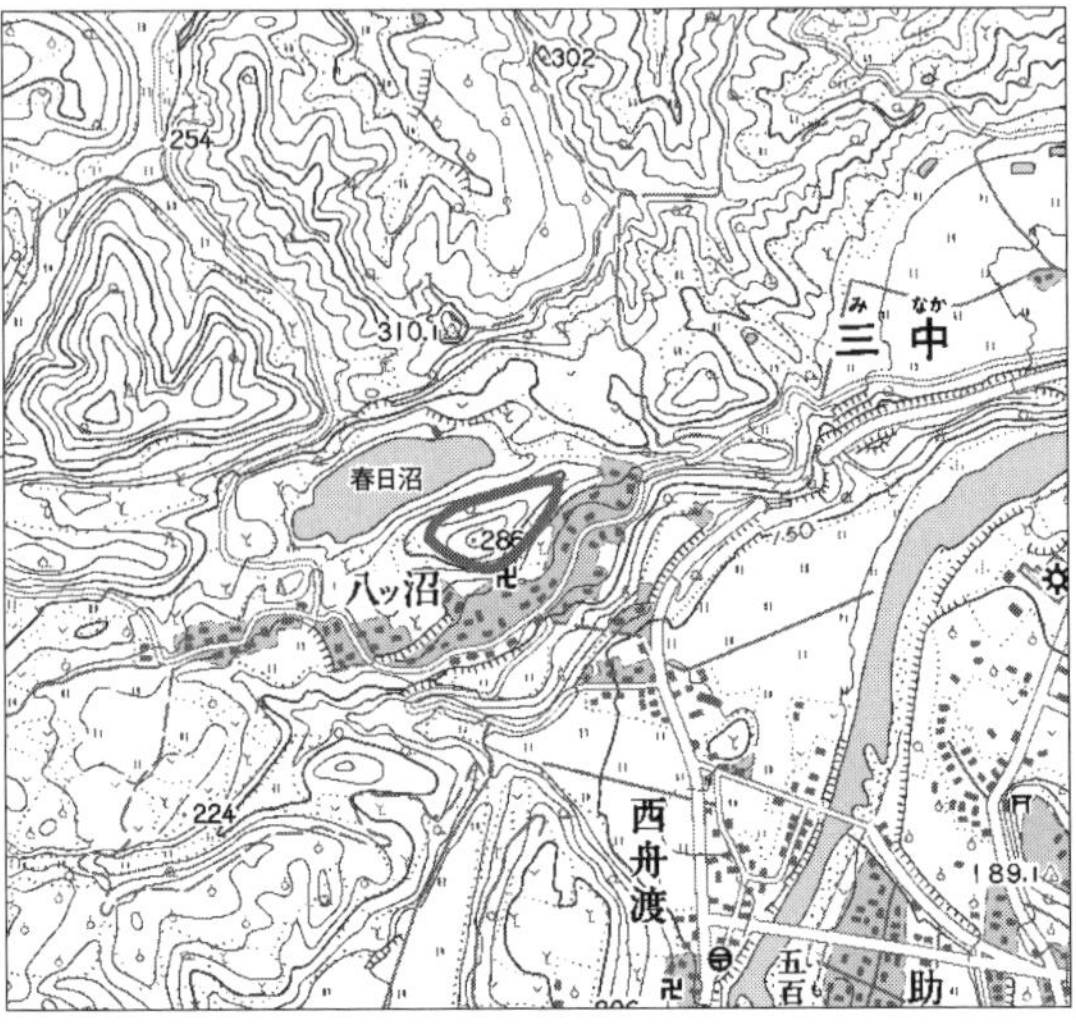

*1 「上泉泰綱條書」（『山一』四四七頁）。

* 詳細は、鈴木治郎「八ツ沼城について」（『西村山地域史の研究』第九号、一九九一年）、田宮浩「八ツ沼城の研究―朝日町の中世城郭をめぐって―」（『山形史学研究』第二六号、一九九三年）も参照。

137　八ツ沼城

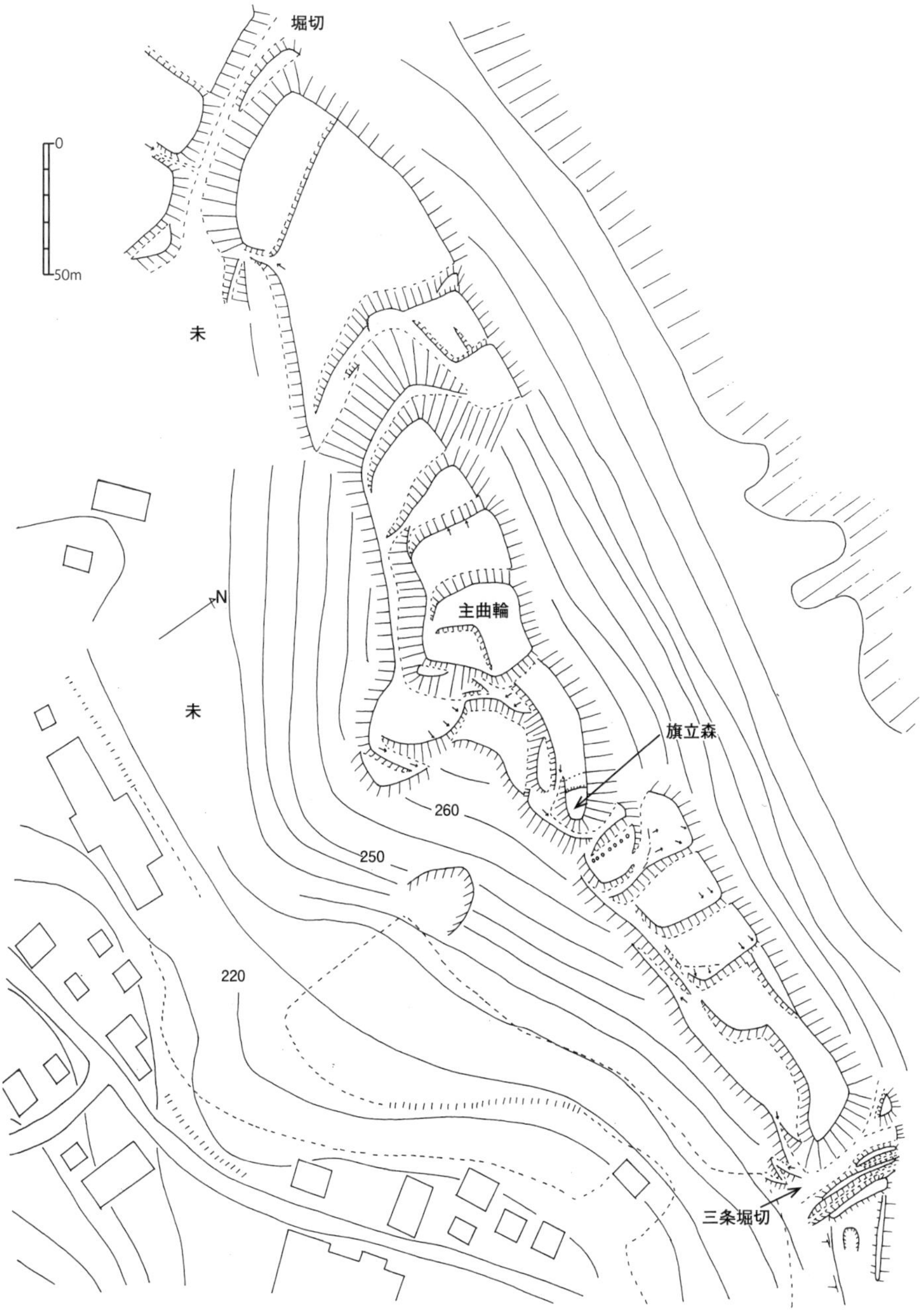

概要図

三重横堀で守る道をおさえる城

16　秋葉山楯《あきばさんたて》

所在地：朝日町大字大谷字秋葉山
比　高：約七五m
分　類：山城
交　通：JR左沢線左沢駅から車で一五分程度

【歴史】　元禄七年（一六九四）、大谷村の彦七が書いた『大谷往来』に「東に古館あり、清々たる最上の流れ前にあたり、帆懸船の往来を詠む」とあり、古館が秋葉山楯にあたるのだろう。

【立地と遺構】　村山と置賜と結ぶ、国道二八七号線に立ちふさがるようにある秋葉山山頂に立地する。最高所の主曲輪は中央に秋葉山碑が立ち、約二二m×約一七mと小さい。北西側には東西に長い帯曲輪が連続し、外側に高さ約七mの切岸下に三重の薬研堀状の多重横堀がある。多重横堀は北側が良く残り、その下方に野営地とみられる平坦地が多数確認できる。南東側は、小曲輪群が階段状に連続し、先端は長さ約三〇mの大規模な堀切で尾根を遮断する。

楯跡遠景

秋葉山楯跡の特徴は、小規模な主曲輪と三重の横堀、遮断施設としての小曲輪群、さらには野営地とみられる多くの平坦地である。とくに、多重横堀は最上氏系城の最終段階に使用され、置賜方面の道を遮断することから、慶長五年

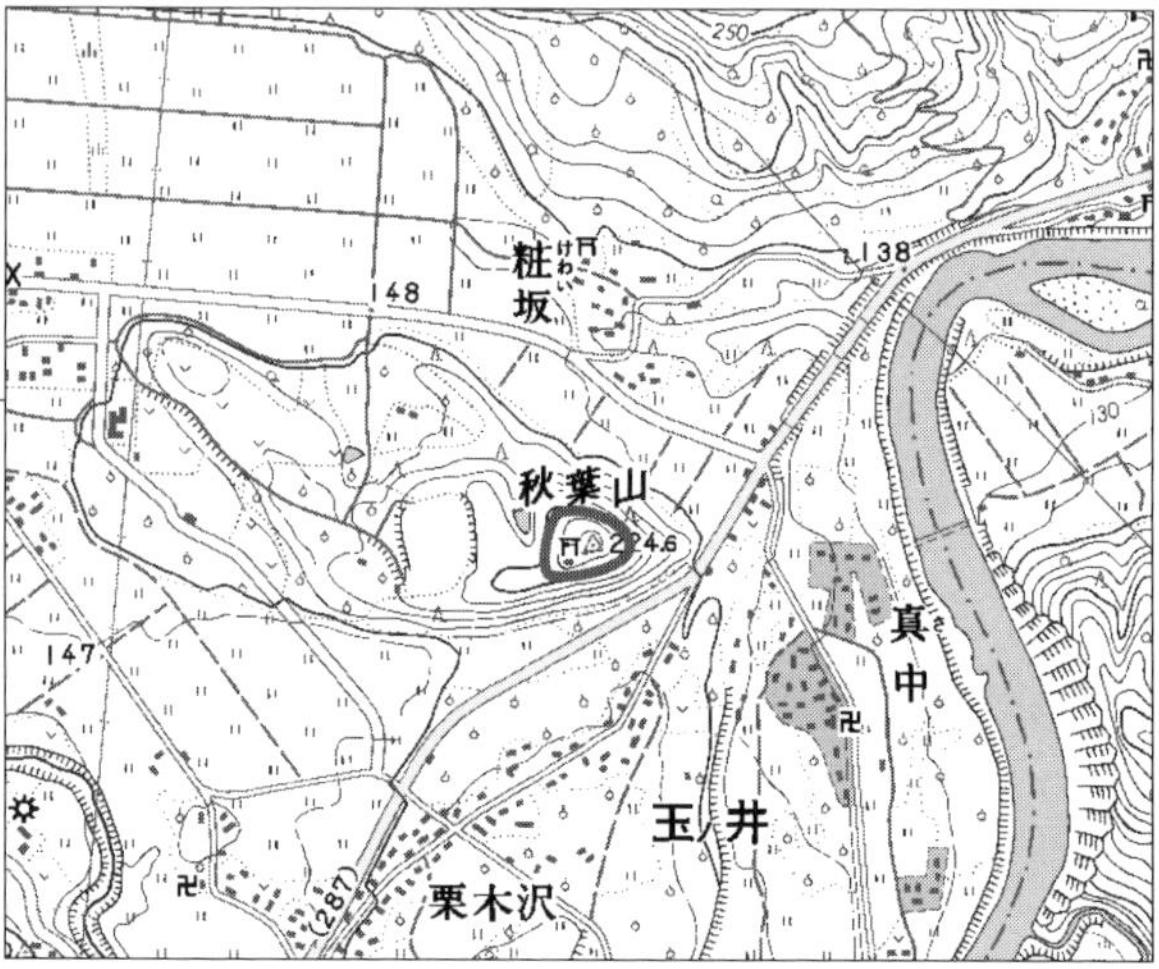

（一六〇〇）の上杉軍の進攻に備えたと楯跡といえる。

【ワンポイント】　現地に行くと秋葉山が立ちふさがり、道をふさぐ城だと実感できる。そして、歩きやすい楯跡内に、臨時の城の遺構の典型をみることができる。

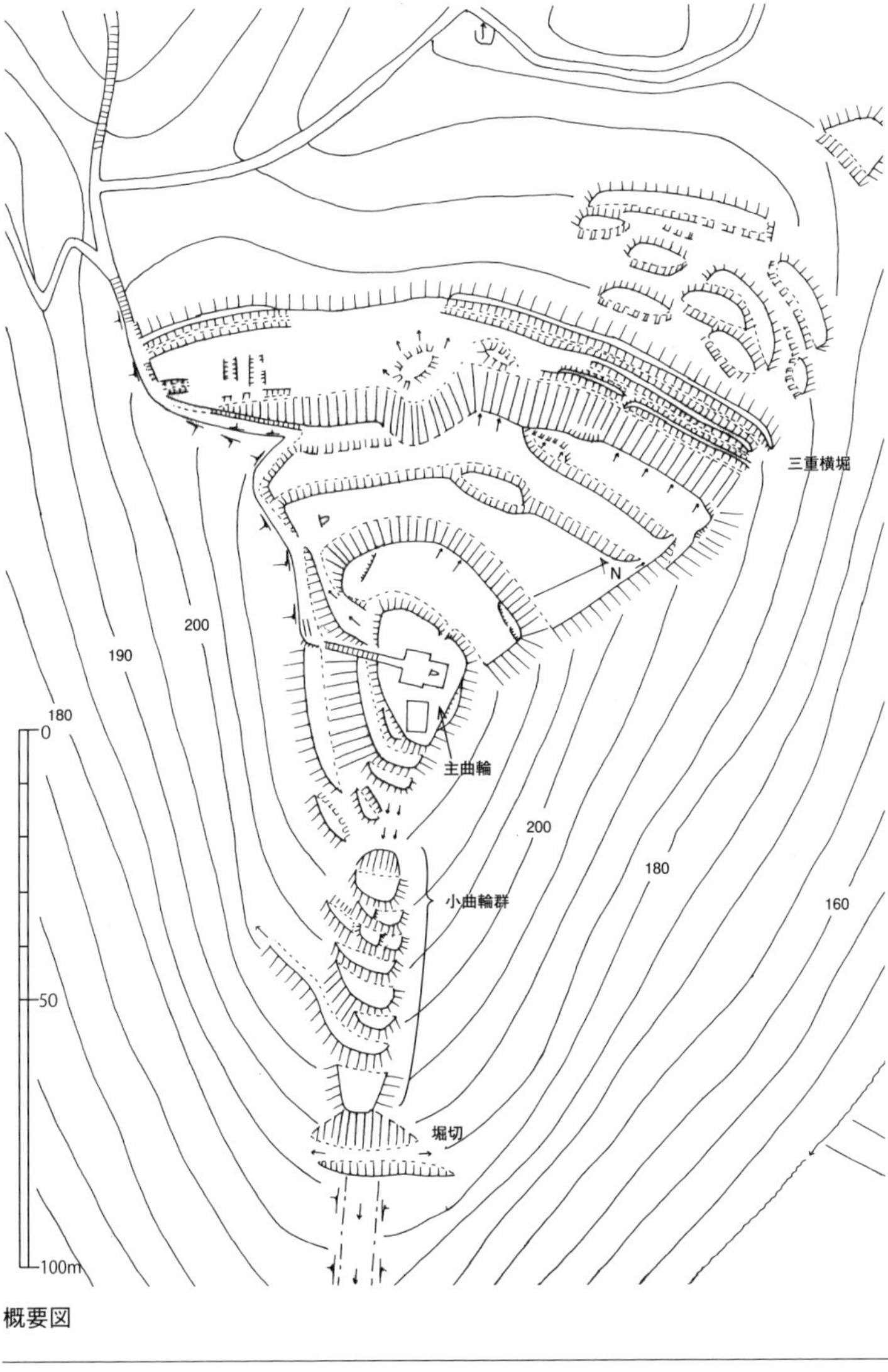

概要図

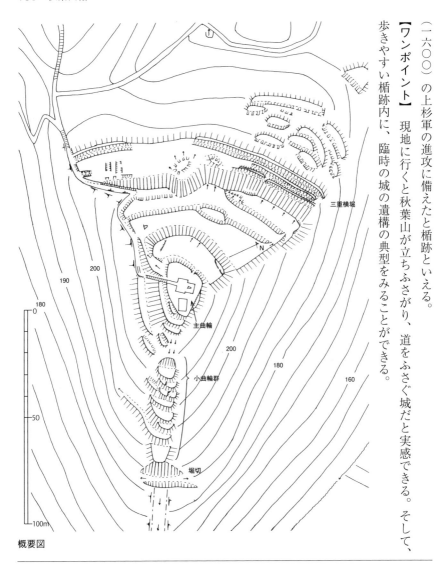

最上義光に滅ぼされた白岩氏の本城

17 白岩新楯《しらいわしんたて》

所在地：寒河江市白岩
比　高：約五〇m
分　類：山城
交　通：ＪＲ左沢線羽前高松駅から徒歩約三〇分

楯跡遠景

【歴史】　戦国期、国人の白岩氏が争乱をうけて新たに築いたとみられる。留場阿弥陀堂に、天正十一年に大江廣教《ひろのり》の納めた棟札があり、白岩新楯の楯主は白岩廣教（大江は白岩氏の本姓）と考えられる。その後、天正十四年とみられる「下国殿宛て源義光書状」（『荘一』二九二）に「白岩八郎四郎、大宝寺方へ縁約の首尾《しゅび》をもって、はなはだ別心《べっしん》に候条、退治のためかの地に向かい発向せしめ、さきざき本意《ほんい》につく形に候」とあり、白岩氏は滅亡し、楯も破却されたのだろう。

なお、白岩新楯跡の実沢《さねざ》川をはさんだ対岸丘陵に陣ヶ峰楯跡があり、義光の陣城の可能性がある。

【立地と遺構】　北方から流れる実沢川と、寒河江川との合流点の北側台地突端に立地する。

城跡は北方尾根を大堀切で断ち、下部も鋭い切岸線で遮断したなかに、多くの曲輪群を重ねる。背後を土塁状に削り残した主曲輪はほぼ中央にあり、最大の長さが南北約五九m、東西約一六mと南北に細長い。主曲輪下部に帯状の三段曲輪をはさみ、広大な曲輪があり、東側に電光型形の城道が山麓の居館跡にくだる。その北側には最上

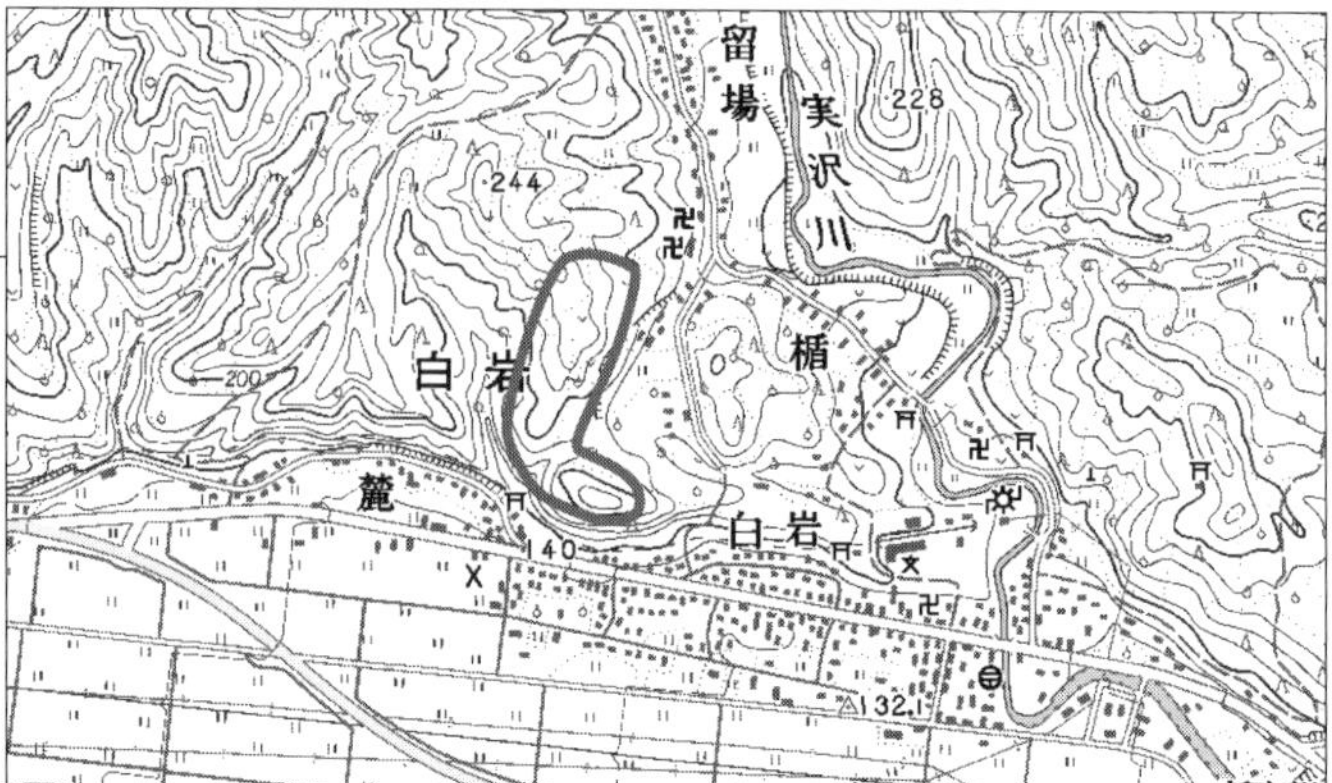

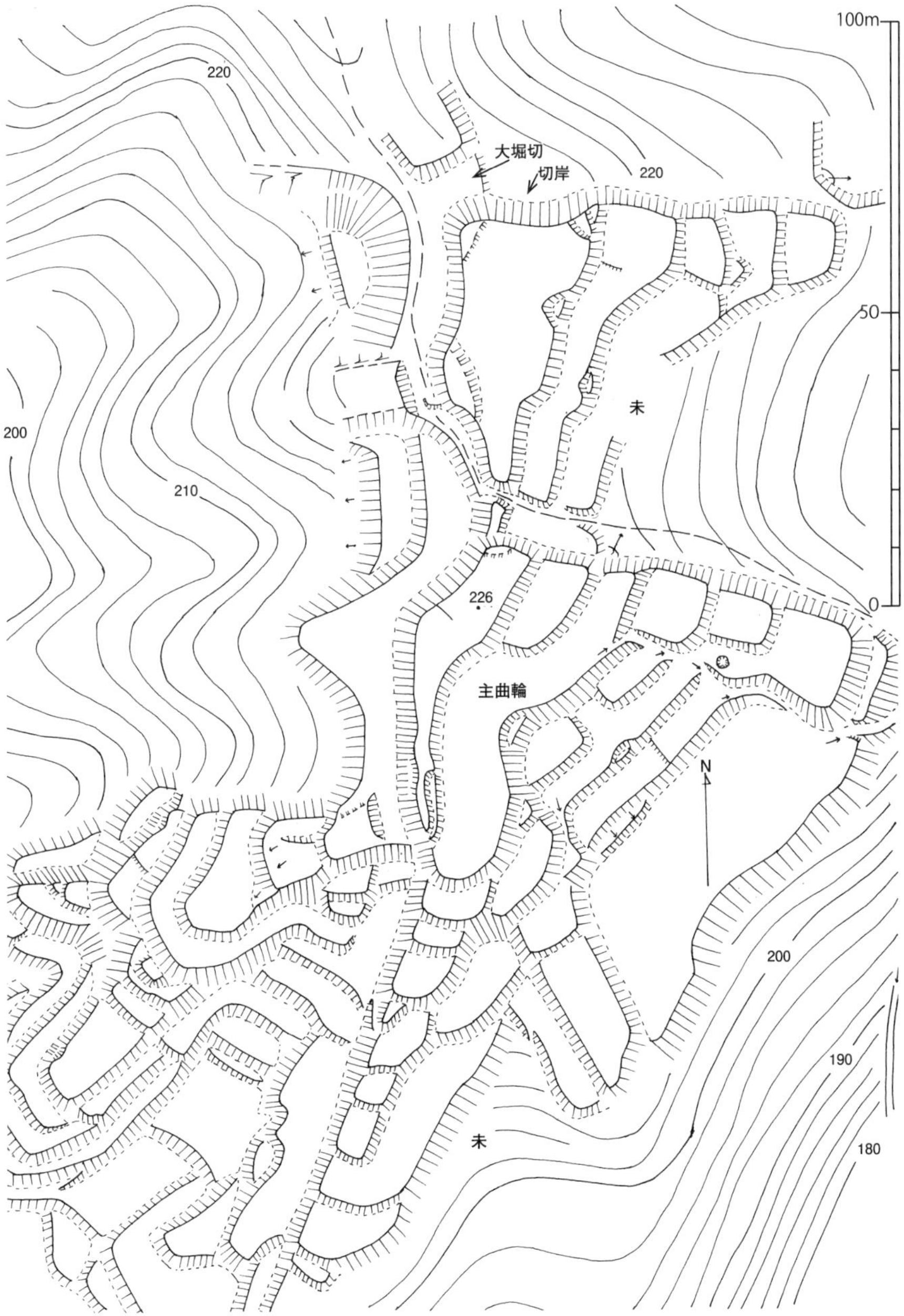

概要図

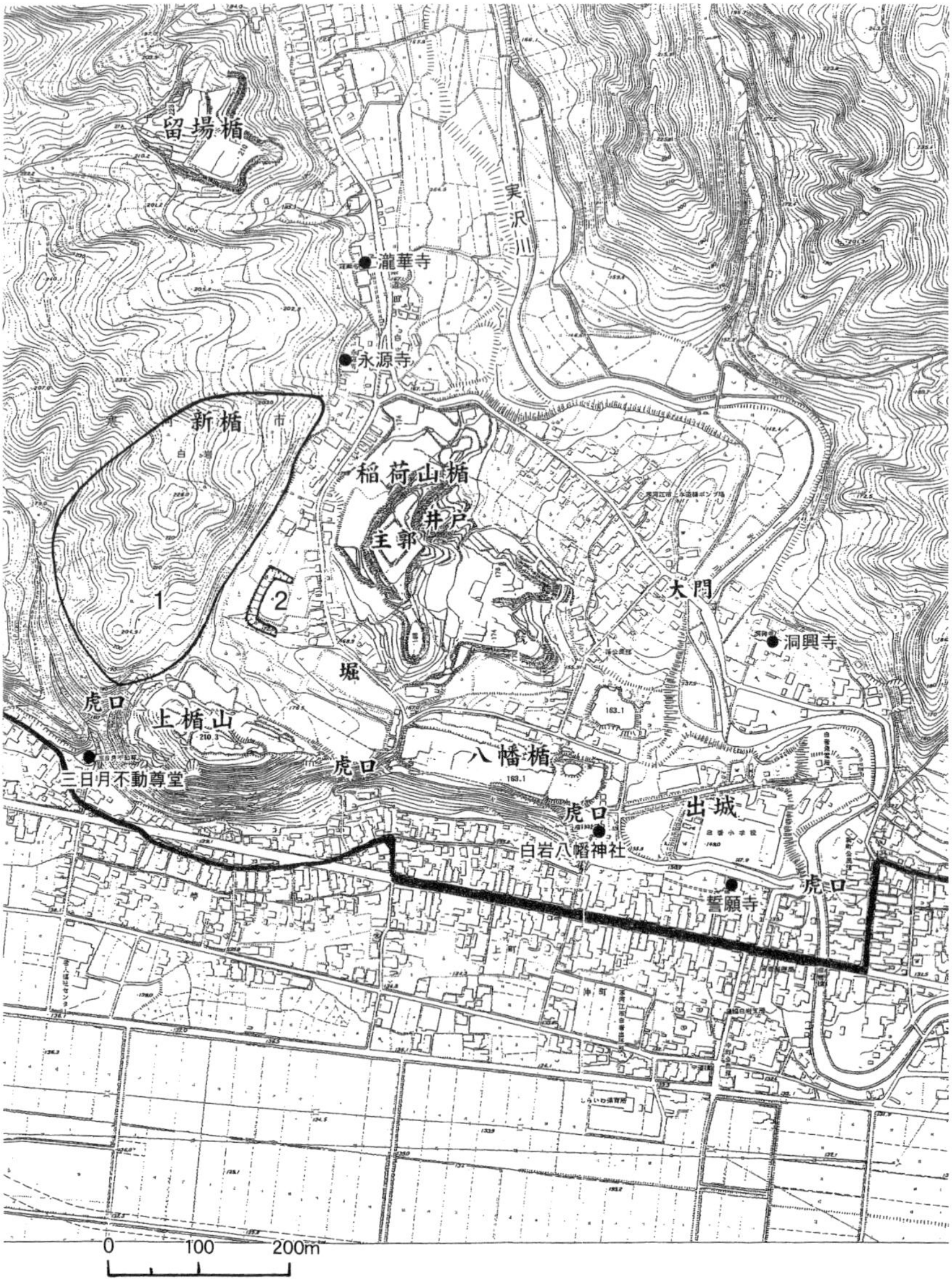

白岩新楯跡と周辺の城楯跡　1、白岩新楯跡　2、居館跡　（『白岩ふるさと歴史探訪』〈2008 年〉に加筆）

部に大きな曲輪をおき、下方に白岩氏開創の曹洞宗洞興寺《とうこうじ》があったと伝える。また、西側と南側にも多数の曲輪群を重ねる。なお、楯跡の直下に方形の居館跡がある。

このように、楯跡は堀切と切岸線で遮断したなかに、切岸をもつ平坦な曲輪を重ねる。防御施設は切岸と曲輪、そして堀切であり、堀切は箱堀である。薬研堀や横堀・竪堀などの空堀や土塁はない。これは、天童城跡にも同じ構造が認められ、天正年間前半の最上の城の特徴といえる。

【ワンポイント】　白岩地区には新楯跡のほか、稲荷山楯跡・留場楯跡・上楯山楯跡・八幡楯跡・陣ケ峰楯跡があり、稲荷山楯を中心とした白岩氏の楯跡群とされる。しかし、戦国期白岩氏が滅亡したあと松根《まつね》光広《あきひろ》が入り、元和八年（一六二二）の最上家改易後は酒井《さかい》忠重《ただしげ》が城主となった。

したがって、稲荷山楯跡は方形の主曲輪をもつ松根光広の城、八幡楯跡は櫓台を備えた酒井忠重の城で、白岩には重層的な城の歴史があった。多様な姿をみせるこれらの楯跡は中級者用の城歩き半日コースとなる。

上：居館跡空堀　下：八幡楯跡の櫓台跡

多条堀切と土塁囲みの堅固な城

18 沼《ぬま》の平《たいら》楯《たて》

所在地：西川町綱取字上ノ山
比　高：約九〇m
分　類：山城
交　通：JR左沢線寒河江駅から車で二五分程度

【歴史】　沼の平楯跡は、軍記物『羽源記』（『最上氏史料』）にみえ、丸山茂氏が『神都岩根沢之面影』（神都岩根沢の面影刊行会、一九四〇年）や「白鳥家と沼平楯」（『山形県内に於ける古城址の研究』山形県中央図書館、一九四一年）に記述する、古くから著名な楯で、楯主は東海林《しょうじ》隼人《はやと》と伝える。

【立地と遺構】　沼の平集落背後の丘陵に立地し、主曲輪は東西の最大幅約二三m、南北約三七mの規模で、南・東・西側に土塁をまわし、東側の虎口は折れ坂虎口となる。楯の前面は二重空堀で遮断し、尾根続きの背後は三条堀切で切断し、その先にも一条の堀切がある。この楯跡の特徴は、主曲輪の三面を囲む土塁と、尾根を切る大規模な三重堀切で、とくに三面を囲む土塁は当地域に少ない。これらの遺構は、当地域の城づくりの最終段階のものと考えられ、慶長五年に築かれた可能性が高い。

　沼の平楯は、中世には庄内から角川《つのかわ》、そして岩根沢から寒河江・山形への交通ルートがあり、近くの畝状空堀をもつ要害森楯と連携し、上杉軍に備えた道をおさえる城であったのだろう。

主曲輪

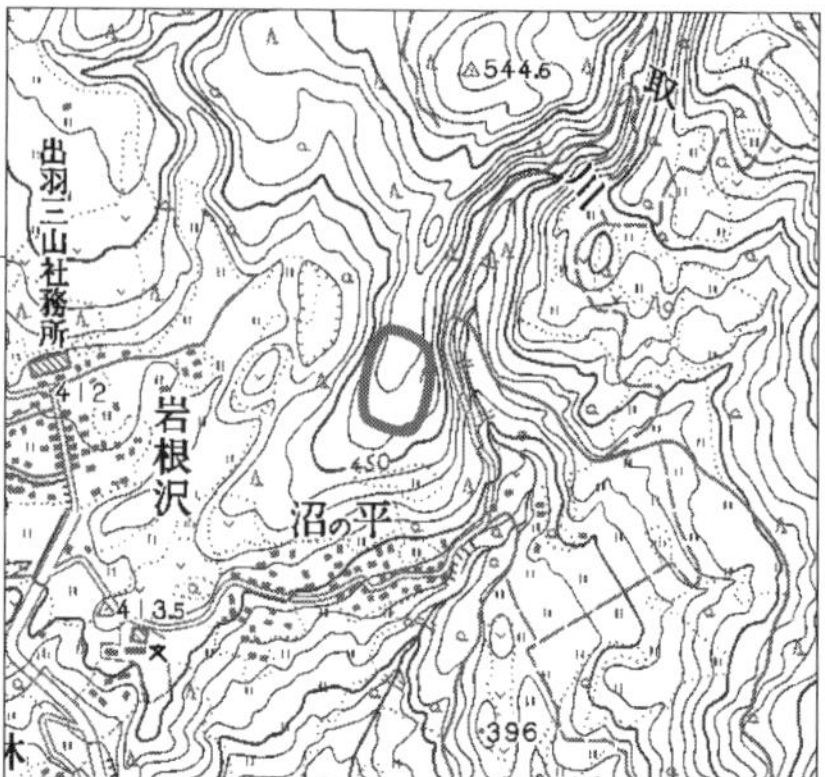

【ワンポイント】 楯跡入口に案内標識、主曲輪に楯跡の石碑があり、よく下刈りされ、地元民の楯跡への熱い思いが感じられる。近郊の、多くの畝状空堀が見事な要害森楯跡とともに訪ねてほしい。交通の便がやや悪く、中級者用の城歩きコースとなる。

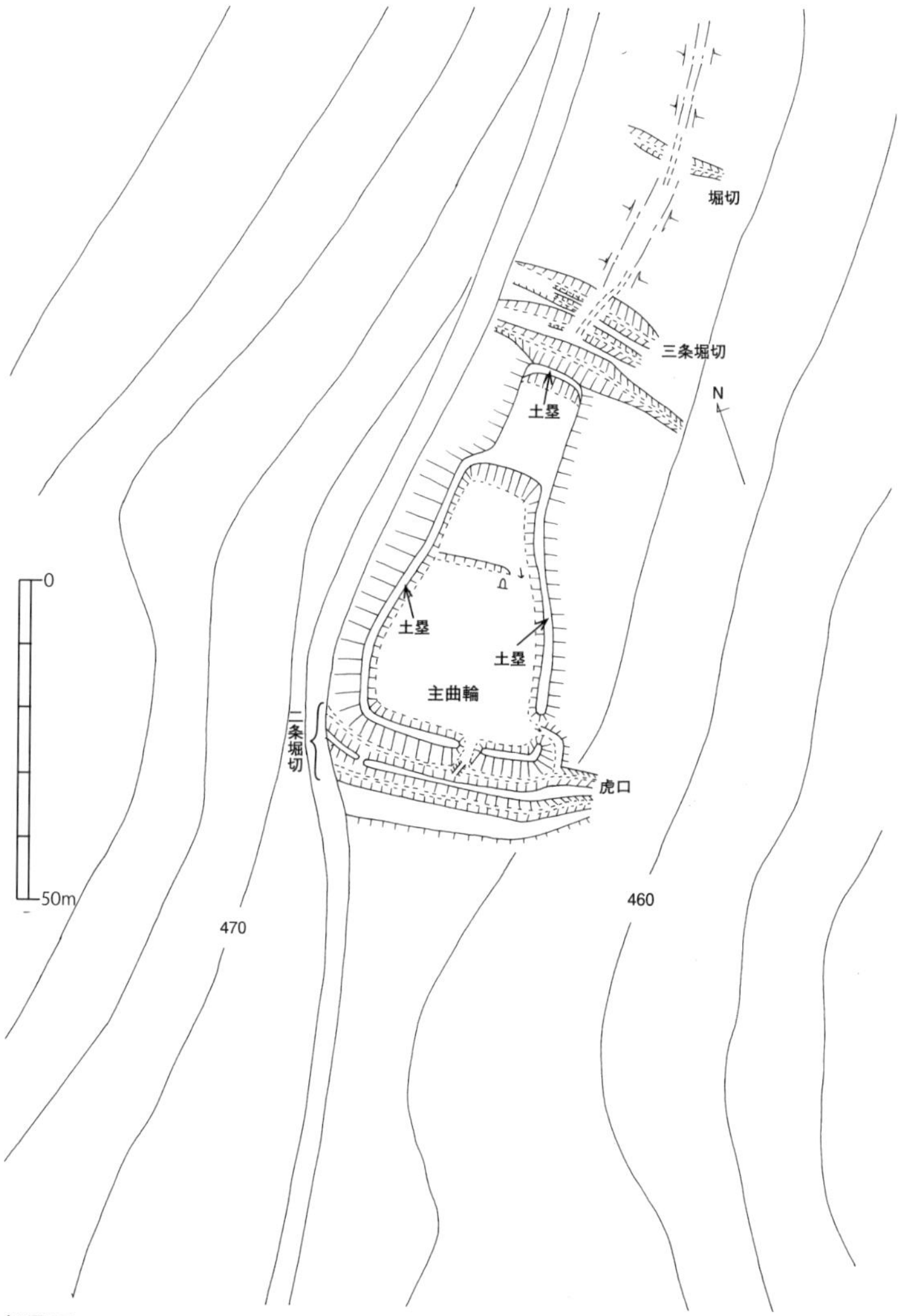

概要図

＊ 詳細は松田皎月・鈴木聖雄「沼の平楯と要害森楯」(『西村山地域史の研究』第十号、一九九二年)、高橋慎示「西村山における最上氏系統の中世城郭」(『西村山地域史の研究』第十一号、一九九三年)も参照。

折れ坂虎口と土塁線で守る小規模な城

19 富沢楯《とみさわたて》

所在地：大江町大字富沢小字裏山
比　高：約七〇m
分　類：山城
交　通：ＪＲ左沢線左沢駅下車、徒歩約四〇分

【歴史】　地元では、承久の乱に敗れ、富沢に潜居したという大江親広の館ともいわれる。

【立地と遺構】　最上川西岸、富沢集落背後の丘陵に立地し、東西約八八m、南北約四四mの曲輪は、西側に土塁、東側に空堀と土塁をおき、外側は高さ約六mの鋭い切岸で守る。最高所には、小さな櫓台跡とみられるものがある。西は折れ坂虎口が開き、そこを出ると帯曲輪があり、南に出る堀底道の虎口がある。また、東は土塁を置く虎口となる。その曲輪の外は長い土塁をぐるりと回し守る。

楯跡遠景

　このように、小規模ながら曲輪は鋭い切岸を削り、外側にぐるりと土塁を回し、虎口は折れ坂虎口と土塁を置く虎口となる。遺構のうち、虎口は発達する以前の原初的なものだろう。

【ワンポイント】　小さいながら技巧的な凝った特徴をもつ。そう考えると、鎌倉時代の大江親広の館ではなく、戦国期の道をおさえる防御施設ではなかろうか。造営主体は誰だろうか。興味がもたれる。道はなく中級者用の城歩きコースとなる。技巧をこらした城を訪ねてほしい。

＊ 詳細は、横山勝栄「大江町（山形県西村山郡）城郭ノート　堀のある山城について」（『西村山地域史の研究』第十六号、一九九八年）も参照。

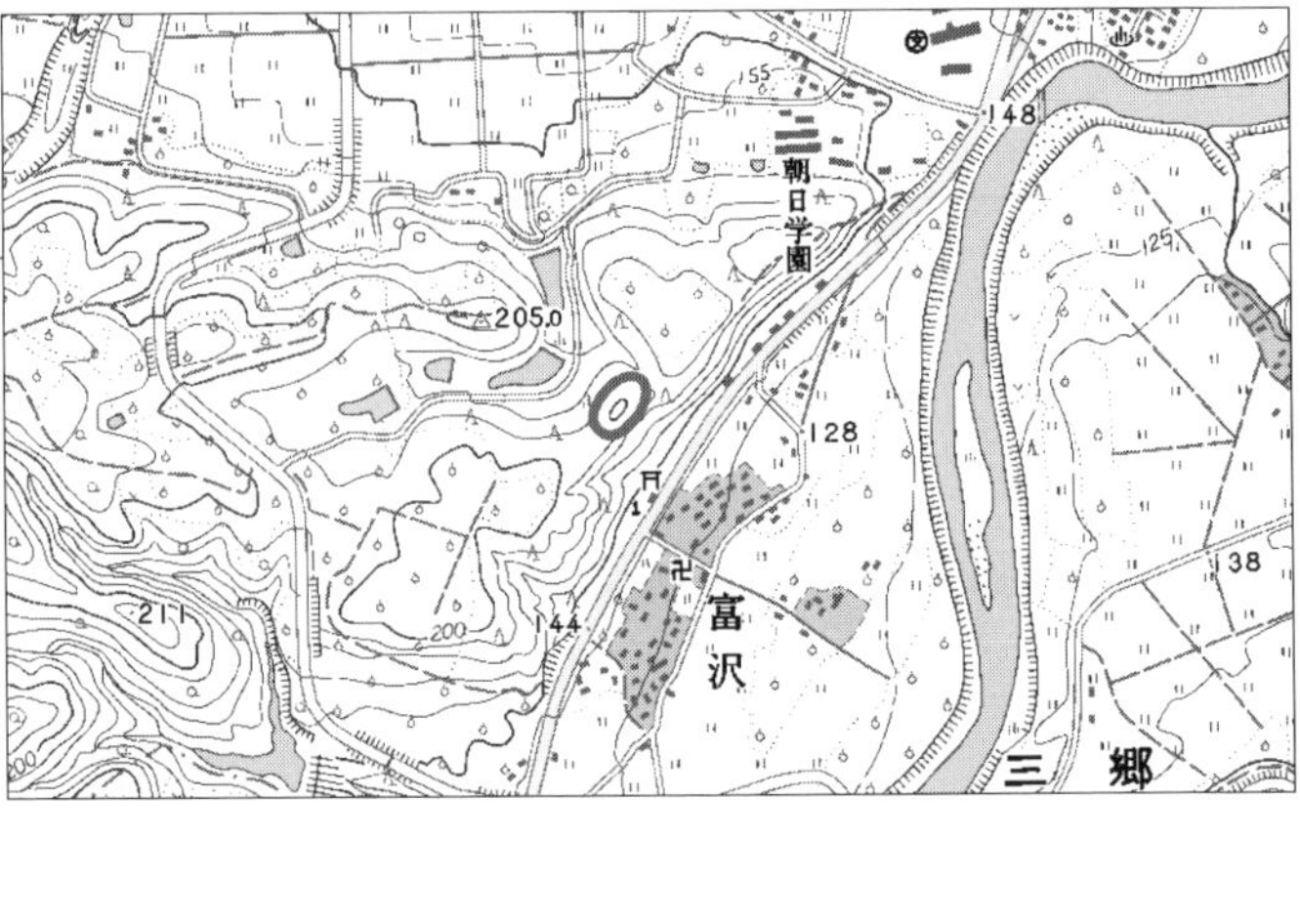

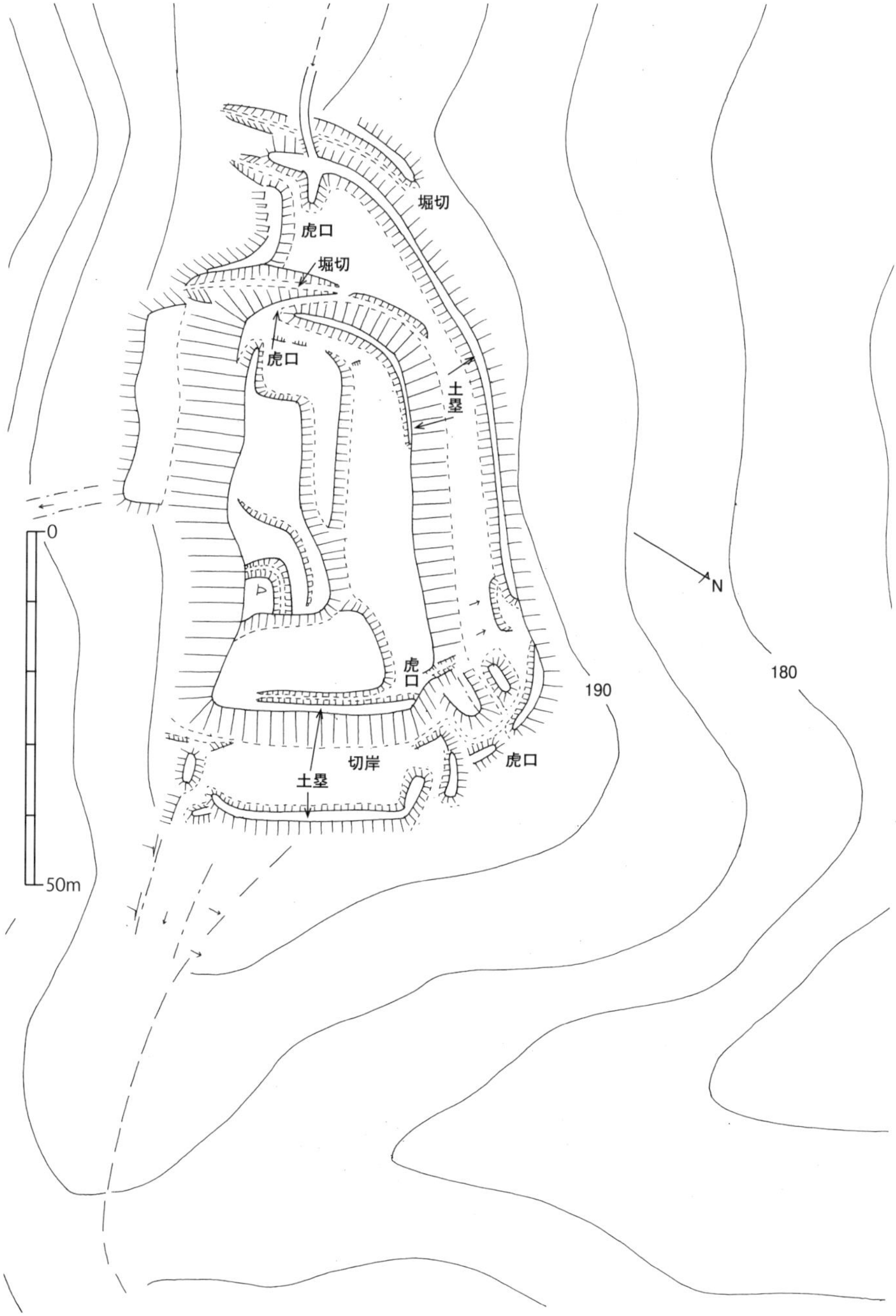

概要図

重層的な歴史をもつ城

20 左沢楯山城《あてらざわたてやまじょう》

所在地：大江町大字左沢字楯山
比　高：約一〇〇ｍ
分　類：山城
交　通：ＪＲ左沢線左沢駅下車、徒歩約二〇分

【歴史】　当初、大江氏六代・時茂《ときしげ》の子元時《もととき》が南北朝時代に入部したとされるが、伝承とみるべきだろう。城主の左沢氏は政周《まさちか》まで九代続いたとされ、天正二年（一五七四）、最上義守・義光父子が戦った最上の乱では父義守方につき、史料に「左沢某」とあるが、実名はわからない。その後、最上氏の家臣、日野氏が入ったとも伝える。そして、慶長末年とされる『最上義光分限帳』に「左沢二千三百石　長尾右衛門」とあり、義光の武将が配置されたが、元和八年、最上改易時に接収された城にはみえない。

城跡遠景

【立地と遺構】　最上川が東に向きを変え、村山盆地に入るすぐ北方、前面にそびえる楯山に立地する。北と東は深い谷（通称、檜木沢）、南は最上川にくだる急斜面で、西だけ進攻できる要害の地にある。

　城跡は奥の八幡座を中心に階段状に曲輪を重ねる山裾に寺屋敷のある地区、最上川直上の八幡平と楯山公園地区、東の千畳敷地区、西側の小曲輪を重ねる裏山地区の四つに分かれる。

　八幡座地区は、七ｍもの高く鋭い切岸を削り、中に多くの曲輪を重ねる。最高所の八幡座は岩の露出する高い切岸で守り、

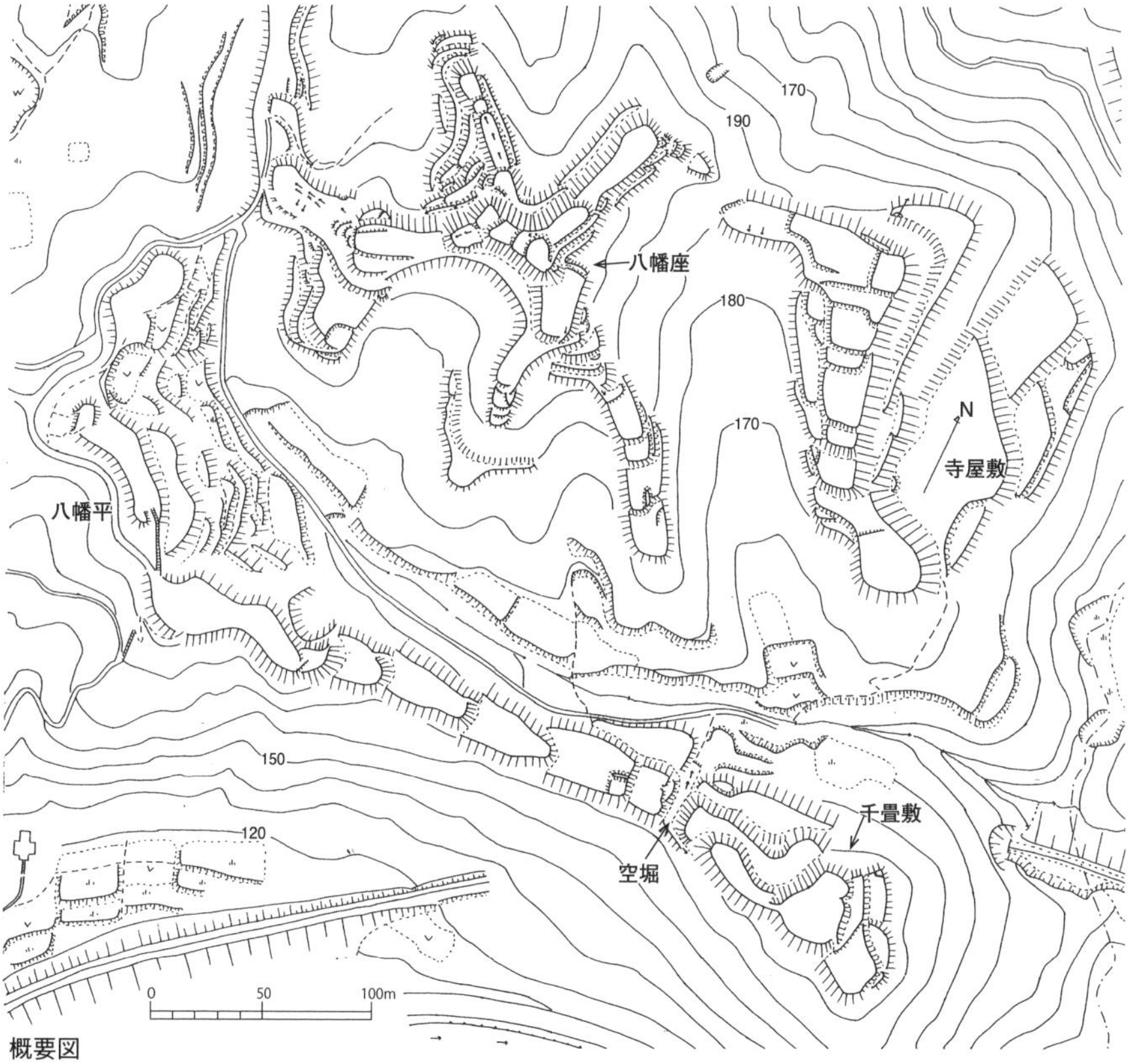

概要図

下部は幅狭な帯曲輪群で遮断する。そのうち広い曲輪は兵の駐屯地とみられ、最下部の広大な寺屋敷は村人の戦争時の避難所だろう。また、発掘調査では、八幡座直下の曲輪から四《し》面《めん》庇《ひさし》大型建物跡がみつかり、広い曲輪から建物跡と小竪穴などが検出されたが、遺構・遺物がない小曲輪があった。

　また、八幡平・楯山公園地区は八幡平を中心に広い曲輪を階段状に重ね、切岸はしっかりし北の蛇《へび》

主曲輪

沢《さわ》斜面は帯曲輪群で遮断する。ここは、八幡平が試掘されたほかは未発掘地区である。その突端、箱堀で区画する千畳敷地区は、千畳敷曲輪下部に曲輪群をおき、発掘調査で三棟の建物跡や地下室が検出された。そして、裏山地区は緩い斜面に幅狭な帯曲輪や小曲輪を重ね、尾根上にやや広い曲輪をおく。

　続いて、城の変遷を考えてみよう。戦国期前半、左沢氏が村背後の要害地、千畳敷に臨時の詰城を造ったのが城の始まりではないか。千畳敷の尾根続きを遮断する堀は箱堀で古い時期が多く、左沢楯山城もその事例だろう。その後、天文・永禄年間頃、宗家の寒河江氏から左沢氏は自立し、千畳敷奥の八幡平に山城を築き本拠としたことが考えられる。その頃、左沢氏は城下の最上川舟運を支配する川の領主として栄え、富裕だったのだろう。

　そして、庄内の大宝寺義氏が天正十一年（一五八三）に近臣前森蔵人の反乱で自害すると、勢力の均衡が崩れ、義光の攻勢が始まる。天正十二年春に白鳥氏・寒河江氏を滅ぼし、秋には宿敵天童氏を自落させた。その頃、左沢氏は義光進攻の危機にさらされ、奥まった要害の八幡座に堅固な城を整備し、西側の緩い斜面は小曲輪群で遮断し、主城は岩を切り高く鋭い切岸を削り、山裾部は多重帯曲輪で遮断線としたのだろう。

　しかし、強大となった義光の前に左沢氏は滅亡し、その後は義光の武将が入り、慶長五年、上杉軍に備えて左沢城は補強され、そのとき最上川斜面の連続竪堀や裏山の小曲輪群が整備されたと考えられる。このように、多層的な歴史展開で、広大な左沢楯山城跡が形成されたのである。

【ワンポイント】左沢楯山城跡は、城跡への住民の熱意と長年の発掘調査の成果などから、平成二十一年（二〇〇九）、国指定史跡となった。城跡に日本一公園があり、そこからの最上川の眺望はすばらしい。城跡は広く、中級者用の半日城歩きコースとなる。

日本一公園

＊　詳細は、川崎利夫「左沢楯山城の発掘調査—山城の構造を探る—」（『最上川文化研究三』、二〇〇五年）も参照。

連続する堤堀で中枢部を守る城

21 東根城《ひがしねじょう》

所在地：東根市本丸・小楯・西楯ほか
比　高：約一〇m
分　類：丘城
交　通：JR奥羽本線東根駅下車、徒歩約二五分

【歴史】南北朝期に小田嶋長義《おだしまながよし》が小田嶋城を築き、のちに東根城に発展したとされるが、東根城の場所に小田嶋氏の居館があった証拠はなく伝承とみるべきだろう。確実に現在の東根城の地に入ったのは、天童頼直《よりなお》の子・頼高《よりたか》であった。頼高は東根氏を名乗り、その後、東根氏は六代続いたとされ、戦国期に最上の有力国人として史料にしばしばあらわれる。

堤堀の先が本丸跡

天正十二年（一五八四）、東根氏家老で、野川楯主という里見景佐《かげより》は東根氏を離れ、最上義光の味方となり、天童氏攻撃に参加した功績で東根領を与えられた。慶長五年、最上義光が慶長出羽合戦に勝利して五七万石の大名となると、里見景佐は大身の重臣となった。そのときに東根城は、堤堀をもつ本丸や北方の家臣屋敷の二の丸・三の丸など、城と城下町が整備されたと考えられる。元和八年（一六二二）、最上氏はお家騒動で改易され、里見氏も阿波徳島に移された。しかし、城跡は鳥居氏により、とくに仙台備えのための延沢城とともに番城に残され、正保城絵図に記録された。そして、「野辺沢城記」（『延沢軍記』）によると、仙台

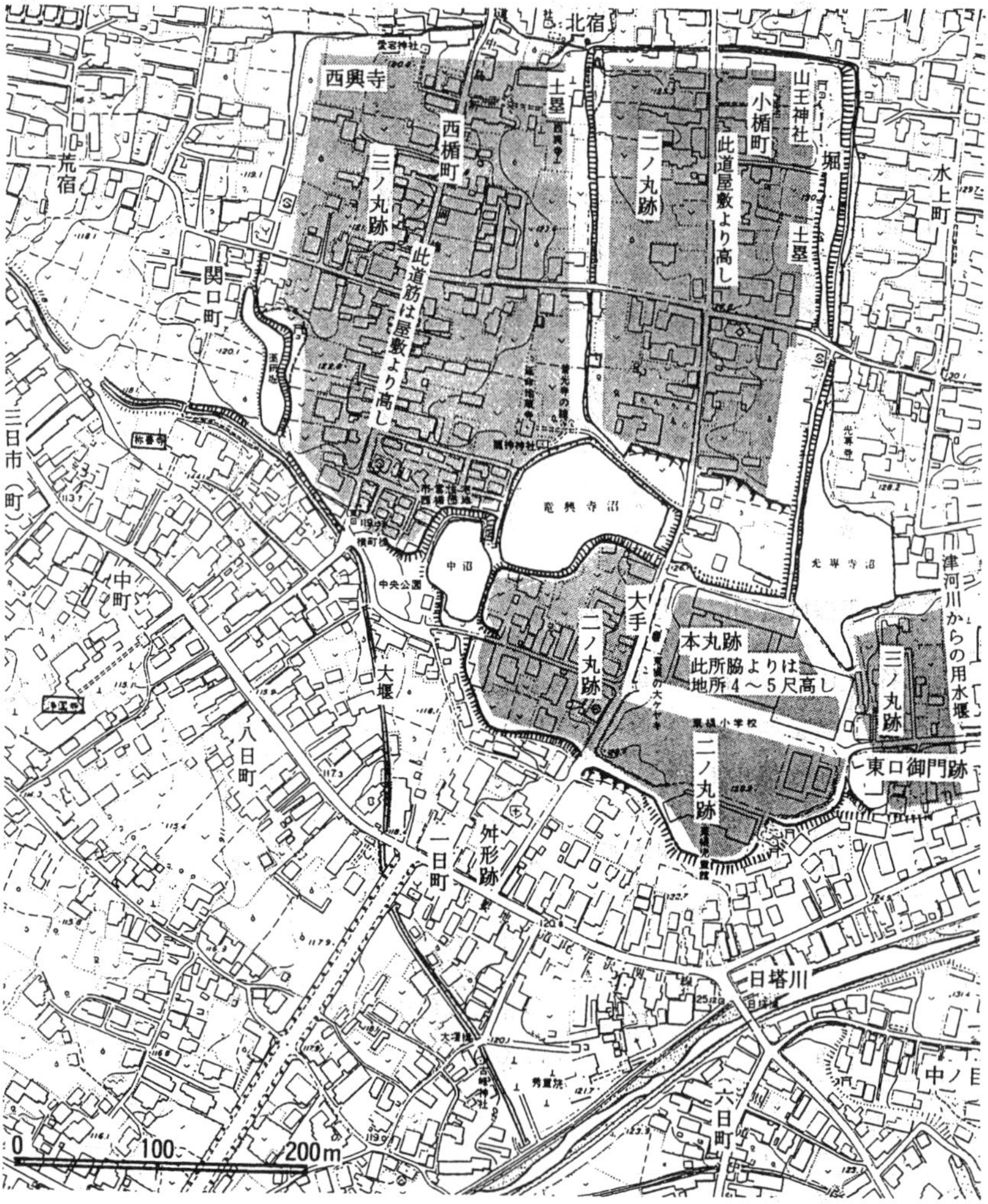

城跡付近図　（県道神町長瀞線開通以前。なお、注記は「羽州最上東根図」による）

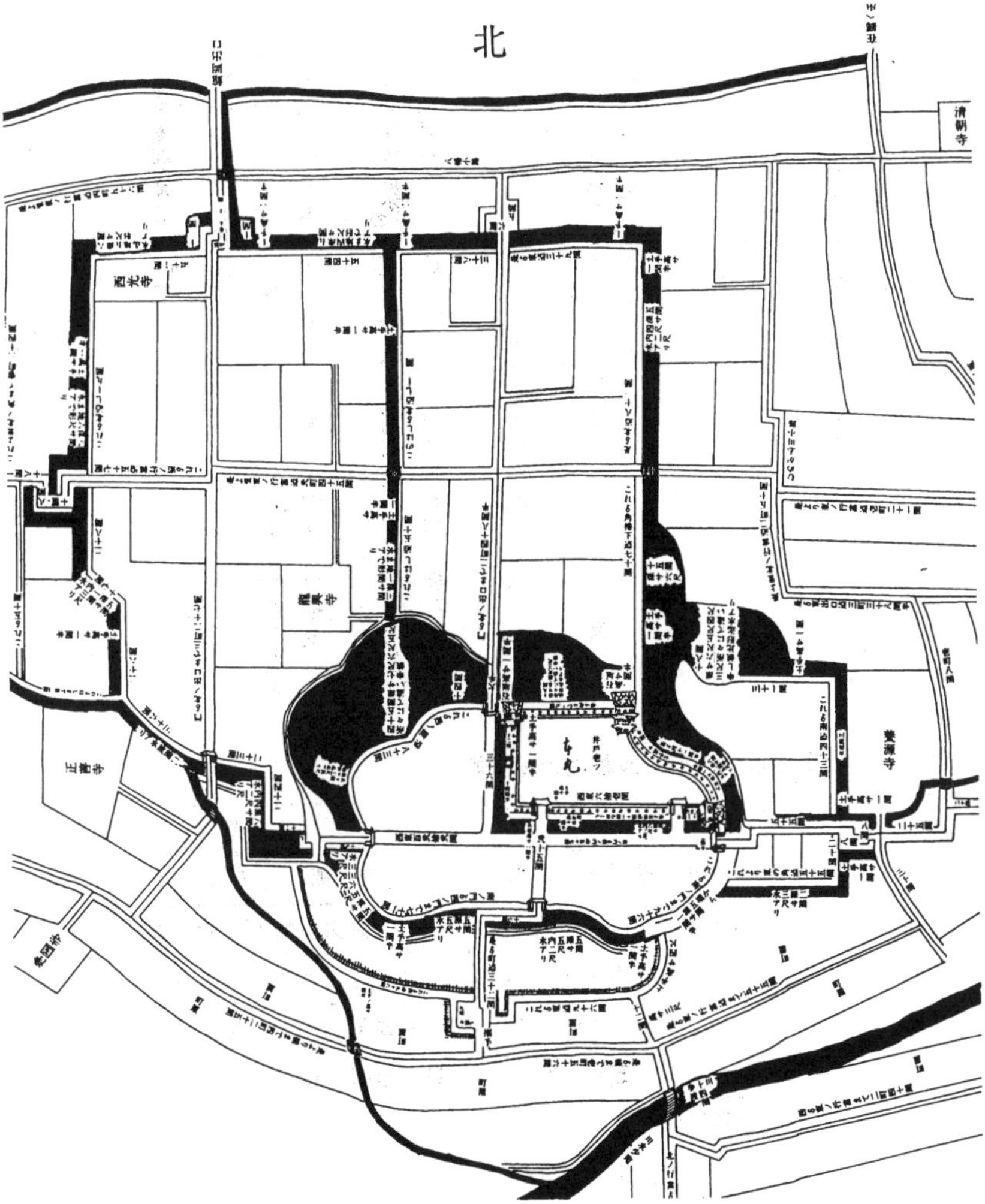

正保城絵図東根城（注記図 『東根市史編集資料』第8号 1980年に加筆）

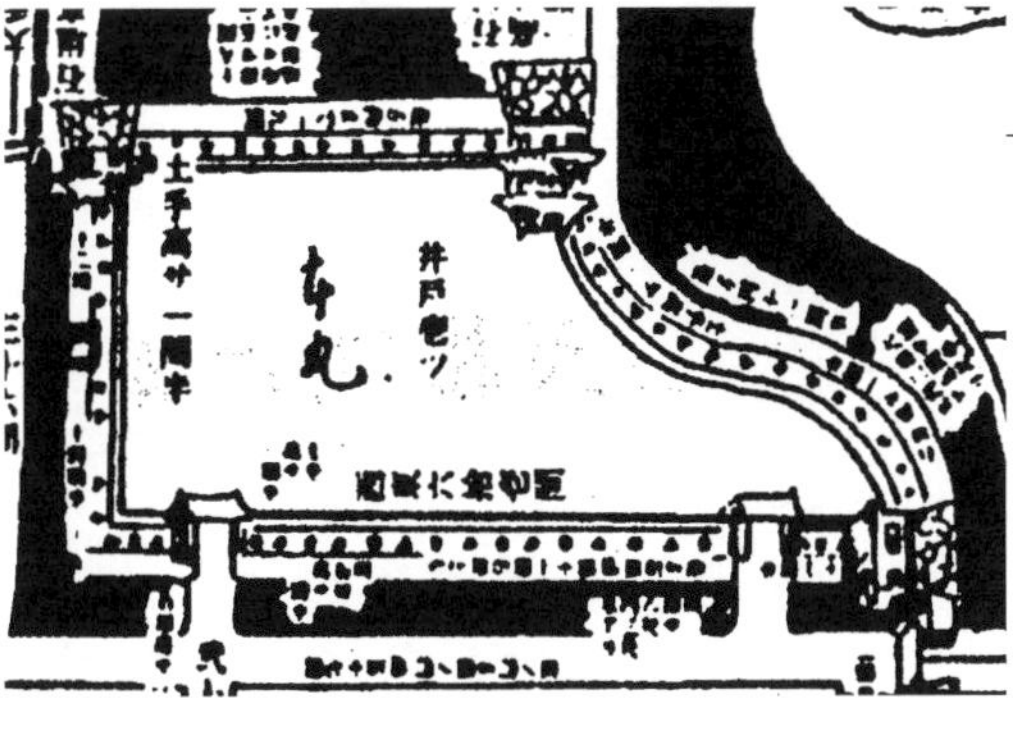

正保城絵図東根城 部分拡大図

上：二の丸東土塁　下：堤堀（光専寺沼）

伊達政宗の脅威のなくなった寛文七年（一六六七）に破却された。

【立地と遺構】 白水川と日塔川の河岸段丘上で、沢が東に入り込む舌状台地上に立地する。東根城は最上氏時代のまま正保城絵図に描かれ、その後は改修もなく廃城となり、現遺構は正保城絵図のとおりである。現在の東根小学校の場所に本丸・二の丸の中枢部、北方台地に家臣屋敷のある曲輪があった。

特徴的な遺構として、中枢部を守るため沢に構築した広大な水堀の堤堀《つつみぼり》がある。堤堀は本丸北側に、光専寺沼・竜興寺沼・中沼として残る。その北方台地に二の丸と三の丸があり、二の丸北東角の鬼門におかれた山王神社には、周囲に大規模な土塁が連続し、水堀も原形をとどめる。また、二の丸北西角も土塁が残り、上に稲荷神社が鎮座し、小板碑がある。加えて、その西側の三の丸南西部に土塁と水堀が現存し、薬研堀《やげんぼり》と呼ぶ堀は近年、地域の熱意で水堀として復元された。このように東根城跡には、各所に重要な遺構があり、かつての姿を追うことができる。

城跡は道路建設にともない、小楯二の丸跡西縁、西楯三の丸跡東縁、そして本丸西二の丸跡と台地下の堀跡が南北約四六〇mにわたり発掘調査された。その結果、地下から掘立柱建物跡・竪穴住居跡・井戸跡・墓坑などが検出され、多数の遺物が出土した。とりわけ、豊かで多様な陶磁

里見氏菩提寺・養源寺

器があり、小楯二の丸地区では、金箔付きのかわらけや十二世紀後半の白磁壷のほか、天目《てんもく》茶碗と青磁の花いけが出土した。

西楯三の丸地区では、家臣屋敷跡から瓦質土器の風炉《ふうろ》や瀬戸瓶子などが見つかった。城の中枢地である南二の丸地区では、十二世紀の手づくねかわらけをはじめ、水注《みずさし》・合子《ごうし》・入子《いれこ》などの信仰用遺物と、南端で十五世紀から十七世紀前半の陶磁器が大量に発見された。このように、現在の村山地方の城跡発掘で豊かな陶磁器が出土したのはきわめて珍しい。

なお、東根城東方の小丘陵にある薬師山楯跡が詰城との説があるが、私の調査によると遺構は監視する小曲輪とそれを守る帯曲輪で、見張り用の砦であったろう。*1

最後に、東根城の、山形の城研究のうえでの重要性に触れよう。それは、徳川家光時代の詳細な正保城絵図が、最上氏時代の城を記録していることである。正保城絵図は、山形県では東根城のほか米沢城、上山城、山形城、新庄城の五城が残るが、上山城、山形城、新庄城は最上氏改易後、新領主によって大改造された姿であった。東根城だけが、番城のため改修がなく最上氏の重臣、里見景佐が慶長年間頃に建設した近世の城が描かれ、最上氏の近世初頭の城を知る唯一の事例となることである。そこで重要なのは、本丸隅櫓の基礎などに石垣があったことである。山形城の石垣は、最上氏時代になく鳥居氏時代に築かれたとの説もあるが、最上氏の山形城に石垣のあったことを語るといえよう。

【ワンポイント】本丸跡に国指定特別天然記念物の大ケヤキが聳え、見る人を圧倒させる。近くには、南北朝時代の県指定文化財「普光寺の鐘」、壮大な本堂をもつ東根城主の菩提寺の養源寺などがあり、見どころいっぱいの歴史の里である。初級者向けの城ハイキングコースとなり、広いので地元の歴史ガイドを頼み回ってほしい。

---

*1　拙稿「薬師山楯は東根城の詰城か」（『北村山の歴史』第十八号、二〇一九年）。

*　詳細は、高桑登『小田嶋城跡発掘調査報告書』（山形県県埋蔵文化財センター、二〇〇四年）も参照。

国特別天然記念物大ケヤキ

多重帯曲輪の遮断線で守る城

22 楯岡城《たてやまじょう》〔付 楡山楯《たもやまたて》〕

所在地：村山市大字楯岡字楯山
比　高：約一一五m
分　類：山城
交　通：ＪＲ奥羽本線楯岡駅下車、徒歩約二〇分

楯岡城跡遠景

【歴史】　応永年間に山形氏一族の満国《みつくに》が入部して楯岡氏の始祖となり、楯岡氏は七代続いたとされる。最後の当主・楯岡満茂《みつしげ》は天童氏などが拠る最上下郷八楯を離れて最上義光に味方し、のちに重臣として活躍した。文禄四年（一五九五）、満茂は湯沢城に移り、その後、楯岡城は勤番制となり、元和年間には最上義光の弟・光直《あきなお》が城主となり、元和八年の最上氏改易をむかえた。

　なお、山麓に水堀をもつ近世楯岡城は楯岡光直が構築し、背後の山城楯岡城は楯岡満茂が湯沢城に移るまでの本城であったと考えられる。

【立地と遺構】　楯岡集落背後、楯岡の街からひときわ目につく大きな楯山に立地し、そのうち西楯山と中楯山に遺構がある。主曲輪は西楯山の最高所にあり、不整方形で南北約四六m、東西約六五mの規模で、北西側に枡形虎口、

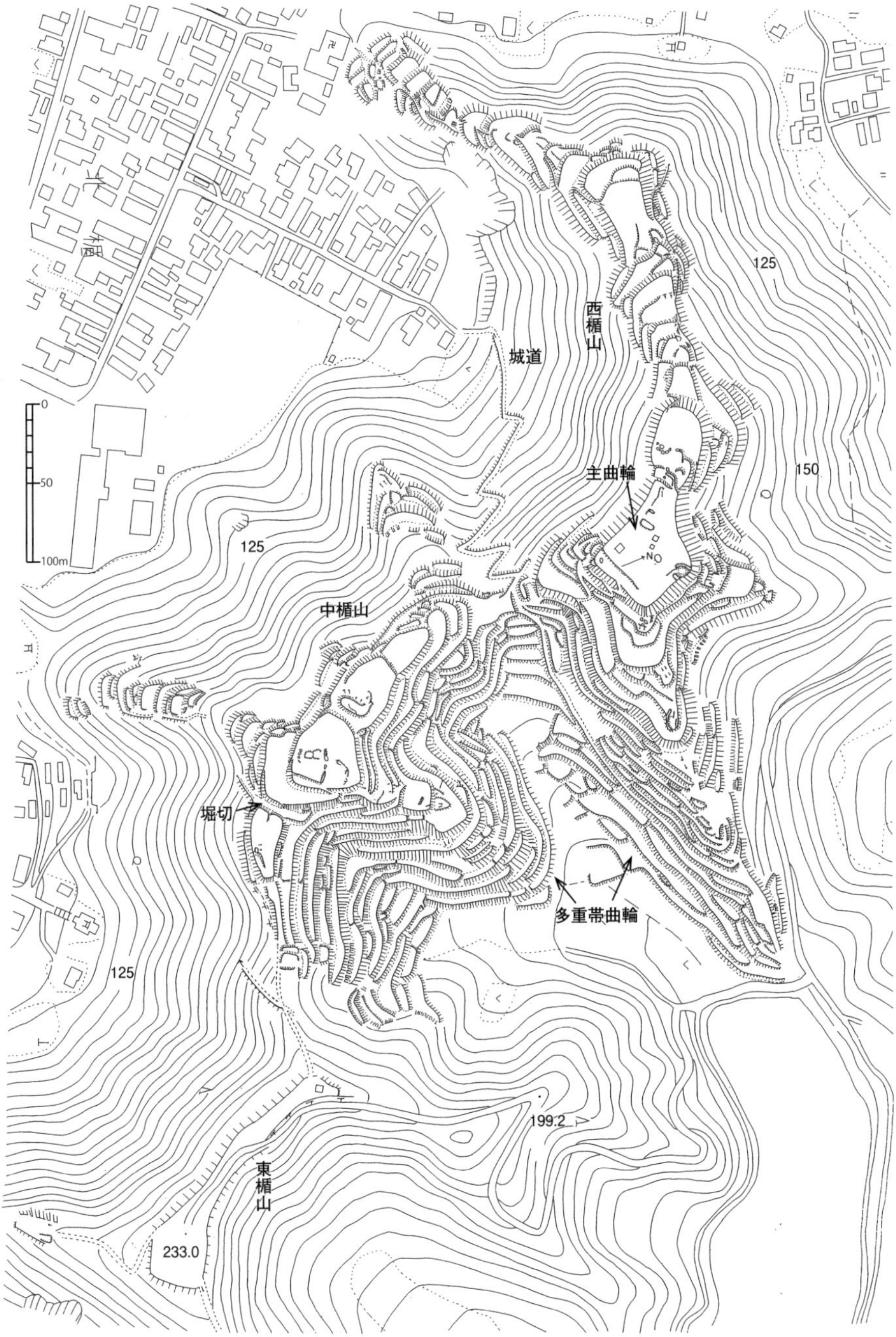

概要図

上：楯岡城　山頂主曲輪　下：楯岡城　中楯山空堀

南側に折れ坂虎口が開き、その虎口からは山麓まで電光形の馬足可能な城道がくだる。

一方、北西側の枡形虎口からくだる尾根上には、多くの曲輪が階段状に山裾まで重なる。また、主曲輪の東側と北側には広い曲輪があり、下部の緩い東斜面には多重帯曲輪が山麓まで連続して遮断する。そして、西楯山とは二重堀切で遮断する中楯山にも多くの遺構がある。最高所に中心の曲輪がおかれ、緩い斜面となる下部に西楯山と同じ多重帯曲輪がある。なお、南西麓に光直が整備した近世楯岡城跡があり、楯岡集落の原型となった。その遺構はほとんど失われ、わずかに水堀の一部を残す。

山城楯岡城の特徴な遺構は、下部に重なる多重帯曲輪である。天正十二年（一五八四）、最上義光によって落城した天童氏の本拠・天童城跡にも特徴的にみられ、左沢楯山城跡にもある。つまり、天正十二年頃の遺構とみられ、ぎりぎりまで下郷八楯の一員として天童氏を支援した楯岡氏が、最上義光に備えて造ったのだろう。その後、楯岡満茂は最上義光に従うが、楯岡城跡の直線的な主曲輪や枡形虎口は、義光重臣時の構築と考えられる。

ここで、北隣の丘陵にある𣘺山楯跡に触れよう。楯跡は奥羽山脈から西にのびる丘陵突端の急峻な楯山と、山裾の小丘陵にある。楯山の遺構は、山頂と西下と南西下に多数の曲輪が山裾まで階段状に重なり、山頂近くの曲輪は小さく、西曲輪群下部は比較的規模が大きい。

一方、山裾の楯跡は最高所に南端中央に櫓台跡が残る主曲輪があり、坂虎口が開く。北西に広い曲輪が二つあり、西側下に五つの小曲輪が重なり、北東と南西は帯曲輪が囲む。楯跡のうち楯山は、全体に高峻な地形に頼る非常時の際の詰城らしく、他方、山裾の曲輪群は領主と家臣団の居館とみられる。通常、領主は居館に住み、緊急時に家臣とともに山あがりをしたのではないか。また、楯岡城のすぐ隣の山にあり、楯岡城の前身の城とも考えられる。

上：𣘺山楯跡山城　下：山麓居館跡

【ワンポイント】　城跡の楯山は、野鳥や植物の宝庫である。とくに、城特有の植物「シャガ」が曲輪一面に群生し、春には白紫色の花を咲かせて楽しませてくれる。また、𣘺山の主曲輪に登ると、真っ正面に雄大な甑岳が望める。いずれも中級者用の城歩きコースである。

＊　拙稿「隣合う山城「楯岡城跡と𣘺山楯跡」（山形県村山市）について」（『中世城郭研究』第一八号、二〇〇四年）も参照。

階段状に曲輪を重ねる城

23 飯田楯《いいだたて》
〔付 十字山楯《じゅうじやまたて》・高館山楯《たかたてやまたて》〕

所在地：村山市大字本飯田字館
比　高：約六〇m
分　類：山城
交　通：ＪＲ奥羽本線袖崎駅下車、徒歩約二五分

【歴史】　楯主は飯田播磨で最上下郷八楯の一つだったが、八楯を離れて最上義光に従い、のちに飯田楯（山形市）に移り、ここは本（元）飯田になったとされる。

【立地と遺構】　本飯田集落の背後、館山と呼ばれる丘陵突端に立地する。最高所に不整形の主曲輪があり、東西約三一m、南北約三六mの規模で、南端に土塁をおき、西側に折れ坂虎口が開く。主曲輪の南側と北側に帯曲輪があり、その下部、西と北西には高く鋭い切岸をもつ整地された曲輪が連続し、北方先端は三条堀切で尾根を切断する。南方も二つの堀切で尾根を遮断する。楯跡は堀切で尾根を切断したなかに、急峻な東側を除き主曲輪を中心に階段状に曲輪を重ね、まさに天正年間前半の最上の城の典型である。なお、楯下西側に表宿・新宿などの宿町がある。

　飯田楯跡奥の東方山中に、十字山楯跡と高館山楯跡がある。十字山楯跡は、比高約一二〇mの丘陵に立地する。最高所の主曲輪はほぼ長方形で、東西二七m、南北六八mの規模である。南にやや広い二つの曲輪があり、それを取り巻き単独の

飯田楯　階段状曲輪群

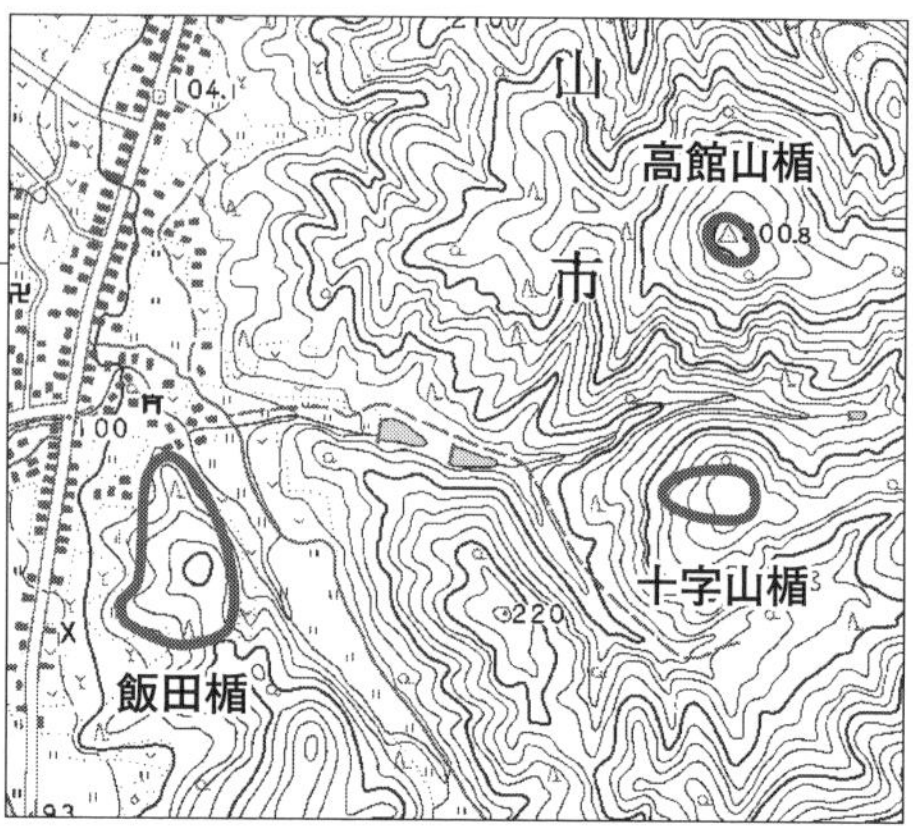

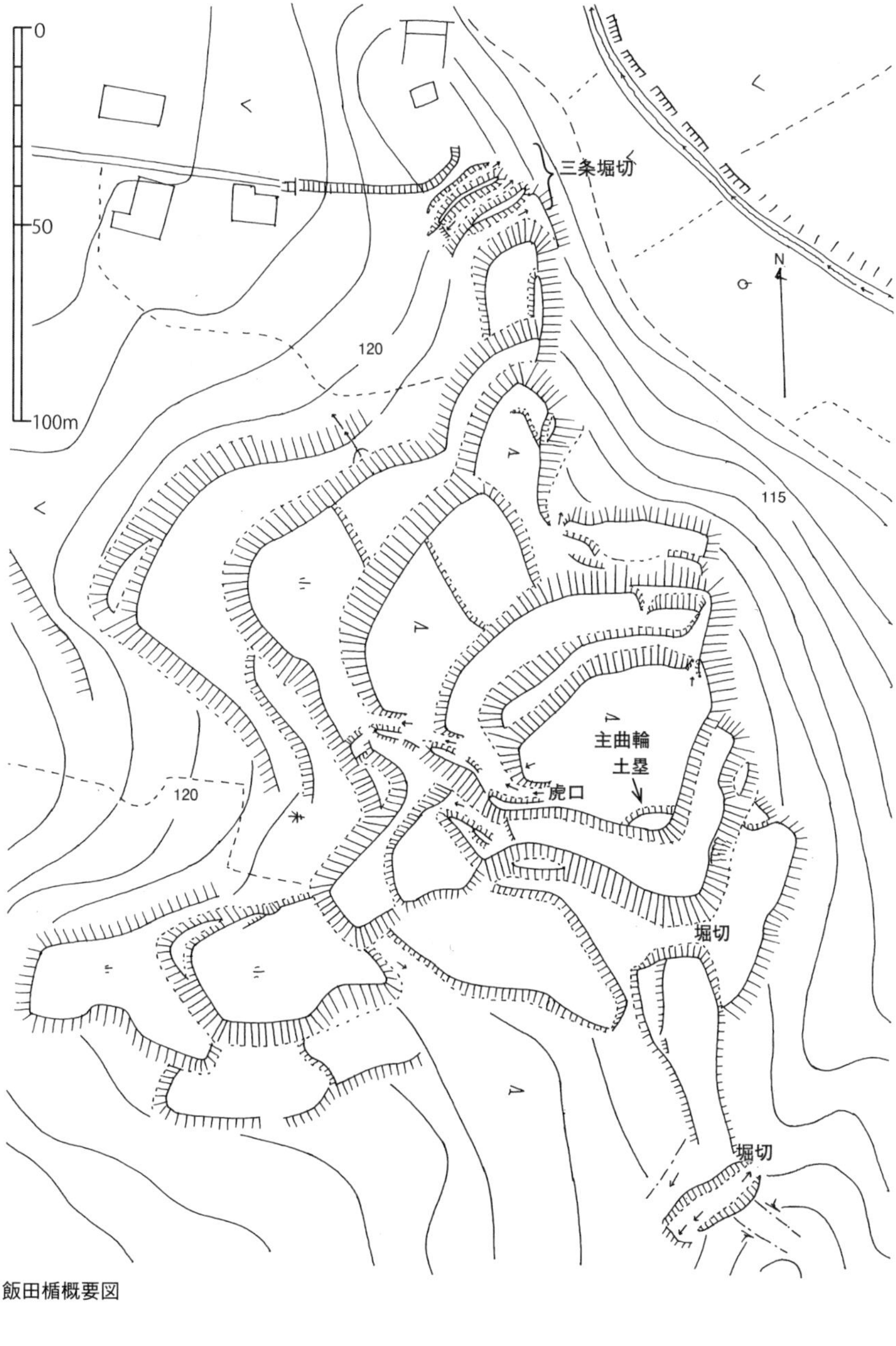

飯田楯概要図

曲輪群が造られる。その下に電光型の城道がくだり、山裾にも曲輪群を確認できる。楯跡は曲輪は低い切岸で規模は小さく、多くの曲輪が連続しないため原初的な感じがする。また、楯主伝承と楯地名は確認できず、飯田楯の古楯ではなかったろうか。

高館山楯跡は十字山楯跡とは尾根続きで、沢をへだてた北側にある。最高所を不整形で、東西約一二〇m、南北約四五mの範囲に切岸と空堀が囲む。内部は自然地形のままで、十字山楯と一体の施設で臨時的に使用されたとみられる。

【ワンポイント】 袖崎地区に戦国盛期の飯田楯跡、それに先行すると思われる十字山楯跡と高館山楯跡、近世初頭の土生田楯跡と時期の違う四つの楯跡があり、交通条件も良く、格好の中級者用の城歩き一日コースとなる。

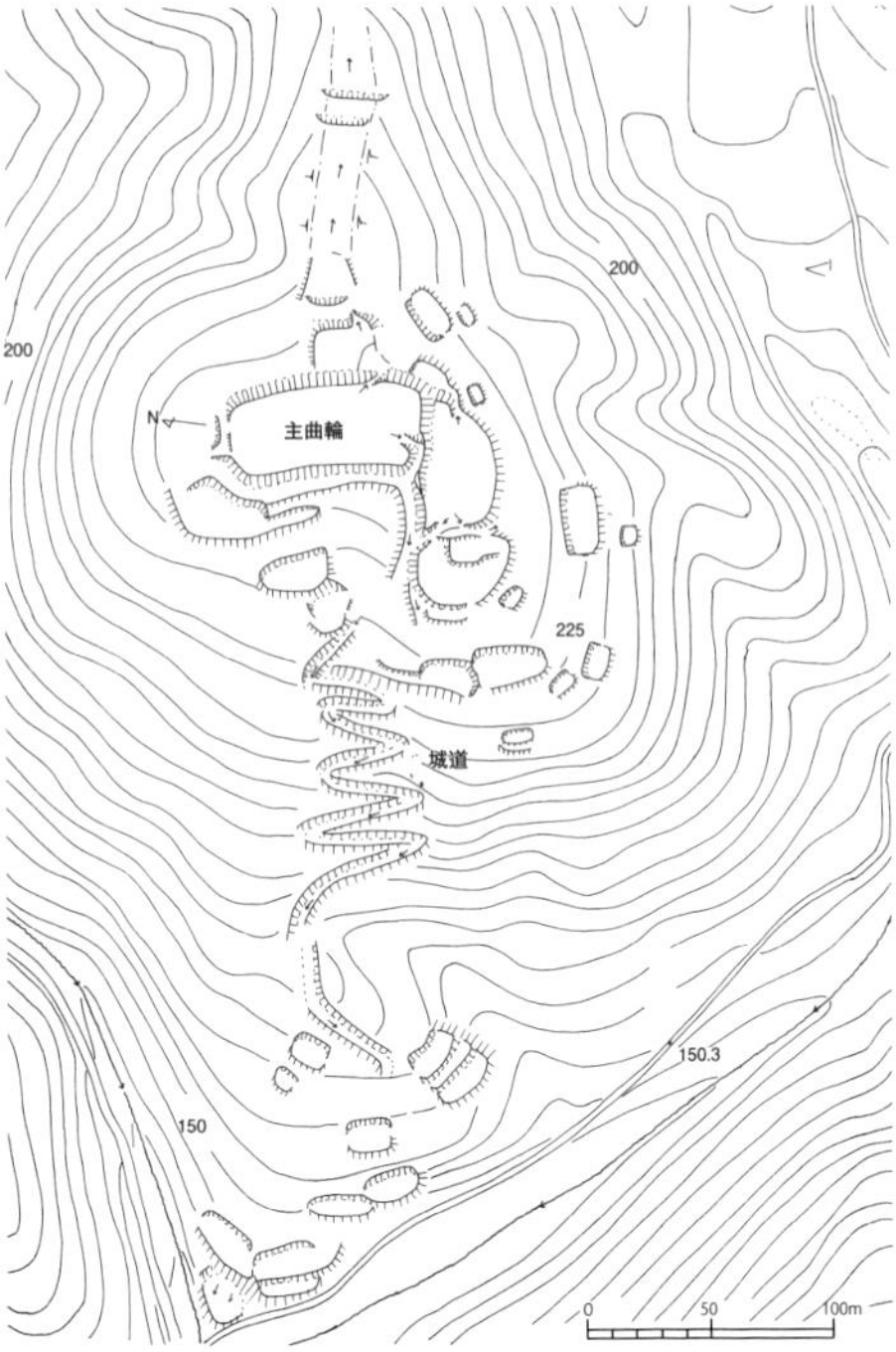

十字山楯概要図

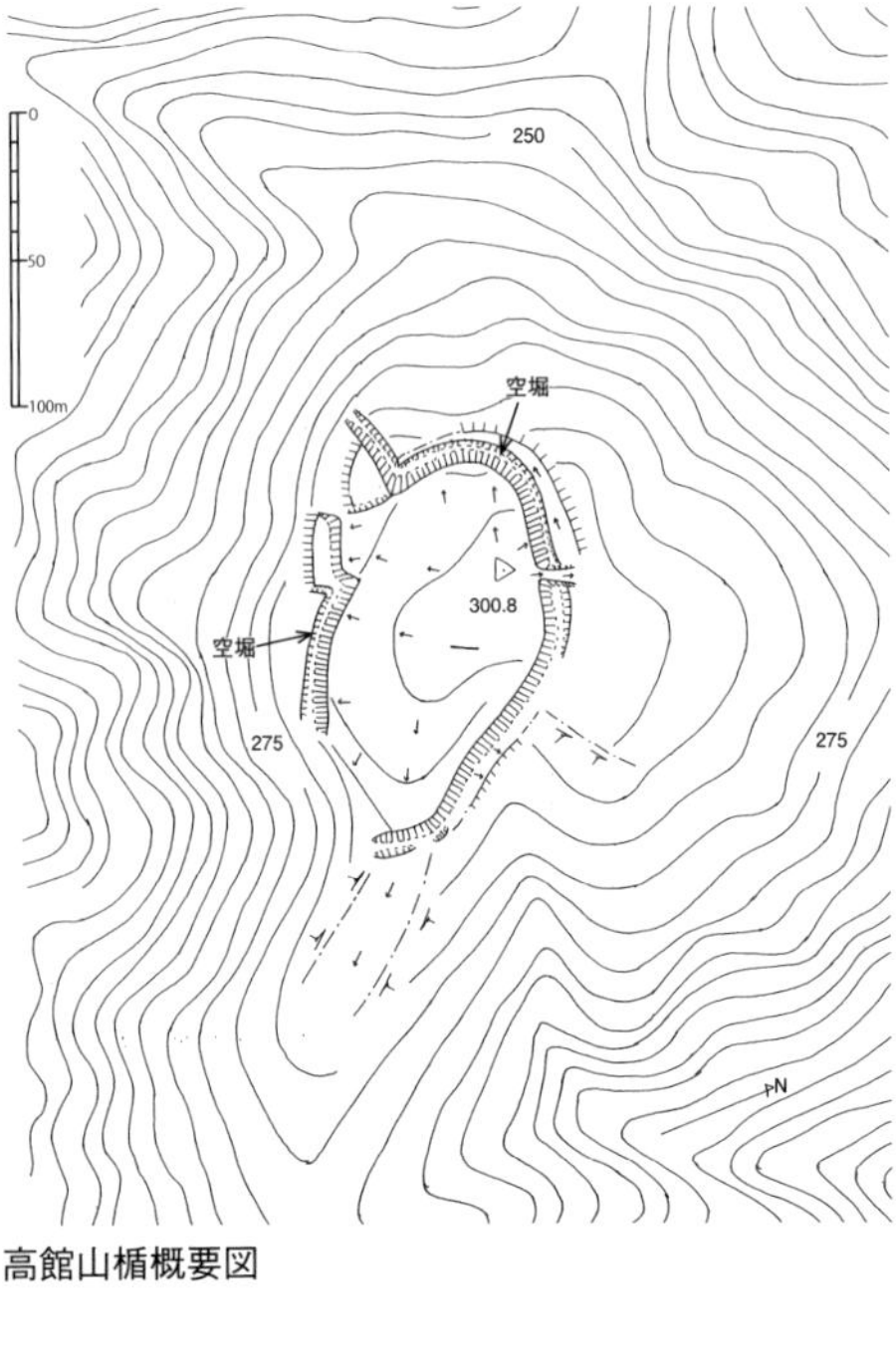

高館山楯概要図

山頂に方形主曲輪をもつ城

24 土生田楯《とちゅうだたて》

所在地：村山市大字土生田字中田楯山
比　高：約一〇〇m
分　類：山城
交　通：ＪＲ奥羽本線袖崎駅下車、徒歩約一〇分

【歴史】　楯主は安食大和守《あじきやまとのかみ》とされ、築城ののち今宿に移り、善翁寺《ぜんおうじ》を開いたといわれる。安食大和守は、もとは安食七兵衛といい、新庄の安食楯が本拠とみられ、天正十二年（一五八四）の最上義光の天童氏攻撃のときは下楯の一員として参加した（「天童軍記」）。その後、義光の信頼厚い重臣として活躍した。慶長六年（一六〇一）、義光が庄内を領有すると、大石田河岸を創設し、それを結ぶ陸上交通の拠点として土生田町が創出され、その二つの要衝を押さえる城として腹心の安食大和守に命じ、土生田楯が整備されたと考えられる。元和八年（一六二二）、城は接収された。

山城跡遠景

【立地と遺構】　土生田集落背後の丘陵に山城、その西側突端に内楯が立地する。山城は最高所に方形の良く整地された主曲輪があり、東西と南北の長さが約四九ｍで、北西角に虎口が開く。北側には一条空堀で遮断した東側に三つの曲輪があり、その先は堀切から竪

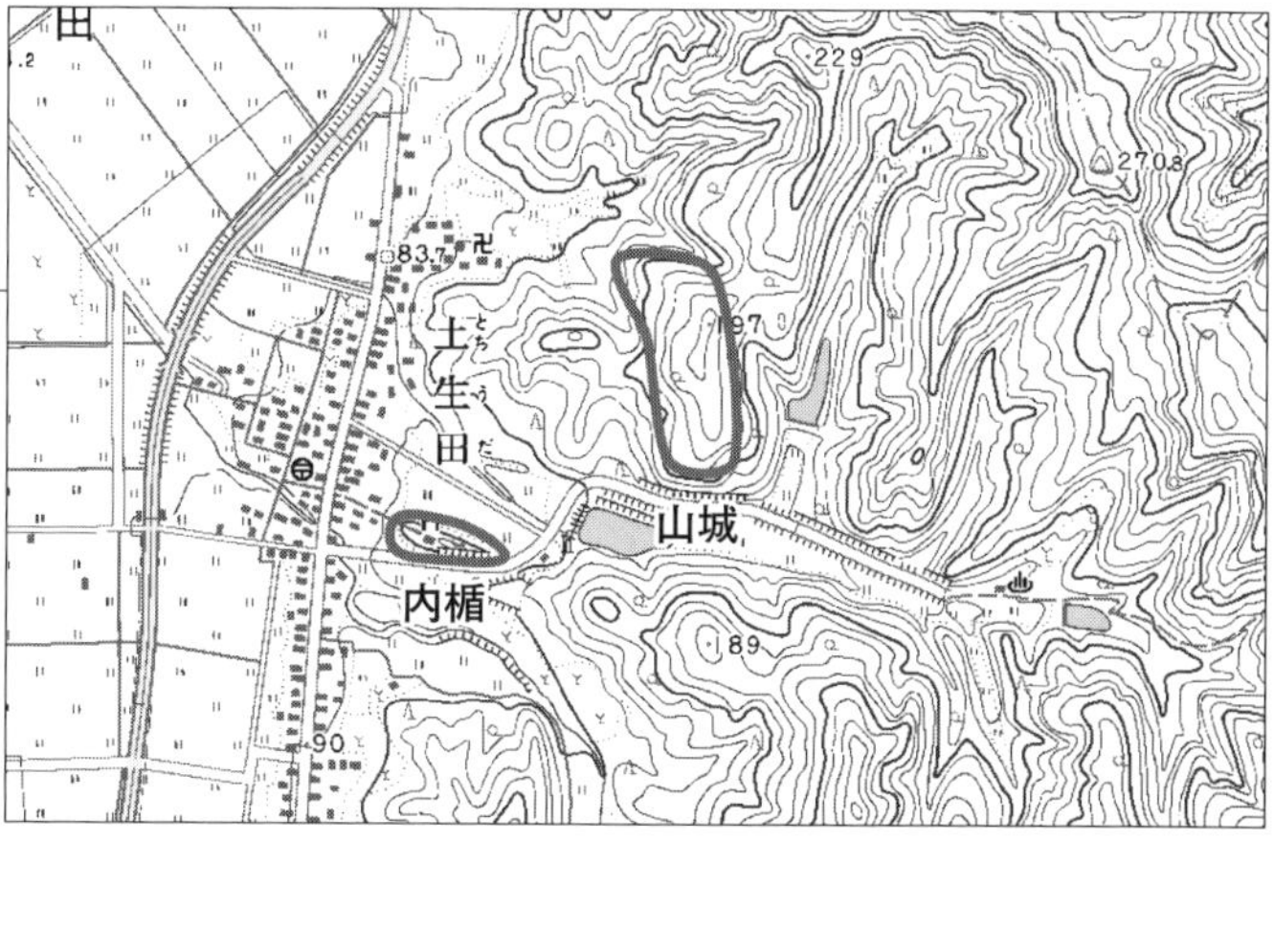

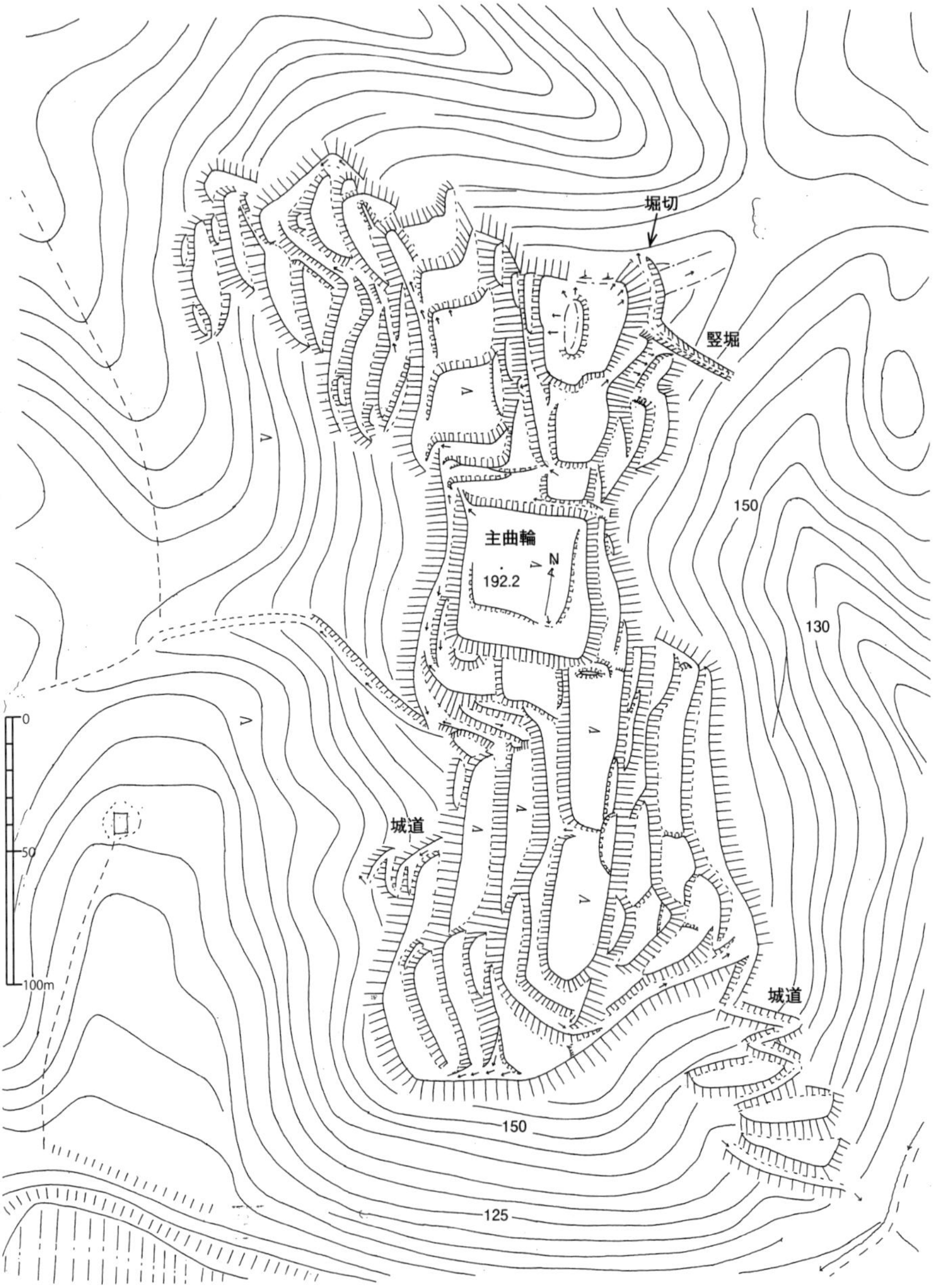

概要図

堀となる空堀で尾根を遮断する。主曲輪西側には四段のほぼ方形の曲輪が重なり、下方の西北斜面には多数の曲輪が連続する。南側には細長い曲輪が二段置かれ、両側に帯曲輪群が重なる。

また、内楯は堀切と上段の曲輪が市道湯舟沢線改良工事で削平されたが、下段曲輪が残り、大宮神社が鎮座する。曲輪周囲には帯曲輪が付属し、山麓北側に長さ約一五〇m、幅一〇～一五m、深さ二～三mの堀跡が残る。また。市道部分は昭和六十三年（一九八八）に発掘調査され、内楯の最高所、主曲輪が全面調査され、凝灰岩の岩盤を掘った多数の柱穴が検出され、少なくとも二回の建て替えがあったとみられる大型建物跡二棟が確認された。さらに、幅四mの虎口も検出された。そして、堀はかつて内楯を囲み、南側・西側にもあり西側は二重堀だった。このうち、南・西側半分は昭和末年まで水堀で、幅広だった南西角は昭和三十年（一九五五）頃まで水泳に利用されていたという。

土生田楯跡は山城の楯山と居館としての内楯の二つがあり、内楯には水堀がある。水堀は近世の城の特徴で、北村山地方では東根城跡・長瀞城跡・楯岡城跡・大久保城跡に残る。これは、土生田楯が元和八年の城接収記録「最上氏収封諸覚書」（『最上氏史料』）にある「飯田　飯田大和居所　知行五千石」の近世の城「飯田」だったことの根拠となる。さらに、主曲輪が方形の形態をもち、白岩光広《あきひろ》が造った白岩稲荷山楯跡（寒河江市）と共通し、近世初頭の主曲輪形態の特徴といえよう。

【ワンポイント】　楯跡の山城は良く遺構が残り、地元の方が大事にしている。また、内楯は北側に水堀跡が窪地となって残り、大宮神社から観察できる。楯跡下の道を東方に行くと湯舟沢温泉がある。中級者向けの楯跡歩きの後は、アルカリ質の湯にひたり体を休めよう。

＊　詳細は、佐藤幸作ほか『土生田楯遺跡発掘調査報告書』（一九八七年）、石井浩幸「村山市土生田楯について」（『山形県地域史研究』第十八号、一九九三年）も参照。

大空堀で尾根を切断する城

25 白《しろ》鳥《とり》城《じょう》

所在地：村山市大字白鳥字土海在家
比　高：約六五m
分　類：山城
交　通：ＪＲ奥羽本線村山駅から車で約一五分

【歴史】　戦国期に谷地に移る前の白鳥氏の本城と伝わる。

【立地と遺構】　戸沢中学校北側の丘陵突端に立地し、最高所の主曲輪は東西約四〇m、南北約三二mの規模で、南西端に折れ坂虎口が開く。西側縁辺に土塁があり、その外は尾根を切断する上幅約一六m、深さ約九m、長さ約九三mの大空堀となる。主曲輪の東と南側に三段の帯曲輪、北側に細長い曲輪があり西南端から堀底道への道がくだる。大空堀は工事量も多かったとみられ、築城主は単なる在地土豪ではない。

白鳥氏の故地は、城跡北方の宮下集落とされ、鎌倉時代と推定される宝篋印塔や南北朝時代から室町時代と推定される六面幢がある。平成十二年（二〇〇〇）には、白鳥氏居館伝承遺跡が発掘調査され、多くの中世の大型掘立柱建物跡や古銭と青磁・三彩盤・珠洲系陶器などが出土した。

【ワンポイント】　白鳥城跡は戸沢中学校のすぐ裏山で登りやすく、大空堀は必見である。また、宮下集落にある宝篋印塔と六面幢は、重厚な石造物で歴史を感じる。

城碑のある主曲輪

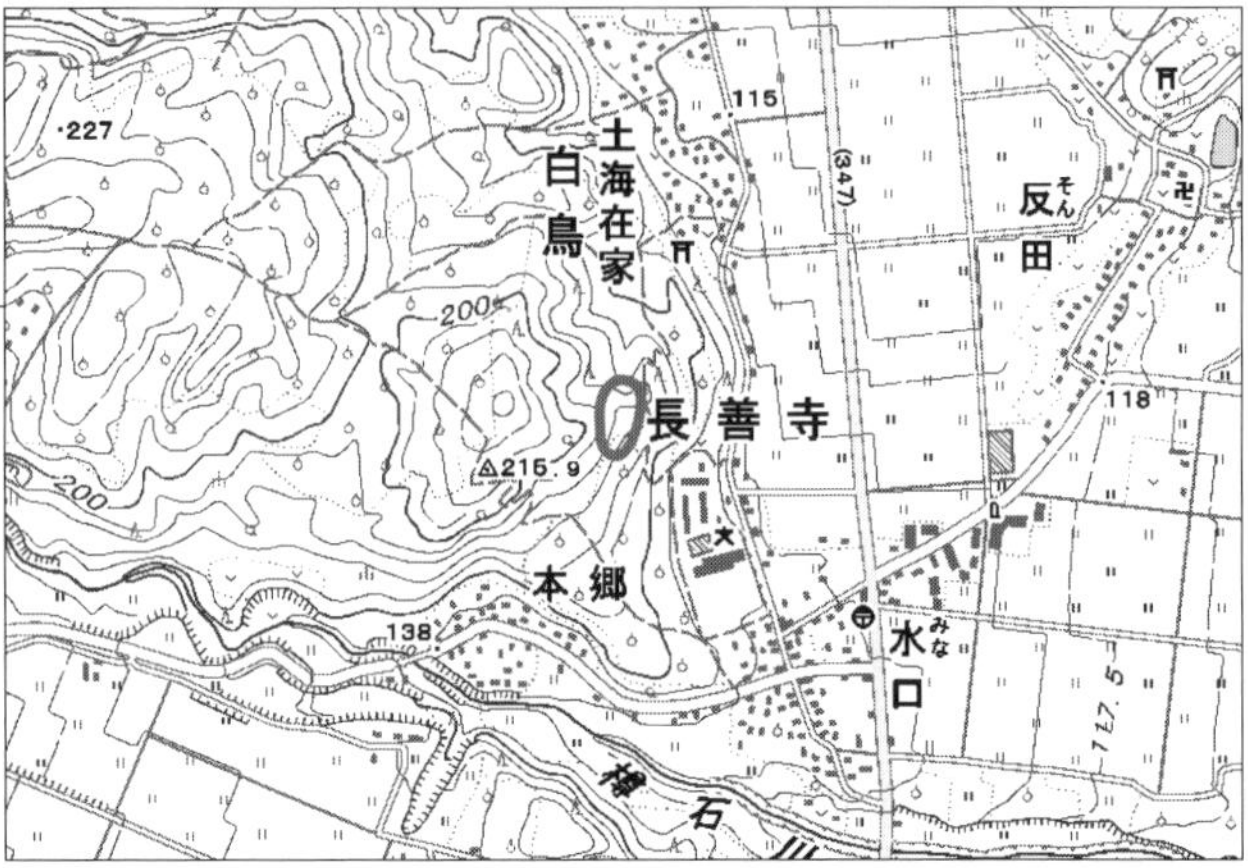

＊詳細は、山形県埋蔵文化財センター『山形県埋蔵文化財センター調査報告書第八五集　白鳥館跡発掘調査報告書』（二〇〇一年）も参照。

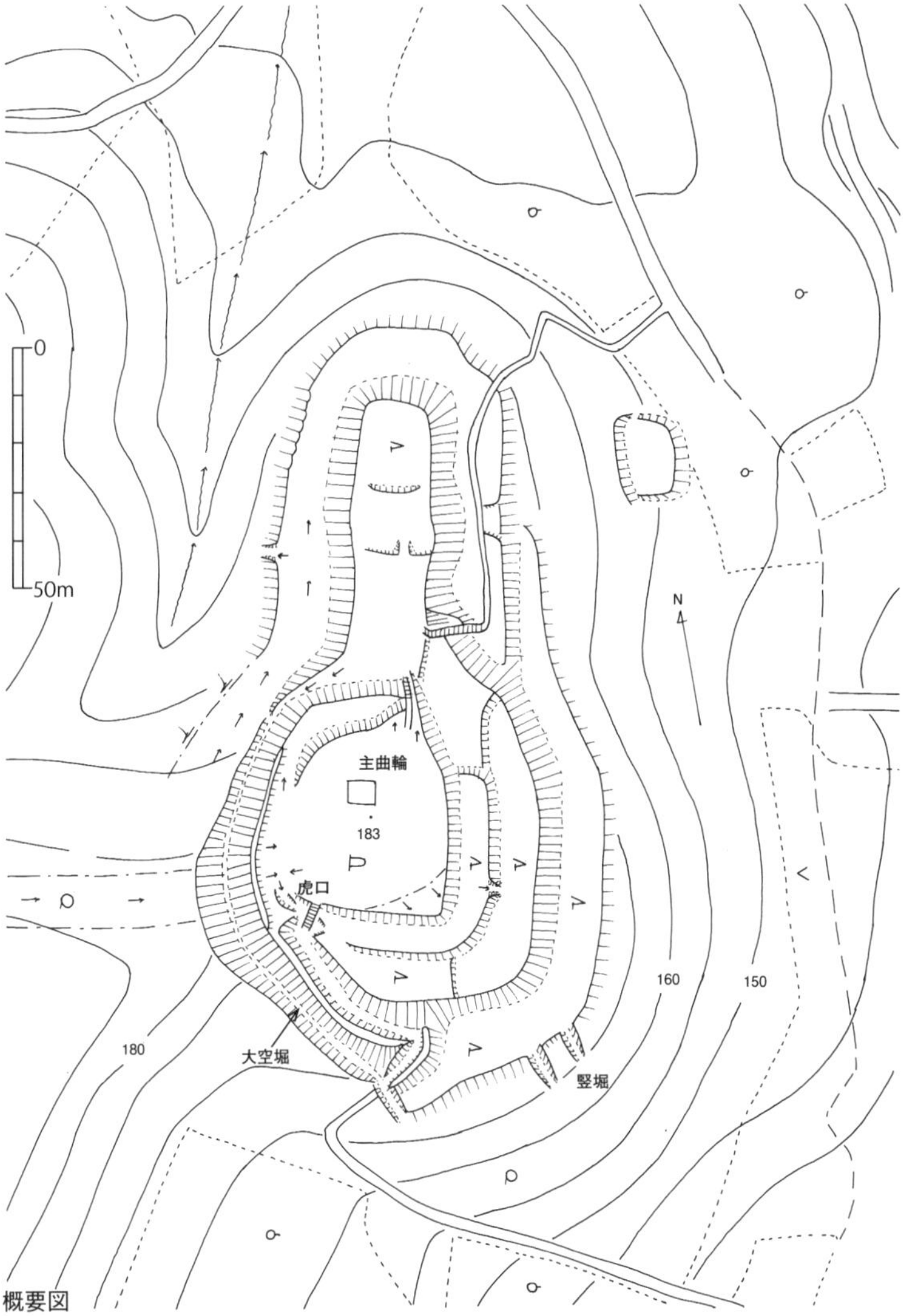

概要図

白鳥氏故地の宮下にある古式六面幢

曲輪群に近世初頭の特徴をもつ城

26 富《とみ》並《なみ》楯《たて》

所在地：村山市大字富並字楯山
比　高：約八〇m
分　類：山城
交　通：ＪＲ奥羽本線村山駅から車で約一五分

【歴史】平安末期に落浜入道大林が拠った城と伝わり、鬼甲城《おにかぶとじょう》とも呼ぶ。

【立地と遺構】富並川が北に流れる南側丘陵の楯山に立地し、最高所の主曲輪は東西約四六ｍ、南北約四〇ｍの規模となる。西は二条堀切で尾根を切断し、南に大規模な曲輪が連続し、東にも鋭い切岸をもつ大小の曲輪群が重なる。楯跡の特徴は、主曲輪を中心に多数の曲輪群が重層的に連続する求心的な構造をもつことで、曲輪は比較的直線的で、高く鋭い切岸をもち、あたかも近世城郭の高石垣のようにみえる。

慶長末年といわれる「最上義光分限帳」（『最上氏史料』）に「富並　高三千石　富並彦一郎」とある。富並彦一郎は楯主と考えられ、領内城地二十五ケ所には「留並」が載り、最上領の主要な城の一つであった。おそらく、富並一帯を与えられた武将で、楯跡の規模からも矛盾はない。なお、『天童軍記』に、最上義光方として天童城攻めに加わった下楯の武将として、富並相模守がおり、富並彦一郎にかかわるかもしれない。

【ワンポイント】富並楯跡は、伝説の城、平安末期の鬼甲城跡として有名である。しかし、城跡は高く鋭い切岸をもち、曲輪を重ねる構造で、近世初頭に富並氏が構築したのだろう。

高く鋭い切岸をもつ曲輪群

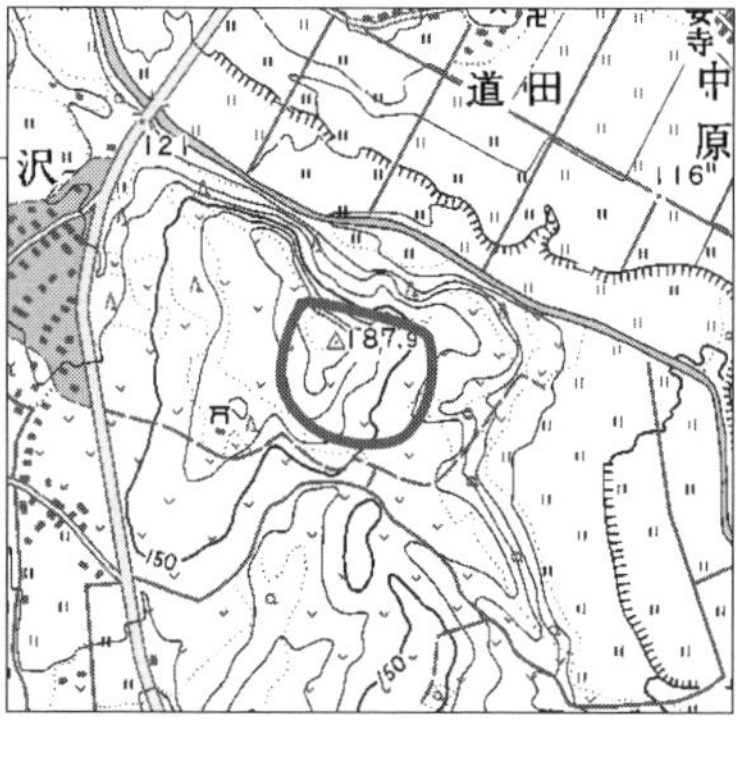

169　富並楯

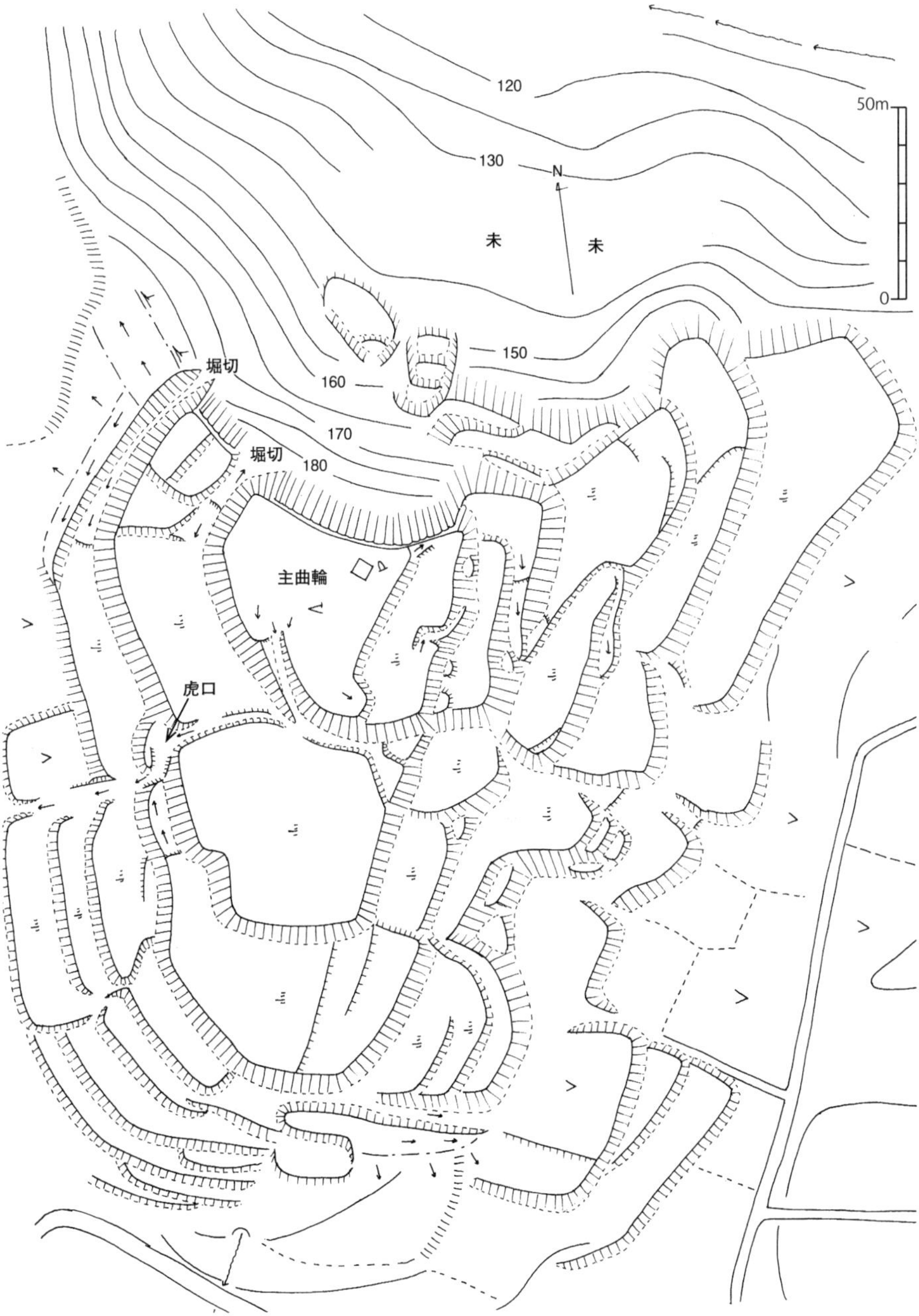

概要図

大杉の聳え立つ広大な本丸跡

27　延《のべ》沢《さわ》城《じょう》

所在地：尾花沢市大字延沢字古城山
比　高：約一二〇m
分　類：山城
交　通：ＪＲ奥羽本線大石田駅から車で約一五分

【歴史】　城主の延沢氏は、小田嶋荘地頭・小田嶋長義の末裔といわれる。天文二十四年（一五五五）成立の『讒拾集《さんしゅうしゅう》』*1では、延沢氏の書札礼は殿称で格式が高く、戦国期には出羽国の有力国人となっていた。戦国末期には最上下郷八楯の一員だったが、天正十二年（一五八四）に離れ、最上義光に味方して天童氏自落に大きな役割を果たした。その後は最上氏の重臣となり、最盛期には尾花沢・大石田地方約三万石を領有した。

城跡遠景

延沢氏のうち満重《みつしげ》・満延《みつのぶ》・光昌《あきまさ》の三代の事跡が明らかで、現在の延沢城の大部分が造られたのは、光昌のときとみられる。元和八年（一六二二）の最上家改易により、延沢氏は肥後国熊本に移った。その後、鳥居氏により、延沢城は伊達政宗への備えとして東根城とともに特別に残された。しかし、城主のいない番城で、寛永十三年（一六三六）の保科氏記録『家世実紀』（『山形市史編集資料七』、一九六七年）に「畳敷き書院のある本丸屋形

*1　『横』八八。

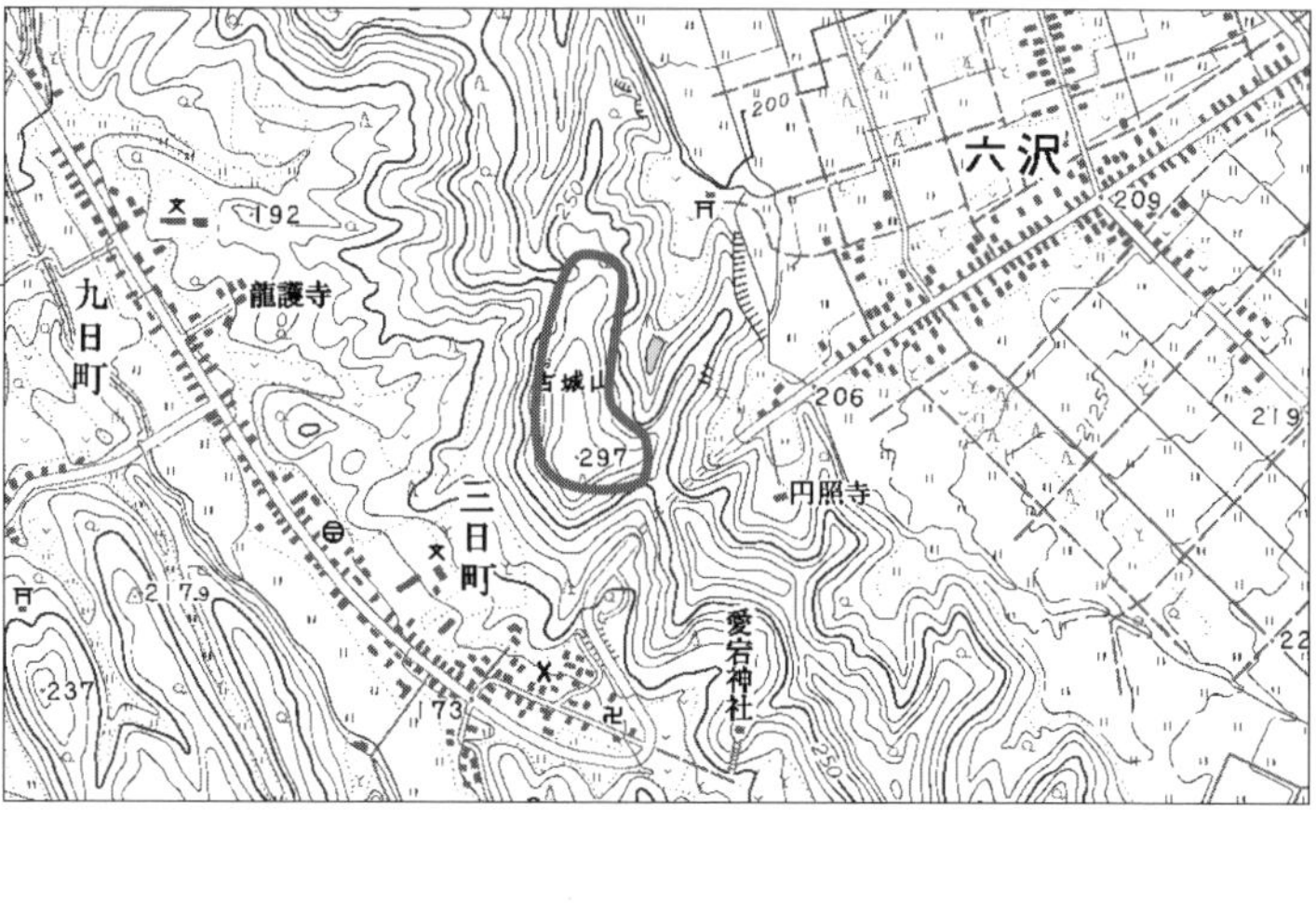

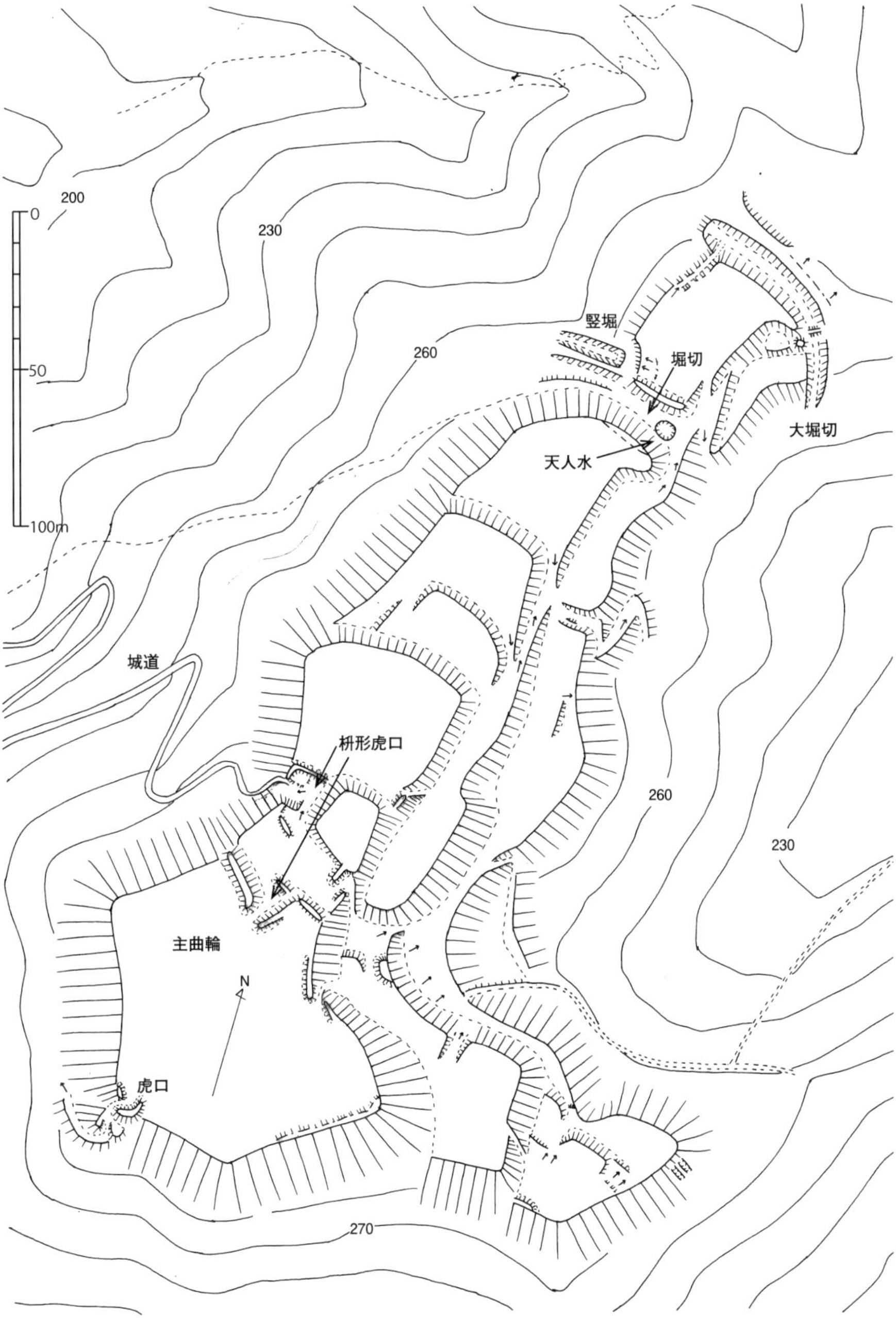

概要図

上：大杉のたつ本丸　下：天人水

は損じ、雨の漏らない座敷は一つもなく、二の丸の四軒の建物も敷物はなく住めなかった」とあり、荒れはてていた。この記録で重要なのは、延沢城本丸に書院をもつ本丸屋形、二の丸に四軒の建物のあったことが判明することである。その後、城は「野辺沢城記」（『延沢軍記』）によると、寛文七年（一六六七）に東根城とともに破却された。なお、東根城に正保城絵図が残ることから、延沢城も作成し提出されたが紛失したものであろう。

【立地と遺構】　奥羽山脈が尾花沢盆地に突き出た古城山《おしろやま》に立地し、遺構は城主御殿や重臣屋敷のあった山頂曲輪群が良く残る。

常盤中学校から七曲りの馬足可能な広い城道を登ると連続枡形虎口が開き、もう一つの枡形虎口を入ると本丸跡である。本丸跡には樹齢千年という天人スギが聳え、東西約一一〇m、南北約八五mと広い。北側に三つの大型曲輪が連続し、東側にも二つの曲輪があり、これらが二の丸跡で本丸跡とともに延沢城の中枢部であった。尾根続きの北は二つの堀切で遮断し、堀底に湧水・

天人水がある。

西山裾の常盤中学校一帯は三の丸跡で、この中学校の所には、明治年間まで方形の南館跡があり、字切図で確認でき、城主に関係する館かと考えられる。そして、中学校の上方、大手道両側には家臣屋敷があった。そこから小尾根を越えた北側の沢は足軽屋敷という同心沢で、道の両側に短冊形の見事な地割が残る。なお、藤木久志氏は、延宝三年（一六七五）の延沢村検地帳の分析で、町屋の間口幅が家柄に応じて町割されるとし、[*2] 現在の延沢城は山城、町屋一体のもと計画的につくられたといえる。

このうち、本丸跡は発掘調査が実施され、掘立建物跡や礎石をもつ建物跡が検出し、十七世紀前半の多数の唐津焼をはじめとした遺物が出土した

延沢城大手門と伝える龍護寺山門

このように、発掘調査で十七世紀前半の遺物が多いことや、本丸跡の連続枡形虎口が山形では慶長五年の出羽合戦以後の城で確認できることから、延沢城跡の遺構の大部分は出羽合戦後、慶長年間に計画的に構築されたのだろう。

【ワンポイント】　城跡は国指定史跡となり整備され、地元の保存活動も盛んである。本丸跡までは広い城道があり容易に登れ、連続枡形虎口・広大な曲輪群・大堀切のほか、大杉や天女伝説のある天人水など見どころが多く、城歩き初級者向きの手頃な城といえる。城歩きの最後は、すぐ近くの延沢氏菩提寺の龍護寺に寄ろう。そこには大手門と伝える山門と延沢城主の墓碑がある。

＊2　尾花沢市教育委員会『史跡延沢銀山遺跡保存管理計画書その二』（二〇〇六年）。

＊　詳細は、大類誠『国指定史跡延沢城跡発掘調査報告書』（尾花沢市教育委員会、二〇一四年）も参照。

直線志向の曲輪群が連続する城

28 牛房野楯《ごぼうのたて》

〔付 大沢楯《おおさわたて》・森岡山楯《もりおかやまたて》〕

所在地：尾花沢市大字牛房野字楯山
比　高：約九〇m
分　類：山城
交　通：JR奥羽本線大石田駅から車で約一五分

【歴史】　慶長末年の成立という「最上義光分限帳」（『最上氏史料』）に「牛房野　高弐千石　牛房野三七」、領内城地二十五ヵ所に「牛房野」とある。楯主の牛房野氏は小国細川氏と同族で、天正十二年（一五八四）、最上義光の細川氏攻撃に功績があったとみられる。

牛房野楯跡曲輪群

【立地と遺構】　牛房野集落背後の楯山と呼ばれる丘陵突端に立地する。最高所の主曲輪は尾根を三つの堀切で切断し、背後に削り残し土塁をおき、なかに川原石積みの井戸跡がある。それに帯曲輪群が取り付いて中枢部を形成し、東側に多数の曲輪群が連続する。その南西には、馬場と呼ぶ東西約一一八m、南北約九六mと広大な平坦地があり、突端は三条堀切で尾根を切断する。

　牛房野楯跡の特徴は、直線を志向した曲輪群と堀切のほかに空堀のないことと、主曲輪背後の削り残し土塁である。とくに、削り残し土塁は、尾花沢盆地では寺内八幡跡・行沢楯

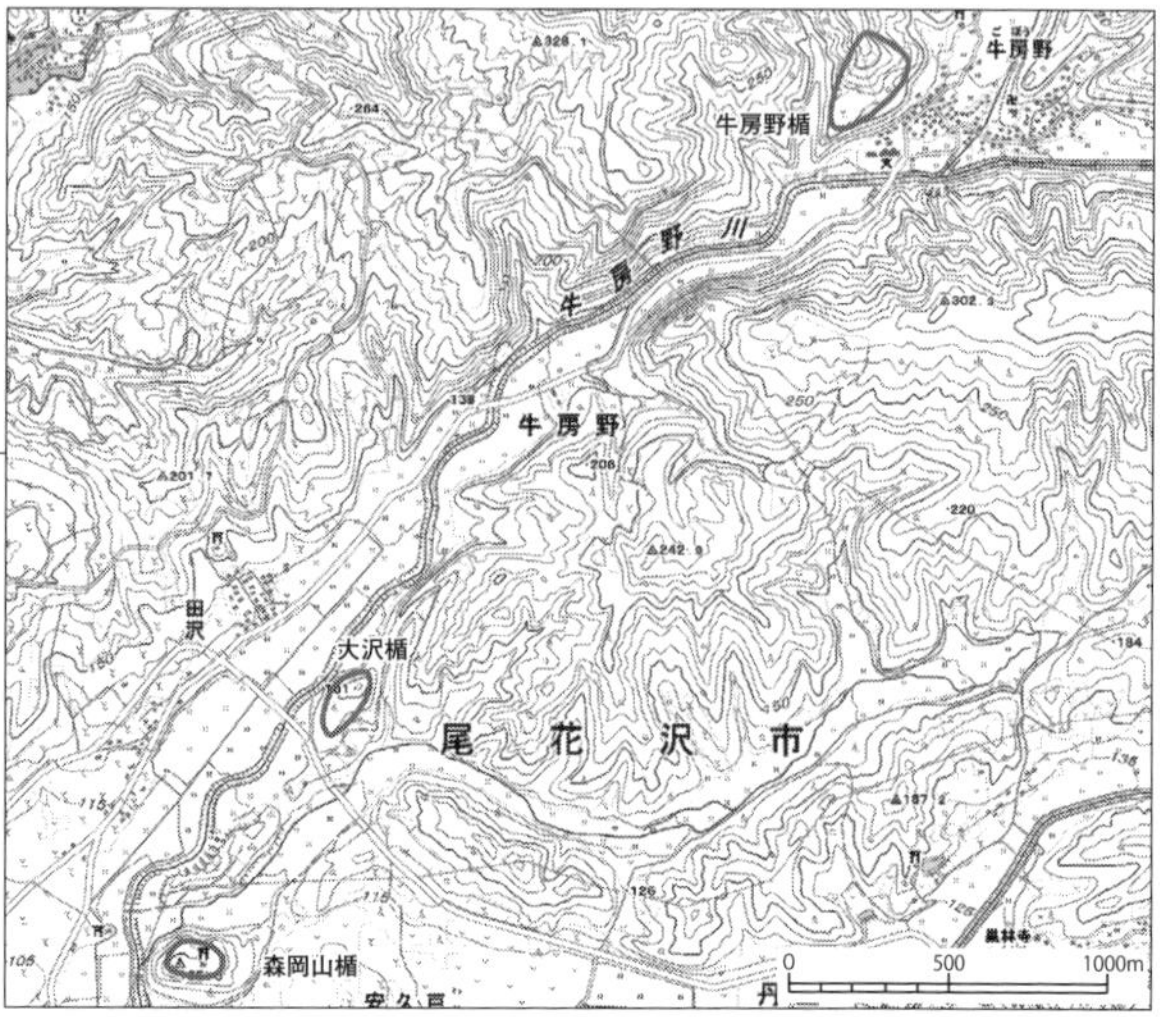

牛房野楯概要図

跡・荒楯跡で確認でき、いずれも最上義光の武将の城で、天正年間後半以降と考えられる。

牛房野楯跡の南方、沢の入口に主城・牛房野楯を守る二つの楯がある。一つは大沢楯跡で、牛房野川脇の丘陵にあり、源内楯・大類楯ともいう。土塁・空堀・切岸の遮断線で三つに区画し、最奥は小さい枡形状虎口をもつ主曲輪がある中枢部であった。中央部は鋭い切岸線と土塁・空堀

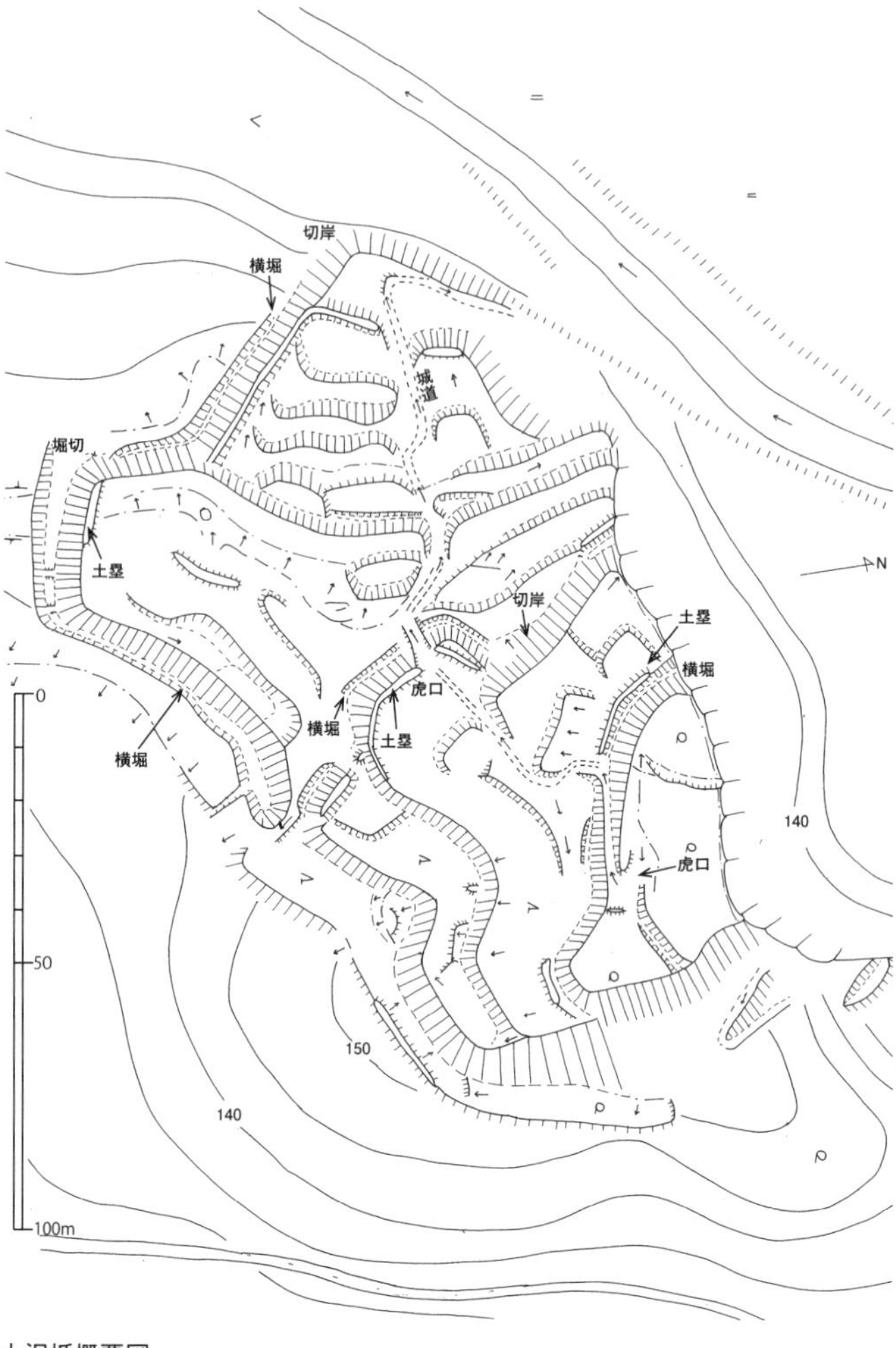

大沢楯概要図

大沢楯跡遠景

で厳重に遮断線をつくるが、内部の削平は荒い。外側の区画は鋭い切岸線をぐるりと回し、内側に土塁、外側に横堀を掘り、道の両側に細長い曲輪群がある。大沢楯跡の特徴は三重の遮断線が発達していることと、内部にあまり手をいれないことで、防御に特化した臨時の楯といえよう。

もう一つは森岡山楯跡で、まさに牛房野に入る沢の入口となる独立丘陵にあり、切岸と横堀と土塁で遮断線をおくが、内部はあまり手を加えず、これも防御に特化した臨時の楯といえよう。このように、牛房野氏は本城の牛房野楯を守るべく、沢の入口に二つの楯を築き、厳重な防御態勢をとっていたのである。

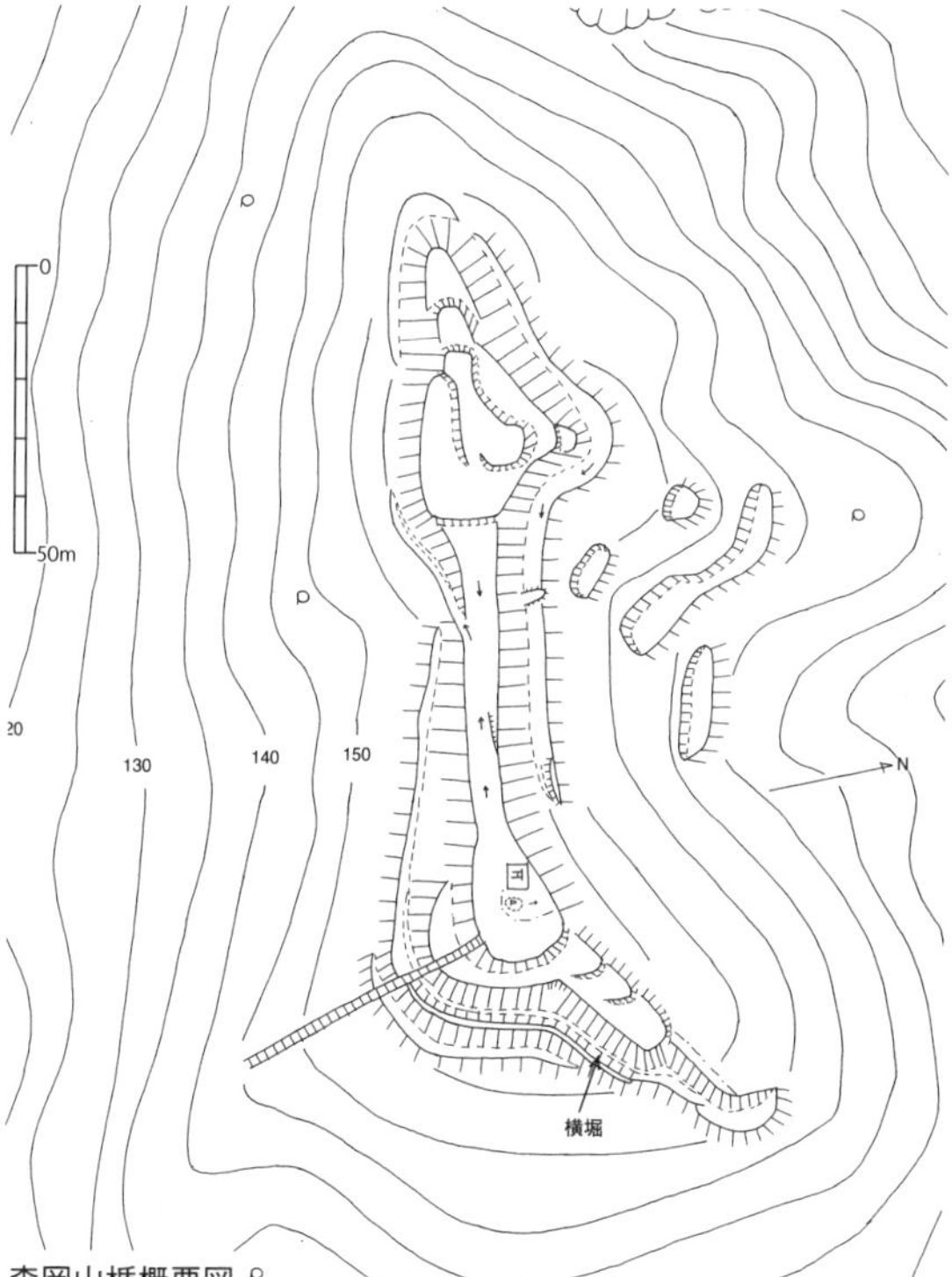

森岡山楯概要図

【ワンポイント】　おそらく、牛房野楯跡は知られていないだろう。しかし、楯跡は多数の曲輪群が連続し、圧倒される。また、大沢楯跡は小さいが切岸・土塁・空堀を駆使し、三重の遮断線で守る堅固な構造をもち、私が縄張り調査で最も感動した楯の一つである。

この三楯跡歩きは中級者用で、おにぎりをもって、ゆっくりまわってほしい。

森岡山楯跡遠景

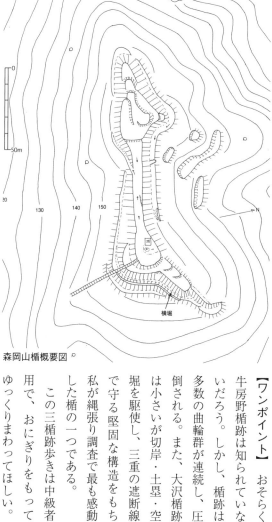

東北きっての障子堀を備える城

29 駒《こま》籠《ごめ》楯《たて》

所在地：大石田町大字駒籠
比　高：約八m
分　類：丘城
交　通：JR奥羽本線北大石田駅下車、徒歩約二五分

【歴史】斯波兼頼《かねより》のひ孫頼種《よりたね》に始まる鷹巣氏が、戦国期に最上川舟運掌握のために拠点にしたとみられる。

【立地と遺構】東に野尻川が流れ、最上川に合流する地点の北側、河岸段丘上に立地する。台地突端を大規模な土塁と空堀で方形に囲郭し、最上川上の突端には内郭的な方形区画の遺構をもち、周辺の城跡とは異質である。また、古代駅家特有の「まごめ」地名があり、古代野後《のじり》駅比定地とされ、発掘調査が継続・実施されている。私はこの遺跡について奈良期の土器が出土しているため、宝亀十一年（七八〇）、「出羽国大室塞等、また是賊の要害也」（『続日本紀』）とある大室塞で、土塁と空堀は古代ではないかと考えてきた。だが、平成二十七年（二〇一五）、東端土塁区の調査で土塁盛土層から戦国期の土器が出土し、東端土塁は戦国期の遺構となった。また、障子堀と喰い違い虎口遺構も戦国期と判断される。

障子堀は北土塁の東側に十三ヶ所の格子状堀内障壁、西側

楯跡遠景

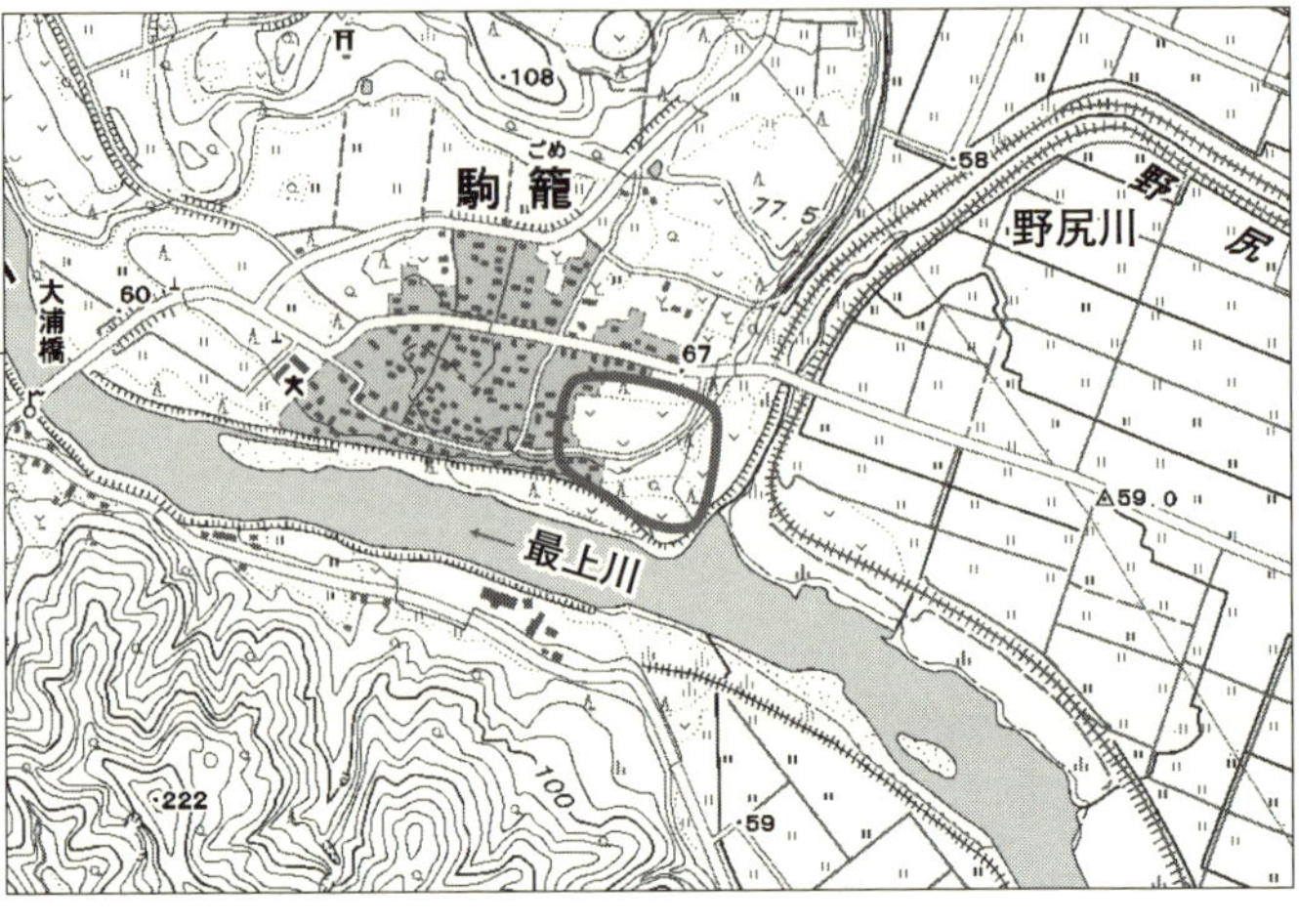

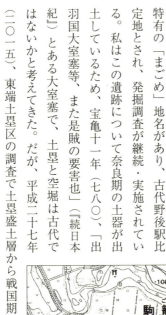

に横堀内障壁の「障子堀」がある。格子状堀内障壁は現地に明瞭な十三の窪地となってぼこぼこと連続し、横堀内障壁は空堀中に横に低土塁をおく。このうち横堀内障壁は、かつて「馬ころばし」とよばれた堀中の横においたもので、「障子堀」の一類型である。

「宝幢寺本最上氏系図」（『最上氏史料』）に斯波兼頼のひ孫、頼種が鷹巣に入部して鷹巣殿と呼ばれたとあり、鷹巣楯跡は単郭方形式で駒籠楯跡と形態と規模が似る。しかし、駒籠楯跡は鷹巣楯跡よりも、虎口は喰い違い虎口と強化され、土塁は高い。したがって、戦国期に鷹巣氏は最上川舟運の要地を直接押さえるために、鷹巣楯から拠点を移したのだろう。

【ワンポイント】　見事な障子堀遺構は、車道から入ってすぐの場所にある。このような交通アクセスの良い障子堀遺構をもつ楯跡は、おそらく全国でも珍しいだろう。城歩き初級者用のコースで、壮大な土塁に圧倒されるはずだ。

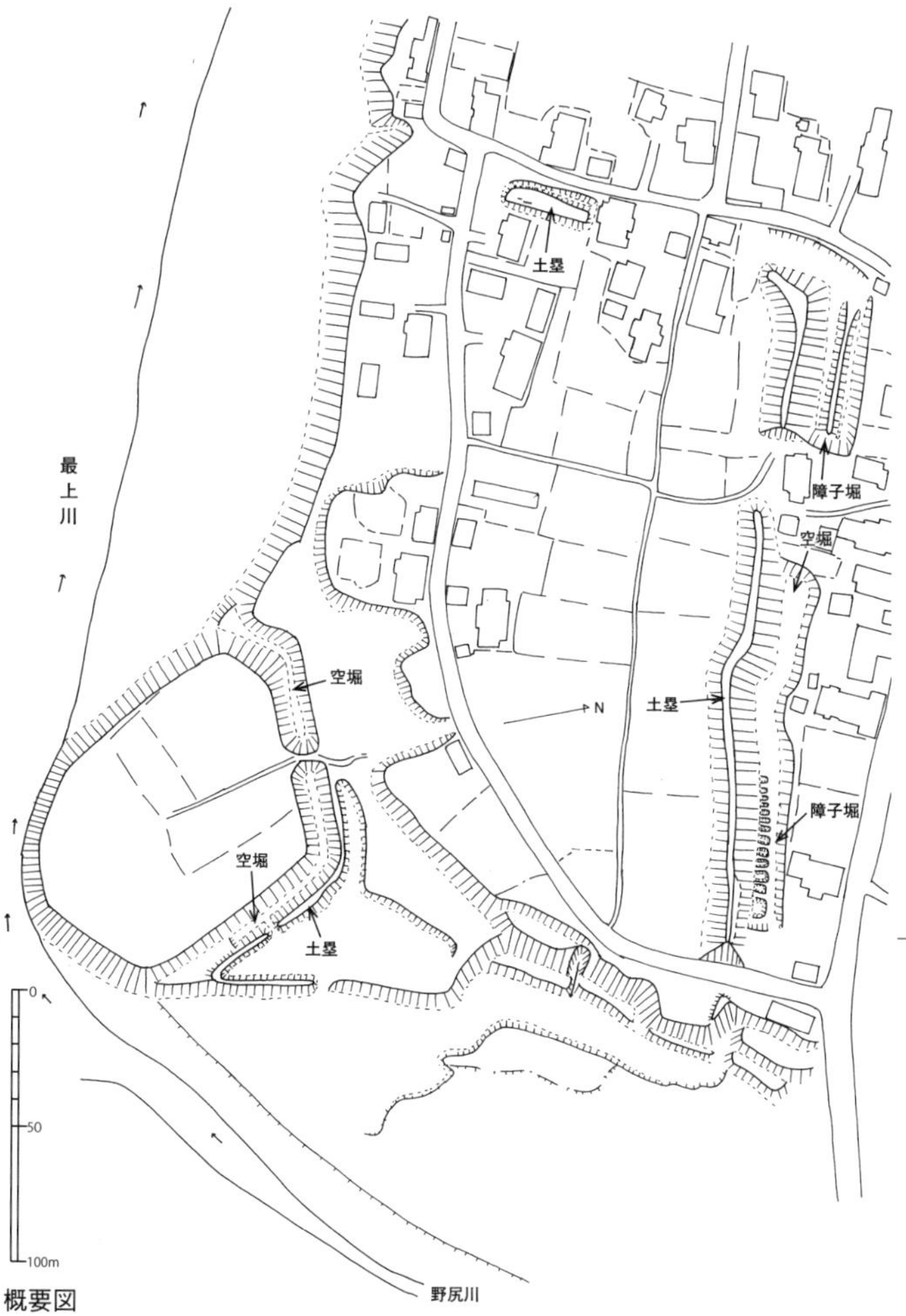

概要図

最上川の領主・猿羽根氏の本城

30 猿《さ》羽《ば》根《ね》楯《たて》〔付 手《て》倉森《くらもり》楯《たて》〕

所在地：舟形町大字富田字楯山
比　高：約七〇m
分　類：山城
交　通：ＪＲ奥羽本線舟形駅下車、徒歩約四五分

【歴史】　楯主は猿羽根氏で、源義家《よしいえ》の末裔が延文五年（一三六〇）に轟に要害を構えたのが始まりとされ、八代続いたが、天正年間に最上義光によって滅ぼされたといわれる。

【立地と遺構】　最上川と小国川の合流点を見下ろす、富田集落背後の丘陵に立地する。楯跡は東西の広いところで約三〇〇m、南北約二〇〇mの規模で、尾根続きを堀切で遮断し、内部を二条堀切と切岸で三つの区画に分けて中枢部とする。その北側斜面と山裾に、多数の曲輪群が階段状に重なる。

最高所中央が主曲輪で東は土塁で守り、南に高さ約一mの櫓台跡があり、北西隅には城主の手植えと伝える親杉、南西隅にサイカチの巨木が立つ。東側には二条堀切外に鉄塔の立つ曲輪があり、土塁外を堀切で尾根を遮断する。また、西側には細長い曲輪をおき、南の尾根を二条堀切で遮断する。これら中枢曲輪群の南側は急峻

猿羽根楯跡遠景

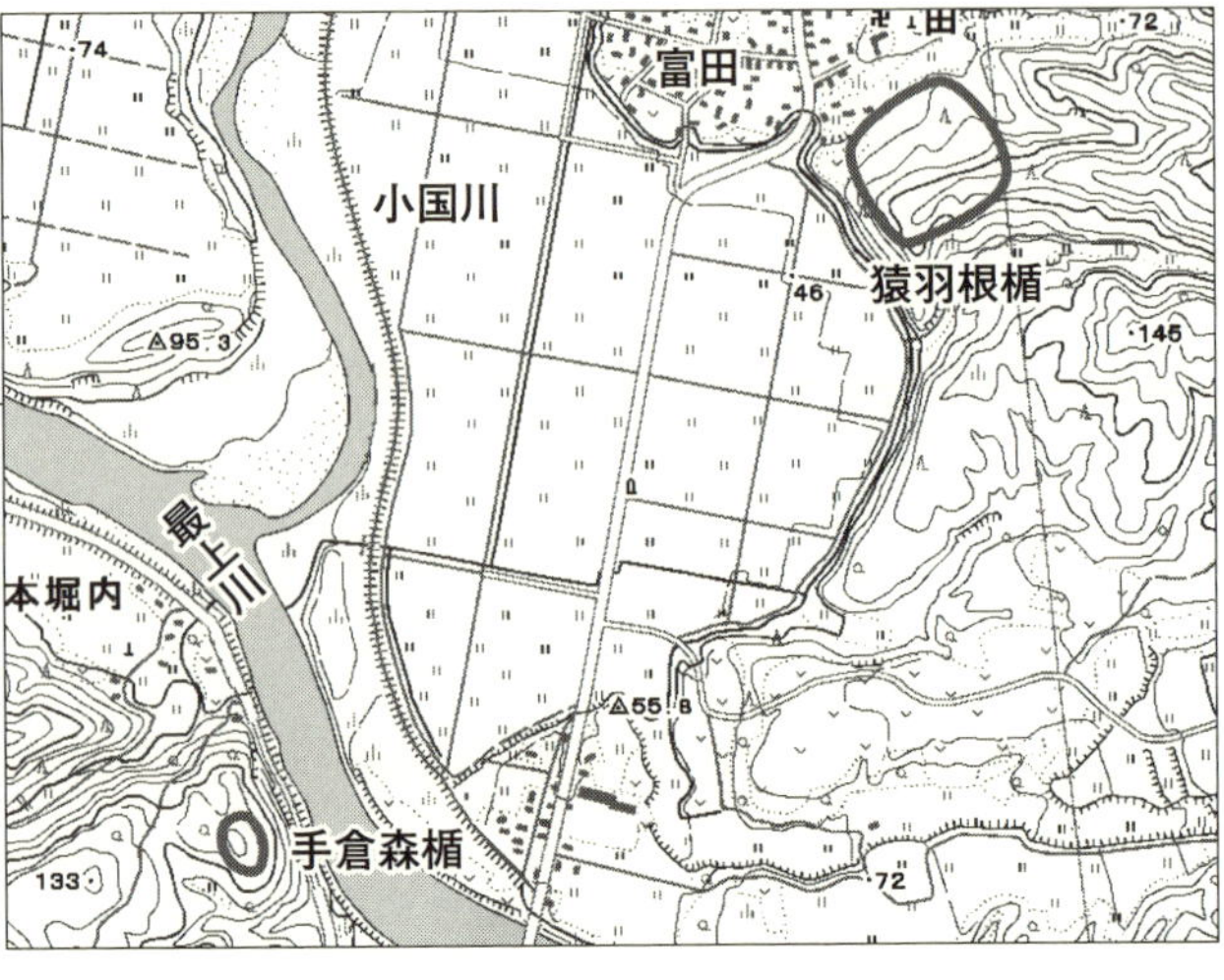

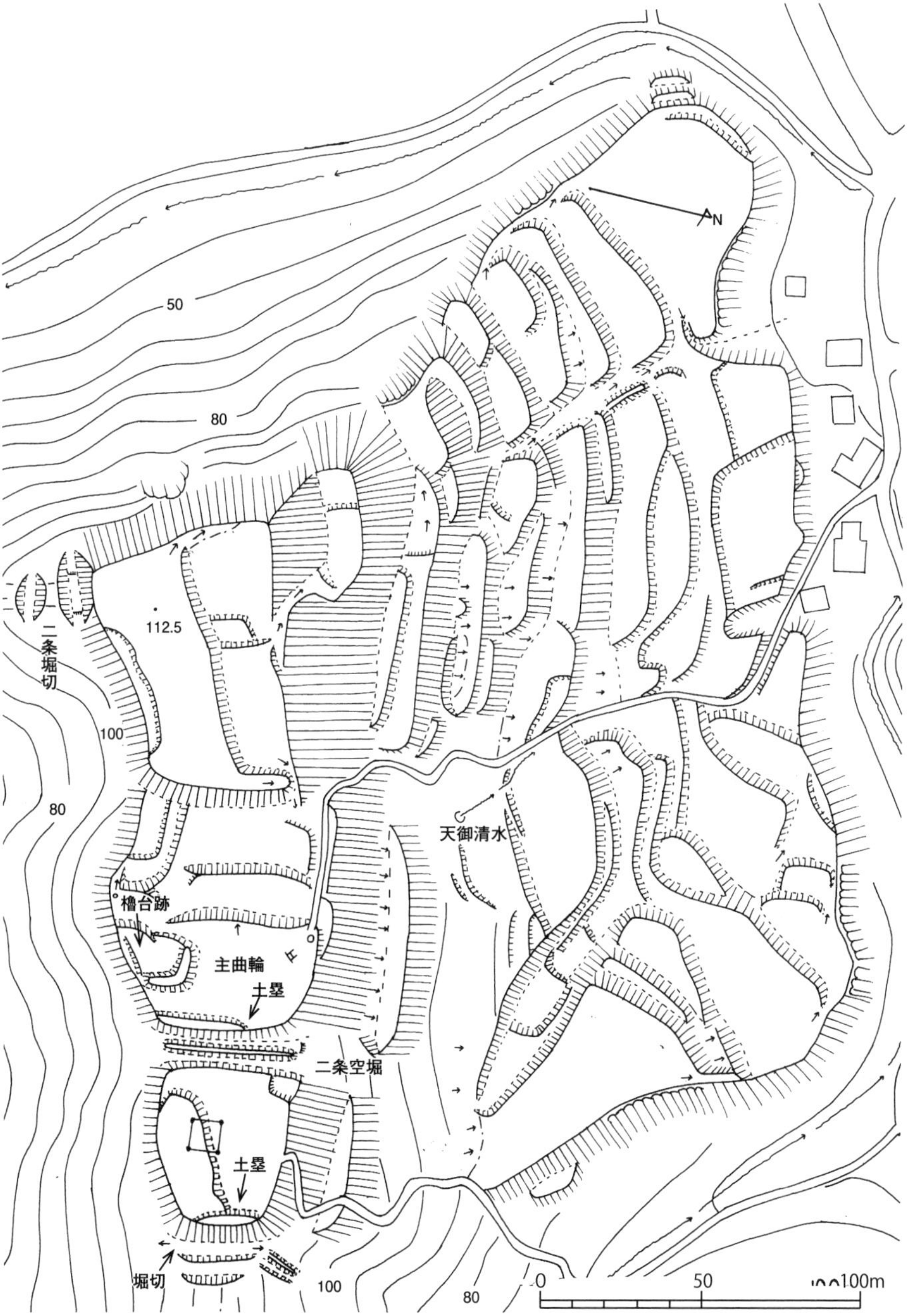
N
50
80
112.5
二条堀切
100
80
櫓台跡
主曲輪
土塁
二条空堀
天御清水
土塁
堀切
100
80
0
50
100m

猿羽根楯概要図

猿羽根楯　サイカチ巨木

な斜面となり、北側は高く鋭い切岸で遮断線とする。北斜面に重なる曲輪群のほぼ中央に天御《あまご》清水があり、清水下の平坦地は寺屋敷と呼び、猿羽根氏六代・高春《たかはる》公夫人が天文十三年（一五四四）に林昌院を建立した場所と伝える。

楯跡は多数の階段状曲輪を重ねる大規模なもので、国人・猿羽根氏の並々ならぬ勢力を感じる。おそらく、主曲輪には城主御殿、多数の曲輪群には家臣屋敷があり、最下部の広い曲輪は村人の緊急時の避難曲輪だったろう。また、楯下の富田には宿を中心に、上宿・裏宿・細宿があり宿町だった。かくして、猿羽根楯と富田宿町は、全国的に恒常的な山城の開始とされる天文年間頃に造られ、林昌院が建立されたという天文十三年にはあったのだろう。

続いて、猿羽根楯跡の小国川下流、最上川合流点の対岸丘陵にある陣城・手倉森楯跡を紹介する。楯跡は比高約五八mの丘陵にあり、最上川に落ちる急崖上の台地縁辺を約二〇〇mにわたり、深さ約一・五mの薬研堀状空堀と低土塁で囲郭する。北側と中央に単純な虎口が二ヵ所開き、東西約一二〇m、南北約二〇〇mの広大な内部は小丘陵や湿地があり整地されていない。

手倉森楯跡は自然地形のままの山頂部を塁線で囲み駐屯地としており、陣城の特徴をもつ。対象は眼下に見下ろす猿羽根楯であり、単純な虎口をもつことから時期は永禄年間で大宝寺氏の構築したものだろう。

【ワンポイント】猿羽根楯跡のある富田周辺は最上川舟運の要衝で、最上川と小国川合流点の轟

猿羽根楯　主曲輪の大杉

は古代水駅・避翼《さるはね》駅比定地で、近くに御厨に起源をもつとみられる「実栗屋」地名があり、古くから発展した地域とみられる。猿羽根氏の轟入部は、最上川河岸の掌握が目的だったに違いない。

　この二つの楯歩きは、道はなく上級者用の一日コースとなる。是非サイカチと大杉の巨木に出会ってほしい。

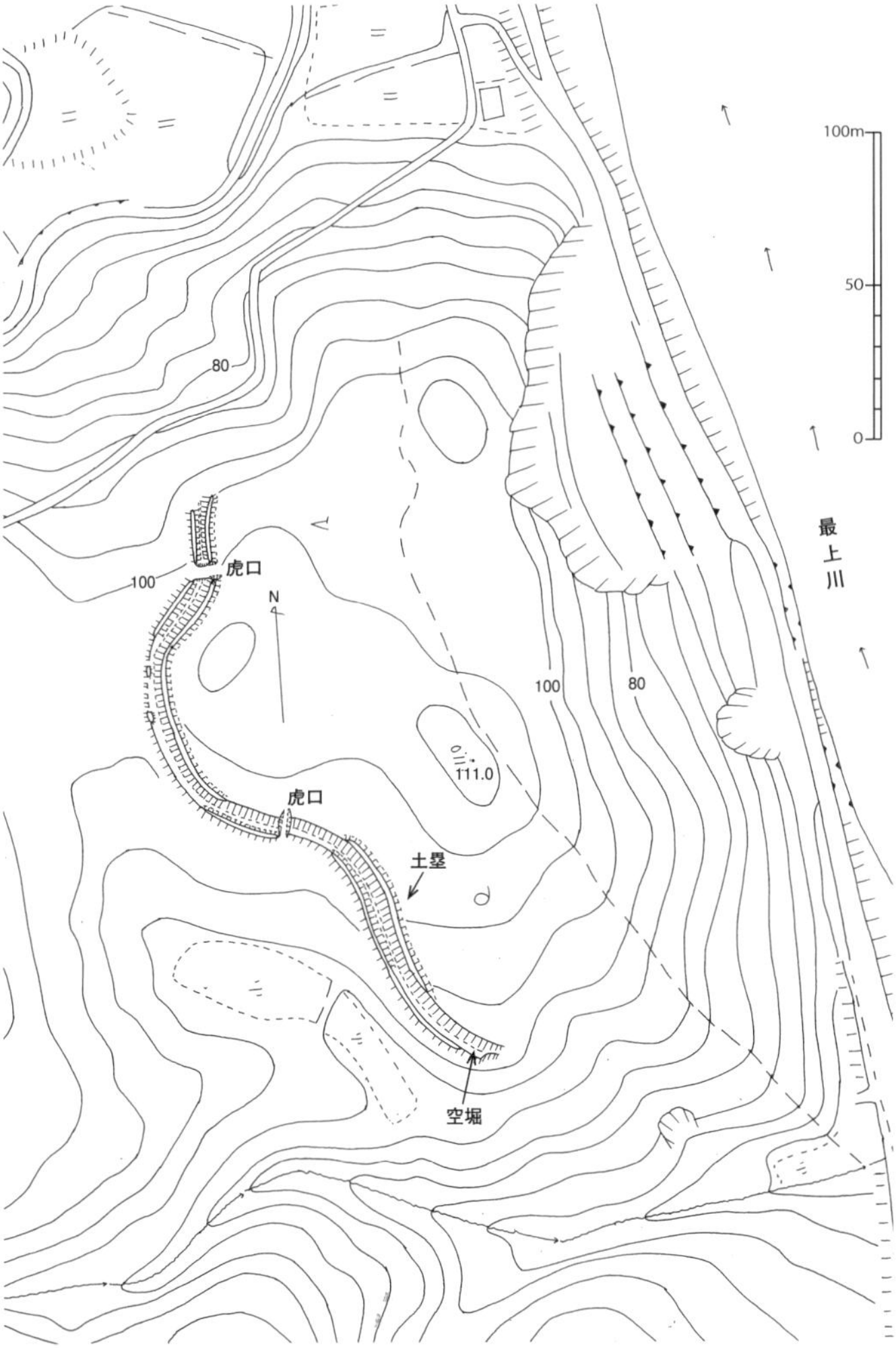

手倉森楯概要図

手倉森楯跡遠景

最上川随一の河港をおさえる城

31 清《し》水《みず》城《じょう》

所在地：大蔵村大字清水字比良
比　高：約四五m
分　類：丘城
交　通：新庄市内から車で約二〇分

【歴史】　城主は清水氏で、文明年間、斯波兼頼の曾孫・満久《みつひさ》が白須賀の元楯に入部したのが始まりといい、のちに北方比良台地に移した。永禄年間には庄内大宝寺氏の激しい進攻があり、五代の清水義高《よしたか》は戦死し、六代の義氏《よしうじ》は捕虜となり、清水領の大半が占領された。その後、義氏は最上義光の子を養子に迎え、それが七代の義親《よしちか》であった。義親は、慶長末年には二万七千石余の最上家重臣となった。

その頃、清水河岸は荷改めして税を徴収できる川舟中継権をもつ最上川随一の河岸となり、商人層が成長し、町は戸数が数百戸の大集落となり繁栄したとされる。

慶長十九年（一六一四）、最上義光死去後、襲封した家親と弟・清水義親の対立が深まり、同年十月十三日、家親から派遣された延沢遠江守と日野将監が率いる軍勢は清水城を攻め、義親は敗死して清水氏は滅亡した。かくして、城主を失った清水城は日野将監に預けられ、元和八年、最上家改易にともない、伊達軍に接収されて廃城となった。

城跡遠景

【立地と遺構】　東に烏《からす》川、西に藤田沢《とうたざわ》川が流れ、北は最上

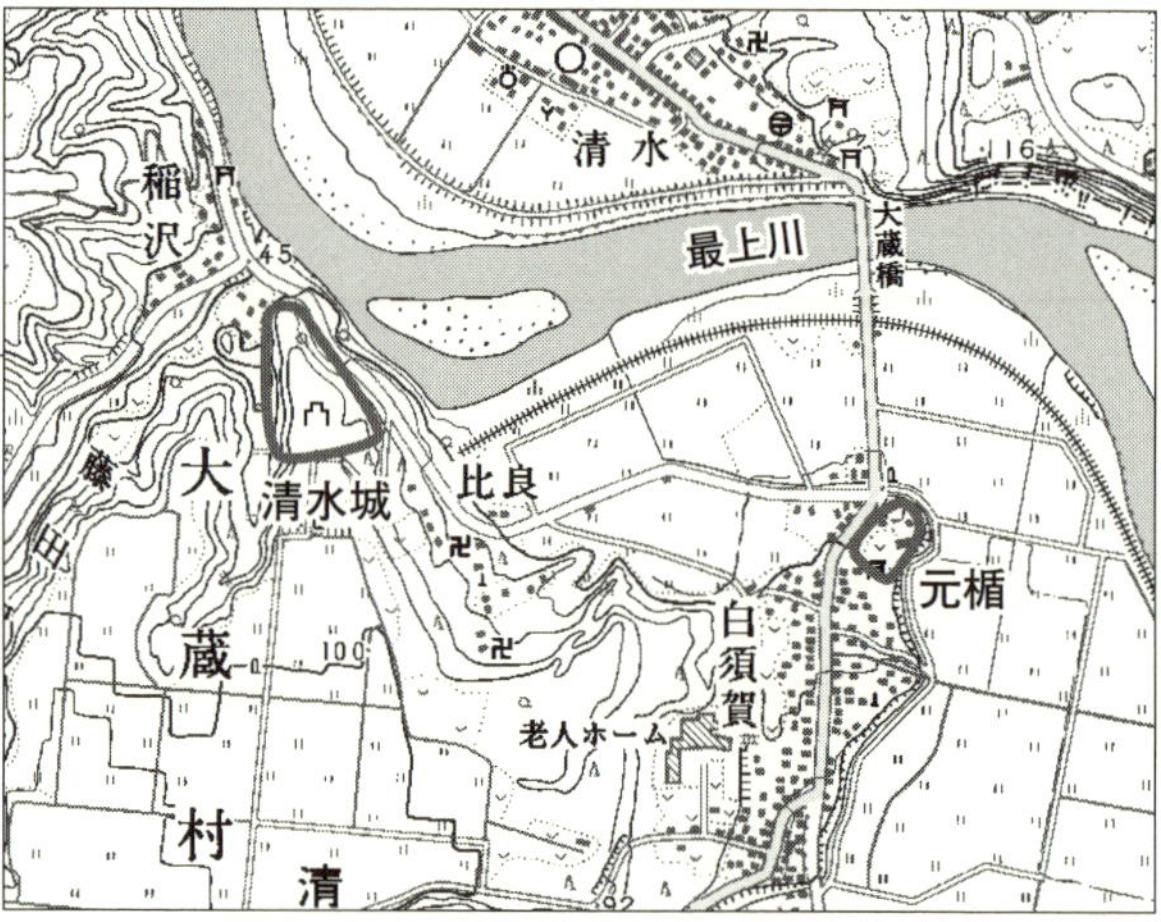

185 清水城

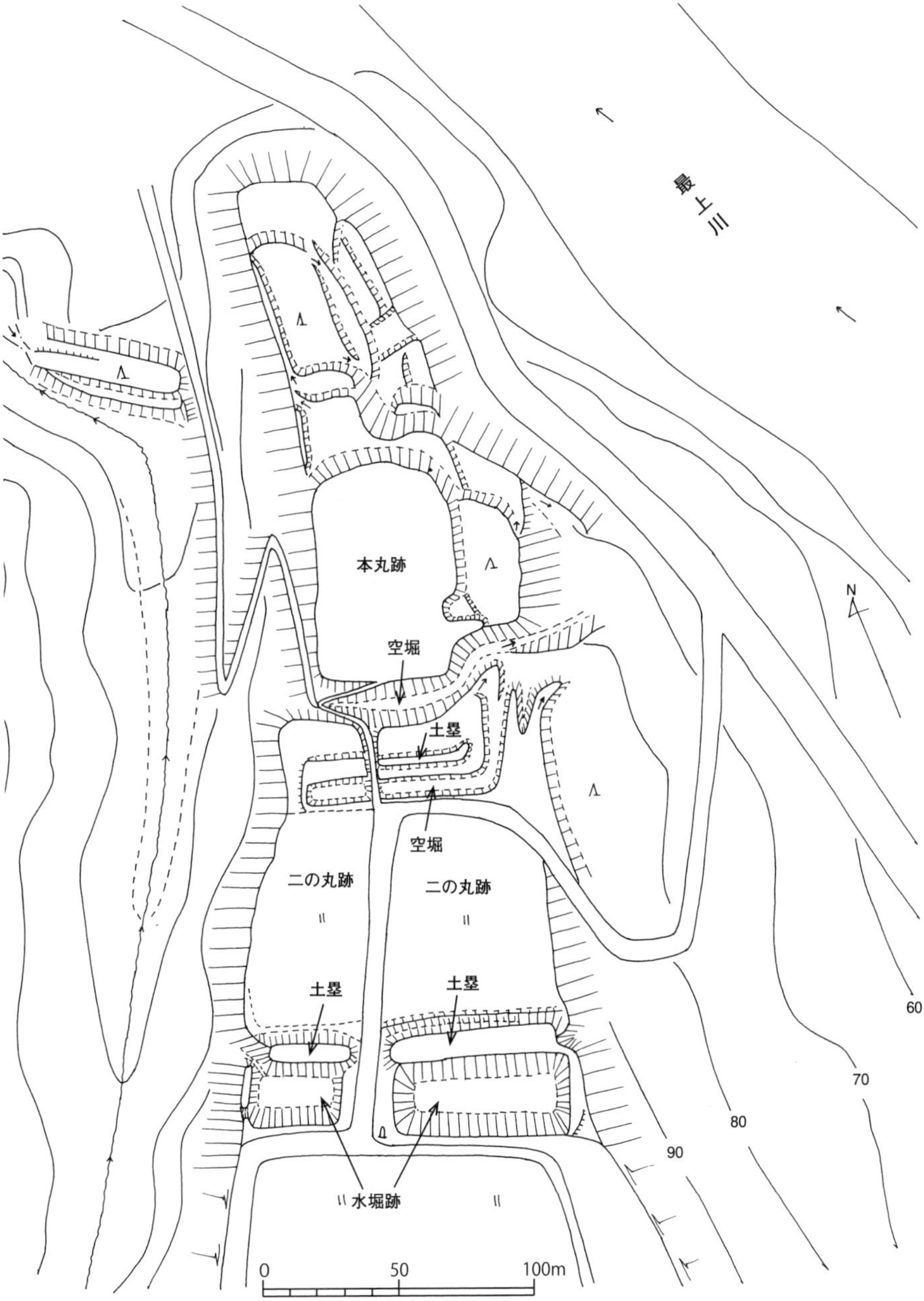

概要図

上：本丸　下：二の丸水堀跡

川に突き出す舌状台地に立地し、舌状に突き出す地点を堀と土塁で遮断して城域とする。現在、二の丸堀は空堀だが、水溜施設が残り、かつては水堀であった。土塁の内側に広大な二の丸跡があり、二の丸跡と本丸跡との間は空堀と土塁で囲まれた馬出しとなる。馬出しを大規模な堀切で遮断した本丸跡は、東西約五三m、南北約八三mと広い。

ここは昭和五十七年（一九八二）に発掘調査が行われ、門跡や建物跡が検出され、近世初期の肥前系染付磁器や在地系陶器などが出土した。本丸と二の丸が城の中枢部で、北側と東側に多くの曲輪が付属し、西側に折れる城道をくだると深い沢を遮断する土塁がある。

　南側台地は圃場整備された水田となったが、かつて、城主の祈願寺・修善院や二日町や春日町、上町・下町などの町屋があったとされ、陶磁器や仏像が出土したと伝わる。そして、城下に清水氏の菩提寺・興源院《こうげんいん》があり、対岸の清水・合海集落に人工的な短冊形町割がみられる。

【ワンポイント】　近世初頭の清水義親の時代、清水は最上川最大の河岸として繁栄した。山形県指定史跡となり、良く整備された広大な本丸跡のすぐ下を最上川が流れ、最上川に深く関わる城と実感できる。すぐ近くまで車で行ける、城歩きハイキングコースである。

＊　詳細は、長澤正機『清水城址発掘調査報告書』（大蔵村教育委員会、一九八三年）も参照。

居館と山城が一体の城

32 長《なが》沢《さわ》楯《たて》

所在地：舟形町大字長沢字楯、古楯
比　高：居館跡約一〇m、山城跡約五〇m
分　類：丘城と山城
交　通：JR陸羽東線長沢駅下車、徒歩約一〇分

【歴史】 楯主は、曽我十郎祐成の末裔という長沢氏である。「(永禄九年)四月八日大高筑前守殿御宿所宛て杖林齋禅棟書状」(『荘一』二二三)に、庄内大宝寺氏が進攻して清水義氏を捕らえ、清水のほとんどを制圧したが、長沢氏が降伏しないためにすべてを押さえられないとある。

また、「高野山観音院過去帳」[*1]には、「羽州小田嶋庄長沢三河守　天文四年七月十一日」とあり、天文年間に長沢三河守がおり、禅棟書状の長沢氏は子にあたるのだろう。さらに、『新庄古老覚書』に長沢村権現堂へ長沢監物が寄進した「応仁三年三月三日」銘の鰐口が載り、現在、長沢新山神社別当文殊院に所蔵される。そして、長沢氏は『新庄古老覚書』に清水属館十一ケ所「長沢　長沢監物」とあり、近世初頭には清水氏の楯持ち衆であった。

居館跡の現況

【立地と遺構】 居館跡は北方を小国《おぐに》川、東に小国川に合流する不動沢《ふどうさわ》川が流れる台地上にあり、山城は居館跡とは不動沢川を挟む東側丘陵に立地する。山城跡は「古楯」と呼び、円弧状の大堀切で東方の尾根続きを遮断し、内側の尾根上に曲輪をおく

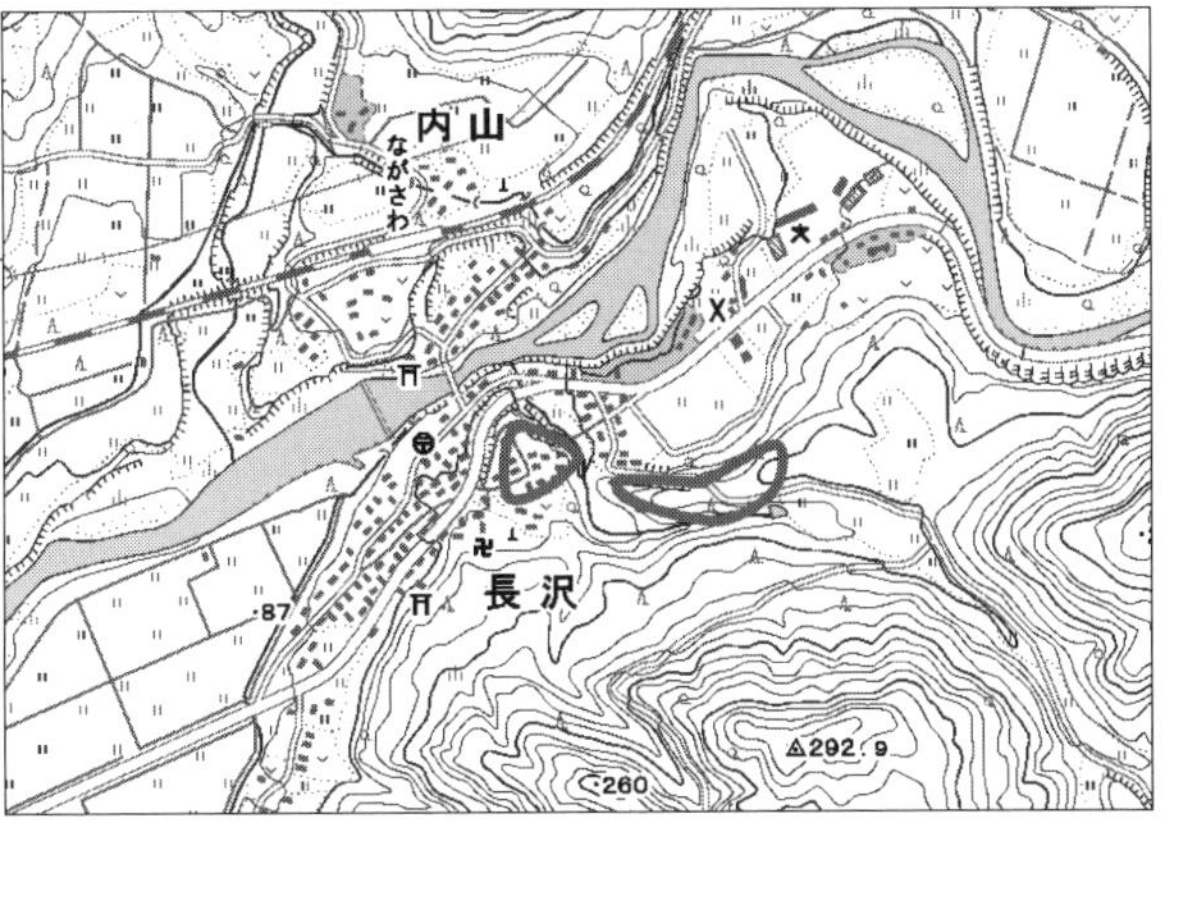

*1　仙台市博物館『市史せんだいVOl．十二』(二〇〇二年)。

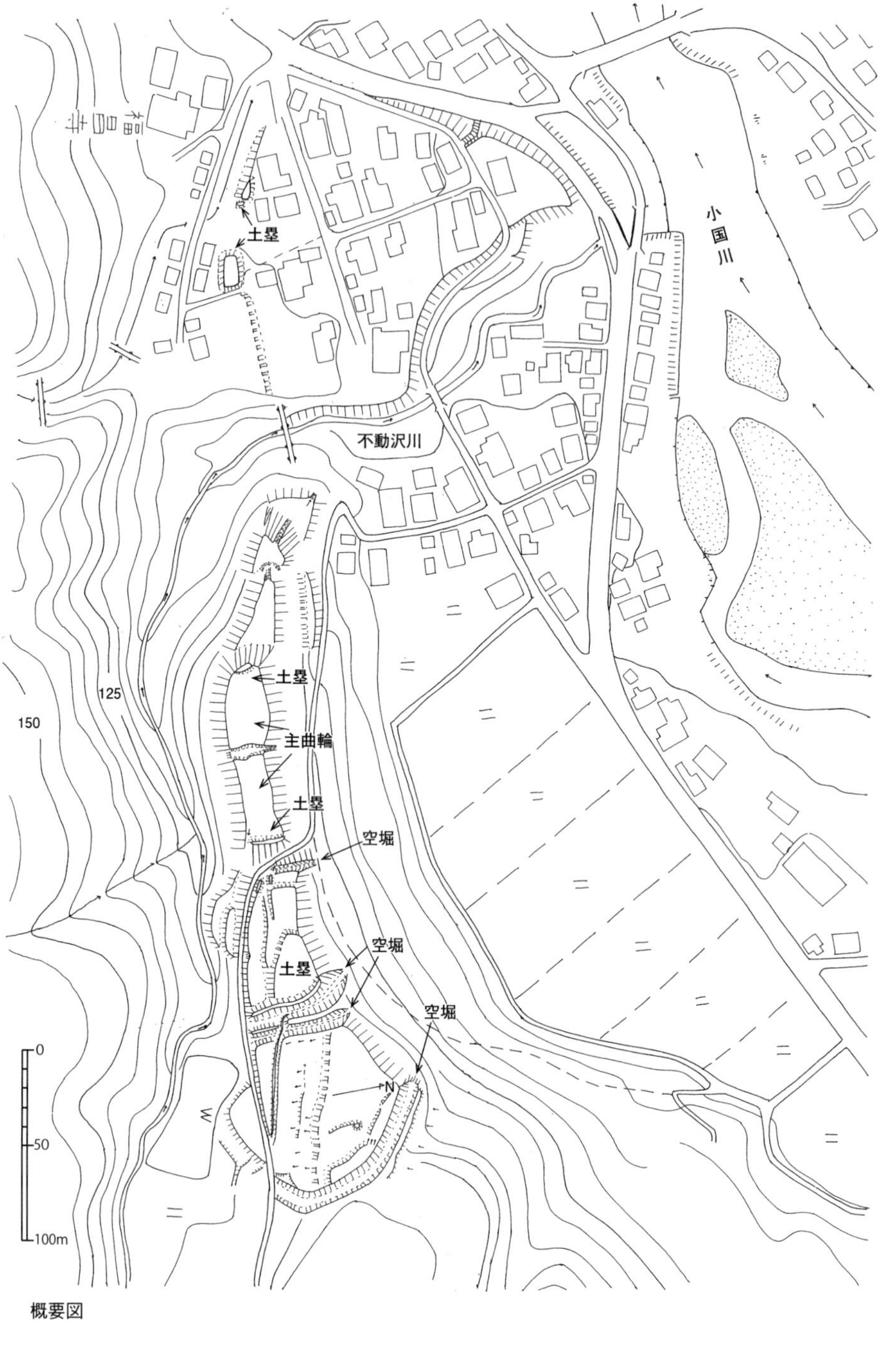

概要図

構造となる。

主曲輪はほぼ中央の最高所にあり、長大で両端に土塁を置く、県道西側の曲輪である。規模は南北の長いところで約二二m、東西約一〇三mとなり、そのほぼ中央に空堀が掘られ、二つの区画に分かれる。その東側は、土塁と厳重な空堀で遮断した二つの区画に分かれる。突端曲輪は上幅約一一m、深さ約六mの大箱堀で弧状に切断し、内側に削り残し土塁状の施設をおく。次の曲輪群は、大規模な二条堀切で遮断して内側に土塁を備え、中に大小六つの曲輪がある。また、西側には階段状に三つの曲輪群が重なる。

居館跡は「鶴楯」と呼ばれ、小国川に張り出す舌状台地を土塁と空堀で遮断する構造で、多くは住宅地となり、大規模な土塁の一部だけが残る。

楯跡のうち山城の特徴は、主曲輪を守る堅固性である。敵の来襲が予想される尾根続きは、円弧状の大空堀で遮断し、内側に削り残し土塁状の施設を置き、さらに二重空堀と土塁で防御した曲輪群を配置する。加えて、主曲輪は堀切と土塁で防御する厳重さである。これは戦争を意識したとみられ、史料にみえる永禄年間に大宝寺氏と戦ったときの構築と推測される。そして、主曲輪西側の尾根上に、階段状に単一の曲輪を重ねる構造は、近くの舟形町の沼沢楯跡や新庄市の角沢楯跡と良く似ており、舟形と周辺地域で採用された山城型式といえる。

【ワンポイント】　長沢楯跡で重要なのは、山城跡の下に国人長沢氏の日常的な施設と想定される居館跡があることで、両者が一体となって機能した時代があることを示す。このように、山城跡と居館跡が明確に確認できるのは、山形では例が少なく貴重である。なお、山城歩きは林の中で、中級者用のコースとなる。

居館跡には福昌寺脇から入る

庄内との境目の城

33　古《ふる》口《くち》楯《たて》

所在地：戸沢村大字古口字上台
比　高：約二二m
分　類：丘城
交　通：ＪＲ陸羽西線古口駅下車、徒歩約一五分

【歴史】　楯主は古口氏で、戦国期の史料がある。「山形へ人々御中宛て清水義高書状写」（「曽根家文書」）に「古口兄弟、かの要害堅固安全のいたり」と書かれ、永禄年間頃、古口兄弟のいる古口要害は堅固で安全とある。また、天正十三年と推測される「古口殿宛て義光書状写」（『荘一』二九七）に、古口氏の仲介で前森氏から自害した大宝寺義氏所持の刀が最上義光に届けられたとあり、古口氏は庄内と最上の両勢力と関係があった。

【立地と遺構】　古口集落西方、角川《つのかわ》が南から最上川に合流する西側の段丘突端に立地する。楯跡は段丘突端を大規模な堀切で切断し、内側に土塁をおき、さらに奥の突端部も二条堀切で切断し、内側に土塁を築いて主曲輪とする。最奥の主曲輪は東西約二二m、南北約五一mの規模で、低い段で二つに区画される。南・東・北側は急崖となり、遮断線とする空堀は箱堀で土橋はなく木橋があったろう。西側にある二の曲輪は広大で、台地を遮断する空堀は段丘突端で三条の竪堀となり落ちる。空堀内側には上面に二mほどの平坦面をもつ堂々たる土塁が北半分に原型をとどめ、南側は南端に一部が残る。したがって、古口楯は台地突端を塁壕で遮断した複郭で単純な構造となり、二の曲輪の内部には家臣団の屋敷があったのだろう。

【ワンポイント】　戦国期も古口と呼ばれ、古くからの水陸交通の要衝だったのだろう。角川をさかのぼって越えると最上となり、ルート沿いには阿部楯跡・嘉門楯跡と城歩きの醍醐味を感じられる上級者用の特徴的な楯跡が分布する。

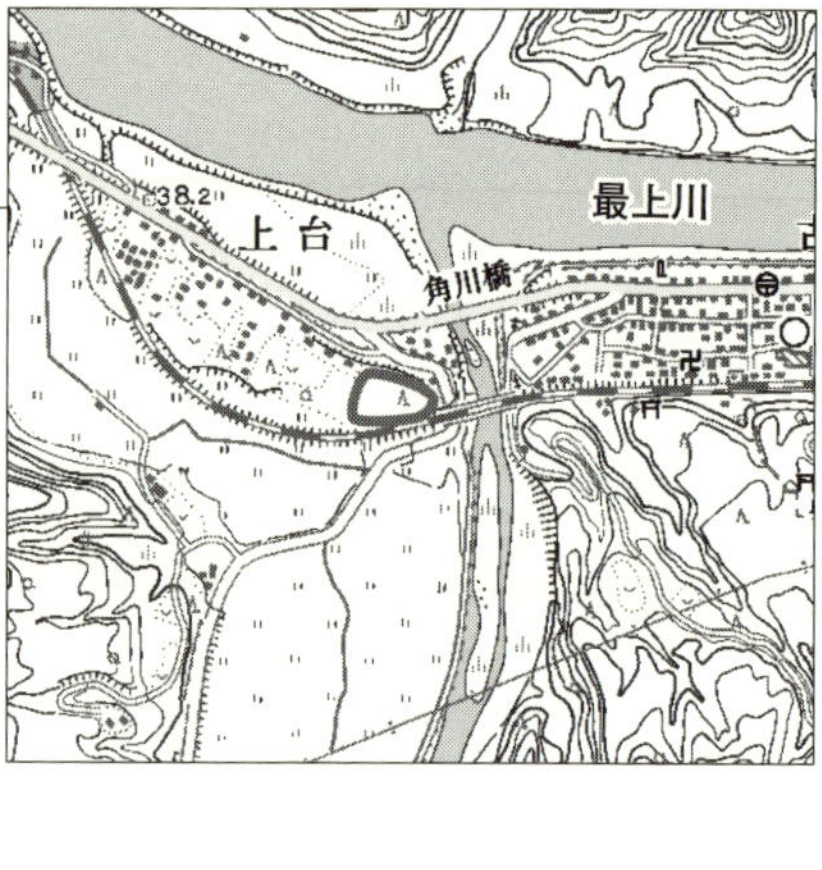

楯跡遠景

191　古口楯

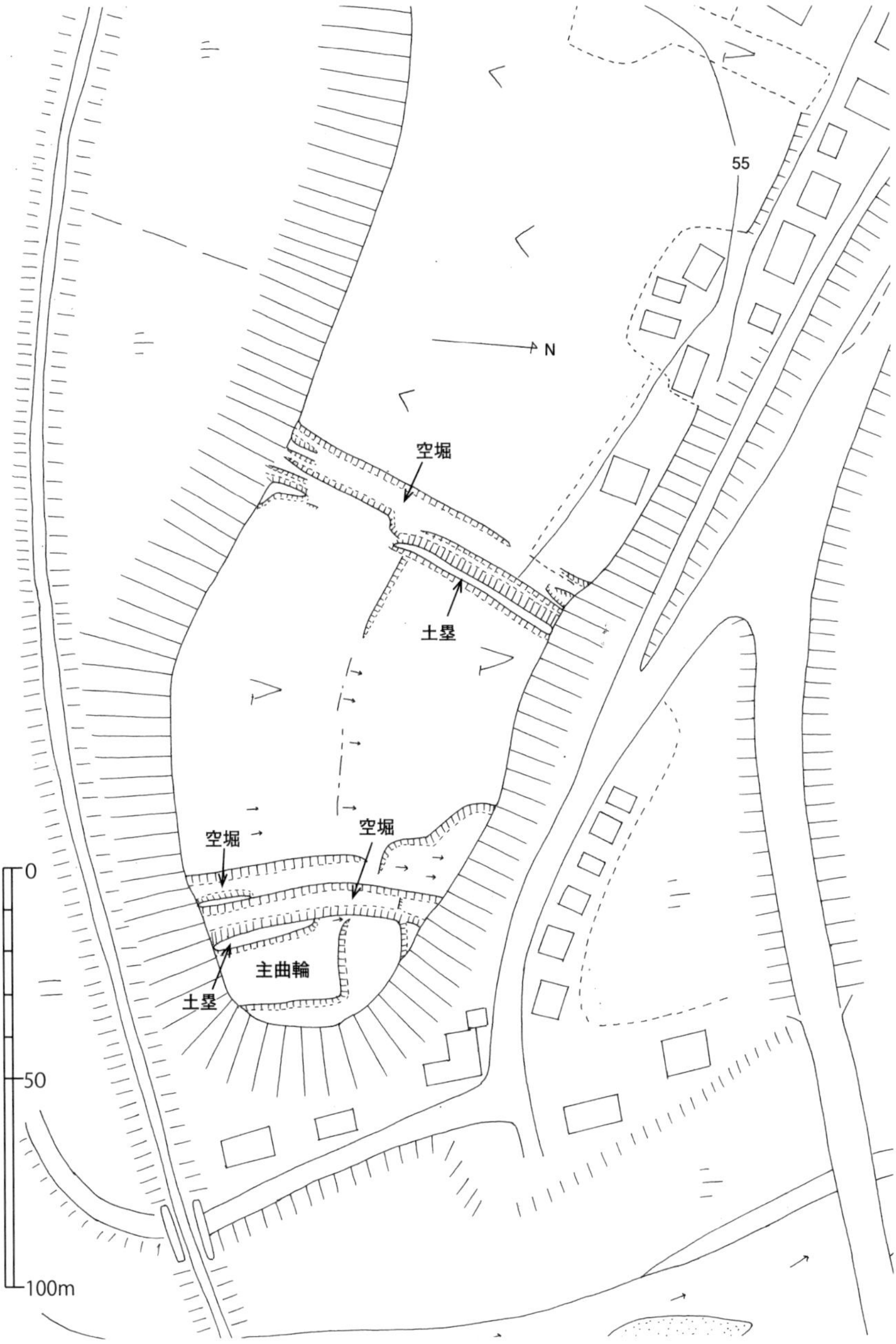

概要図

岸氏の大楯をにらむ陣城

34 姥楯《うばたて》〔付 大楯《おおたて》・本城楯《ほんじょうたて》〕

所在地：戸沢村大字松坂
比　高：約八〇m
分　類：山城
交　通：ＪＲ陸羽西線羽前前波駅下車、徒歩約四五分

【歴史】　平入りの虎口からみて、技巧的な虎口をもつ天正十三年（一五八五）の内町陣城跡よりも古く、陣城の構築者は大宝寺氏と考えられ、与蔵峠を越えて進攻したのだろう。時期は、大宝寺氏が最上地方に進攻し、小国細川氏を除いて過半を従属させた永禄年間が考えられる。

【立地と遺構】　戸沢村北方、野呂田集落背後の丘陵に立地し、野口温泉「ぽんぽ館」の東方正面にあたる。楯跡のあるところは、急峻斜面上の広大な平坦地となり、台地北西突端に立地し、平地に出る北西尾根を堀切で遮断して、東と南の台地続き土塁と堀切で遮断する。全体規模は南北約七七m、東西約七一mで内部は窪地があり、自然地形のままである。台地を遮断する土塁は現状で内部からの高さ一・五mで外側は鋭く切岸を削り、空堀は深さ約一・五mの薬研堀である。北・西側の斜面は急峻で登攀困難であり、唯一の攻撃地点の虎口は南側に開き、狭い土橋をもつ平入り形態である。

　姥楯跡は形態から陣城とみられ、平地を見下ろす威圧的な台地に選地し、要害の地に厳重な遮断線を構築して敵の進入を防ぐ。攻撃対象は、岸孫三郎玄蕃が城主と伝わる大楯と想定され、岸氏が奥の本城楯に本拠を移したのはこのときだろう。

　続いて、攻撃対象となった大楯跡と本城楯跡を紹介しよう。大楯跡は神田《じんでん》と名高間丘陵の比高

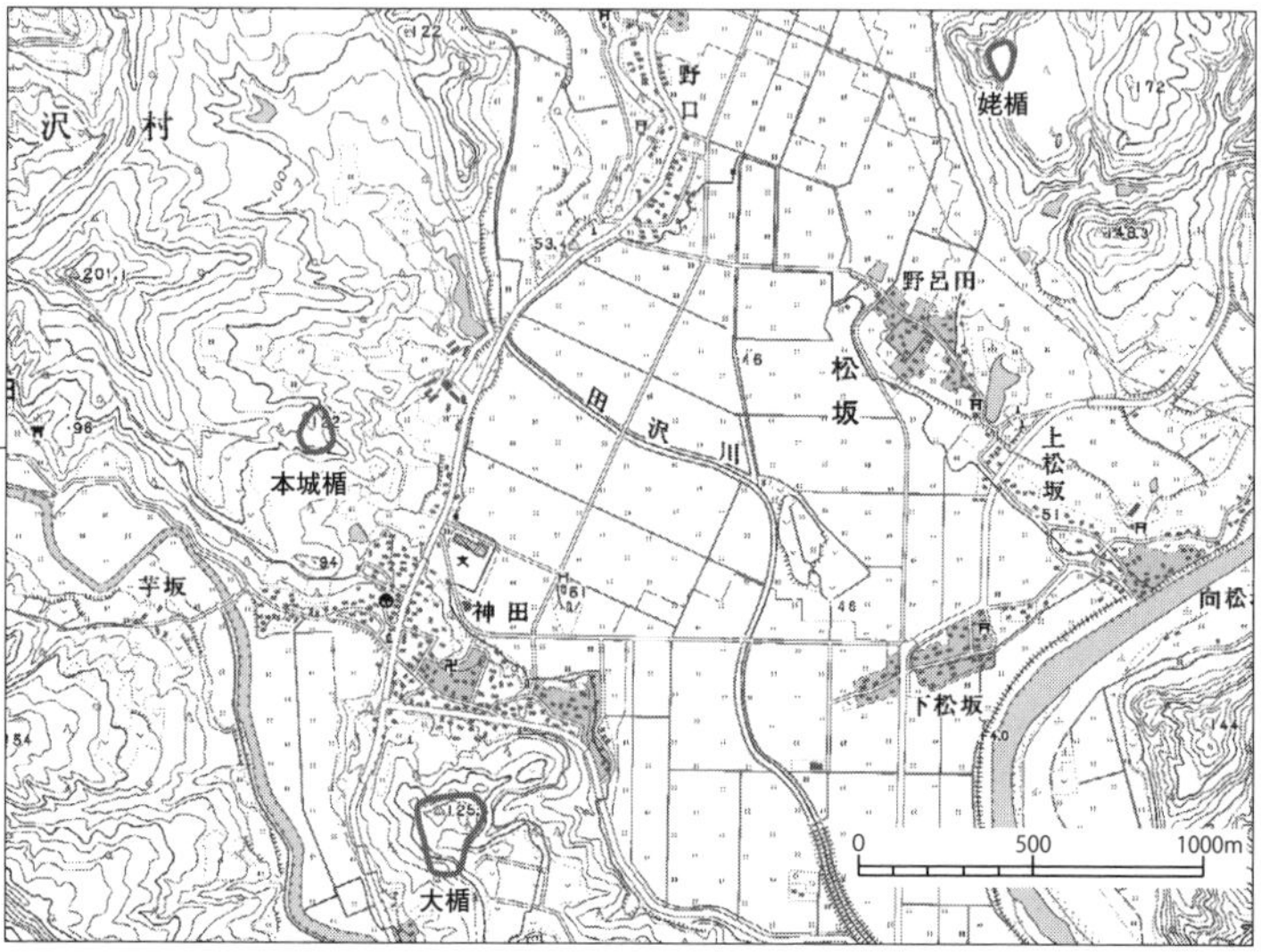

約八〇ｍの楯山にあり、周囲に鋭い切岸を削り、西方尾根続きを堀切で遮断したなかに階段状に曲輪群をおく。最高所の、中央にほぼ方形の曲輪があり、主曲輪とみられる。主曲輪の西側から東側にかけては、西の沢となる場所にやや大きな曲輪が造られ、東に帯曲輪群が重なる。鋭い切

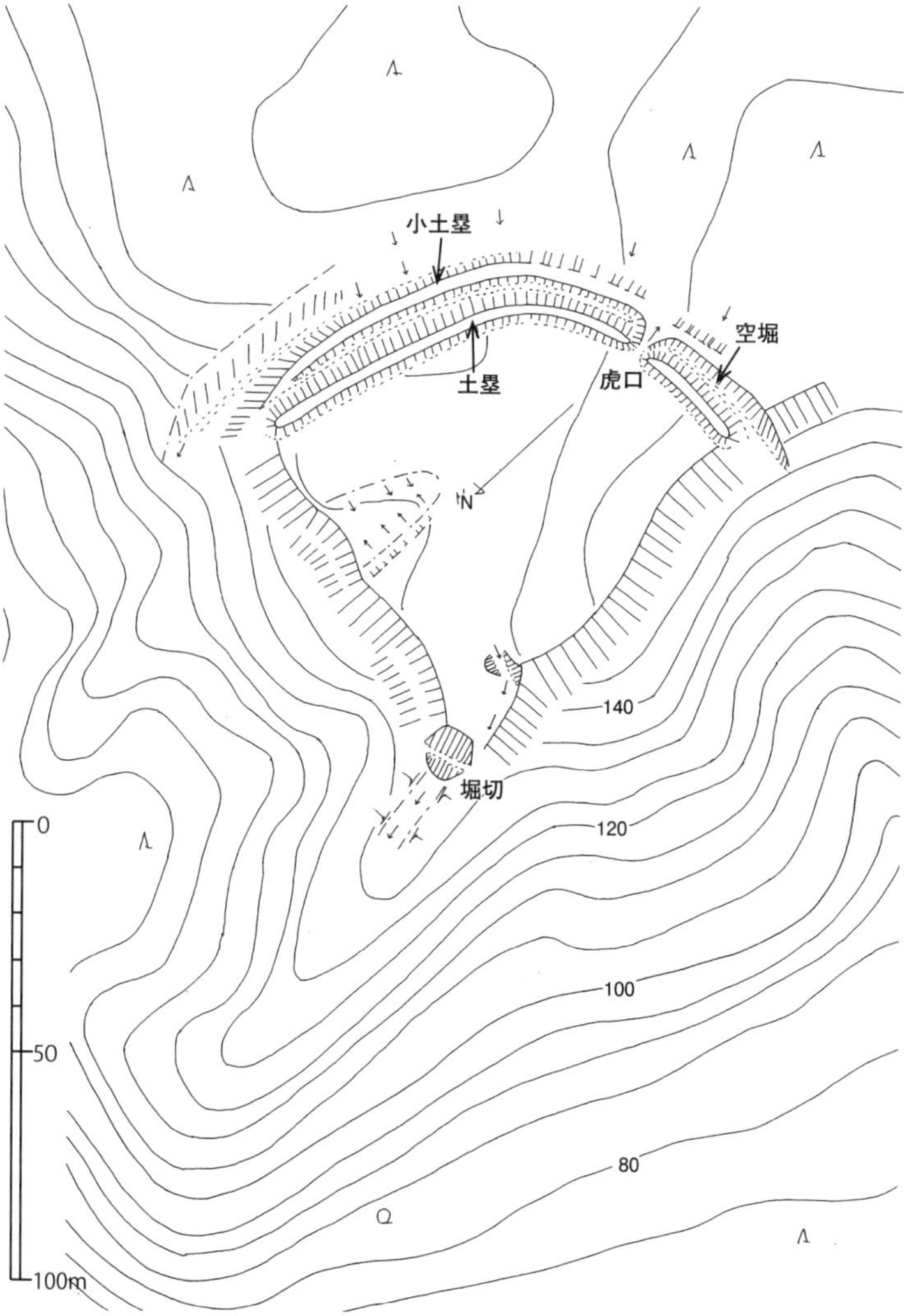

姥楯概要図

姥楯跡遠景

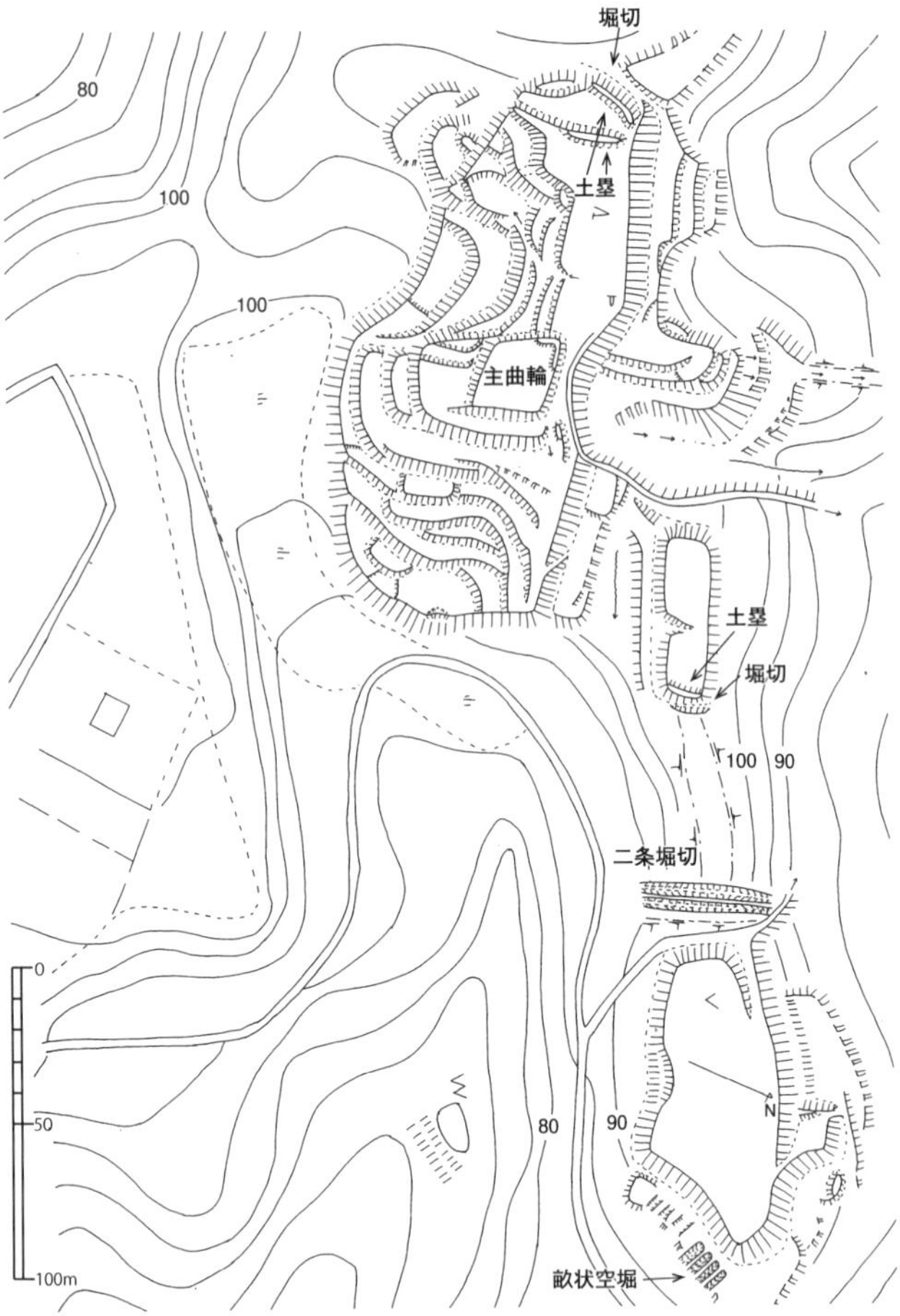

大楯概要図

岸の外、北側にも曲輪が置かれ、東端に虎口をもつ細長い曲輪がある。また、東方遺構は左楯と呼ばれ、尾根を二条の長い堀切で遮断したなかの大きな曲輪に枡形虎口が開き、東下は畝状空堀で守った、慶長五年出羽合戦時のものだろう。このうち、大楯跡は主曲輪と階段状曲輪群が特徴で、神田一帯を基盤とした岸氏の恒常的な城とみられる。

そして、本城楯跡は、元神田小学校裏手の奥まった丘陵にある。最高所の主曲輪は南北約

大楯跡遠景

大楯　三吉碑

一〇三m、東西の長いところで約三九mの長大な形である。西側に幅約一六mの大空堀を掘り西方尾根続きを遮断し、東側は二つの尾根上の曲輪群に守られた沢に削平地がある。この楯は大楯よりも奥の丘陵に立地し、主曲輪を守る大空堀の存在や尾根曲輪で守られた曲輪群など、防御性は高い。おそらく、戦乱の高まりを受けて、軍事性の高い恒常的な本城を構築し大楯から移ったのだろう。構築時期は、大宝寺氏が激しく進攻した永禄年間と考えられる。

【ワンポイント】全国的に珍しい陣城跡が、杉林のなかに完全に残る。楯跡脇からの登攀は急峻でできず、南側台地に上がり、歩きたどりつく。城歩き上級者用コースである。本城楯跡、大楯跡、そして「ぽんぽ館」背後の見事な技巧を凝らした源治楯跡とともに、おにぎりをもって一日がかりでまわり、最後は「ぽんぽ館」の温泉で体を休めよう。

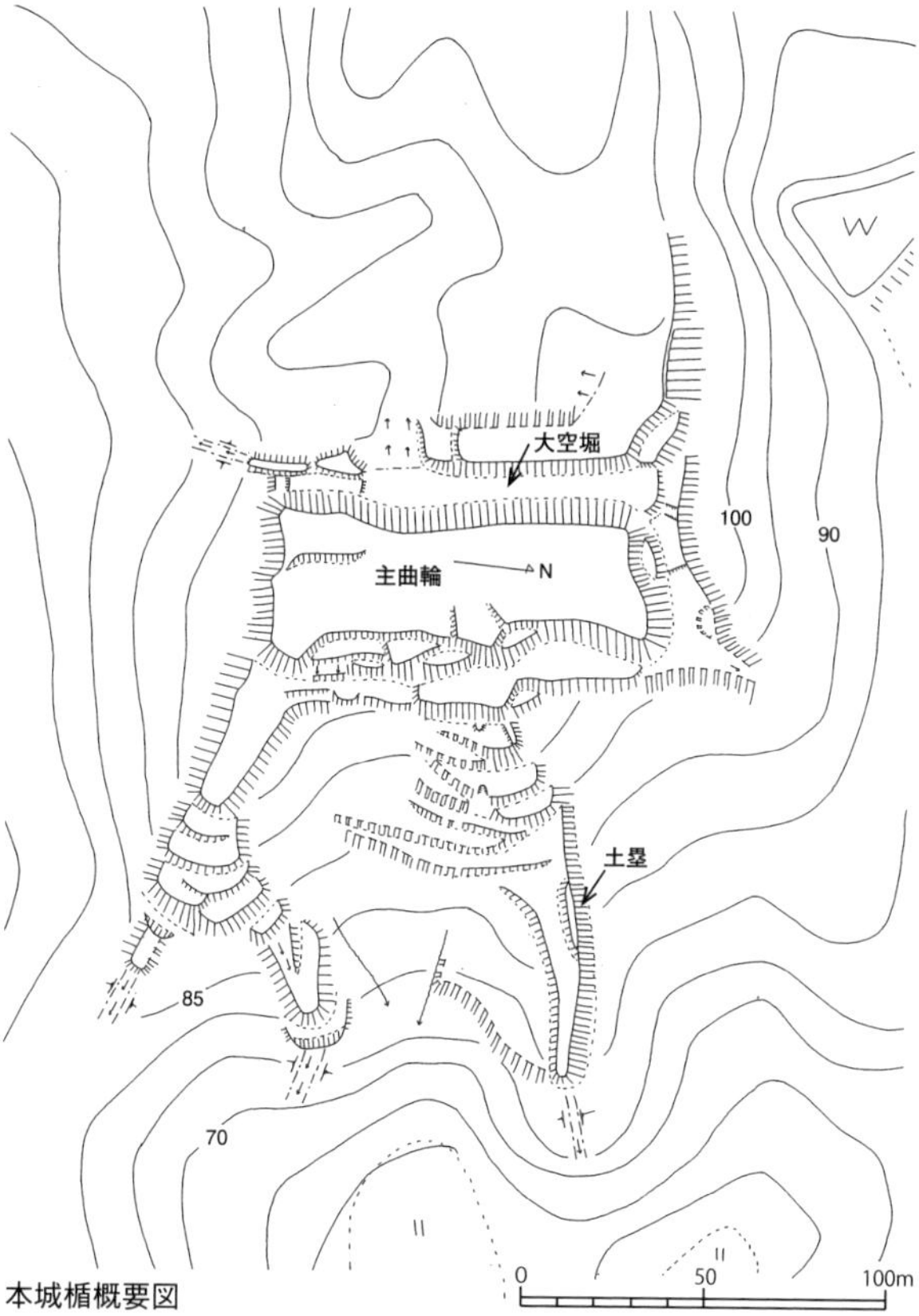

本城楯概要図

落城し城兵全員が殺害された城

35 鳥《とり》越《ごえ》楯《たて》

所在地：新庄市大字鳥越字楯山
比　高：約七〇m
分　類：山城
交　通：ＪＲ奥羽本線新庄駅下車、徒歩約四〇分

楯跡遠景

【歴史】「天童殿宛て楯岡満茂書状写」（「曽根家文書」）が鳥越楯の落城を語る。内容は「姻族延沢氏の要請で（楯岡氏は）出陣したが、鳥越楯は攻められ、籠城兵が全員殺害された」とあり、天正十年（一五八二）、大宝寺義氏の激しい攻撃を受けて城は落城した。楯主は、戦国期に有力国人であった鳥越氏で、のちに清水氏に従い、「清水大蔵大輔分限帳」（『郷土資料叢書第三輯　戸沢氏以前史料集』新庄図書館、一九六七年）で家臣筆頭としてみえる。

【立地と遺構】　楯のある鳥越は、南北に山形と仙北を結ぶ主要街道が走り、東西は庄内と奥州との荷を最上川舟運で運ぶ交通の十字路であった。

楯跡は、南北の中世の大道背後の丘陵にあり、ちょうど鳥越集落の裏山で西山裾に鳥越八幡神社が鎮座し、すぐ北側を新田川が流れる。最高所の南北に長大な中枢曲輪は、愛宕神社のある南側が一段高く主曲輪となり、東西の最大

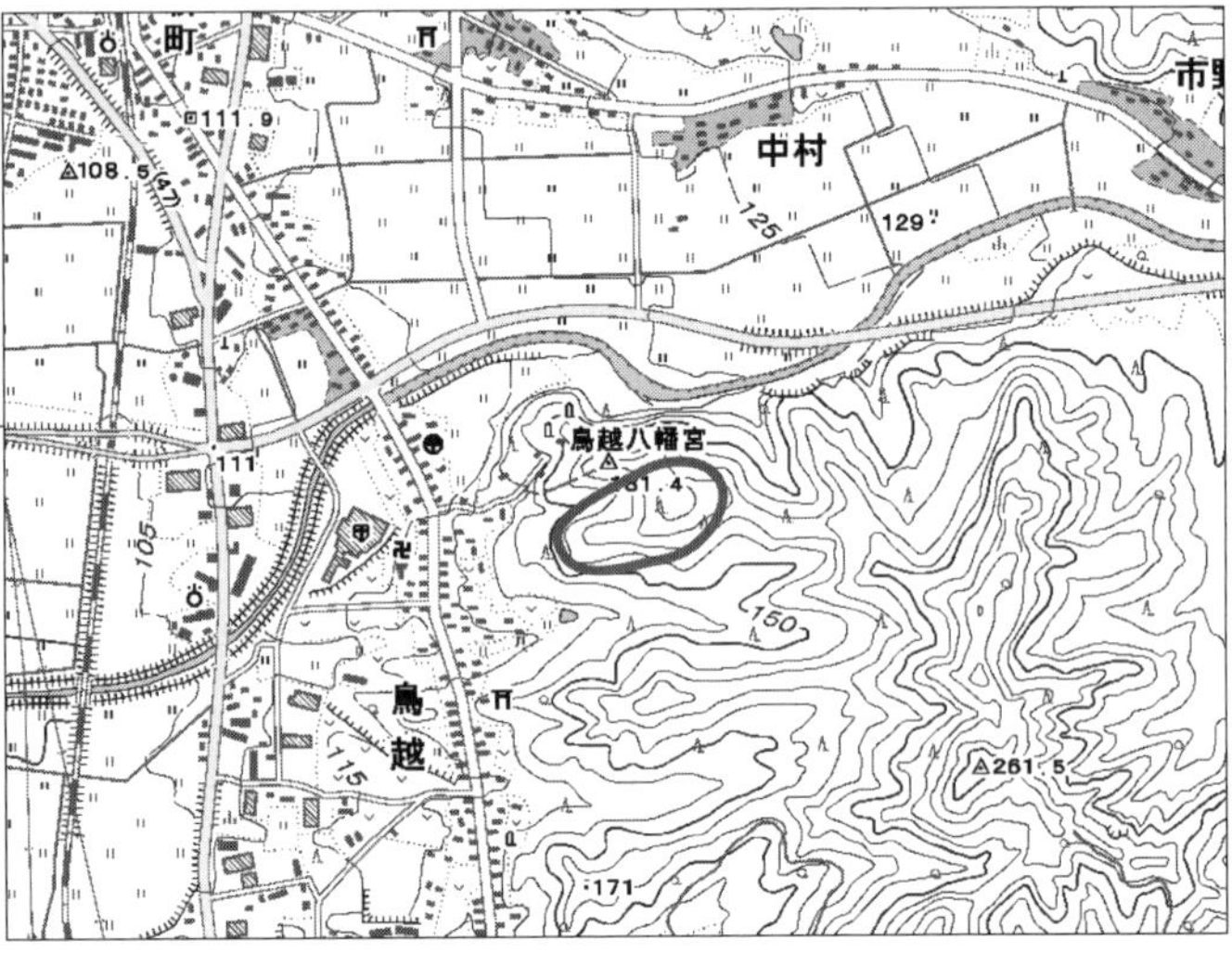

197　鳥越楯

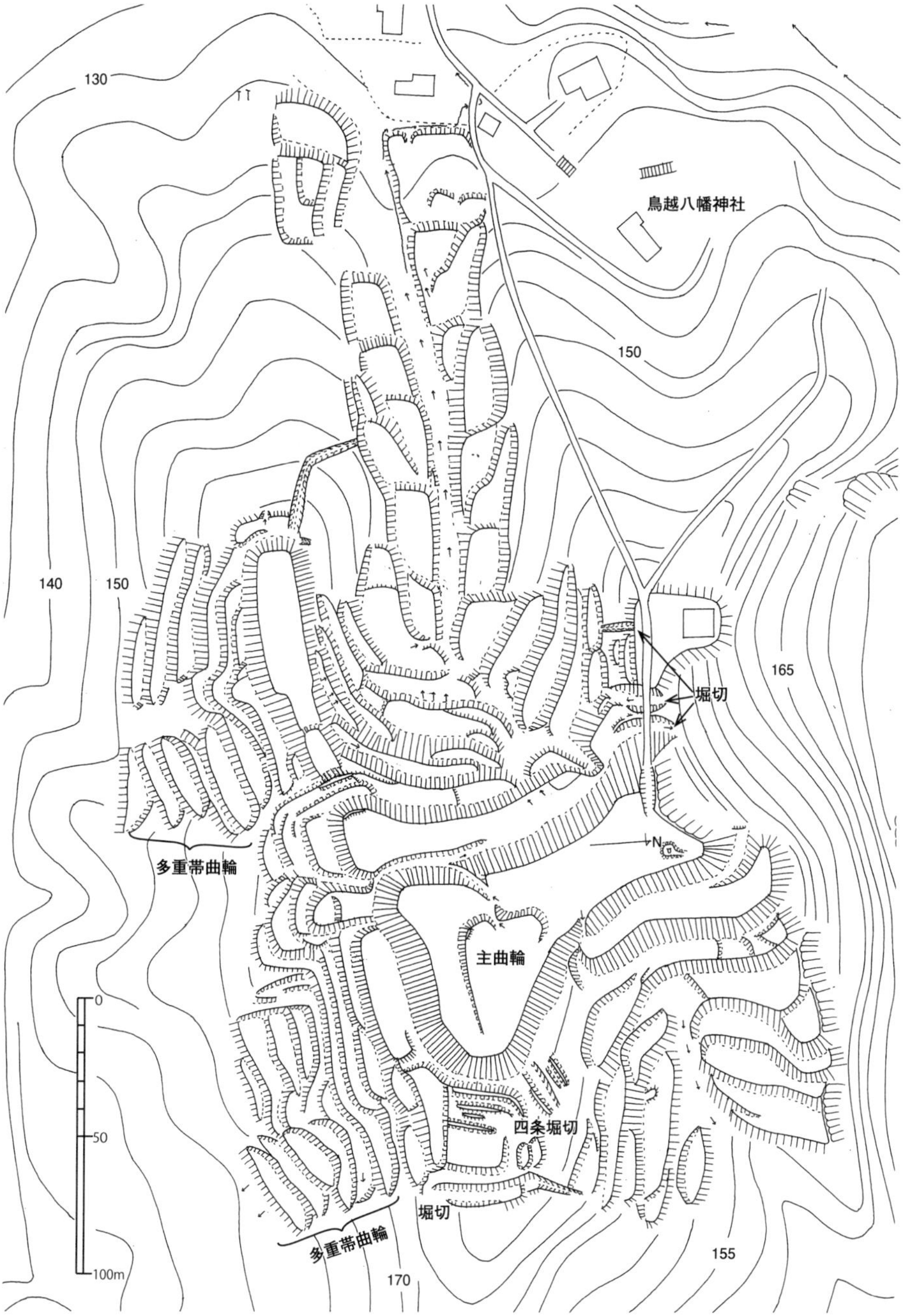
130
140
150
150
鳥越八幡神社
165
堀切
多重帯曲輪
主曲輪
四条堀切
堀切
多重帯曲輪
170
155
0
50
100m
N

概要図

鳥越八幡社本殿・拝殿

幅約五四ｍ、南北約一〇七ｍと広く、西に坂虎口が開く。愛宕神社の背後には、人の頭を一回り大きくした川原石群が二ヵ所あり、武器としての礫石とみられる。切岸は一〇ｍ以上も削り高く鋭く、北東隅に櫓台跡があり、上に慶応三年（一八六七）の「太平山三吉」の石碑が立つ。

東側丘陵続きは二つの堀切で遮断し、とくに主曲輪に接する堀切は四条となり、脇に二条の竪堀がある。また、西北尾根も二条堀切で切断する。そして、主曲輪東・西側の沢に低い切岸をもつ多数の曲輪群が階段状に重なり、南側には多重帯曲輪をおいて遮断線とする。

鳥越楯跡の特徴は、多数の階段状曲輪群を重ねて大規模なことで、鳥越氏の勢力を語る。大きな主曲輪に城主御殿、沢の曲輪群に家臣屋敷があり、南側の幅狭な多重帯曲輪は斜面を登る敵の遮断施設とみられる。とくに、多重帯曲輪は戦争を経験した天童城跡や戦争に直面した楯岡城跡にもみられ、鳥越楯跡の多重帯曲輪は戦争関連の遺構だろう。

【ワンポイント】　鳥越八幡神社の本殿・拝殿は、江戸前期の建造物で国指定重要文化財である。楯跡は、そのすぐ背後で、神社脇に登城口がある。道を登ると、太平山三吉碑の立つ櫓台跡があり、そこは広大な二の曲輪となる。城歩き初心者コースとして最適な城である。北方一㎞の丘陵には、多重横堀、馬出し虎口をもつ安食楯跡があり、これも車道すぐ上で登りやすく、あわせて歩いてほしい。

原型は聚楽第型

36 新《しん》庄《じょう》城《じょう》

所在地：新庄市堀端町
比　高：〇m
分　類：平城
交　通：JR奥羽本線新庄駅下車、徒歩約一五分

東大手門跡

【歴史】　寛永元年（一六二四）、戸沢政盛は新庄城修築にとりかかり、翌年には一応完成して移ったとされ、縄張りは義兄で山形藩主の鳥居忠政《ただまさ》が行ったという。それに関連して、近年、豊臣系城郭の典型・聚楽第型の事例に新庄城があげられ、[*1]聚楽第タイプの城ということは、新庄城の原型は最上氏時代ということとなる。聚楽第は豊臣秀吉によって天正十五年（一五八七）に完成し、天正十九年に甥の秀次に譲られた。したがって、聚楽第型新庄城は、豊臣秀吉に臣従して上洛した天正十八年十二月に秀吉の新城・聚楽第をみた最上義光が、秀吉の許可を受けて日野氏に指示し、築城したのだろう。かくして、戸沢氏の新庄城改修とは、最上の城を基本とし内枡形への虎口と折れや直線化などの塁線改修と家臣配置のための城下町整備が主であったとみられる。

その後、新庄城は、正保二年（一六四五）ころに幕府に提出した「出羽国新城絵図」に描かれ、それは石垣をもつ虎口のほかは土造りであった。そして、新庄城の基本構造は「正保城絵図新城」のまま明治維新まで存続した。

【立地と遺構】　狭義の新庄盆地のほぼ中央にあり、指首野川と

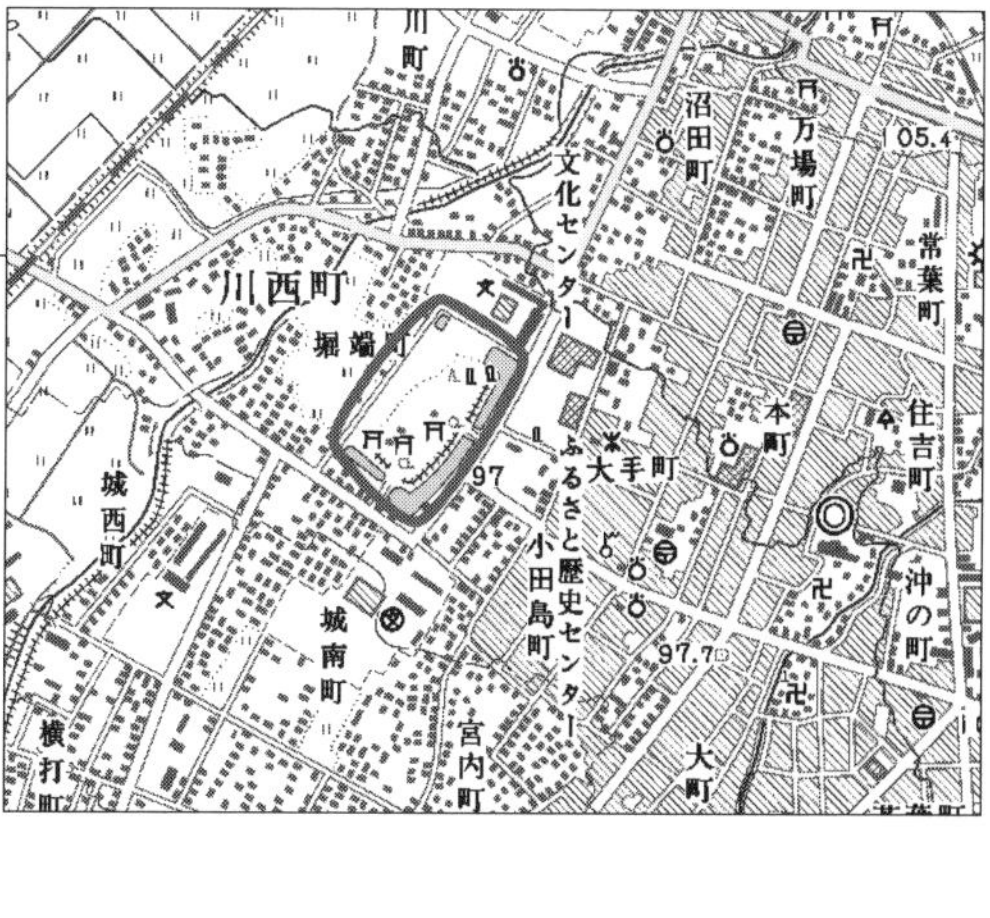

*1　中井均・齋藤慎一『歴史家の城歩き』（高志書院、二〇一六年）。

中の川・戸前川に挟まれた、合流点の北方に立地する。城の周辺が湿地帯や深田で、江戸時代に鵜沼城《うぬまじょう》と呼ばれ、のちに沼田城と通称された。

現在、城跡は最上《もがみ》公園として整備され、市民憩いの場となり、中央に戸沢神社、その南に護国

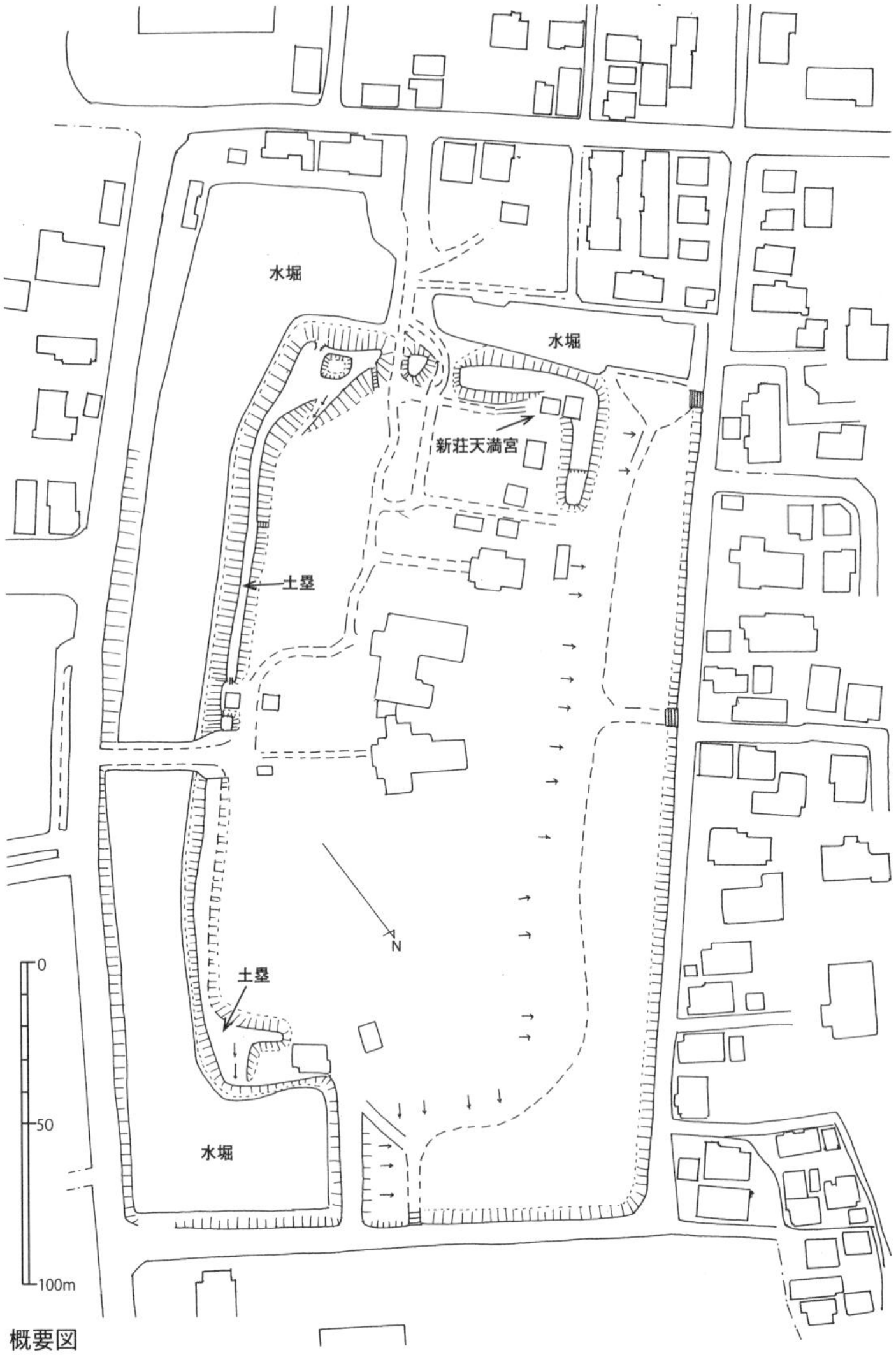

概要図

新荘天満宮

東南隅櫓跡

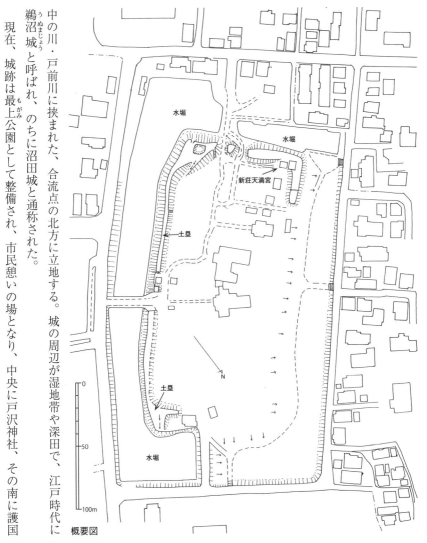

神社がある。南西隅にある新荘天満宮の本殿と拝殿は、寛文八年（一六六八）再建といわれる。また、城跡全体に遊歩道があり、城跡全体の説明板と南東の武器櫓跡、北東の小納戸櫓跡、北西の大納戸櫓跡には個別説明板があり、本丸のかつての姿がわかる。

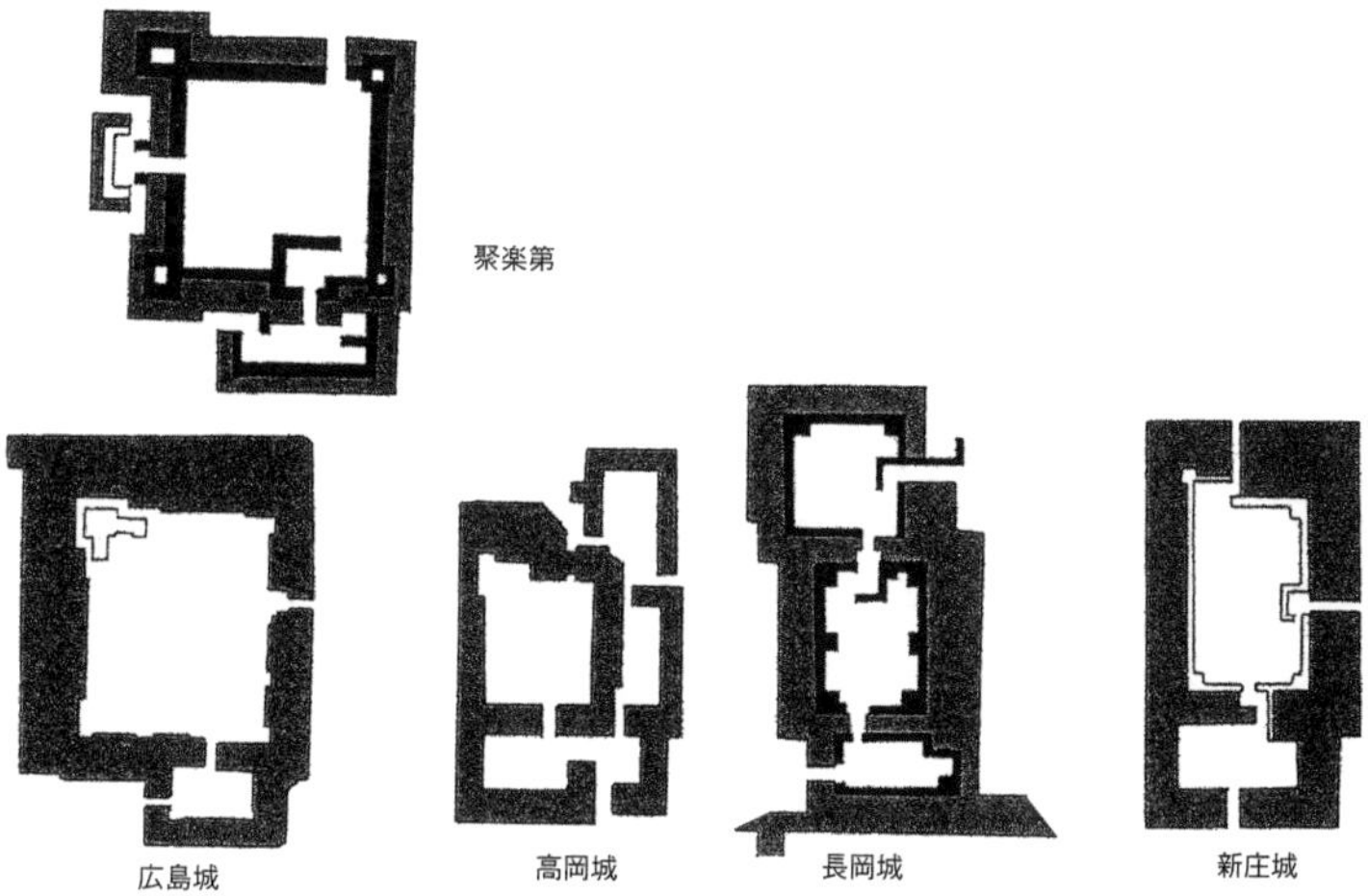

聚楽第型の城　（作図：中井均。『歴史家の城歩き』、高志書院、2016年より転載）

地表面に遺構として残るのは本丸部分で、東辺と南辺に土塁と水堀が残る。また、北辺と西辺は土塁遺構の一部が残り、水堀は窪地となり全形を確認できる。このうち、土塁の良く残る東辺南半分は、高さ一・五mから二mで上面は約三mの平坦地となり、櫓のあった南東隅は約三mと一段高くなる。また、水堀のうち、南東部は幅の長さ約四二mを測る。

【ワンポイント】　新庄城跡は、新庄藩唯一の城として明治維新まで存続し、最上地方を代表する城といえよう。城跡は遺構の残る本丸跡の最上公園だけとの印象をもちがちだが、周囲に広大な二丸・三の丸の土塁と水堀・建物があったことを留意すべきだろう。今後、ここで道路改修などの開発の際には、事前に調査して城の構造や変遷を解明する必要がある。

＊　詳細は、大友義助『羽州新庄城および同城下町の研究』（一九八七年）、長澤正機『新庄城東南隅櫓跡発掘調査報告書』（一九八八年）も参照。

堅固な切岸線で曲輪群を守る城

37 片平楯《かたひらたて》〔付 小倉楯《おぐらたて》〕

所在地：新庄市大字萩野字楯ノ沢
比　高：五〇m
分　類：山城
交　通：新庄市内から車で一〇分程度

【歴史】　楯主は安食《あじき》丹波守とされるが、現在の遺構は主曲輪をもたず、豪族の楯とは認められない。

【立地と遺構】　新庄市街の北東、萩野集落背後すぐ東の丘陵に立地し、あたかも独立丘のようになる山全体に遺構がある。高さ五mの鋭く高い切岸で東西最大長約一五〇m、南北最大長約一〇〇mの規模で楯全体を囲み、内部に階段状に曲輪を重ね、全形はほぼ三角形状となる。切岸下の南下と西下の一部に横堀がめぐり、切岸外をさらに遮断する。楯跡の最も東にある最高所は整地されず、そこから南側切岸上に整地された方形曲輪を重ねる。そのうち、下部曲輪群の切岸は低く、兵の駐屯施設だろう。西側方形曲輪群の下は帯曲輪群を重ね、厳重な遮断線とする。中央に虎口があり、先端は馬出し状の平坦地、左右は畝状空堀などの竪堀で横移動を阻止して守る。

　この楯は方形曲輪群の駐屯施設を帯曲輪群・高く鋭い切岸・

片平楯跡遠景

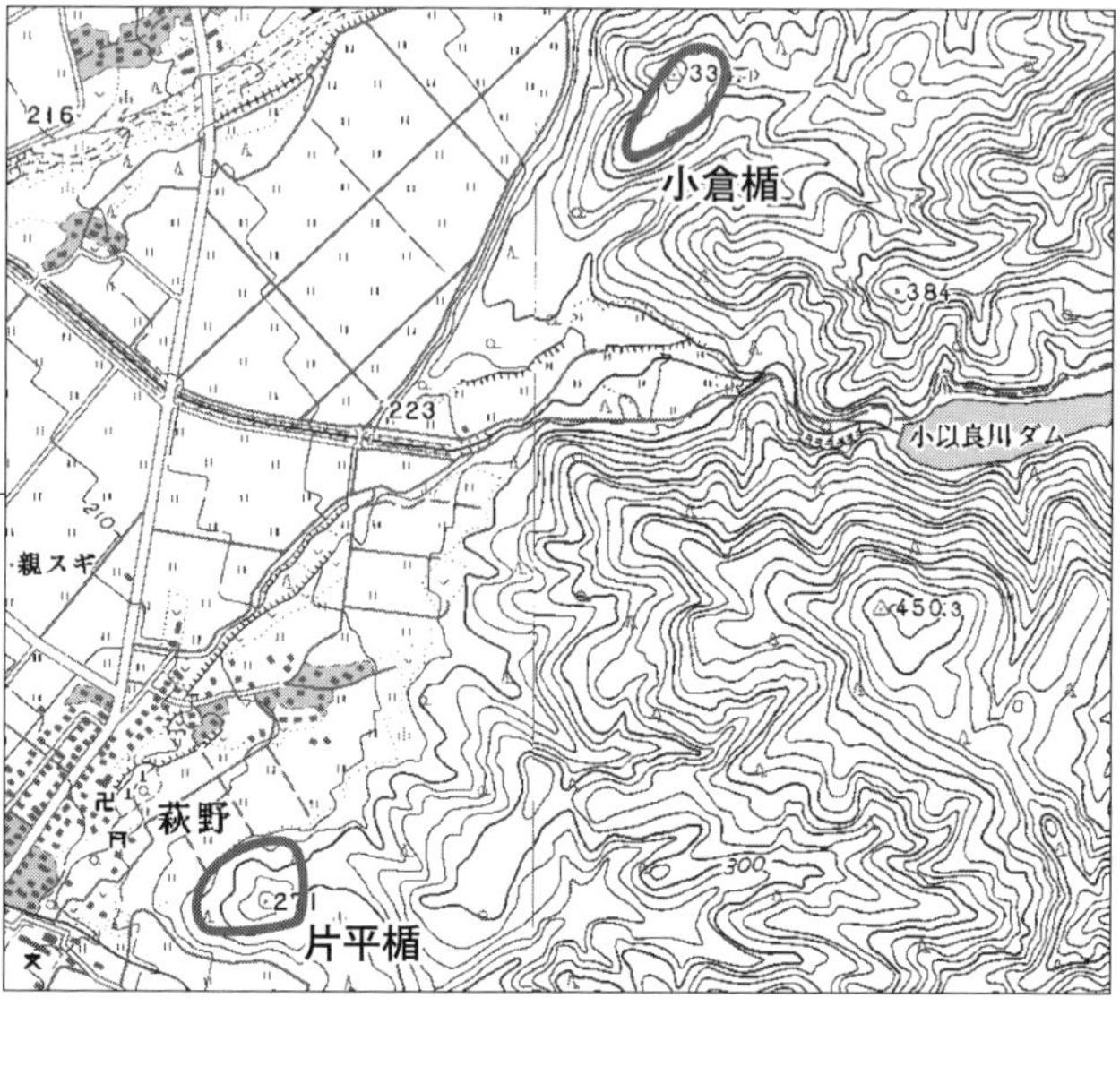

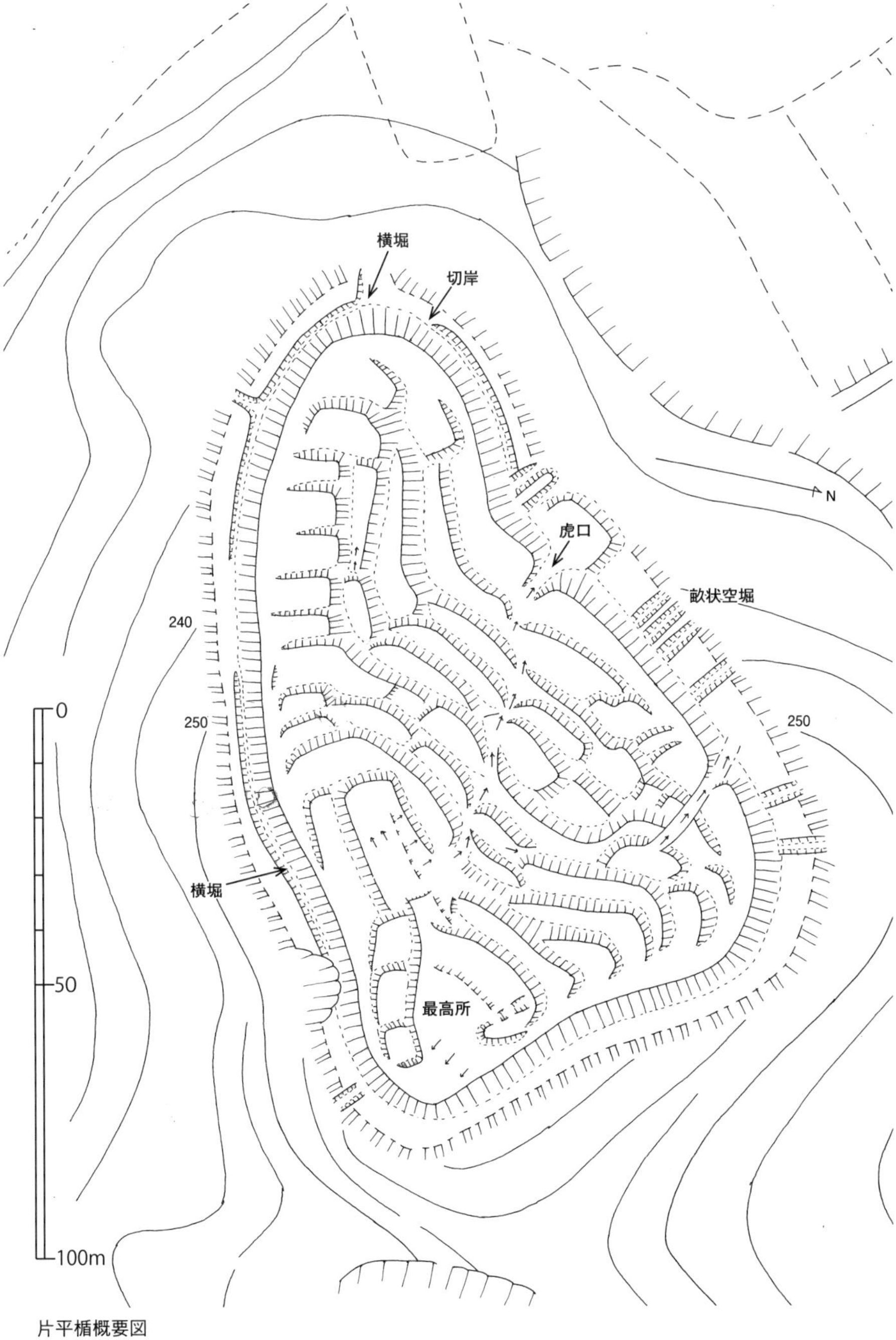

片平楯概要図

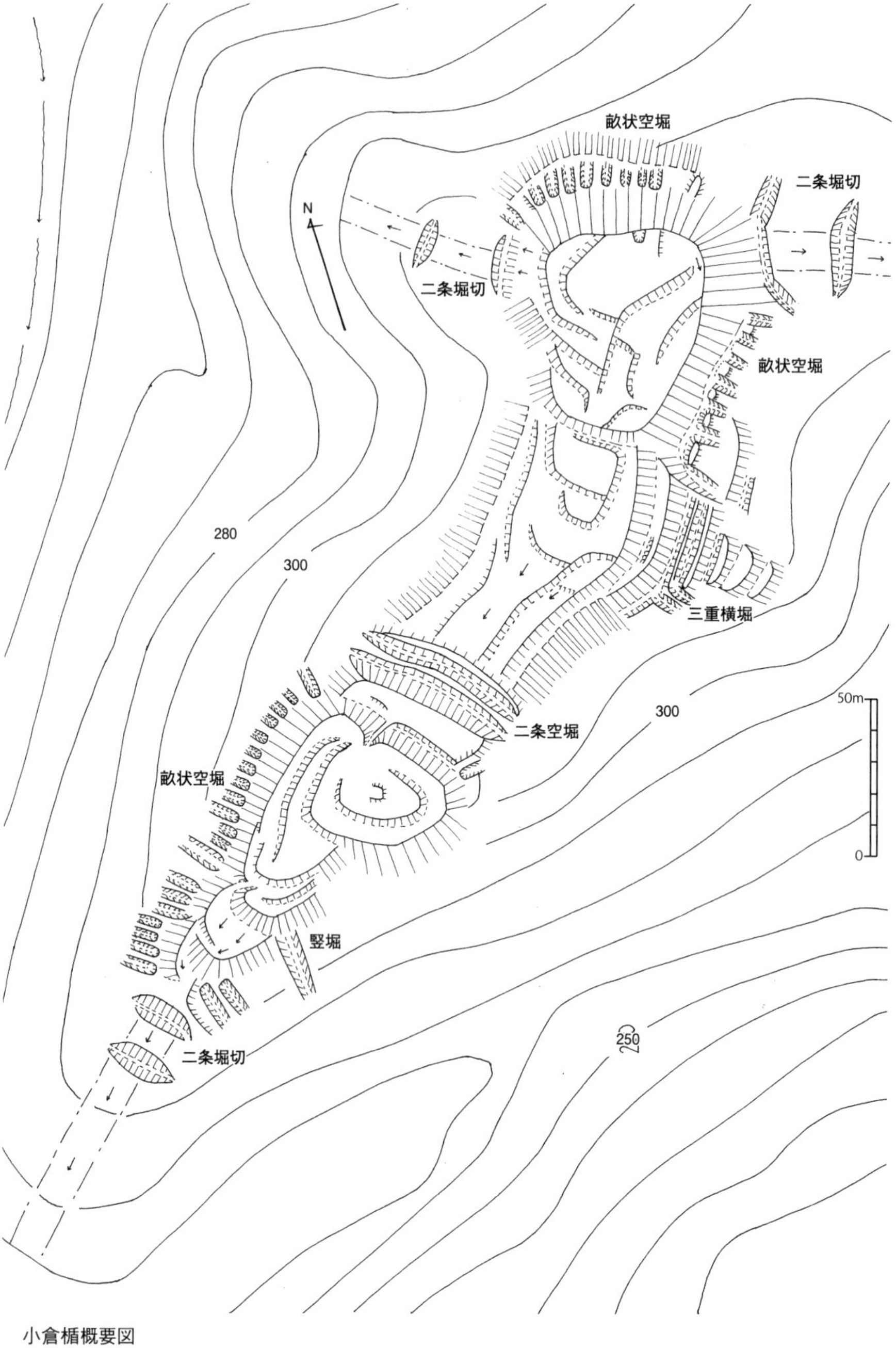
畝状空堀
二条堀切
N
二条堀切
畝状空堀
280
300
三重横堀
二条空堀
300
50m
0
畝状空堀
竪堀
250
二条堀切

小倉楯概要図

横堀・竪堀・畝状空堀で守り、主曲輪はない。このような特異な楯跡の東上方すぐ近くには、多様な堀を駆使して徹底的な遮断線とした落楯跡があり、北方近くには畝状空堀群や竪堀・横堀など堀を特徴的な防御線とした小倉楯跡がある。このうち、遺構の残りの良い小倉楯跡を紹介する。

小倉楯跡は、片平楯跡の北方、比高約七〇mの小倉山にある。楯跡は三方尾根を二条堀切で遮断し、内部は二条のV字状堀切で二つの部分に分ける。北東部分は小堀切で切断した最高所を低い切岸で細分するが、削平が甘くて主曲輪は確認できず、高く鋭い切岸下、北に九条、東に七条の畝状空堀群を刻む。その西下は低い切岸で区画し、東に派生する小尾根は三重横堀と小曲輪で遮断する。南西部分は低切岸で区画し、東下の二条堀切隣の曲輪に降りる虎口と南西下に降りる城道がある。その西斜面には二〇条もの畝状空堀群を刻み、南斜面には三条の竪堀がある。

小倉楯跡遠景

この楯跡は、低い切岸をもつ曲輪の削平は甘く、とくに強調した主曲輪は確認できない。その周囲は急斜面を除き、畝状空堀群・多条竪堀・多重横堀など多彩な堀を駆使し、堅固に防衛している。領主が恒常的に常住する城でないことがわかる。

これら三つの楯跡は、仙北から有屋峠を越えて山形方面に行く中世の大道沿いにある。天正十六年、最上義光が仙北小野寺氏の進攻に備えた城で、三つの楯は連携して防衛にあたるものであったろう。

【ワンポイント】　片平楯跡は、集落のすぐ裏山でそう高くない。ぐるりと回りを囲む切岸、虎口を守る堀、遮断線としての曲輪などを観察してほしい初級者用城歩きコースである。一方、技巧を凝らす小倉楯跡に道はなく上級者コースである。

群郭状となる庭月氏の本拠

38 庭月楯群《にわつきたてぐん》

所在地：鮭川村大字庭月
比　高：約一五m
分　類：丘城
交　通：ＪＲ奥羽本線羽前豊里駅下車、徒歩約二五分

【歴史】　楯跡群は鮭延氏一族である庭月氏に関連するものだろう。庭月氏は天正五年（一五七七）に大崎義隆から河口名を与えられた文書があり、天正十三年の最上義光の鮭延氏攻撃では義光に出頭し、鮭延氏降伏の要因となった。その後は、最上氏重臣の鮭延氏に従い、「鮭延越前守《さけのべえちぜんのかみ》侍《さむらい》分限《ぶげん》帳《ちょう》」（『郷土資料叢書第三輯　戸沢氏以前史料集』新庄図書館、一九六七年）に一二〇〇石の庭月楯主としてみえる。

【立地と遺構】　鮭川の河岸段丘に立地し、南から玄蕃楯跡・小十郎楯跡・庭月楯跡がある。そのうち、玄蕃楯跡は一重の土塁と空堀で区画された主曲輪のほかに外曲輪をもつ複郭で、主曲輪土塁は西側が良く残る。虎口は土塁のほぼ中央と北に曲輪内から下に降りるものがあり、北東に櫓台状の高まりがある。また、外曲輪の土塁は農道に沿って確認できる。小十郎楯跡は土塁と内側に箱堀状空堀が残り、楯跡と判断されるが、全体構造は把握できない。

　最大規模の庭月楯跡は、北側は沢、南も西に入り込む沢を生かし、西側を堂々たる土塁と薬研堀状の空堀で遮断する。この楯跡の土塁と空堀は大規模で、庭月氏の楯と伝えるように、楯群の中心だろう。なお、楯跡の北西隅に庭月広綱の墓碑があり、「大守公廣綱」と刻まれている。

【ワンポイント】　合戦のさなか義光に出頭し、鮭延氏降伏に大きな影響を与えた庭月氏の楯である。山形では、群郭状となるのは珍しい。とくに庭月楯跡の土塁・空堀は巨大で一見の価値がある。

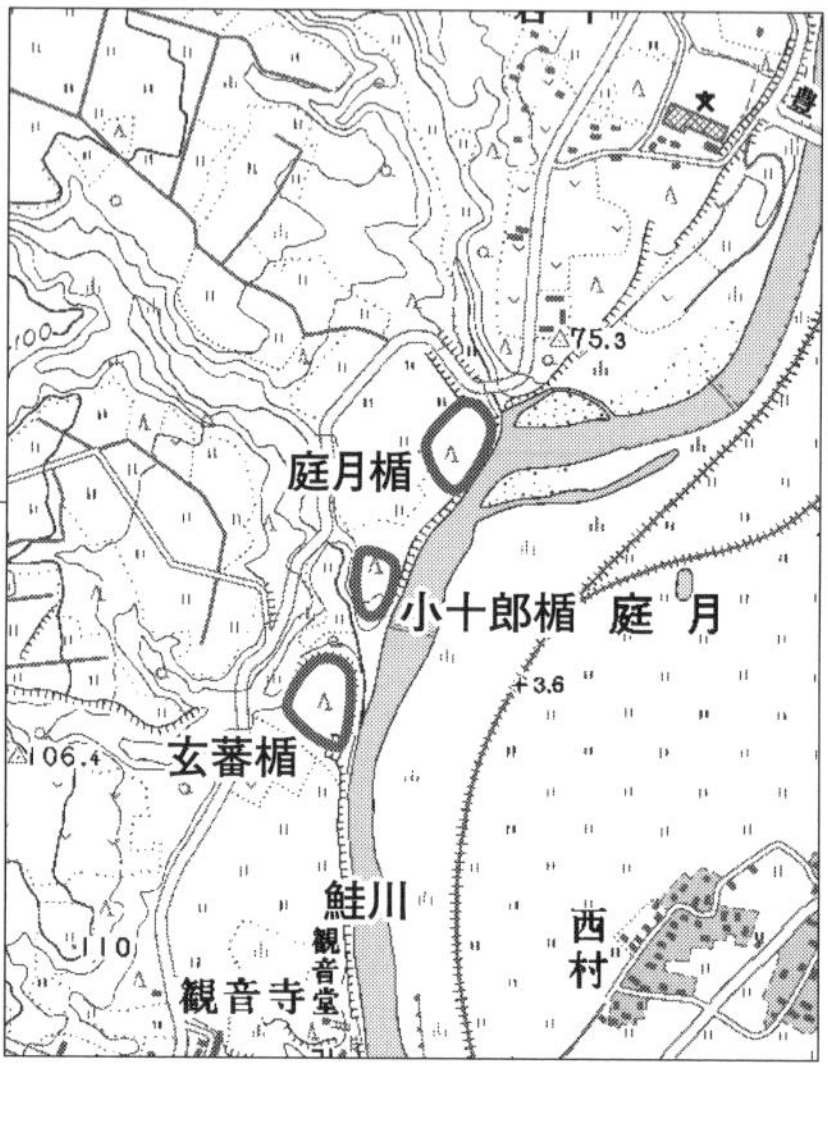

庭月楯跡群遠景

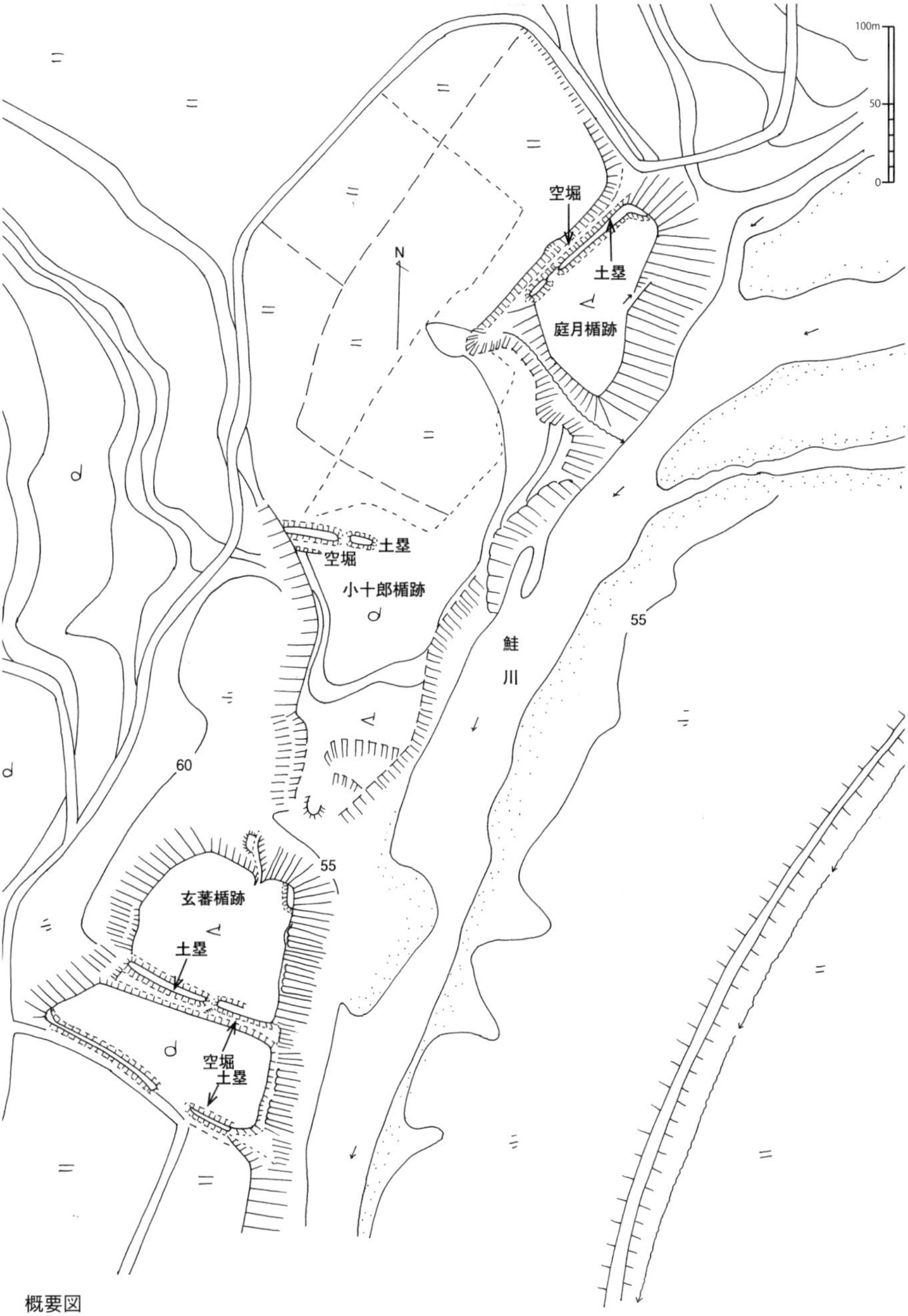

概要図

小野寺氏に備え古城を改修した城

39 志茂《しも》の手楯《てたて》〔付 太郎田楯《たろうだたて》〕

所在地：最上町大字志茂字上野
比　高：約七〇m
分　類：山城
交　通：JR陸羽東線大堀駅下車、徒歩約一五分

志茂の手楯跡遠景

【歴史】　城主は、「小国郷覚書」[*1]に、「小国郷には細川摂津守直元本城岩部の館、同弟細川帯刀直重下村水手の館」におったとあり、細川直重《なおしげ》であった。直重は室町幕府の政所代蜷川殿に宛てた「源直重書状」（蜷川家文書）があり、室町幕府中枢と関係のある有力国人だった。その後、天正十二年、最上義光により細川氏が滅び、蔵増氏が入ったが、志茂の手楯が使用されたかはわからない。そして、天正十六年小野寺氏の侵攻の動きがみえると、西側部分が大きく改修されたと考えられる。

【立地と遺構】　志茂集落背後の丘陵突端に立地し、志茂はかつて下村と書き、小国西郷の中心であった。この楯は「水の手楯」ともいう。楯跡は、北方尾根を三重堀切で切断し、最高所に主曲輪を造り、山裾まで重なる見事な階段状曲輪群をもつ東側部分と、主曲輪と二重の大規模な空堀で分け、畝状空堀群で守る細長い曲輪を中心とする西側部分からなる。そのうち、主曲輪は東西約二七m、南北約

*1 『最上町史編集資料』第一号（一九七八）。

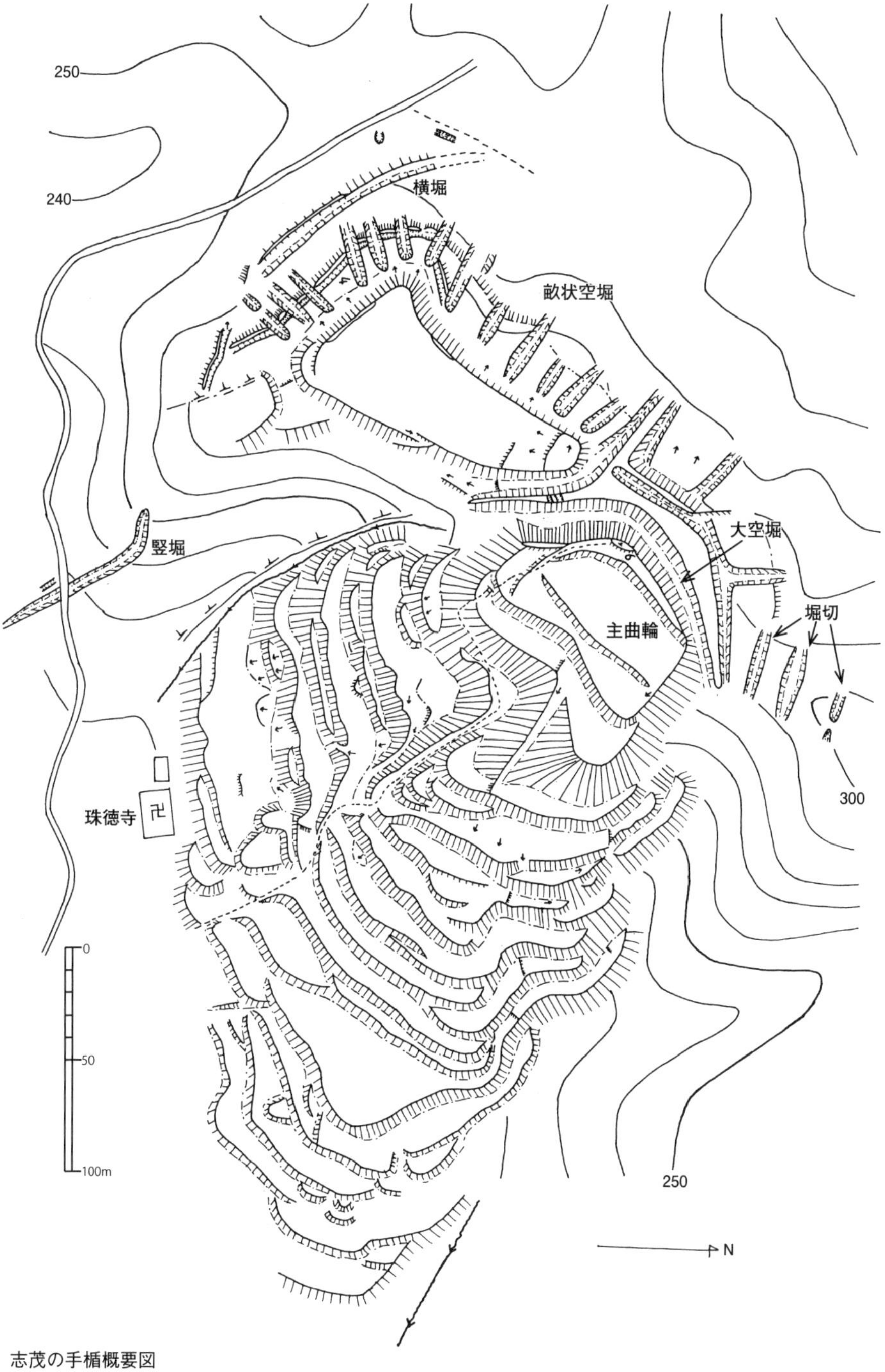

志茂の手楯概要図

五五m、西の長大な曲輪は東西約三七m、南北約一二一mの規模をもつ。これら二つの曲輪を画するL字形大空堀は、深さ・幅ともに一〇mを越えて大規模である。西遺構群の中心である西曲輪は、東に折れ坂虎口が開き、西辺と南辺に土塁を造り、切岸下に十三条の畝状空堀を掘り、西側には土塁を備え、下方に横堀を掘り、さらに東斜面は長大な竪堀で遮断する。なお、東側の主曲輪には削り残し土塁があり、上に慶応四年（一八六八）の「太平山三吉大権現」の石碑が立つ。

志茂の手楯跡は東側と西側は時期差があり、領主の城だった東側の後に西側が軍事的要請から造られたと推測される。志茂の手楯跡と太郎田楯跡が軍事的に強調され、大崎地方に接する小国城跡や富沢楯跡にないことから対象は伊達氏ではなく、神室山の尾根道でつながる小野寺氏とみられる。時期は、小野寺氏との間に緊張関係が発生した天正十六年（一五八八）だろう。

続いて、改修部と同様の遺構をもつ太郎田楯跡を紹介する。楯跡は志茂の手楯跡の西南、最上三十三観音三十二番札所「太郎田観音」の背後丘陵にある。楯跡は比較的小規模で、最高所に切岸で囲まれた曲輪が造られ、下に曲輪が付属し、南東側に枡形状虎口が開く。二つの曲輪を防御し、東と西斜面に三重の大規模な横堀が掘られており、遮断線とする。その下、山裾にも一重の横堀を掘って最前線の遮断線とし、東側の横堀は北側で尾根を切断して急崖に至る。また、西側と南側の中腹二カ所は、特徴的な小畝状空堀群で緩い斜面をつぶす。太郎田楯跡の特徴は、山頂の整地の甘い二つの曲輪を守り、多重横堀を主体とし畝状空堀群をも使った遮断線の発達である。かくして、当楯跡は近郊の志茂の手楯と連携し、防御にあたる楯だろう。

【ワンポイント】　楯は珠徳寺脇から登る。だれもが志茂の手楯跡のL字形大空堀と畝状空堀に圧倒されるはずだ。そして、見事に階段状に重なる曲輪に感動するだろう。近くの多重横堀が見事な太郎田楯跡とともに歩いてほしい。中級者用城歩きコースとなる。

志茂の手楯　太平山三吉碑

志茂の手楯　珠徳寺

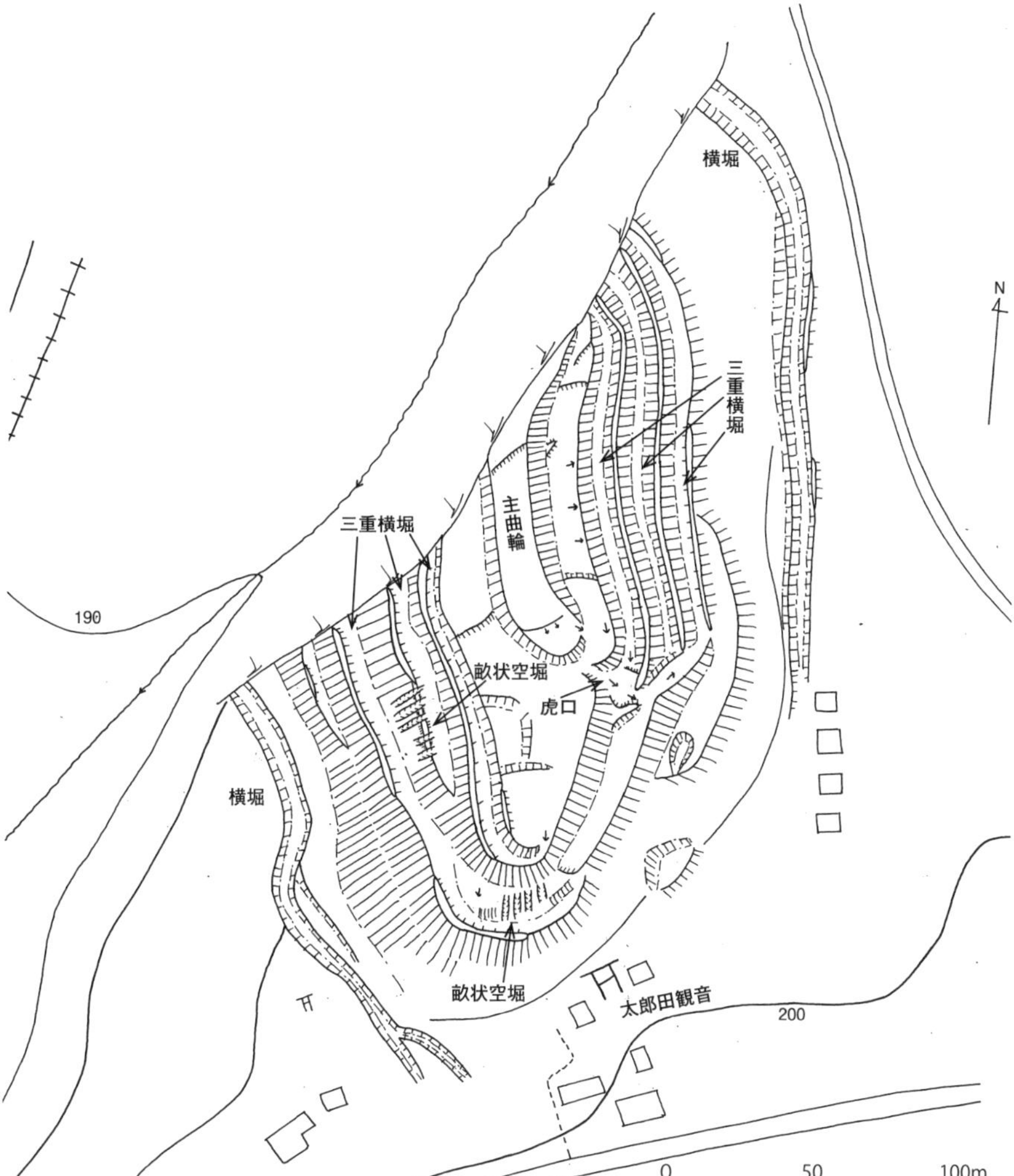

太郎田楯概要図

太郎田楯　太郎田観音

太郎田楯跡遠景

小国氏と家臣団が常住した山城

40 小《お》国《ぐに》城《じょう》

所在地：最上町大字本城字城山
比　高：約八〇m
分　類：山城
交　通：ＪＲ陸羽東線最上駅下車、徒歩約一〇分

【歴史】城主は蔵増小国氏で、『天童軍記』によると、細川小国氏滅亡後の天正十二年（一五八四）に入部したという。これは細川小国攻めの功績によると考えられ、それ以前の細川小国氏の城は岩部楯と呼ばれた。山麓、本城地区は城下で表小路・中小路・裏小路の道があり、表小路から大手門、内構を経て本丸に至る。また、山麓の十日町は市町で、川向かいの向町も町屋とされる。

慶長年間の成立とされる「小国日向家臣《ひゅうがかしん》刈高書上《かりだかかきあげ》」＊1に、本丸（南北四八間、東西四六間）、二丸（二〇間、東西十二間）と規模が記され、家老屋敷は荒井但馬（南北十八間、東西四四間）と工藤淡路（南北二〇間、東西十二間）の二人で、中段屋敷に四千刈の小川上総以下十二名の家臣がおり、さらに惣堀の外には千五百刈の遠藤吉兵衛以下十五名と平侍十四名が載り、貴重な史料となる。そして、城の破却は元和八年で、「最上氏収封諸覚書」（『最上氏史料』）に「一、小国城　小国日向居所　知行壱万七千石」とある。

【立地と遺構】西側を絹出川、南方に小国川、東南方には鳥

城跡遠景

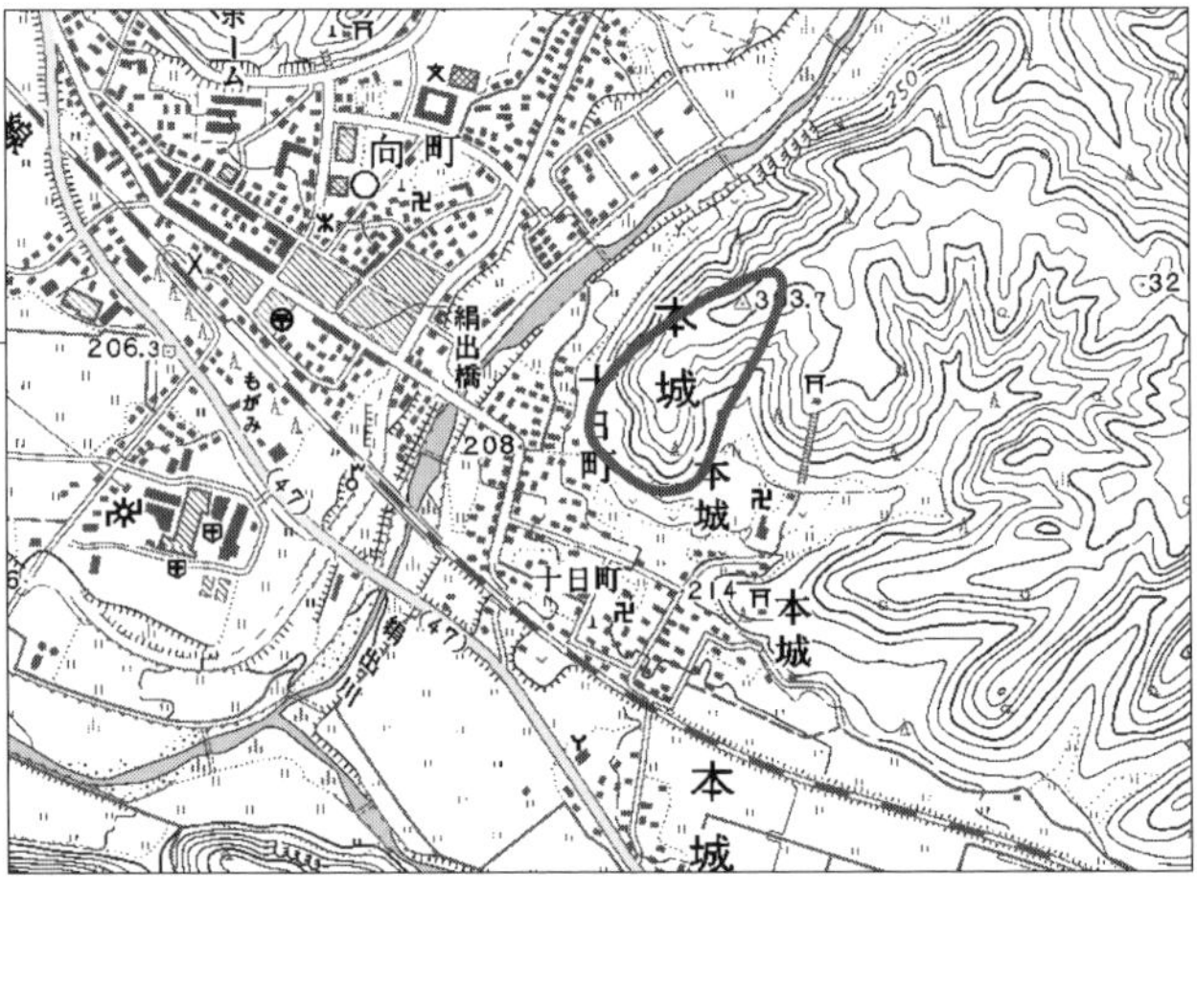

＊1　『小国郷覚書　最上町史編集資料』第一号（一九七八年）。

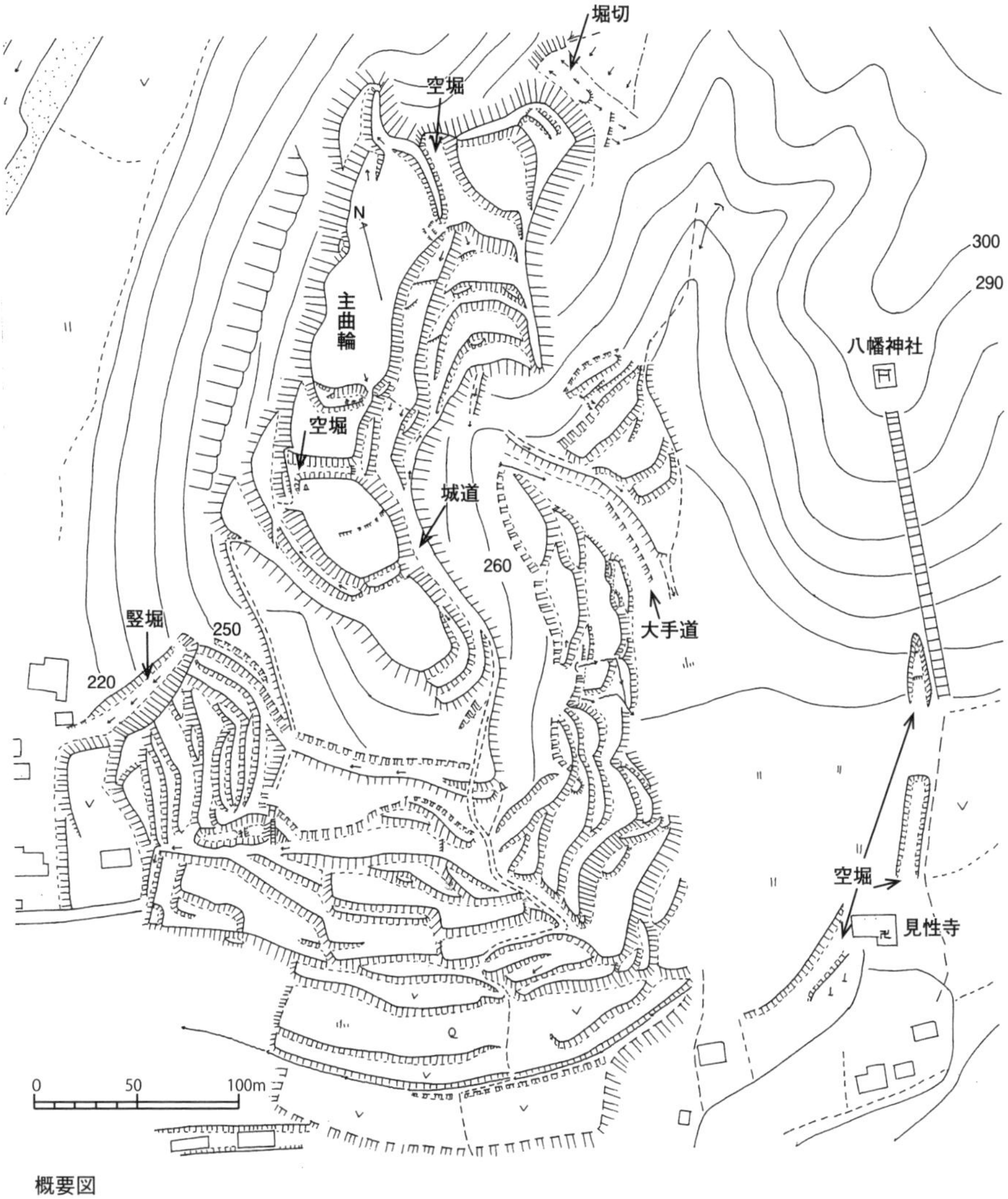

概要図

見性寺脇の空堀

出川の流れる丘陵突端に立地する。中枢部は最高所にあり、東南に大きくL字形に曲がる細長い尾根にある。最先端は幅約二八mの大堀切で尾根続きを切断し、堀切に接する曲輪は東・北側に削り残しの土塁を備える。最高所には細長く大きな主曲輪があり、東西約一一〇m、南北三七mの規模となる。堀切側に削り残し土塁がありその端に虎口が開き、そこから縁辺下を回る城道があり、主曲輪から横矢掛りの構造とする。城道をくだると、なかほどから東側曲輪群に行く道が分岐し、下の大手道につながる。主曲輪下部に曲輪を置き、箱掘状空堀を境にしてさらに二つの大きな曲輪がある。この主曲輪下部すぐの曲輪には、三吉碑がある。細川小国氏の城には、太平山三吉碑や関係神社があり、領主の信仰に関わると思われる。

中枢部曲輪群の直下、東側から南側山裾には多数の曲輪が階段状に重なる。大手道下の沢にも四段曲輪があり、そこから下った内構の西側山裾にも比較的大きな曲輪群が連続する。そのうち、南側山裾の広い曲輪群の間を通る現在の道は、曲輪を結ぶ城道と考えられる。それら曲輪群の西端には長さ約八〇m、幅約二〇mもの大規模な竪堀を掘り、北斜面からの遮断線として城境も兼ねる。この大竪堀に接する東側は細長い帯曲輪群を重ね、中枢部を守る。

そして、八幡神社の参道登り口の西側と山麓、見性寺の西側裏と西方に山城を囲む大空堀が残る。それは山城を東から南にめぐり西の段丘に落ちる外堀で、遮断施設でもあり城域の境界ともなったようである。加えて、地元ではかつて外堀から連続して西側をめぐる細長い窪地があったといい、外堀の西側は水堀だったのかもしれない。

【ワンポイント】　小国城跡は慶長年間、城主と家臣団が山城に常住した史料が残る貴重な事例である。階段状曲輪群をみて登り、広大な主曲輪にたち、絹出川を見下ろすと、急峻な崖にびっくりするはずだ。主曲輪まで道があり、中級者用城歩きコースとなる。

三吉碑

義光が二年がかりで落とした城

41　鮭《さけ》延《のべ》城《じょう》

所在地：真室川町大字内町字古城
比　高：約五五m
分　類：丘城
交　通：ＪＲ奥羽本線真室川駅下車、徒歩約二五分

【歴史】　城主は鮭延氏で、戦国期に仙北小野寺氏の支援のもと鮭延に進出し、最上川近くの岩鼻楯に拠点を置き、のちに大宝寺氏の圧迫で北に移り、天文年間に鮭延城を築城したとされる。鮭延氏は、やがて有力国人として成長し、天文二十四年、「讒拾集《さんしゅうしゅう》」（『横』八八頁）に延沢氏や細川小国氏とともにみえる。そして、天正十三年の春、前年晩秋に続く最上義光の攻撃を受けて鮭延越前守は降伏した。その後、鮭延越前守は庄内進攻などで功績をあげ、最上家重臣となった。元和八年の最上氏改易で城は接収されたが、そのとき鮭延氏は金山城主で、鮭延城は番城となっていた。翌年に新領主戸沢氏が仮城として使い、寛永二年（一六二五）に新庄城に移り、そのとき徹底した破城があったとみられる。

【立地と遺構】　真室川に張り出す舌状台地突端に立地し、東に近江沢、西に薬師沢が入り、狭い所を三条堀切と土塁で遮断し、北が城域となる。土塁と薬研堀の堀切は大規模で、堀切は上幅約一六m、深さ約五mを測る。東側斜面には四条の畝状空堀を刻み、緩やかな斜面を守る。城内部は東西約一七五m、南北約二〇〇mと広大で、内部に台地端から入る空堀痕跡があり、土塁と空堀があったらしい。最奥が中枢部で、東から城道が入り込み、虎口らしき地点があり、中枢部はさらに二つに区画される。主曲輪東側には腰曲輪、西側には帯曲輪が付属する。

　したがって、鮭延城は二つに区画される中枢部と、もう一つの曲輪が並立し、最奥が主曲輪であった。城の大手は東側の近江沢といわれるが、搦め手という西側の薬師沢は城道を下ると家臣

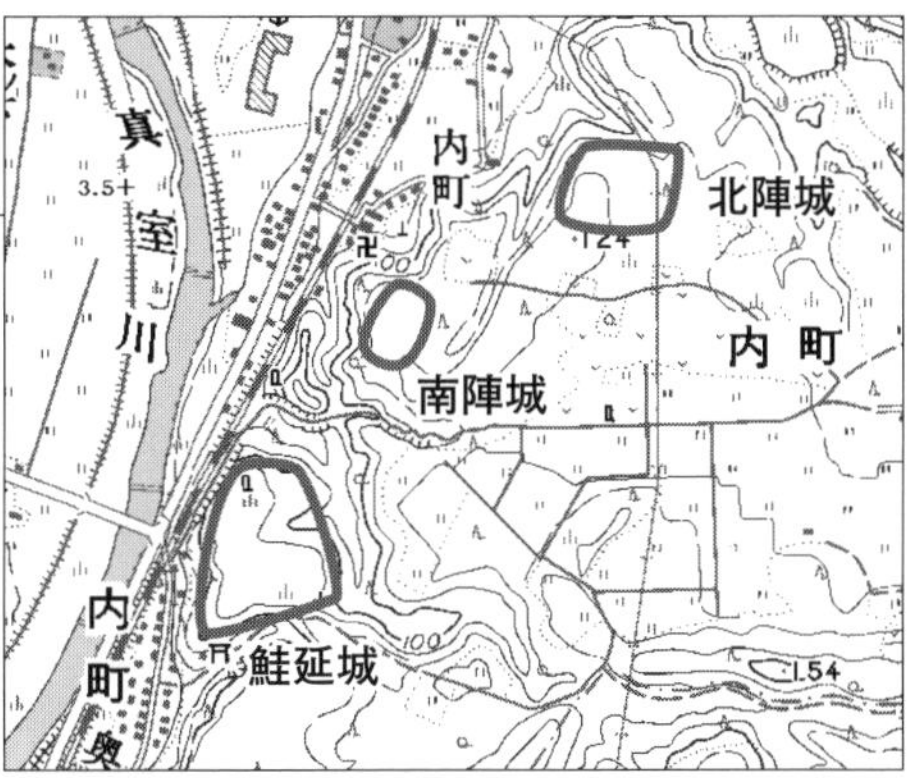

屋敷だった内町となり、そこから入る虎口が大手門の時代があったのだろう。また、内部の城跡遺構が残らないのは、戸沢氏が新庄城に移った際に破城されたからであったろう。

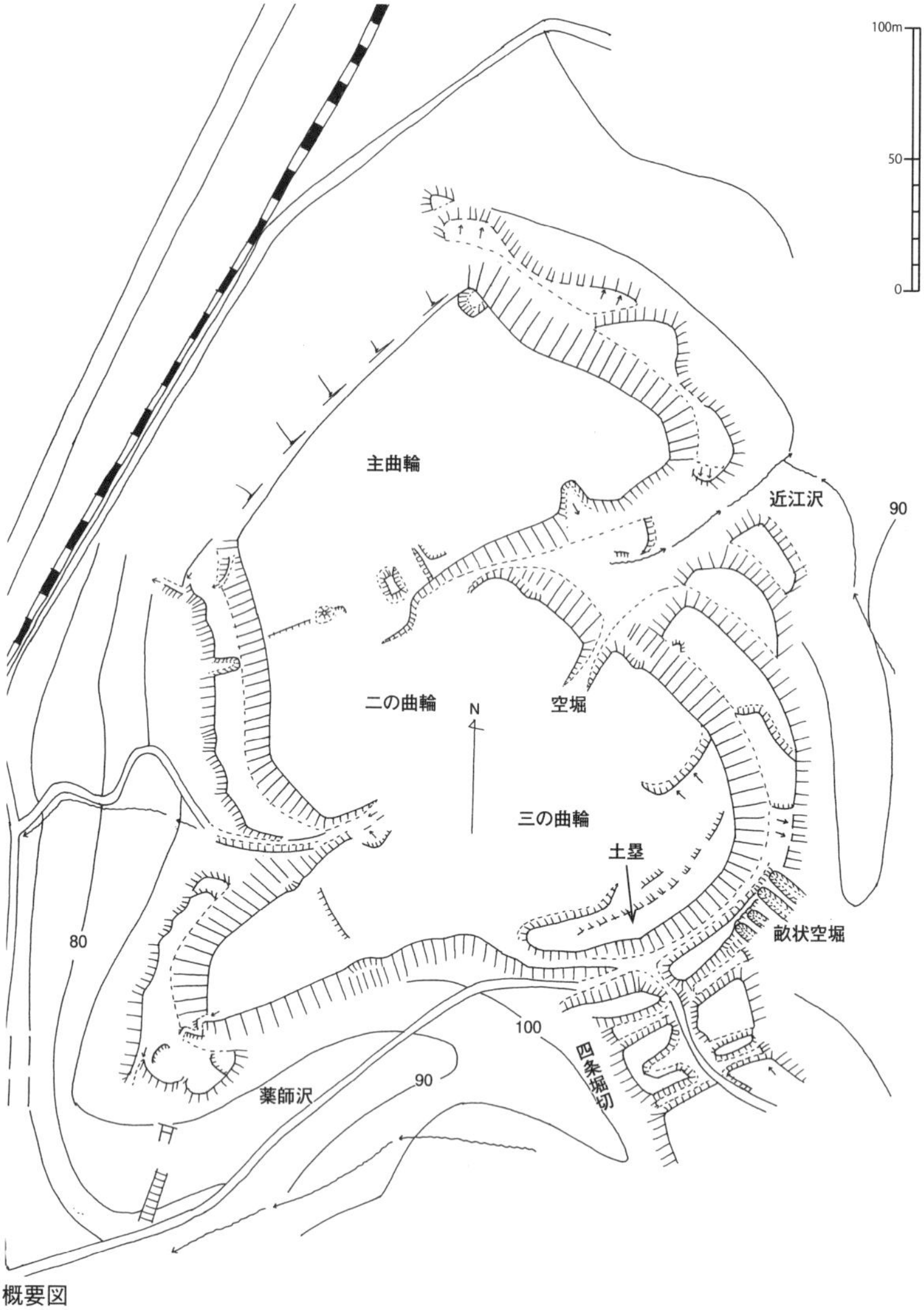

概要図

主曲輪

城跡遠景

【ワンポイント】　城主だった鮭延越前守が攻城戦を語った聞書があり、隣には義光の陣城がある。城跡内部は戸沢氏の破城で遺構は残らないが、虎口脇の土塁と空堀は大きい。

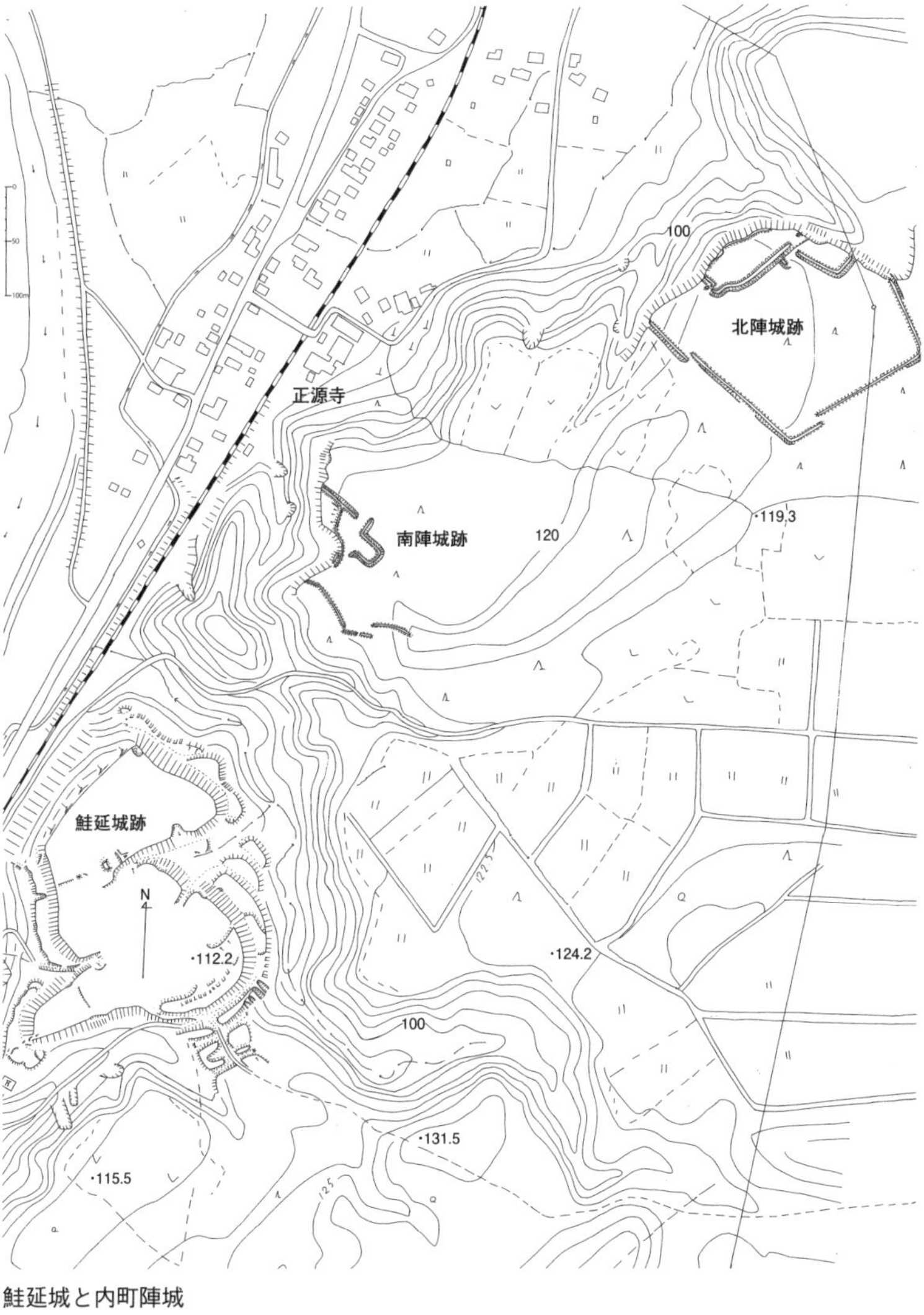

鮭延城と内町陣城

鮭延越前守の墓碑

鮭延氏の菩提寺・正源寺

杉林のなかに見事に残る義光の陣城

42 内《うち》町《まち》陣《じん》城《じろ》

所在地：真室川町大字内町
比　高：約五五ｍ
分　類：丘城
交　通：ＪＲ奥羽本線真室川駅下車、徒歩約二五分

【歴史】　天正十二年秋、天童城を制圧後、降将の延沢能登守を大将に鮭延城を攻撃した。しかし、このときは落とせず、翌春再び総勢で攻撃したときに築いた陣城である。

【立地と遺構】　鮭延城跡の対岸台地に位置し、鮭延城跡の北方約三五〇ｍに延沢能登守陣場と伝える前進基地（南陣城跡）があり、北方約八〇〇ｍに大将の本陣（北陣城跡）がある。そのうち北陣城跡は沢地形を二面に生かし、奥突端に主曲輪がある。北側と西側は台地の急崖を生かし、東側に長方形の副曲輪をおく。主曲輪は大規模な土塁と空堀で囲まれ、最大の長さが南北約七五ｍ、東西約三七ｍの南北に長い不整形となる。南に塁線を鍵形に折り、反対側も土塁を折り狭くした虎口が開く。また、西側縁辺に低土塁をおいて急峻にする。副曲輪は外側塁線と同じ低土塁と空堀で遮断し、南北約二〇ｍ、東西約四三ｍの東西に長い方形となる。その西南、主曲輪空堀と接するところに折れ虎口が開き、その先に主曲輪の搦め手虎口がある。

外側塁線は高さ約一ｍの小土塁と外側の浅い堀からなり、

城跡遠景

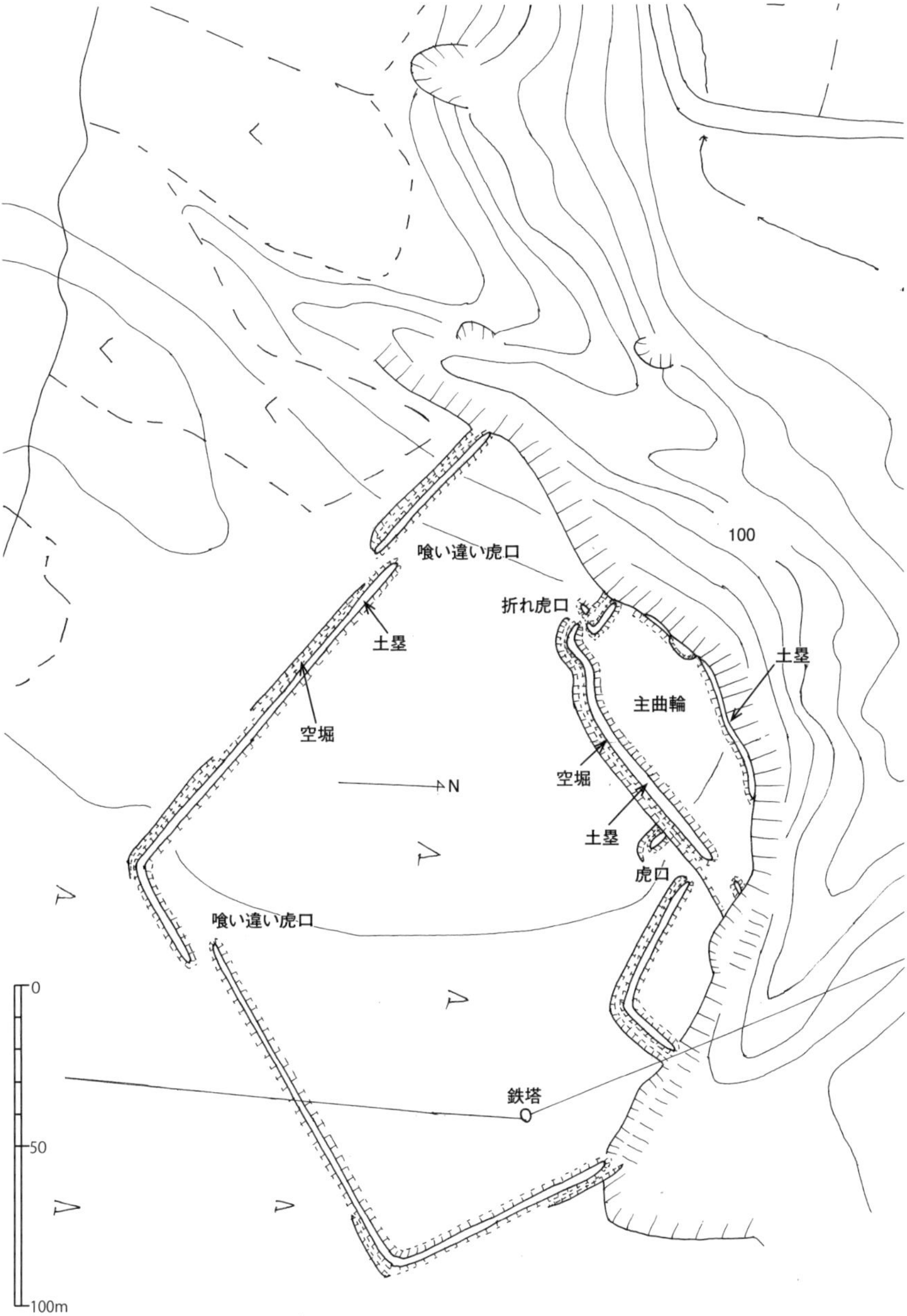

北陣城概要図

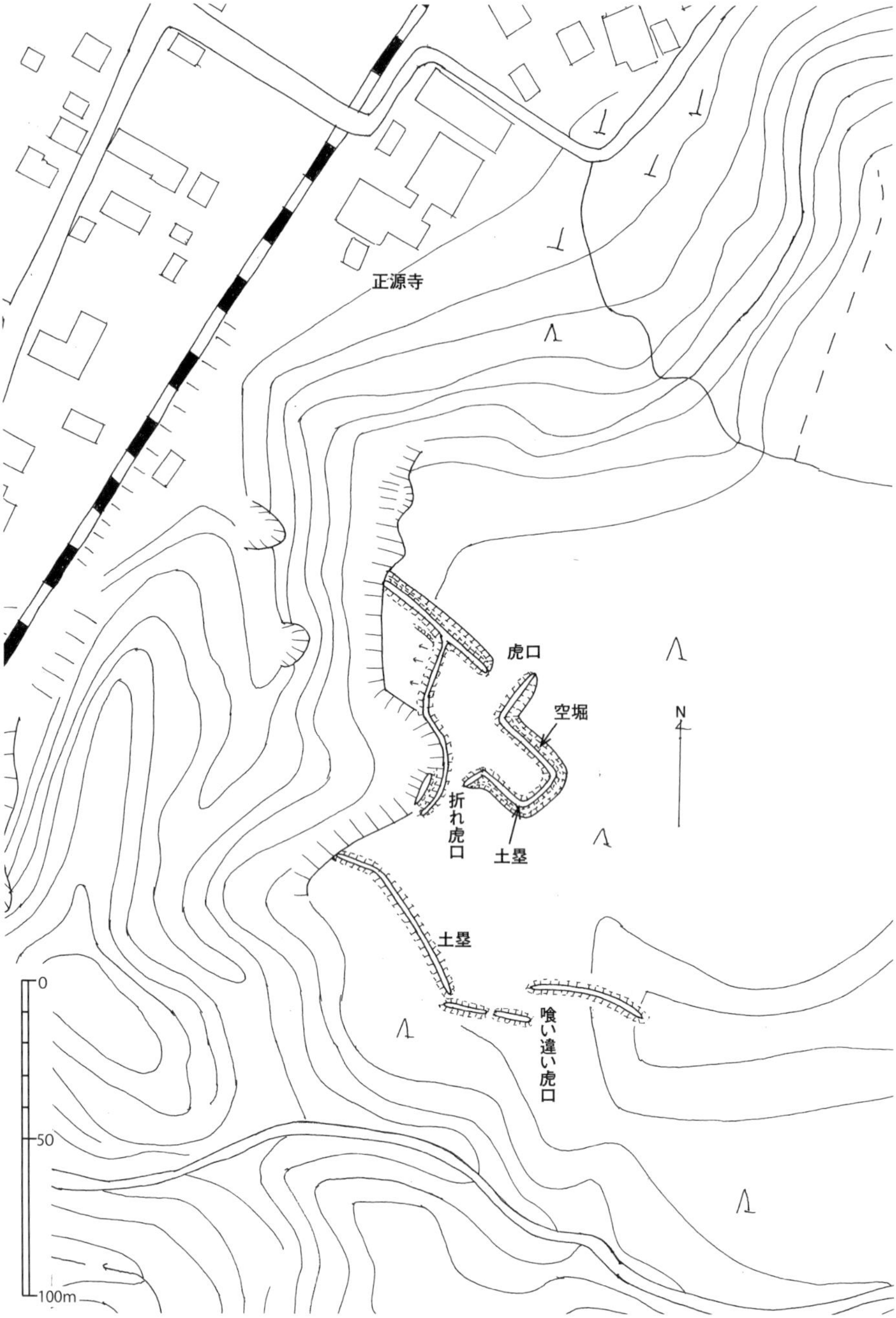

南陣城概要図

西側の深い沢上から始まる。東に斜面を約五〇m伸びて喰い違い虎口となり、内側から別の塁線が東に伸び、約一二五mいって北東にほぼ直角に折れ、約三四mの所で喰い違い虎口となる。さらに、その内側から並行して北東に塁線が走り、送電線下を通り約一一六m伸び北西に折れ約七一mで台地突端に至る。

南陣城跡は台地がやや西に伸びる地形を活かし、曲輪と南側の外側塁線からなる。曲輪は高さ約一mの低土塁と空堀で、広いところで東西約三七m、南北約二二mの方形区画とし、西北に東西約二五m、南北約二九mの副郭をおく。北側に塁線を折った虎口、南側に両側塁線を折り狭くした虎口が開く。南側に鮭延城方面を遮断する外側塁線があり、台地突端から土塁線を南東に走らせ東西の土塁線と交差させ、なかに喰い違い虎口が開く。さらに、その虎口から別の土塁線が看経森《かんきんもり》に低丘陵をのぼる。なお、土塁は低く、空堀は埋まり確認できない。

南陣城主曲輪の空堀

内町陣城跡は、天正十三年の最上義光の城の編年指標となり、定型的な枡形虎口の前段階となる喰い違い虎口と折れ虎口、枡形状虎口をもつ。そして、この陣城は、庄内からの鮭延氏への援軍を想定し、また、従わない鮭延・新城の豪族衆への威圧を兼ねて、大規模な本格的なものとなったのだろう。

【ワンポイント】　攻められた鮭延城跡と攻撃用の陣城が残るのは、きわめて貴重といえる。鮭延城跡を歩き、陣城跡を見、そこから下ると正源寺がある。全体に平坦で、初級者用の半日城歩きコースとなる。

仙北小野寺氏備えの道をおさえる城

43 高堂楯《たかどうたて》〔付 魚清水楯《うおしみずたて》〕

所在地：金山町大字中田字高堂山
比　高：約二〇〇m
分　類：山城
交　通：新庄市内から車で約三〇分

【歴史】　最上氏が金山城に丹氏をおき、一族の栗田氏をこの高堂楯に籠らせたと伝える。

【立地と遺構】　中田集落西に、急峻にそびえる高堂山の南東部を約一〇〇m下った狭い尾根上に立地する。急斜面から緩やかな斜面への転換点を一条の堀切で切断し、狭い尾根上に低い切岸をもつ小曲輪を六つ重ね、その先の切岸下にテレビ共聴中田受信点鉄塔の立つ曲輪とやや広い曲輪がある。二つの曲輪の鋭く高い切岸下は、西は六条の畝状空堀、東は二条の竪堀が斜面を遮断し、尾根上に小曲輪を六つ、帯曲輪を六つ重ね、尾根を切断する。帯曲輪最下部には平入りの虎口が開き、下はさらに三条の畝状空堀で厳重に虎口を守る。

　中枢曲輪はテレビ鉄塔の曲輪と下の広い曲輪で兵の駐屯地とみられ、その上の小曲輪にも小屋施設が想定できる。

高堂楯跡遠景

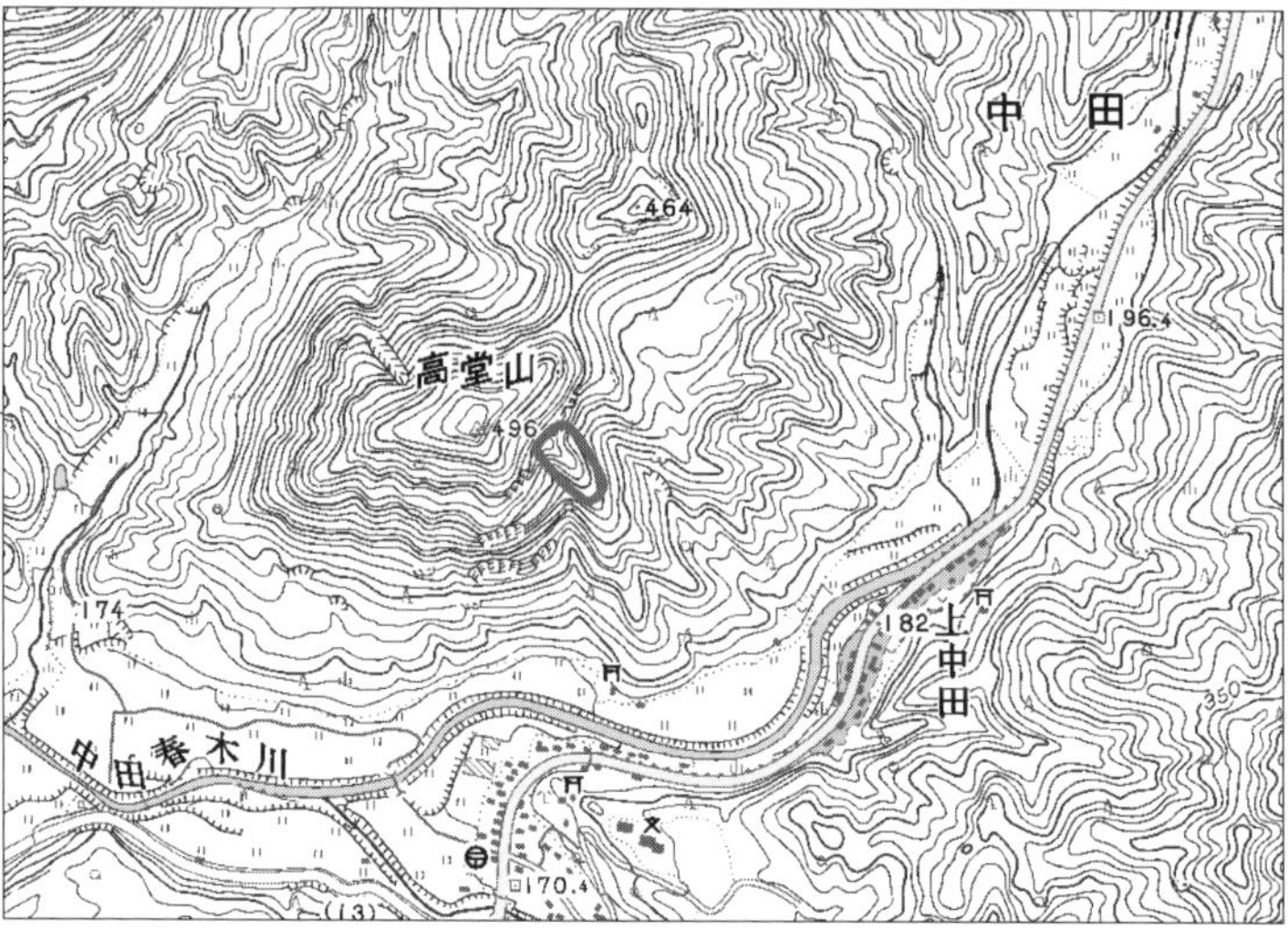

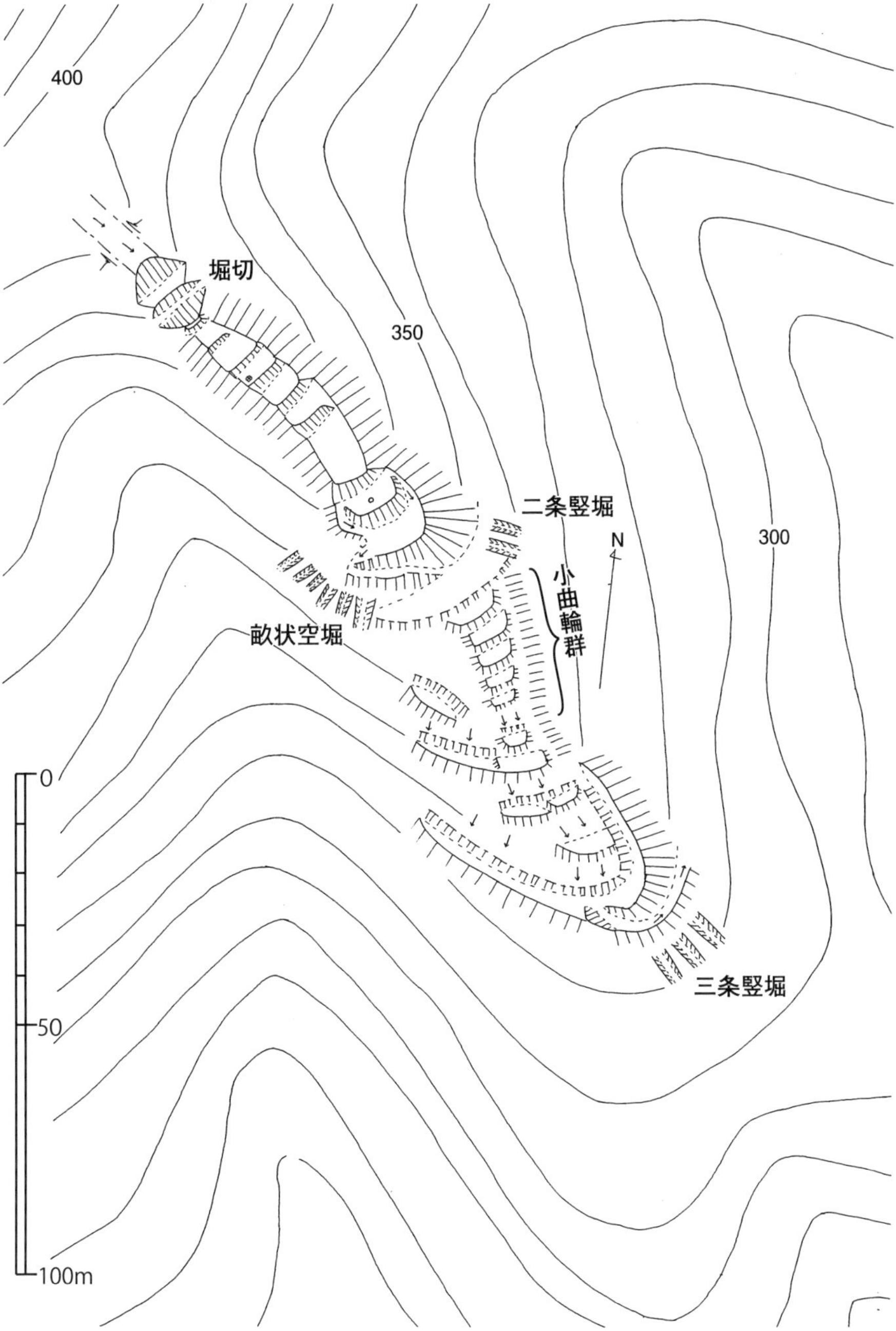

高堂楯概要図

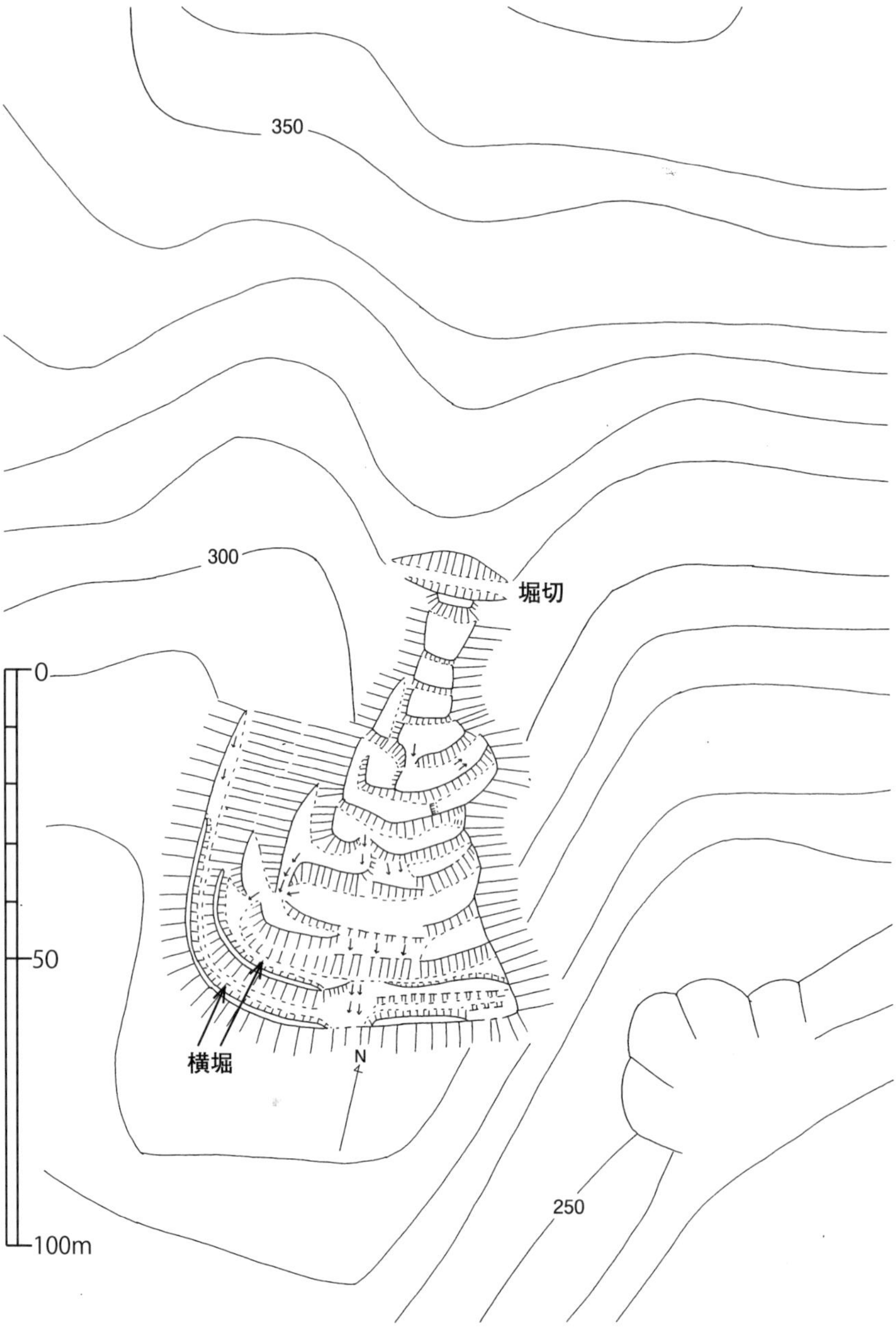

魚清水楯概要図

しかし、中枢曲輪の切岸下の小曲輪群は切岸と連携した遮断施設で、堀と同様の機能をもつのだろう。したがって、高堂楯跡の事例から、曲輪は施設をつくる機能だけではなく、切岸と組み合わせて遮断施設としたことがわかる。

　近郊に、この楯跡と良く似た構造をもつ魚清水楯跡がある。楯跡は竜馬山を約二〇〇m下り、金山川に面する比高約八〇mの舌状台地突端に立地する。急斜面から緩やかな斜面に変わる地点を一条堀切で切断し、下の狭い尾根上に小曲輪を階段状に四つ重ね、先に帯曲輪を五段おき、それを長い二重横堀で守る。帯曲輪の西側に折れ坂虎口が開き、その先に馬出し状となる曲輪を置く。遺構のうち四段の小曲輪は、低い切岸で区画されて平坦であり、駐屯施設が想定される。下の帯曲輪も小屋掛けできる広さをもつ。

魚清水楯跡遠景

　二つの楯跡は、仙北からの街道上にあり、同じ立地・構造で、同一者が関わって構築されたのだろう。天正十六年二月、最上義光は伊達政宗の出陣が近いとし、庭月和泉守に鮭延典膳・安食七兵衛・丹与三とよく相談し、真室を根城に庄内仙北への備えを指示しており[1]、楯はそのときに仙北からの道をおさえるために構築されたのだろう。

【ワンポイント】楯跡にあえぎつつ登ると、真下に高速道路が通り、その先に羽州街道が走り、道をおさえる城と痛感させられる。楯跡に登る道はなく高峻で、同様の魚清水楯跡とともに上級者用城歩きコースである。自信のある方は、ぜひ挑戦してほしい。

＊1　「庭月和泉守殿宛て義光書状」（『山一』九二五頁）。

仙北との境目の城

44 金《かね》山《やま》城《じょう》

所在地：金山町大字金山字楯山
比　高：約七〇m
分　類：山城
交　通：ＪＲ新庄駅前から山交バス金山行き
に乗車、金山役場前で下車徒歩約一五分

【歴史】　天正年中に丹与惣左衛門《たんよそざえもん》が築城したとされ、丹氏の後、鮭延氏の家臣である薗部《そのべ》彦右衛門《ひこえもん》が千石で城主になったとされる。その後、慶長十九年（一六一四）成立の「梅津政景日記」（『最上氏史料』）に金山城代・川田三右衛門がみえる。元和八年の最上家改易時の城主は鮭延越前守で、「最上家収封諸覚書」（『最上氏史料』）に「金山城　先（鮭）部越前居所　知行壱万七千石」とあり、接収後に破却されたため、現在の遺構は元和八年のものとなる。

金山城に登る城道

【立地と遺構】　北に金山川が流れる金山集落背後の丘陵突端に立地し、最高所に主曲輪があり、東西約二五m、南北約三七mの規模で南に坂虎口が開く。北東側は土塁状の高まりとなり、東は虎口状に開くが、後世の林道である。ここにはかつて櫓台様の壇があり、その先に堀切があった。主曲輪の鋭い切岸下には、東西約六五m、南北約七四mの良く削平された広い二の曲輪があり、西側に虎口状の開口部があるが、これも後世の林道である。

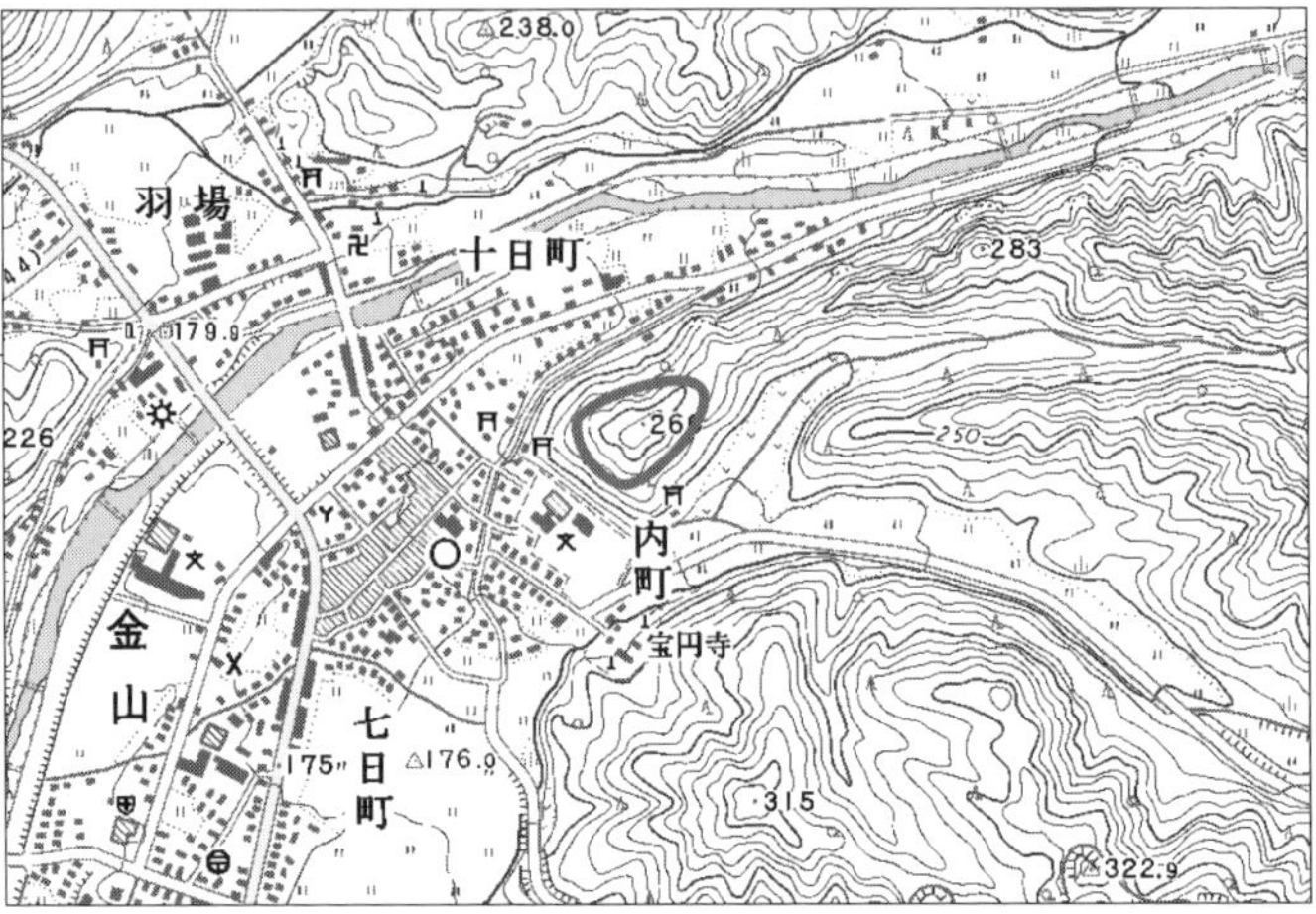

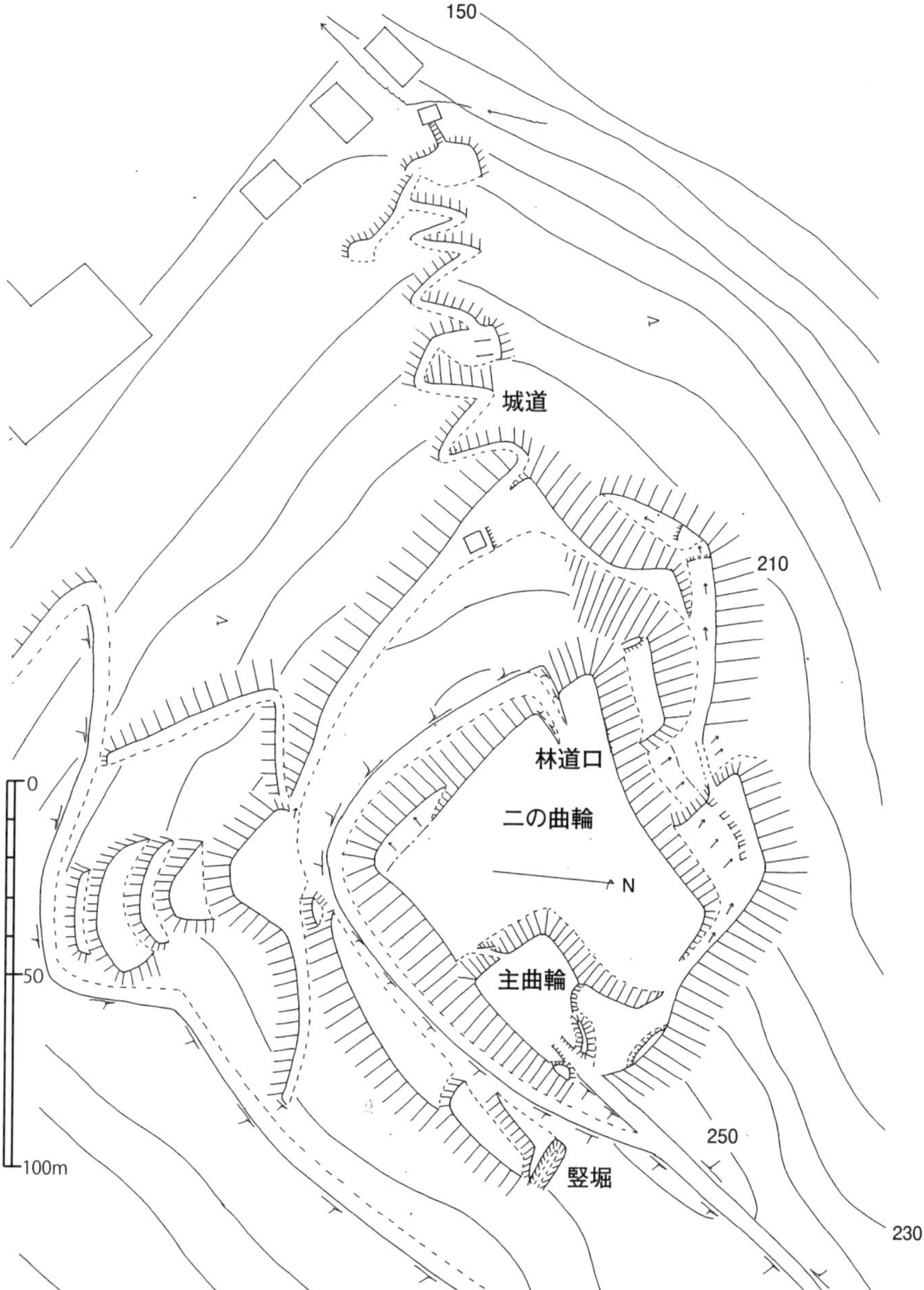

概要図

上：万宝院長屋門　下：大手門と伝わる宝円寺山門

虎口は北側で、そこから城道を下ると南西下の帯曲輪に入る。帯曲輪南側は、五段の腰曲輪の最上段につながる。また、主曲輪東下にも曲輪があり、東北端は竪堀で遮断する。城道は西斜面と南斜面にあり、大手は家臣屋敷だった内町に出る西斜面の電光型の道だろう。

「金山柴田氏旧書留」[*1]に、最高所に十三間四方の上城下、高さ三間ほど下がって東西五十間程と南北四十間余の中段、中段南下には馬乗場があったと記される。これを遺構に当てはめると、主曲輪が上城下、二の曲輪が中段、帯曲輪が馬乗場となる。

また山麓には、今の金山小学校のところに堀があり、内町から宝円寺への道のあたりに二の堀があったとされる。そして、十日町・七日町・三日町の町名は、市町のあったことを語る。

なお、金山城の大手門は宝円寺山門に、毘沙門は竜馬山万宝院門に移転されたと伝わる。

【ワンポイント】山形県境の町・金山は景観造りに取り組み、美しい街並みが続く。城跡への登城道は大鯉の泳ぐ清流・大堰の先にある。遊歩道が整備され、山はそう高くなく、初級者用城歩きコースとなる。山城の後は美しい街を歩き、昼は金山のおいしいラーメンを食べてほしい。

家臣屋敷のあった内町のあたり

＊1　嶺金太郎『増訂最上郡史』（最上郡教育会、一九二九年）。

越後国境を守る高峻な山城

45 小《お》国《ぐに》城《じょう》

所在地：鶴岡市小国字町尻
比　高：約二三六m
分　類：山城
交　通：鶴岡市内から車で三〇分程度

【歴史】　小国氏が天文十六年（一五四七）に築城したと伝わり、最上氏時代の元和元年に破却とされる。

【立地と遺構】　小国城時代に由来するとされる短冊型の町割をもつ小国集落背後の、高峻な丘陵である楯山に立地する。小国の町並みを少し進むと、「国指定史跡小国城跡」の看板がみえ、そこが登り口となる。山道から尾根にあがると駒立場があり、北側に削り残し土塁をおき、中央が窪地となる厩施設である。上方には土塁をおいた掘り込み式の枡形虎口が開き、上が城の中枢施設となり、階段状に本丸・二の丸・三の丸がある。三の丸は桝形状虎口が開き、上方の二の丸斜面は高さ約八mの鋭い切岸となる。その上の二の丸には土塁備えの虎口があり、三の丸より広く、鋭い切岸下を登ると本丸で土塁の喰い違い虎口が開く。

本丸はほぼ五角形で、土塁が囲み、東西約四〇m、南北

城跡遠景

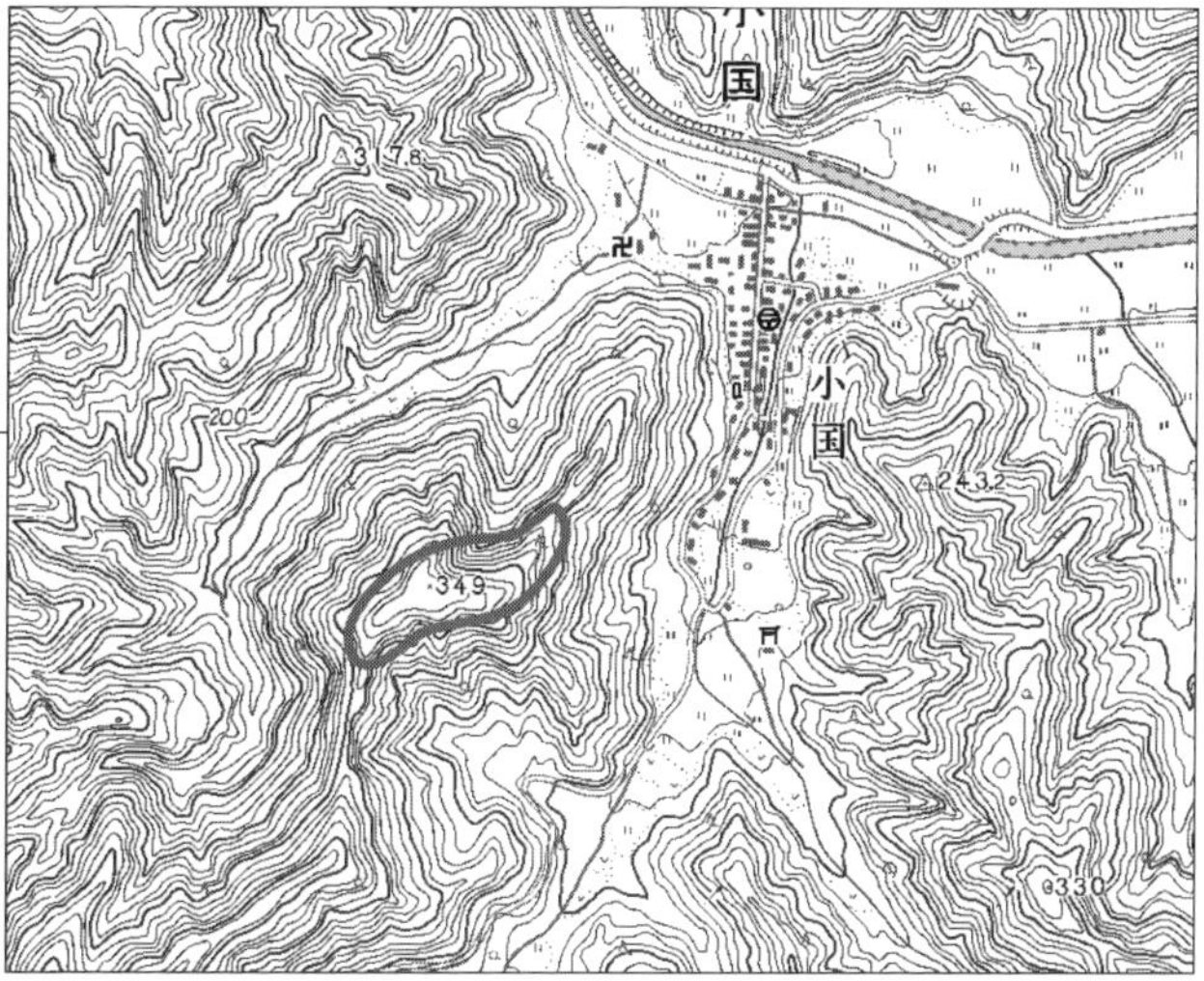

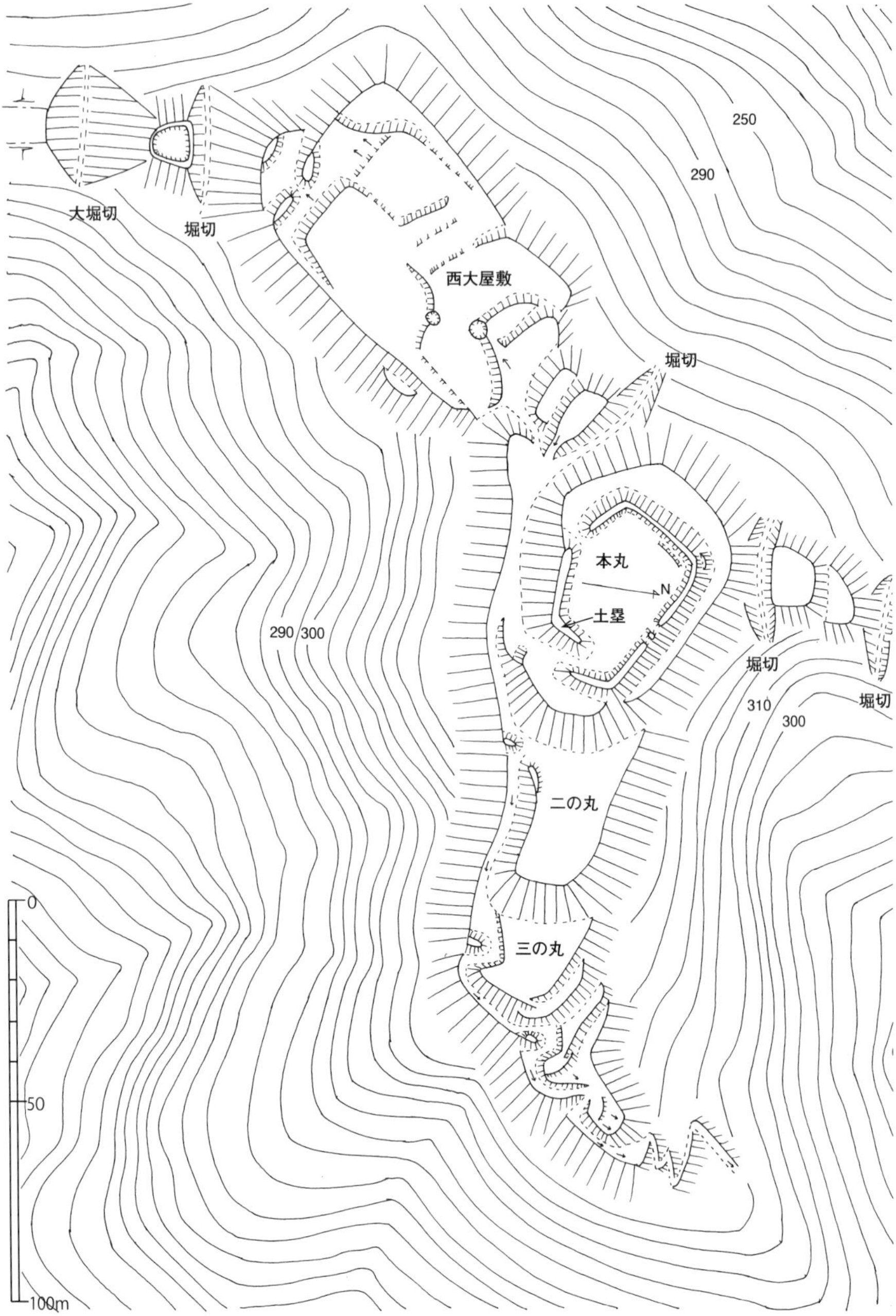
大堀切
堀切
西大屋敷
250
290
堀切
本丸
N
土塁
290 300
堀切
310
300
堀切
二の丸
三の丸
0
50
100m

概要図

約二五ｍの規模となる。本丸西側の堀切先に四十二軒屋敷とも呼ぶ長さ約一〇〇ｍ、幅約四〇ｍの西大屋敷があり、そこは低い段で区画される家臣屋敷で二ヵ所の井戸跡が残る。西大屋敷の南西端には土塁囲みの枡形虎口があり、南尾根は二条堀切で遮断し、外側の掘切は深く大きい。

この小国城跡の特徴は、曲輪下の縁辺を通らせ、上から横矢がかかる城道とすることと、本丸を土塁が囲むことである。また、元和八年の「五十嵐《いがらし》野《の》左《ざ》エ《え》門《もん》控《ひかえ》」に「御役屋山上不自由にて山下へ建てる」とあり、城主と重臣などが高峻な山上で居住したことが明らかな事例となる。

【ワンポイント】　城跡は国指定史跡で、良く整備されて説明板が建てられ、大切に保存されている。比高約二三六ｍと山形県では最上級の高さをもつ急峻な山頂にあるが、構造がはっきりしわかりやすい。土塁囲みの本丸跡、そこに入る横矢の掛かる城道、そして尾根を絶つ大堀切は必見である。中級者用城歩きコースの城といえよう。

上：駒立場　下：主曲輪

＊詳細は、佐藤光民「小国城址・小国関址考」『山形県民俗・歴史論集』第三集（一九八〇年）、温海町教育委員会『小国城跡』（二〇〇二年）も参照。

歴史を感じる小国集落

城兵と村人全員が殺害された城

46 名《な》川《がわ》楯《たて》

所在地：鶴岡市下名川字上野
比　高：約六〇m
分　類：丘城
交　通：鶴岡市内から車で約二五分

【歴史】　天正十七年（一五八九）六月二日の「小介川殿宛て来次氏秀書状写」（『荘一』三六六）に、「名川と申す地利に最《も》（上《がみ》）の人数千ばかり取りこもり候処、越後衆・河南衆、柴勢、楼《やぐら》そのほかをもって昼夜の嫌いなくうちて取りつめられ、これも攻め破られ、最の衆また地の者老若男女ともに一人ももらさず成敗くわえられ候」とあり、最上方の軍勢千人ほどが越後勢などの攻撃で殺された。

【立地と遺構】　梵字《ぼんじ》川と大鳥《おおとり》川とに挟まれた台地突端に立地し、楯跡は二つに分かれ、南側に主曲輪がある。主曲輪は台地を一条堀切と土塁で遮断し、北側も土塁と四条空堀で守り、東西約四四m、南北四六mの規模となる。東側に掘込み式の桝形状虎口が開き、そこから城道が斜面をくだる。また、北側の曲輪は北端に土塁を備え、北斜面に一条空堀と四条竪堀を掘り、さらに三条堀切で遮断する。

　このように名川楯跡は、土塁と空堀・四条空堀・三条堀切、四条竪堀、さらには枡形状虎口があり、防御面を重視するが、規模は小さい。

【ワンポイント】　天正十七年六月、籠城兵と村人全員が殺害され落城したと報ずる一次史料にある山形できわめて珍しい、破城年次のわかる貴重な楯といえよう。主曲輪すぐ近くまで車で行ける初級者用城歩きコースである。

楯跡遠景

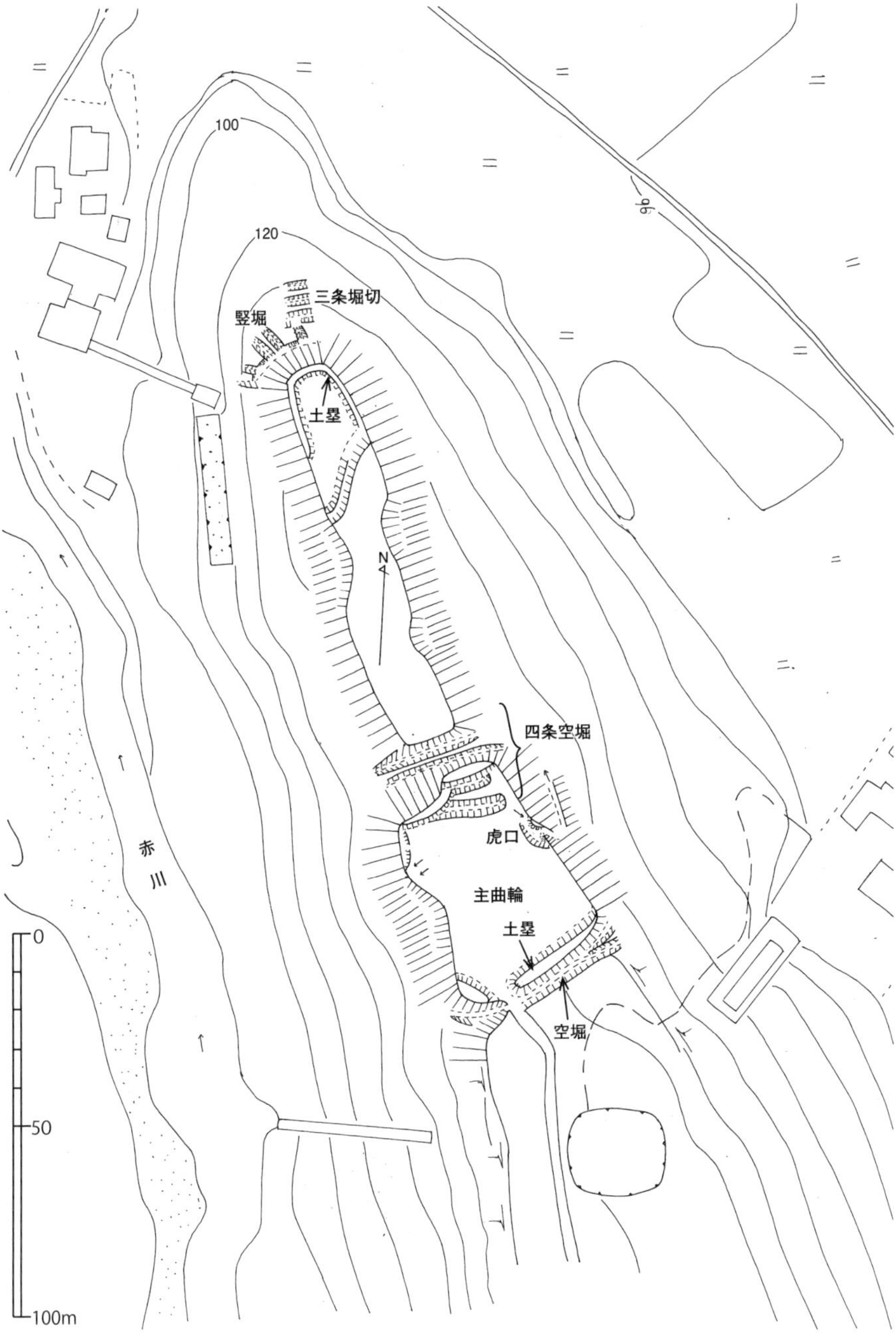

概要図

全国にない曲輪に破城跡を残す城

47 湯田川三楯《ゆたがわさんたて》

所在地：鶴岡市湯田川地区
比　高：七日台楯跡約七五m、石堂山楯跡約一四〇m、藤沢楯跡約一〇五m
分　類：山城
交　通：JR鶴岡駅前から庄内交通バス湯田川行きに乗り、湯田川温泉で下車、徒歩三〇分以内

【歴史】　永禄十一年（一五六八）、武田信玄《たけだしんげん》は北越の豪将・本庄繁長《ほんじょうしげなが》を反上杉謙信同盟に誘い、繁長は謙信に対して兵をあげた。繁長の蜂起に庄内の大宝寺義増《よします》は同調の動きをみせ、それをみて謙信は大宝寺氏に降伏勧告状をおくった。内容は「三ヶ所の城を破却すること」、「義増の子、満千代（のちの義氏）を越後府中に在府させること」*1などだった。強大な上杉軍を前に大宝寺氏は屈服し、翌春には繁長も降参して戦いは終結した。降伏条件で破却された三つの城は、湯田川三楯跡にあたると考えられる。

【立地と遺構】　越後小国街道が庄内平野に入る最後の関門となる大日坂峠の入口に七日台《なのかだい》楯跡、頂上に石堂山《いしどうやま》楯跡、出口の要衝に藤沢《ふじさわ》楯跡がある。

七日台楯跡はもっとも越後寄りにあり、険しい尾根の突端を占める。楯跡は尾根続きを三条のV字状大堀切で遮断し、正面から登る斜面はハの字状の畝状空堀で進入を防ぐ。山頂の先端に小曲輪があり、その先は二二条の掘込みで潰され、小曲輪にも溝跡が残る。掘込みに規則性はなく、とくに縁辺が深く広く、外目からも見えるように破城行為が強調される。

次に、石堂山楯跡は大日坂峠山頂にあり、すぐ下に古道が通る。斜面は急な崖で、東西尾根道が攻め口となり、大空堀で尾根を守る。西堀は竪堀を斜面に落とし、東堀

の二条堀切は鋭い。なかの曲輪は、縁辺部が広く深い三三条の堀込みで全面潰される。

　そして、藤沢楯跡は、峠を下った出口のまさにそびえる山にある。楯跡は曲輪を重ね大きく、領主の城だったろう。山頂の主曲輪は、二八条堀込みであたかも畑の畝状となり、ぼこぼこと異

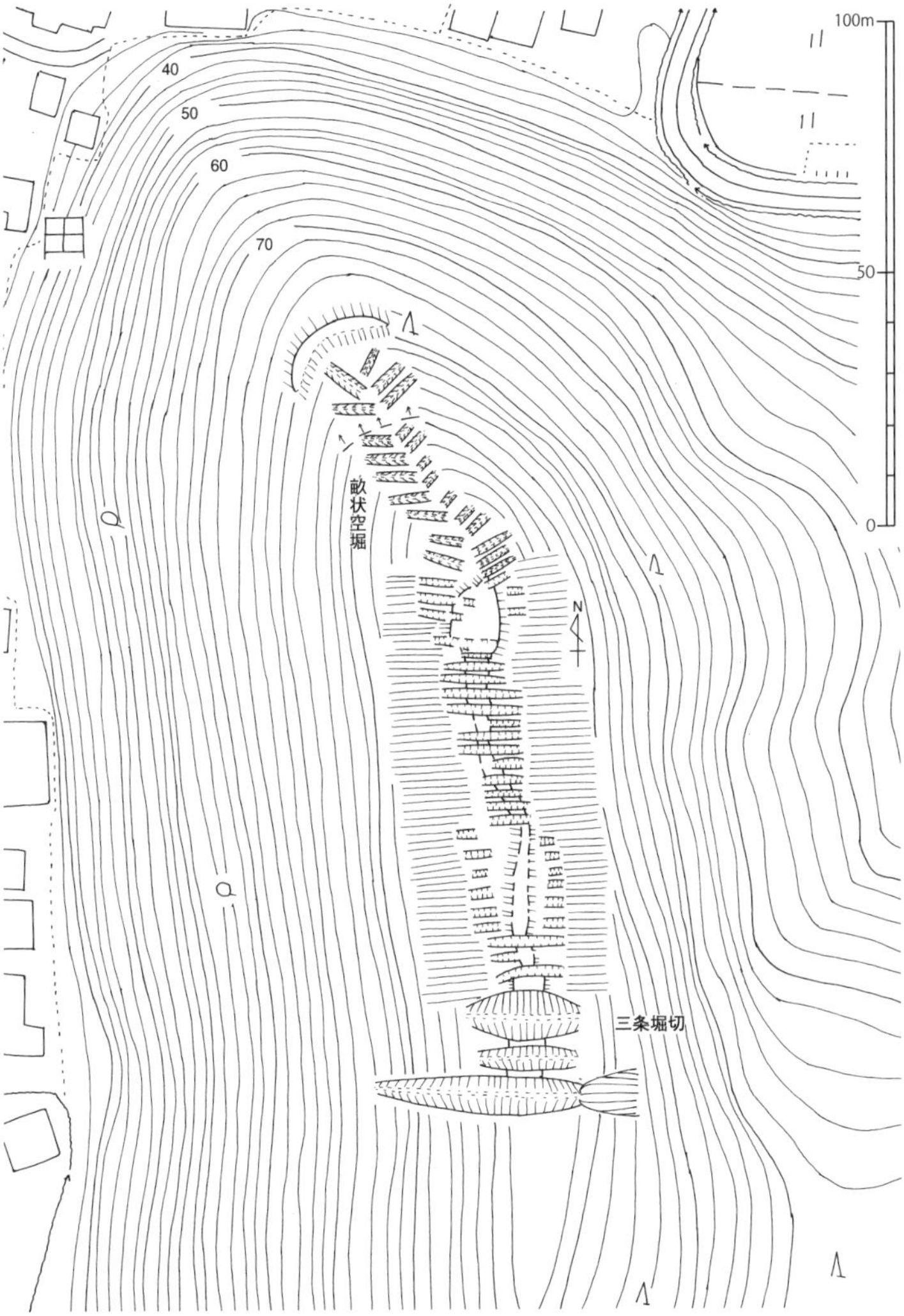

七日台楯概要図

＊1　「直和（直江大和守景綱）御陣所宛て山孫豊守（山吉孫次郎）他書状」（『荘一』二二四）。

七日台楯跡遠景

様な光景をもち、下の曲輪にも堀込みがある。尾根続きの北と南東は、高い切岸を削り、鋭い堀切で尾根を切断する。一方、緩やかで広い南西尾根は、階段状に六段曲輪を重ねる。

これら三楯跡は越後小国街道の庄内への入り口、大日坂峠の入口・山頂・出口という象徴的な所にあり、曲輪を二度と使えないように掘り刻み、破城したと外目に見えるように、縁辺を深く広く掘り強調するのが特徴である。

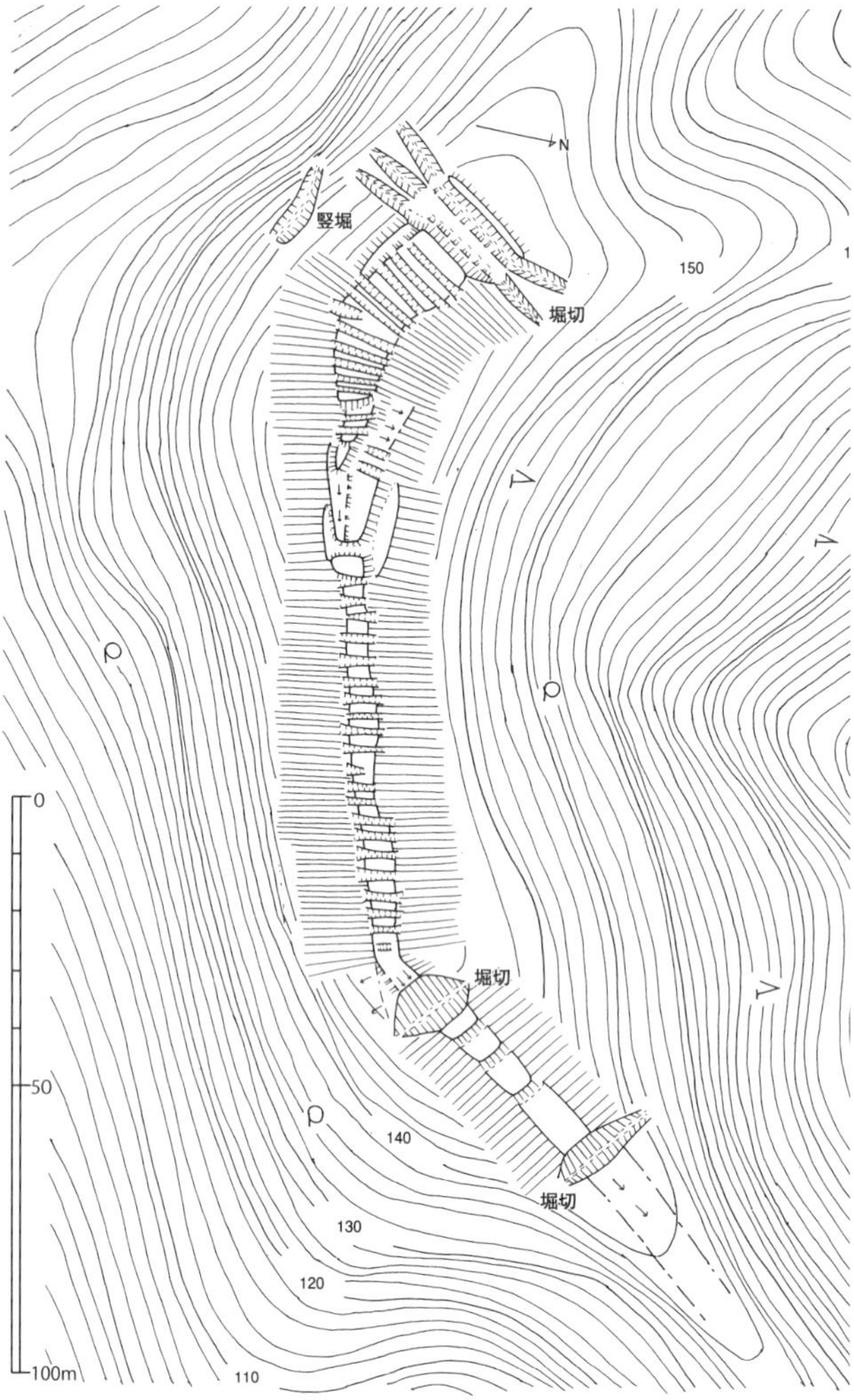

石堂山楯概要図

石堂山楯跡遠景

【ワンポイント】　一次史料で破城年がわかり、実際に地表に破城痕が残る事例は全国に確認できない。また、三楯跡は山形の戦国盛期、永禄年間の庄内の城の指標としても重要である。楯跡の道はなく急峻で、城歩き上級者用の一日コースとなる。

藤沢楯概要図

藤沢楯跡遠景

四度落城した庄内の主城

48 大浦城《おおうらじょう》

所在地：鶴岡市大山城山
比　高：約三六m
分　類：山城
交　通：JR羽越本線羽前大山駅下車、徒歩約二〇分

【歴史】　天文元年、大宝寺氏は砂越氏の攻撃で居城の大宝寺城が落城し、本拠を大浦城に移したとされる。天正十一年には前森蔵人の反乱で城は落城し、大宝寺義氏は自刃した。その後、大宝寺義興が入ったが、天正十五年十月、最上義光の支援した東禅寺筑前守に攻められ、再び落城した。そして、最上義光家臣の中山玄蕃が城番となったが、天正十六年九月、本庄繁長の攻撃で落城し、慶長五年の出羽合戦では城番として上杉方の松本氏が入るも、下次右衛門により落城した。出羽合戦後は、新城主の下氏は山麓に平城を築き、大浦城は機能を失った。

【立地と遺構】　大山集落の背後、高館山から庄内平野に突き出た太平山（城山）突端に立地する。眼下に北国街道が走り、背後丘陵を越えると日本海の加茂港に出る水陸交通の要衝である。

城跡は尾根続き以外の東・北・南は急峻な斜面となり、最突端となる平地から立ち上がる急斜面上に、城主の御殿

城跡遠景

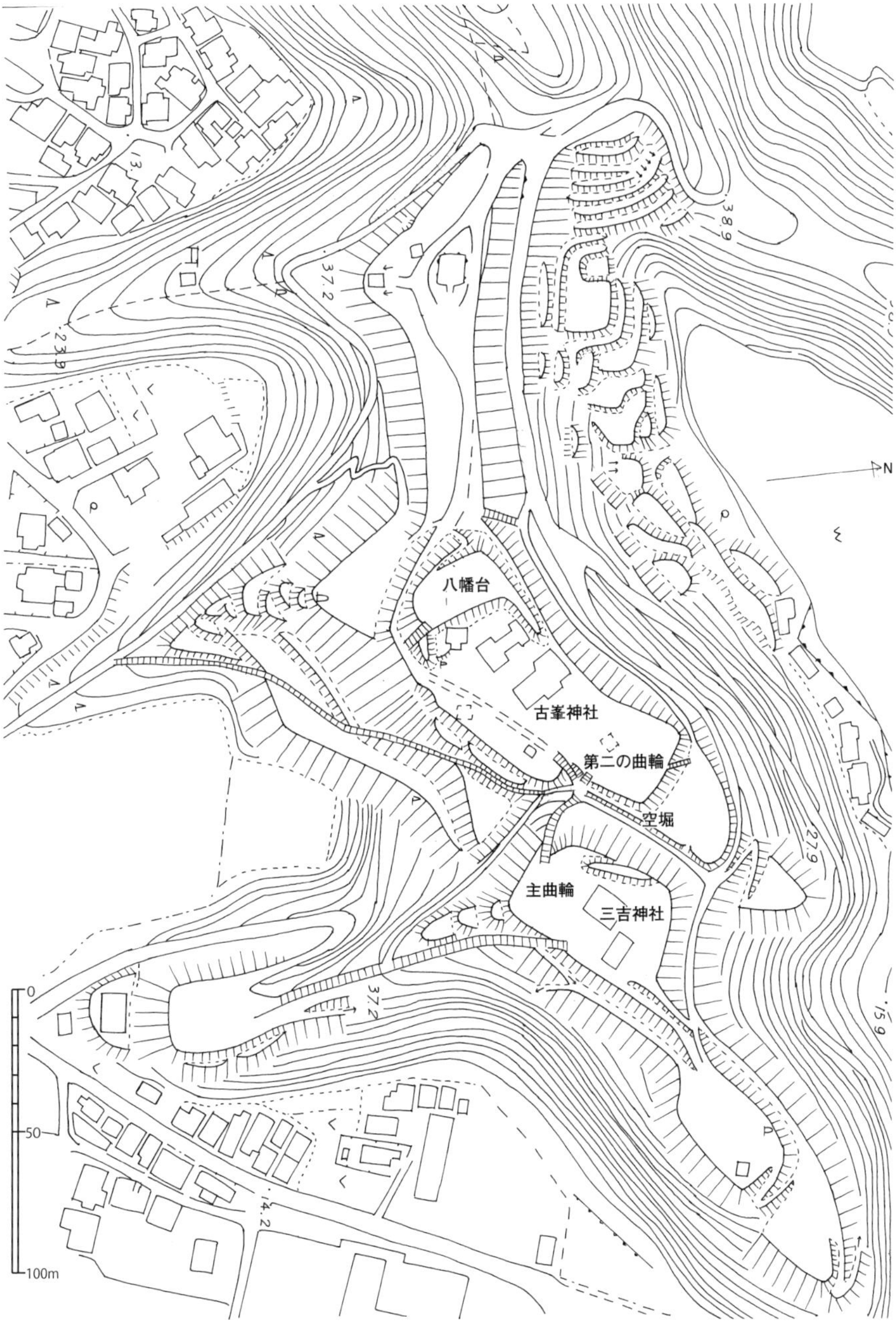

概要図

上：曲輪群　下：堀切

があった主曲輪がある。中心に三吉《みよし》神社が鎮座し、ほぼ方形で南北約六二m、東西約四二mの規模で、西側背後は土塁で守る。大堀切で台地を遮断した西側に古《ふる》峯《みね》神社の鎮座する細長い第二の曲輪があり、この二つが中枢部だった。第二の曲輪西南側には、一段高い八幡台と呼ぶ曲輪があり、大宝寺義氏が子を殺害して酒盛りの後に自刃した八幡堂の場所だろう。八幡台の西側でかつては鳥打場といった平坦地は、北側斜面に多くの曲輪群を造り厳重に防御し、ここにも城の施設があったろう。

　また、大浦城から続く、西方の高峻な高館山には曲輪群・虎口・堀切・畝状空堀が確認でき、大浦城の詰城とみられるが、遺構の状況からみて未完成らしい。

【ワンポイント】　城跡はそう高い山ではなく、全域が公園となり歩きやすく初級者用城歩きコースである。青年であった鮭延源四郎（のちの越前守）が遭遇しここで戦い、鬼神ともあおぐ義氏の自刃に立ち会い、あわや討ち死にという激戦が書かれる「鮭延越前守聞書」を読み、場面を思い浮かべながら登城してほしい。

主曲輪の三吉神社

高館山

検地一揆で落城した城

49 観音寺城《かんのんじじょう》

所在地：酒田市麓字楯山
比　高：約四四m
分　類：山城
交　通：JR羽越本線南鳥海駅下車、徒歩約四五分

【歴史】　城主の来次《きすぎ》氏は奥州藤原氏の末裔と伝えられ、はじめ八幡小学校のある古楯に拠ったが、戦国期の永禄年間、楯山に観音寺城を築城したとされ、ここを拠点に川北の有力国人に成長した。天正六年（一五七八）、大宝寺義氏に反乱を起こしたが、義氏から前河・江地・鷺・漆曽根・下宮田に知行地を与えられて慰撫された（『荘二』二七六）。その所領は現在の八幡から遊佐まであった。

天正十八年（一五九〇）、来次氏は越後高田に移り、城には寺尾伝左衛門が入った。その時検地反対一揆がおこり、城は落城し、寺尾伝左衛門は討ち死にした（来迎寺年代記」『荘二』二）。なお、城跡南側の山麓に来次氏の菩提寺・曹洞宗円通寺があり、山門は城の裏門とされる。

城跡遠景

【立地と遺構】　西には庄内と由利を結ぶ大道があり、南には青沢越えの道が走り交通の要地である観音寺集落背後の楯山に立地し、北側と東側の丘陵続きを大空堀と土塁で遮

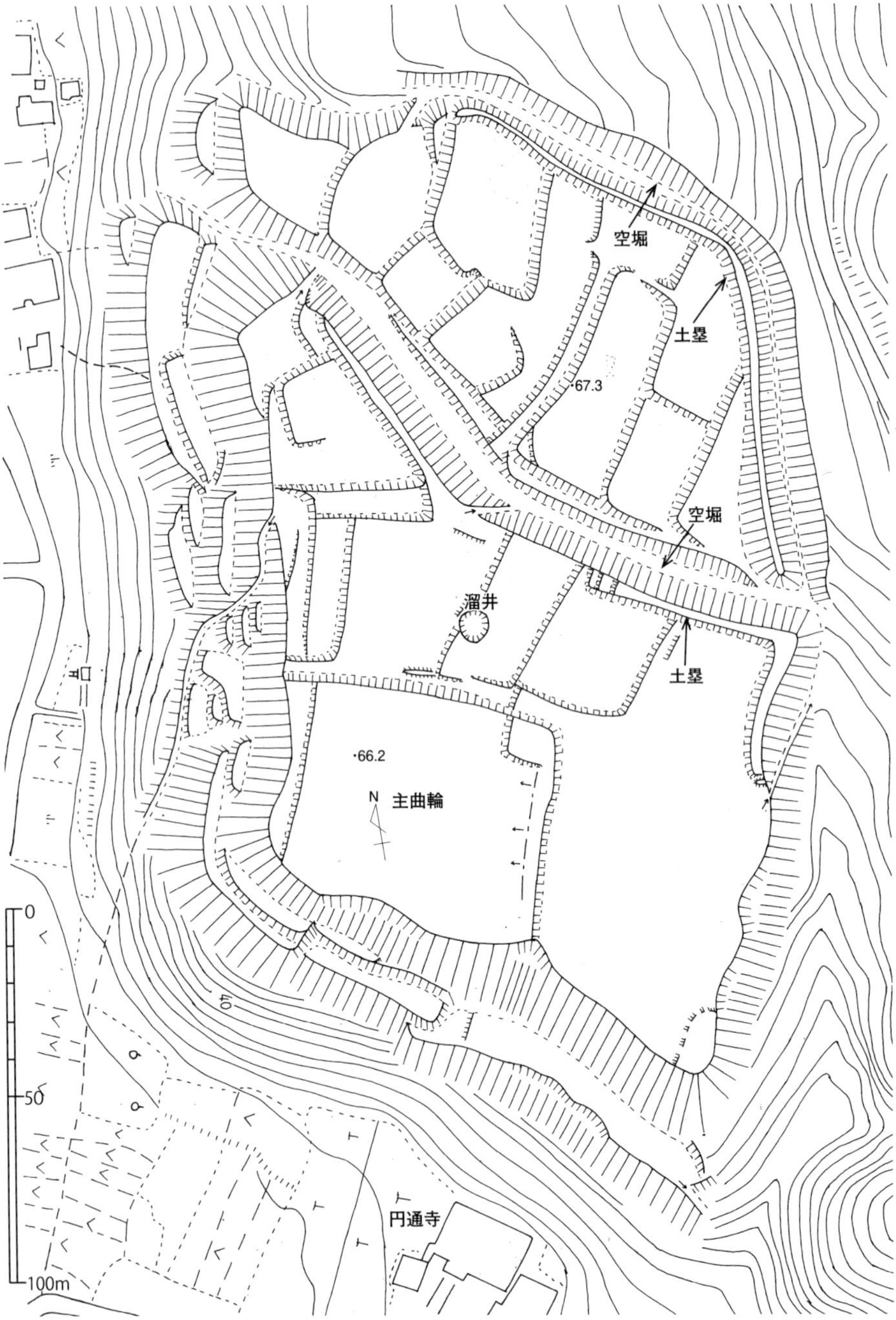

概要図

城主来次氏の菩提寺、円通寺

断したなかにある。幅一三mの箱堀状の大空堀で二つの区画に分け、南部分が城の中枢で南側奥に一段高い主曲輪があり、東西約七八m、南北約五四mの規模となる。

その主曲輪の北東端に周囲より高い方形の曲輪があり、施設が想定される。また、北側には低い切岸で区画された曲輪があり、一角に大きな溜井遺構が残り、大手の虎口は北西隅とみられる。空堀で隔てた北部分には、大規模な土塁のなかに低い切岸で区画される広い曲輪群がある。これらのうち、主曲輪と北部分に石積みが確認できる。

このように、大空堀で南と北に区画し、なかに大きな曲輪をおき、構築は来次時代とみられる。南部分に来次氏と重臣、北部分に家臣団の屋敷があったのだろう。その後、観音寺城は検地一揆で一揆勢から占拠され、その後破却され。現遺構は検地一揆時のものとみられる。かくして、武器用礫塚と散乱する川原石のなまなましい戦時色はそのときのものだろう。

【ワンポイント】　平成二十六年（二〇一四）、観音寺城跡を訪れたが、道は失われ荒れていた。庄内の戦国史を語るうえで重要な城跡が荒廃していることは、ほんとうに残念だ。ぜひ、観音寺城跡に遊歩道や説明版を整備し、地域の歴史を学ぶ生きた教材として活用してほしい。

＊　詳細は、庄司誠「観音寺城に関する一考察」（『山形史学研究』第二七・二八・二九合併号、一九九六年）も参照。

川北の雄、砂越氏の本城

50 砂《さ》越《ごし》城《じょう》

所在地：酒田市砂越字楯の内
比　高：約五m
分　類：丘城
交　通：ＪＲ羽越本線砂越駅から徒歩約一〇分

城跡遠景

【歴史】　城主の砂越氏は庄内の戦国史にしばしば登場する。その出自は明らかでないが、大宝寺政氏の兄氏雄《うじかつ》が砂越家に入って大宝寺氏庶族となり、氏雄は文明十年（一四七六）信濃守を受領している。その後、砂越氏は永正年間から天文年間、大宝寺氏と激しい庄内の覇権争いを繰り広げた。永禄七年（一五六四）には、朝倉氏を訪問した史料があり（『荘1』二一九）、「当府（越前一乗谷）において砂越入道（也足軒）殿たびたび参会のうえ、御雑談どもゆえ」と書かれる。登場する砂越也足軒は大宝寺氏庶子で、下国（秋田）愛季《ちかすえ》に娘を嫁がせ、川北国人衆のまとめ役を務めた。その後、砂越氏は最上義光方として活動し、大宝寺義興との争いは義光の勝利となった。義光は念願の庄内支配を果たしたが、翌年、本庄・上杉氏が進攻し庄内を制圧すると砂越氏は歴史上から消えた。

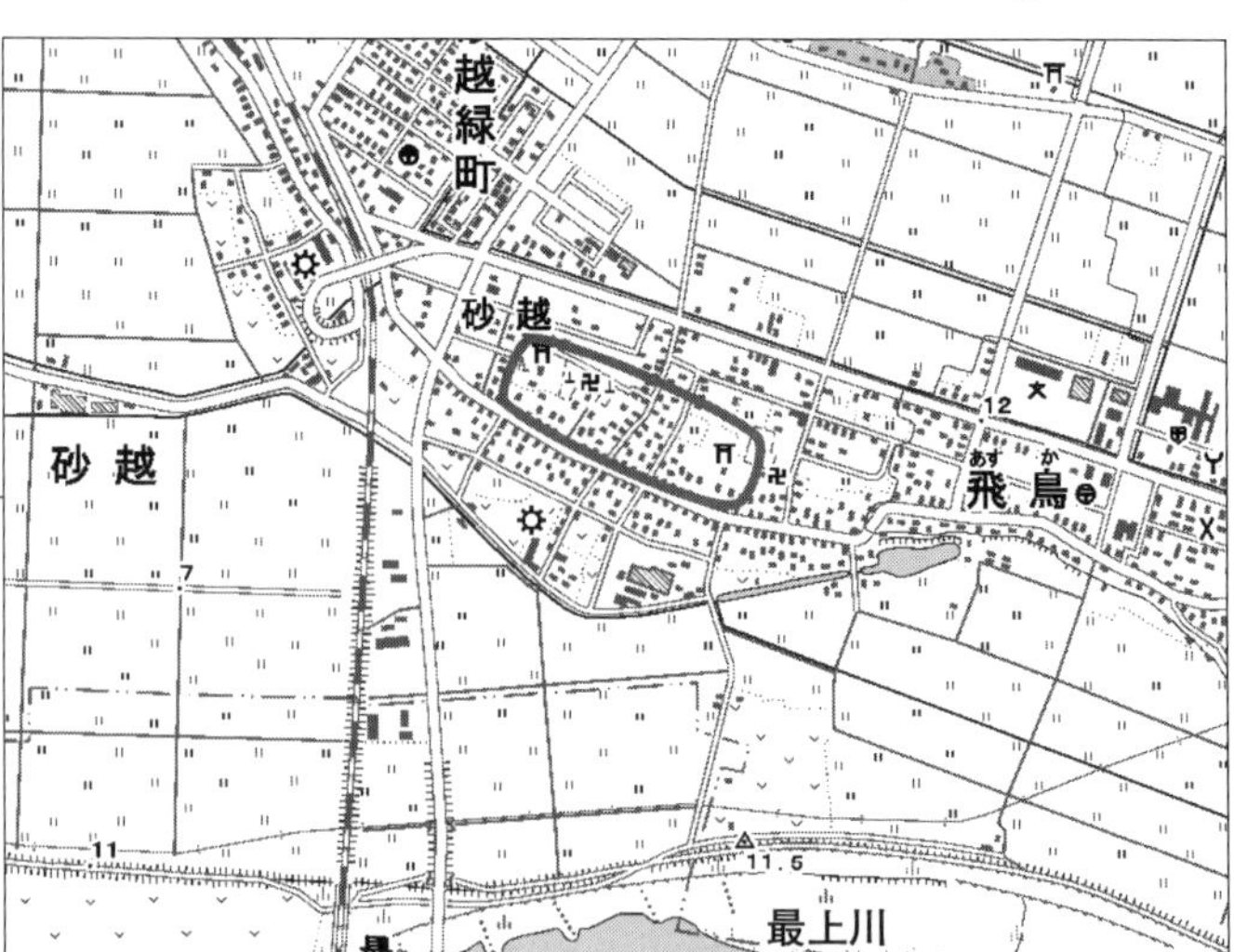

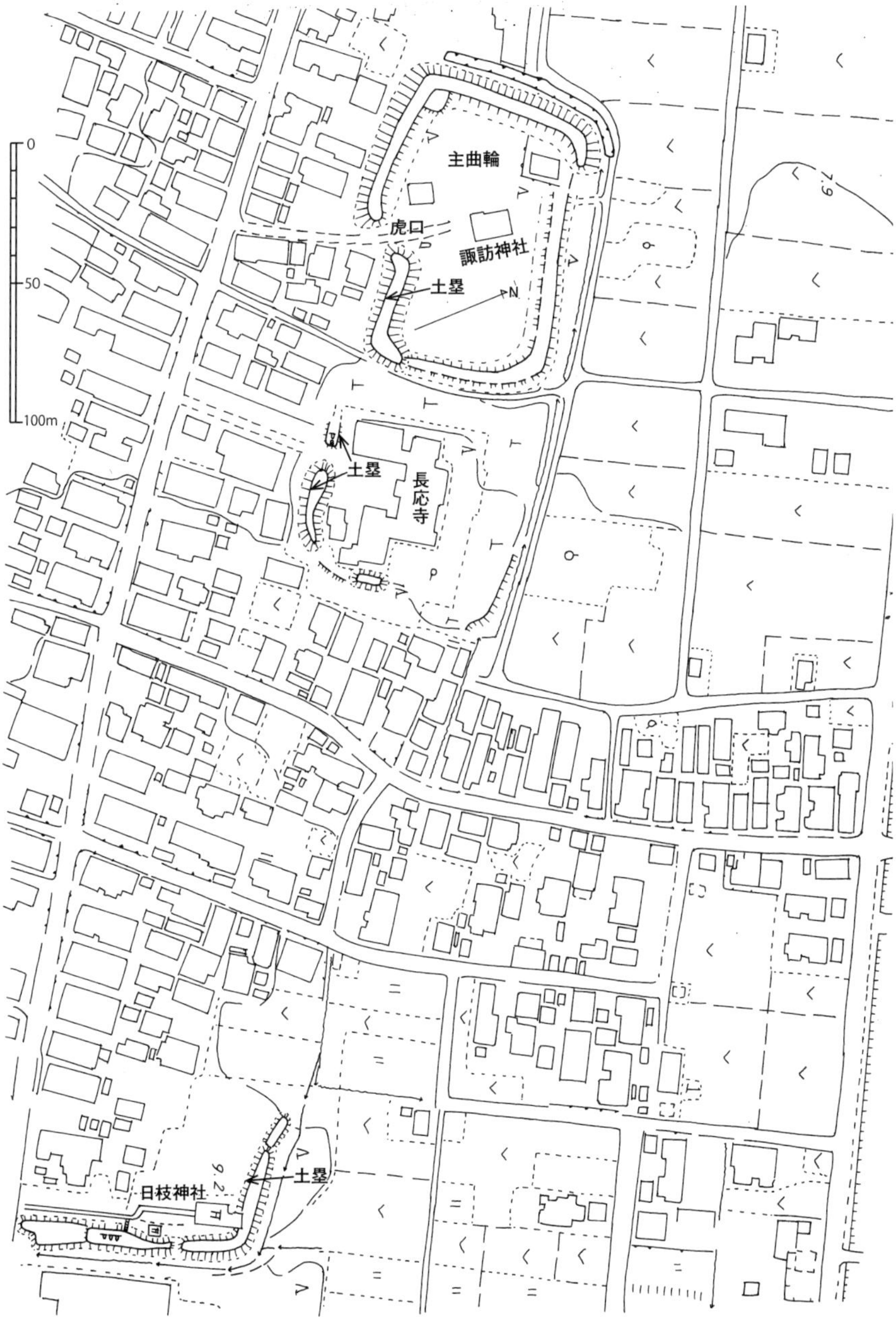

概要図

上：土塁　下：長応寺・土塁

【立地と遺構】　最上川のすぐ北側の河岸段丘上に立地し、北方の郡山は古代飽海《あくみ》郡の郡衙《ぐんが》の地とみられ、近郊の相沢川と最上川の合流点には古代飽海駅以来の河岸があったとされ、ここは政治・交通の要地であった。

主曲輪は東西に長い方形で、中央北寄りに諏訪神社が鎮座する。南側と西側に高さ約一・五ｍの土塁があり、東側と北側は土塁痕跡の高まりで全形がわかり、東西約七五ｍ、南北約五五ｍの規模となる。このうち南側と西側の土塁は、外側は急峻で内側は緩やかで原状をとどめる。また、南側土塁のほぼ中央が喰い違いとなり、横矢掛りの虎口が開く。堀は西側の水路が痕跡のようだが、もとは空堀だろう。

主曲輪東側に砂越城主が開基したという曹洞宗長応寺があり、上に墓地をおく土塁が南側と東側に残り、第二の曲輪となる。そして、主曲輪から南東約四〇〇ｍの日枝神社境内には、東から北に折れる大きな土塁があり背後は窪地で、広大な第三の曲輪外郭線となる。城跡周辺の地名として、主曲輪北側に楯の内、西側に西館があり、北側、西側に曲輪が想定され現存する三つの曲

主曲輪の諏訪神社

輪のほかに、二の曲輪の存在が推測され、少なくとも五つの曲輪があった。まさに川北きっての国人である砂越氏の本拠にふさわしい複郭の大規模な城といえる。そのような強大な砂越氏の勢力の背景は、肥沃な水田地帯を本拠にするとともに、古代「飽海駅」以来の最上川舟運の要地を掌握したことにあったろう。ここ砂越は、相沢川の広い後背地と庄内川北への最上川舟運の結節点となり、倉庫の立つ最上川河岸があり、そこでの交易収入はきわめて大きかったろう。

かくして砂越城は、南は最上川、東は相沢川を外側の防衛線とし、大規模な複郭の城で、大きな土塁と空堀で囲郭し、虎口は喰い違いであった。

なお、城跡の北東、楯の川酒造のある山楯集落背後の丘陵突端に山楯跡がある。山楯跡は、比高約七四mの最高所に主曲輪があり、そこからくだる三つの尾根に曲輪群を階段状に重ねる山城である。主曲輪は広大で櫓台遺構が南西にあり、尾根を遮断する堀切は大規模で築造者の勢力がわかり、眞壁建氏は楯主を砂越氏と指摘する。*1 山楯跡は平成三年（一九九一）に鳥海南麓国営農地開発事業で発掘調査され、主要な曲輪を対象としたが出土遺物は少なく、臨時の詰城といえる。

【ワンポイント】現在、史跡公園となった砂越城跡は、庄内戦国史の主役の一人、砂越氏の主城だった。そして、城跡周辺は歴史の里である。東方すぐに大和国勧請という飛鳥神社、北東丘陵に出羽国式内社の小物忌《おものいみ》神社が鎮座し、北背後の山に砂越城の詰城という山楯跡がある。少し足をのばせば、山形最後の城造りとなった、重厚な大手門が残る松山城跡がある。ぜひ一日コースで、仲間とともに庄内きっての歴史の里を歩いてほしい。

＊1　眞壁建「山楯雑考」『野に生きる考古・歴史と教育』（川崎利夫先生還暦記念会、一九九三年）。

＊　詳細は、眞壁建「最上川下流域の要衝　砂越城」『東北の名城を歩く　南東北編』（吉川弘文館、二〇一七年）も参照。

『最上義光の城郭と合戦』関係年表

年号	西暦	月日	事項	出典
天文元年	一五三二		弓矢（合戦）おこり、崇禅寺・般若寺炎上し、大宝寺内亡所となる。	来迎寺年代記
永禄六年	一五六三	六月十四日	出羽国の御所山形殿義守・義光父子が将軍義輝に馬と太刀を献上する。	言継卿記
永禄七年	一五六四	四月頃	砂越也足軒、越前一乗谷の朝倉氏をたびたび訪ね雑談する。	八戸音喜多家文書
永禄八年	一五六五	六月二日	清水義高、大宝寺氏との合戦で、本合海と清水山間の鳥打場で討死する。	清水家系図
永禄九年	一五六六	四月三日	清水義氏、大宝寺方に生け捕りされる。	市川湊家文書
永禄十年	一五六七	八月三日	伊達政宗誕生。母は義姫、幼名梵天丸。	治家記録
永禄十一年	一五六八	九月頃	大宝寺氏、本庄繁長方から離れ上杉謙信に降伏し、湯田川三栖を破却する。	上杉家文書
永録十二年	一五六九	閏五月七日	大宝寺氏、清水・鮭延数ケ所に番手をおいて支配する。	南陽市山吉文書
永禄十三年	一五七〇	一月	最上義光、立石寺に立願成就を祈願する。	立石寺文書
元亀元年	一五七〇	五月	義守・義光父子、氏家尾張守の仲介で和解する。	伊達家文書
元亀二年	一五七一	八月二十六日	大宝寺義氏、土佐林氏を討伐し、土佐林氏滅亡する。	庄内古文書影写集所収文書
天正二年	一五七四	一月	最上の乱おこり、義光と義守が争い、最上郡の多くの国人衆と伊達輝宗が義守を支援する。	天正二年伊達輝宗日記
		九月十二日	最上義光と伊達輝宗とが和睦する。	同右
天正五年	一五七七	五月五日	この頃、最上義光、長井を攻撃する。	性山公治家記録
		七月十五日	織田信長、白鳥長久に上洛での馬献上の礼を述べ鷹を所望する。	楨文書
		閏七月	大崎義隆、庭月式部少輔に河口名跡を宛行う。	楓軒文書纂所収文書
天正七年	一五七九	七月十八日	大宝寺義氏、織田信長に馬と鷹を贈る。	信長公記
		八月二十八日	最上義光、湯殿権現に病気平癒を立願する。	関根氏所蔵文書
天正八年	一五八〇	春	天童氏、最上義光に備え天童城を補強する。	水沢市砂金文書
天正九年	一五八一	三月一日	大宝寺義氏、鮭延田之沢を落とし、清水・新城・古口に進攻する。	曽根家文書

		五月九日	白鳥長久が、上洛する大崎氏の長井口通過に便宜を与えるよう、伊達輝宗の家臣遠藤山城守に依頼する。	白石市遠藤家文書
		五月十三日	最上義光が、天童氏・東根氏と戦闘状態にあることを高森殿（留守政景）に伝える。	水沢市砂金文書
		八月五日	最上義光、神主八郎に山辺南分の内、二千束二百五十刈を充行う。	専称寺文書
天正十年	一五八二	二月	大宝寺義氏、鳥越楯を落とし、さらに、猿羽根氏を降し、新城を攻撃する。このとき、楯岡氏が鳥越氏の助勢にかけつける。	曽根家文書
		七月	山辺氏、大宝寺氏に味方し義光と戦う。	秋田藩家蔵文書
		八月七日	最上義光、大崎氏に鮭延支援を要請する。	山形市鈴木家文書
天正十一年	一五八三	三月六日	大宝寺義氏、前森蔵人の謀反により自刃する。	鮭延越前守聞書
		六月二十一日	寒河江高基、大宝寺義氏救援のために出兵し、帰途、大網で三千仏軸物三幅を持ち帰り慈恩寺に納める。	慈恩寺本堂仏画裏書
天正十二年	一五八四	三月四日	最上義光、山家九郎二郎に天童領分の温津・成生に七千刈の田地を充行う。	安倍文書
		六月	最上義光、白鳥長久を滅ぼす	山形殿宛政宗書状
		六月	寒河江高基、義光に攻められ自刃する。	大江姓安中坊系譜
		十月十日	天童頼久、義光に攻められ奥州に自落する。	天童落城並仏向寺縁起
		十月十九日	細川氏、最上義光に攻められ滅亡し、小国は蔵増安房守の子日向守に与えられる。	天童落城並仏向寺縁起
天正十三年	一五八五	四月一日	鮭延出陣中の最上義光に、古口氏の仲介で大宝寺の刀が前森蔵人から贈られる。	大泉叢誌所収文書
		五月末	鮭延越前守、最上義光に攻められ降伏する。	片倉文書
		六月十四日	大宝寺義興が清水を攻撃し、最上義光が撃退する。	三坂文書
		七月七日	前森筑前守、最上義光に庄内で兵乱の起こったことを伝える。	鶏助編所収文書
天正十四年	一五八六	一月	最上義光、東禅寺筑前守に援軍を送る。	大塚氏所蔵文書
		十二月	大宝寺義興と東禅寺筑前守との和睦がなる	雑纂諸家文書所収文書
天正十五年	一五八七	五月頃	庄内に戦闘がおき、大宝寺義興が苦戦する。	第二高等学校所収文書

		九月	伊達政宗の仲介により、大宝寺義興と東禅寺筑前守との和睦がなる	秋田藩家蔵文書
		十月頃	再乱がおこり、大宝寺義興、最上義光に降参し谷地に幽閉される	藤田文書
		十月頃	鮎貝氏、父子争乱が起こり、政宗、父方にたって鮎貝城を攻め、当主の宗信は最上領に自落する。	伊達政宗文書
		十月二十五日	上杉景勝、新発田重家を殺害し、新発田城を落とす。	上杉家文書
天正十六年	一五八八	二月六日	最上義光、庭月氏に真室を根城にして鮭延氏、安食氏、丹氏とともに　秋田庄内と仙北の防ぎをするよう伝える。	秋田庭月文書
		三月	最上義光と伊達政宗とが事切れる（関係が切れる）。	古文書所収文書
		七月	最上義光と伊達政宗、保春院の仲介により和議が成立する	戸蒔文書
		九月頃	本庄氏の進攻により、十五里ヶ原合戦で敗れ東禅寺筑前守は討死、中山玄蕃は最上に逃げ帰る。	小国夢幻悪屋形聞書
天正十七年	一五八九	五月頃	名川楯、上杉軍攻撃で最上方軍勢と民衆が千人殺害される。	『出羽国風土略記』所収文書
天正十八年	一五九〇	十月頃	検地一揆で、観音寺城主寺尾伝左衛門が討死し落城する。	来迎寺年代記
慶長五年	一六〇〇	九月十三日	直江兼続、大軍をひきいて最上領に進攻し畑谷城を落とす。	大河原文書
		十月一日	関ヶ原合戦東軍勝利の報をうけて、直江軍撤退する。	鮭延越前守聞書
慶長六年	一六〇一	四月二日	最上義光軍、酒田城を攻め上杉軍撤退し落城する。なお、城跡からは発掘調査で「慶五　七月三日志駄修理亮殿」などの木簡が出土した。	同右

あとがき

ようやく再校が終了した五月の十連休中の、こどもの日にあとがきを書いている。

この本には、第一部では、山形の戦国争乱の概況と城とのかかわり、そして、第二部では、皆さんに私が紹介したい山形の城、五十城を取りあげた。

第一部の戦国争乱では、かつて定説であった斯波氏が代々最上氏を名乗ったのではなく、最上義光以前は山形氏であるとの、私の説をその後の研究も踏まえて検討している。その結果、本書で述べたように、史料検討で矛盾はないとの結論に至った。そして、〝冷酷で陰謀家〟である最上義光の代表事例とされる、天正二年の最上の乱における弟義時殺害事件、前森蔵人を誘い大宝寺義氏を自害させたとされる前森蔵人謀反事件、鮎貝氏を誘い伊達政宗に叛乱を起こしたとされる事件、そして、妹義姫を誘い政宗毒殺事件を起こさせたとされる事件は、いずれも近年の研究で否定されることを述べた。私は、義光の実像とは、最上の乱でみられるように、勇敢で家臣団から信頼される優れた武人だったと考える。

そして、また定説とされる谷地にいたという中条氏の不在説を提起した。唯一の基本史料とされる慈眼寺文書に疑問のあること、大江氏など近隣の豪族の史料にまったく登場しないことなどを根拠にしている。とすると、白鳥氏の谷地入部に影響し、永禄・元亀年間とされる定説よりも早く谷地に入部したと思われる。そうすると、強固な谷地家臣団の組織化も理解できる。加えて、かつて川崎利夫氏が発掘した、大石田次年子の円重寺奥の墳墓から見つかった成人人骨は白鳥長久の可能性が高いと考えた。山形城近辺で激しい合戦があり、白鳥十郎の遺体は、家臣に運ばれ白鳥郷を見下ろす次年子に埋葬されたのではなかったろうか。

第二部でとりあげた五十城は、私の調査した城のうちで皆さんに紹介したいものをあげた。この他、置賜には松岡進さん、庄内には眞壁建さんが調査報告した城など、多数の特徴ある城がある。本書と、あわせて参照いただければ幸いである。

本書の刊行で、私の歩いた城を全国に発信したいとの念願が、戎光祥出版株式会社の配慮でかなった。とりわけ、編集部の石渡洋平さんにはお世話になった。また、これまでの城研究では川崎利夫さん、東京の松岡進さんをはじめ多くの方に元気をもらい、やってこられたと痛感する。そして、なによりも好きなことをやらせてくれた妻順子に感謝したい。

二〇一九年五月五日

保角里志

【著者略歴】

保角里志（ほずみ・さとし）

1950（昭和 25）年、山形県東根市生まれ。山形大学人文学部文学科史学専攻を卒業。現在、日本考古学協会員、中世城郭研究同人。

主な著書・論文に、「中世城館跡の形態と変遷」（『山形県史』第 1 巻、山形県、1982 年）、『南出羽の城』（高志書院、2006 年）、『南出羽の戦国を読む』（高志書院、2012 年）、『山形県最上地方の城と楯―最上氏・大宝寺氏・小野寺氏境目争乱地の縄張調査報告書―』（さあべい同人会、2016 年）、『山形の城―縄張調査から山形の城を考える―』（さあべい同人会、2017 年）がある。

図説 日本の城郭シリーズ⑭

最上義光《もがみよしあき》の城郭《じょうかく》と合戦《かっせん》

2019年8月20日 初版初刷発行

著　者　保角里志

発行者　伊藤光祥

発行所　戎光祥出版株式会社

〒102-0083 東京都千代田区麹町1-7 相互半蔵門ビル8F

TEL:03-5275-3361(代表)　FAX:03-5275-3365

https://www.ebisukosyo.co.jp

編集協力　株式会社イズシエ・コーポレーション

印刷・製本　モリモト印刷株式会社

装　丁　山添創平

ISBN978-4-86403-323-7

【シリーズ・織豊大名の研究6】
最上義光　竹井英文 編著　A5判／並製／420頁／本体6500円＋税

直江兼続と関ヶ原　公益財団法人 福島県文化振興財団 編　四六判／並製／168頁／本体1600円＋税

【図説 日本の城郭シリーズ】〈以下、続刊〉　A5判／並製

1 神奈川中世城郭図鑑　西股総生・松岡 進・田嶌貴久美 著　270頁／本体2600円＋税

2 大阪府中世城館事典　中西裕樹 著　312頁／本体2700円＋税

3 宮坂武男と歩く 戦国信濃の城郭　宮坂武男 著　300頁／本体2600円＋税

4 築城の名手 藤堂高虎　福井健二 著　202頁／本体2200円＋税

5 戦国の北陸動乱と城郭　佐伯哲也 著　283頁／本体2500円＋税

6 織豊系陣城事典　高橋成計 著　286頁／本体2600円＋税

7 三好一族と阿波の城館　石井伸夫・重見髙博 編　318頁／本体2600円＋税

8 和歌山の近世城郭と台場　水島大二 著　249頁／本体2500円＋税

9 房総里見氏の城郭と合戦　小高春雄 著　282頁／本体2600円＋税

10 尼子氏の城郭と合戦　寺井 毅 著　332頁／本体2700円＋税

11 今川氏の城郭と合戦　水野 茂 編著　313頁／本体2600円＋税

12 戦国和歌山の群雄と城館　和歌山城郭調査研究会 編　306頁／本体2600円＋税

13 明智光秀の城郭と合戦　高橋成計 著　243頁／本体2500円＋税

【シリーズ・中世関東武士の研究】　A5判／並製

25 戦国大名伊達氏　遠藤ゆり子 編著　363頁／本体7000円＋税

【中世武士選書】　四六判／並製

9 本庄氏と色部氏　渡邊三省 著　364頁／本体2600円＋税

35 南部信直―戦国の北奥羽を制した計略家　森嘉兵衛 著　241頁／本体2500円＋税